健康・スポーツ科学講義
第2版

監修　出村　愼一
編集　佐藤　　進
　　　山次　俊介
　　　長澤　吉則
　　　吉村　喜信

株式会社 杏林書院

［監　修］
　出村　愼一　元金沢大学大学院自然科学研究科教授

［編　集］
　佐藤　　進　金沢工業大学基礎教育部修学基礎教育課程生涯スポーツ教育教授
　山次　俊介　福井大学教育・人文社会系部門教員養成領域教授
　長澤　吉則　京都薬科大学基礎科学系健康科学分野准教授
　吉村　喜信　元福井工業大学スポーツ健康科学部教授

［著者一覧(担当章)］
　山次　俊介　福井大学教育・人文社会系部門教員養成領域教授（1章, 2章, 8章）
　佐藤　　進　金沢工業大学基礎教育部修学基礎教育課程生涯スポーツ教育教授（3章, 4章）
　宮口　和義　石川県立大学教養教育センター教授（5章, 6章）
　吉村　喜信　元福井工業大学スポーツ健康科学部教授（7章）
　野田　政弘　仁愛大学人間生活学部教授（9章）
　春日　晃章　岐阜大学教育学部教授（10章, 11章）
　長澤　吉則　京都薬科大学基礎科学系健康科学分野准教授（12章, 14章）
　石原　一成　福井県立大学学術教養センター教授（13章）
　横谷　智久　福井工業大学スポーツ健康科学部教授（15章）
　野口　雄慶　福井工業大学スポーツ健康科学部教授（16章）

 # 改訂の序

　本書は2005年の初版発行以来，多くの読者から好評をいただき，改訂版を出版する機会を得た．この約5年の間に，体育・スポーツ・健康科学分野に関連する新しい知見が加わり理解すべき事柄も変化してきた．また，国民の健康づくりに関する国民運動として2000年3月から推進されてきた健康日本21も，当初の目標期間である2010年を迎えた．健康日本21推進全国連絡協議会は，この10年間の取り組みに関して，人々が自分自身の健康状態について自覚をもち，生活習慣の改善に向けて挑戦する健康づくりの実践を育て，サポートする点において一定の成果が得られたこと評価している．その一方で，生活習慣病の罹患者数や避けられたはずの早世や障害は増加しており，高齢社会の今後の進展を展望した場合，生活習慣病予防や介護予防による健常寿命の延伸への対策はますます肝要となることも指摘している．現在，次期計画の公表が待たれるが，21世紀のわが国の健康増進事業における健康・スポーツ科学分野の役割は大きい．そうした状況を踏まえ，本書は健康づくりの考え方や実践方法について，より幅広い視点から捉えわかりやすく解説した内容に改訂している．

　2011年3月11日，東北地方を中心とした未曾有の震災が発生し，多くの方々が犠牲となられた．こうした状況をみてわれわれは，当たり前のことが当たり前にできることや，当たり前にあるものが当たり前にそこにあることが，いかに幸せなことであるかを再確認させられた．日々当たり前の生活を送る上で「健康であること」は基本である．本書の内容が健康づくりや将来それを推進する役割を担う学生たちの一助になれば幸いである．

　　　　2011年9月

　　　　　　　　　　　　　　　　　　　　　　　　　　　　　　　出村　愼一

初版の序

　近年，生活習慣病やストレスの増大，それに伴う健康不安感の増大，生活意識の変容などにより，健康に対する意識が高まり，健康食品・健康器具・健康ドリンクなどがブームとなっている．また，がんや心疾患などの生活習慣病，高血圧や肥満の急激な増加など，国民の健康状況の大きな変化がマスメディアを通して報道されている．それらは，国民の健康に対する意識の高まりや健康ブーム（健康食品，健康機器，健康ドリンク，サプリメントなど）を引き起こす一因となっていると考えられる．マスメディアを通して流されている情報には，高齢社会の進行に伴う人口の高齢化の影響を考慮していない絶対数の比較によるものも少なくない．すなわち，絶対数で比較した場合，高齢期にはさまざまな疾患に罹患しやすくなることから，人口に占める高齢者の割合が増すにつれて，絶対的な死亡者数は増加する可能性がある．図1, 2は，厚生労働省が2009年に発表した人口動態統計を抜粋したものである．戦後の主要死因別の死亡率の年次推移について，人口構成比を考慮しない場合，生活習慣病関連の疾患による死亡率は増加傾向にあるが（図1），人口構成比の偏りを考慮した場合には（図2），生活習慣病関連の疾患による死亡率は横ばいか，減少傾向にある．つまり，わが国の国民の健康状態は，健康意識の向上や医療体制の充実などにより，悪化しているとは一概にいえない．

　その一方で，現代の社会環境にも大きな変化（少子高齢社会の到来，自由時間の増大，労働内容の合理化，食生活の変化など）がみられ，国民の健康状態の維持・増進が重要視されているのも事実である．このような社会環境下では，疾病の一次予防，すなわち，病気にならないようにする取り組みが重要となる．各個人が自分の健康や体力の状態について管理する（できる）ことが重要であり，健康・体力を管理する基本的な知識や方法を理解しておくことが不可欠である．

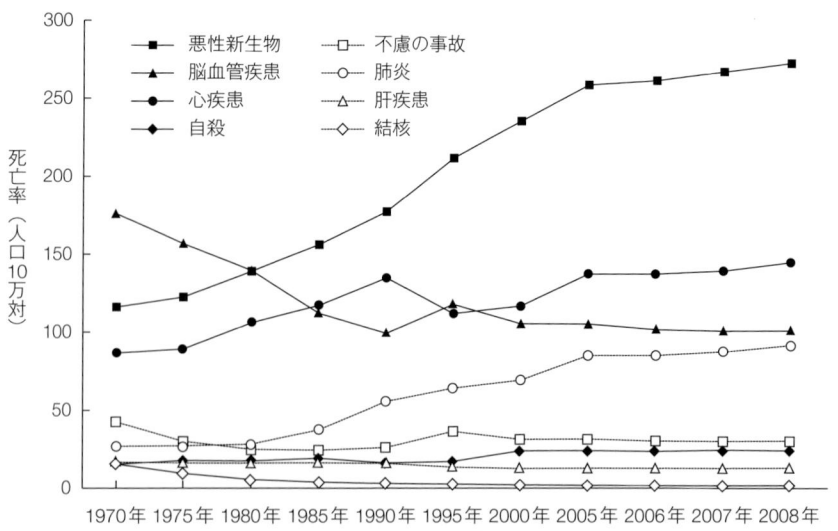

図1　主要死因別死亡率の年次推移（人口10万対）

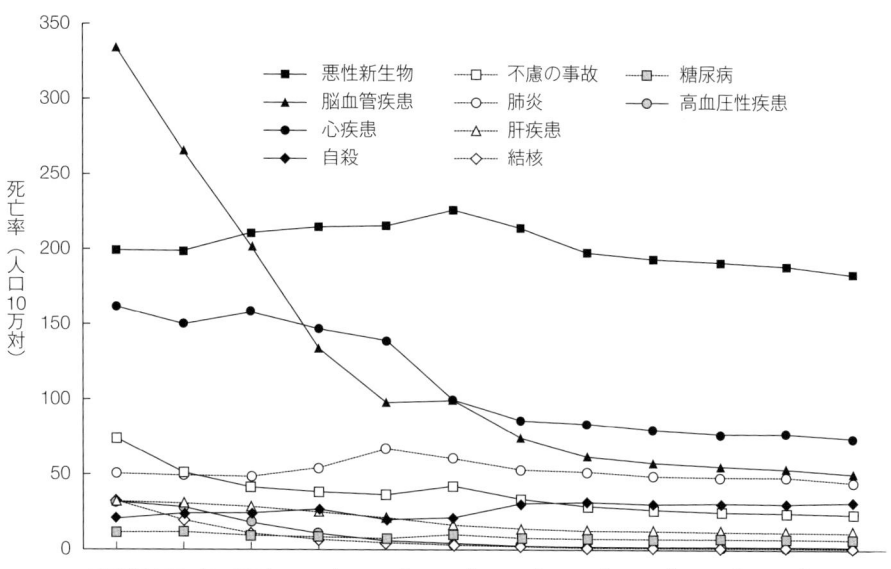

図2　主要死因別性別年齢標準化死亡率の年次推移（人口10万対）

　古くからスポーツや運動を実施することが体力の向上や健康の保持・増進に有益であることは広く認識されていた．しかし，体育あるいはスポーツという用語からは，学校体育における体育実技の授業や競技スポーツといった実技中心のイメージが連想されることが多く，現在でも健康・スポーツ科学の必要性だけでなく，学問領域としての存在も十分に理解されていない場合が多い．健康・スポーツ科学とは，スポーツにかかわる身体運動現象を探求しようという学問領域であり，体力，健康，肥満，心理的ストレスなどを扱った種々の研究領域から構成されている．健康・スポーツ科学では医学と同様に「人」を扱うという点では共通しているが，医学は病人を治療することに主眼が置かれるのに対し，健康・スポーツ科学では健康人を病人にさせないことが重要視され，現代社会のニーズとも合致している．

　従来の健康づくりは，医療機関や行政機関を中心に画一的・行事的に実施されるか，もしくは個人の主観的判断による経験主義的・試行錯誤的な方法で行われてきた．しかし，これからの健康づくりは，科学的根拠を基礎に，個々人の生活に応じた個別的プログラムを，日常生活の中で，生涯を通じて実践していく必要がある．

　本書は，第Ⅰ部「健康」，第Ⅱ部「フィットネス基礎知識」，第Ⅲ部「スポーツの実践」，第Ⅳ部「健康・スポーツと社会」から構成されており，一生涯を通じて運動・スポーツとかかわりを持ちながら心身の健康を保つために必要と思われる内容について多面的に取り上げた．また，各章には理論編と実践編を設け，一般学生から健康・スポーツ科学を専攻する学生までが教科書・参考書として利用できる構成となっている．本書の内容が健康・スポーツ科学を理解する一助となれば幸いである．

　最後に，本書は松澤甚三郎教授（元福井医科大学）および多田信彦教授（福井県立大学）の御退官を記念し，われわれの専門である，健康・スポーツ科学に関する著書を企画したものである．

　　　　2005年9月

　　　　　　　　　　　　　　　　　　　　　　　　　　　　　　　出村　愼一

目 次

第Ⅰ部 健　康

第1章　健康の捉え方と獲得するためのポイント ……………… 2
1. わが国の背景（少子高齢社会，医療保険制度）と病気，健康 ……… 2
2. 健康の定義 ……………………………………………………… 6
3. 健康とQOL …………………………………………………… 7
4. 健康とヘルスプロモーション ………………………………… 8
5. 健康日本21 ……………………………………………………… 8
6. 健康増進法 ……………………………………………………… 12
7. 新健康フロンティア戦略 ……………………………………… 13
8. 健康な生活習慣とは―適切な食生活― ……………………… 14
9. 健康な生活習慣とは―適度な運動― ………………………… 19
10. 健康な生活習慣とは―休養のとりかた― …………………… 22

第2章　生活習慣病と関連する要因 ……………………………… 24
1. 生活習慣病とは ………………………………………………… 24
2. 生活習慣病を予防する ………………………………………… 26
3. 生活習慣病と遺伝 ……………………………………………… 32
4. 運動の有効性（効果）と危険性 ……………………………… 32
5. 生活習慣病を予防するために健康診断を受けよう ………… 35

第Ⅱ部　フィットネス基礎知識

第3章　体力とは何か ………………………………………………… 38
1. 体力の定義 ……………………………………………………… 38
2. 身体活動（運動），体力，健康相互の関連と健康関連体力 ……… 40
3. 体力測定法 ……………………………………………………… 41
4. 子どもの時期にはいつ，どのような運動をすればよいのか ……… 49
5. トレーニングは若い時にしたほうがよいか ………………… 53
6. 体力はどのように衰えるか …………………………………… 55

第4章　運動のしくみ　60
1. 身体エネルギーを生み出す3つの工場　60
2. 筋（骨格筋）のしくみ　62
3. 神経系のしくみ　67
4. 呼吸・循環器系のしくみ　71
5. 運動中の無酸素性および有酸素性エネルギー供給系の役割　73
6. スポーツの「うまい」「へた」とはどういうことか　79
7. 骨粗鬆症と運動の関係　82

第5章　トレーニング理論　89
1. トレーニングの原理・原則　89
2. トレーニングの基礎理論　93
3. 筋肥大のメカニズム　97
4. ディトレーニング―トレーニングを中止することの生理学―　98
5. トレーニング計画　99
6. トレーニング計画の実際　100
7. コンディショニング　102

第6章　トレーニング方法　105
1. レジスタンストレーニング　105
2. フリーウェイトトレーニングの実際　107
3. マシントレーニングの実際　113
4. SAQトレーニング―スピード強化―　116
5. コアトレーニング　119

第7章　健康を維持・増進するための運動　125
1. 健康を維持・増進するための運動　125
2. 有酸素性運動のすすめ　128
3. 有酸素性運動の例　129
4. 有酸素性運動の実施上の注意点　131
5. ウォーキングとジョギングをはじめる　131
6. ウォーキングとジョギングの運動強度　133
7. ウォーキングとジョギングの正しいフォーム　133
8. ウォーキングの消費エネルギー　134

第8章　ダイエット計画 …… 136
1. ダイエットとは …… 136
2. ダイエットの注意点 …… 136
3. 誤ったダイエット法 …… 138
4. リバウンドのしくみ …… 140
5. ダイエット計画の実践 …… 141
6. 体脂肪率を測定する …… 145

第Ⅲ部　スポーツの実践

第9章　運動と水分補給，熱中症 …… 150
1. 体温調節のしくみ …… 150
2. 運動と水分補給 …… 153
3. 熱中症の症状と予防方法 …… 159
4. 運動実施の判断 …… 162
5. 高温多湿・寒冷環境下における運動 …… 164
6. 夏ばてと冷え性 …… 166

第10章　ウォーミングアップとクーリングダウン …… 169
1. ウォーミングアップ …… 169
2. クーリングダウン …… 171
3. ストレッチの考え方 …… 172
4. 日常生活で行うストレッチ …… 174

第11章　応急手当 …… 179
1. 医療機関搬送までの手順 …… 179
2. 応急手当の基本 …… 179
3. 家庭でできる応急処置 …… 182
4. 脳振盪 …… 185
5. 心臓震盪 …… 187
6. 心肺蘇生法 …… 187

第12章　スポーツと心理のかかわり …… 191
1. スポーツ場面における心理 …… 191
2. 練習方法 …… 195
3. スポーツの心理的効果 …… 198

第Ⅳ部　健康・スポーツと社会

第13章　今日の学校保健の問題 …………………… 204
1. 薬物乱用と健康 …………………………………… 204
2. 喫煙と健康 ………………………………………… 207
3. 飲酒と健康 ………………………………………… 210
4. 性感染症 …………………………………………… 215

第14章　欲求，ストレスと疲労への対処法 ……… 218
1. 欲求と適応機制 …………………………………… 218
2. 自己実現 …………………………………………… 219
3. ストレスとは ……………………………………… 220
4. ストレスに対する対処行動の重要性 …………… 224
5. ストレス解消法 …………………………………… 225
6. 運動・スポーツとストレス ……………………… 227
7. ストレス軽減を目的とした運動処方 …………… 228
8. 疲労回復法 ………………………………………… 228
9. アレルギーとストレス …………………………… 233

第15章　地域とスポーツのかかわり ……………… 235
1. 地域におけるスポーツの意義と発展 …………… 235
2. 地域とプロスポーツの連携 ……………………… 235
3. 総合型地域スポーツクラブとは ………………… 237
4. なぜ総合型地域スポーツクラブなのか ………… 239
5. 総合型地域スポーツクラブ育成のメリットは … 240
6. 広域スポーツセンターとは ……………………… 240
7. NPO法人ふくのスポーツクラブ ………………… 242

第16章　社会におけるスポーツの役割 …………… 246
1. スポーツへのかかわり方の多様化 ……………… 246
2. スポーツボランティアに参加しよう …………… 248
3. 現代スポーツの問題点 …………………………… 250

索　引 ………………………………………………………… 258

第Ⅰ部　健　　康

第1章　健康の捉え方と獲得するための
　　　　ポイント
第2章　生活習慣病と関連する要因

第1章 健康の捉え方と獲得するためのポイント

Ⓐ 理　論

1．わが国の背景（少子高齢社会，医療保険制度）と病気，健康

健康と病気に関するわが国の背景は，以下のように要約することができる．

1）平均寿命の延伸

日本人の平均寿命は，厚生労働省令和5年簡易生命表によると男性81.09歳，女性87.14歳と，新型コロナウイルス感染症の影響もあって低下していた2021～2022年からはわずかに延ばしたものの，2020年の水準には戻っていない．国際比較では女性は前年と変わらず世界1位だが，男性は世界4位から5位に下がった（図1-1）．また，65歳までの生存する者の割合は男性89.5％，女性94.4％と推定されている．また，その年に生まれた者のうちの半数が生存すると期待される年数を寿命中位数といい，2023年においては，男性が83.99年，女性が90.02年である．これは男女とも平均寿命を3年程度上回っている．これに伴い，1963年には153人だった100歳以上の高齢者が，2024年で95,119人に増加しており，加えてその88.3％が女性である（図1-2）．全世界的に平均寿命が延伸した要因として，栄養状態・衛生状態の向上，医療・保健サービスの充実，高度医療技術の発達に伴う死亡率の減少があげられる．また，わが国では国民皆保険制度によって医療・保健サービスの地域格差が欧米諸外国と比較しても小さいことや日本の伝統的な食文

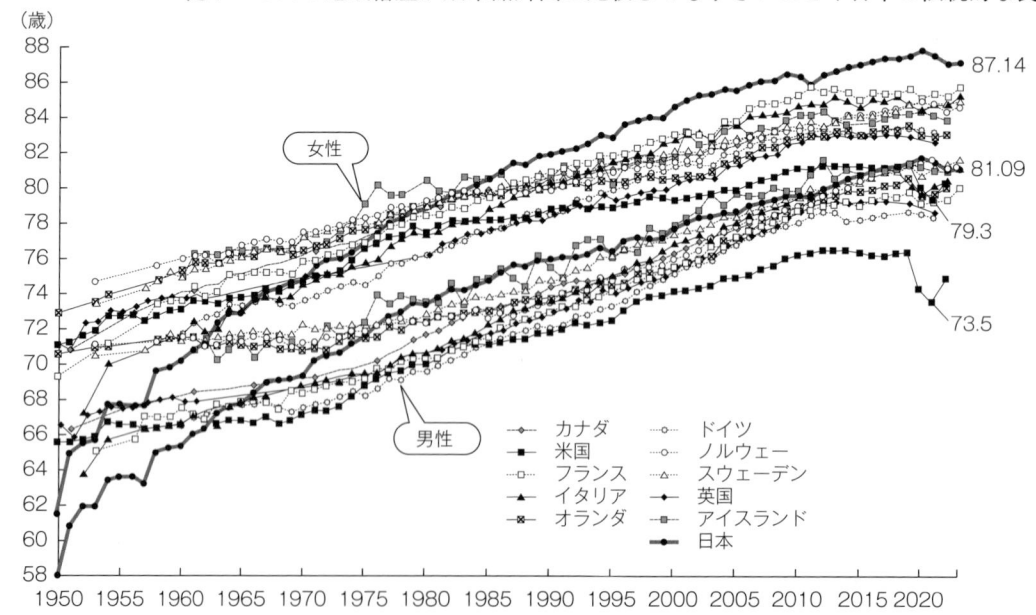

図1-1　諸外国の平均寿命の年次推移
（社会実情データ図録HPより＜ https://honkawa2.sakura.ne.jp/1610.html ＞）

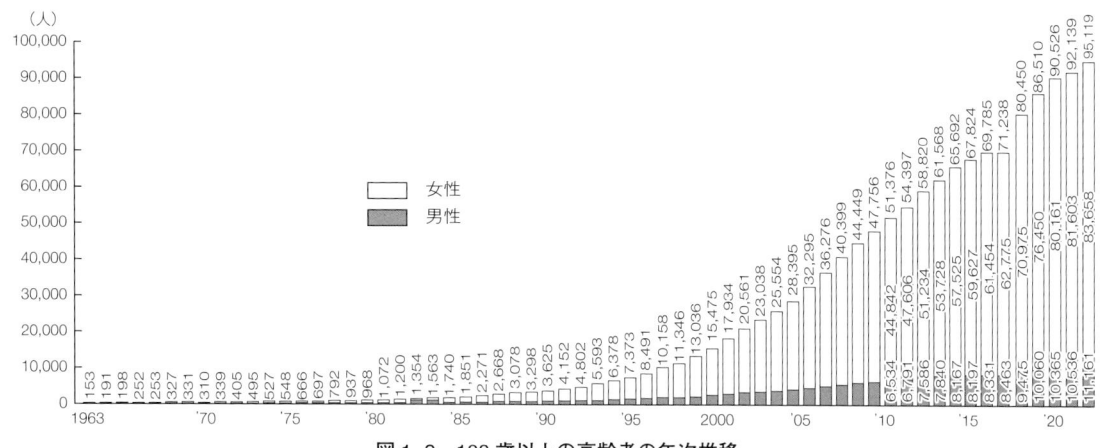

図1-2 100歳以上の高齢者の年次推移
(厚生労働省「百歳の高齢者へのお祝い状及び記念品の贈呈について」2024)

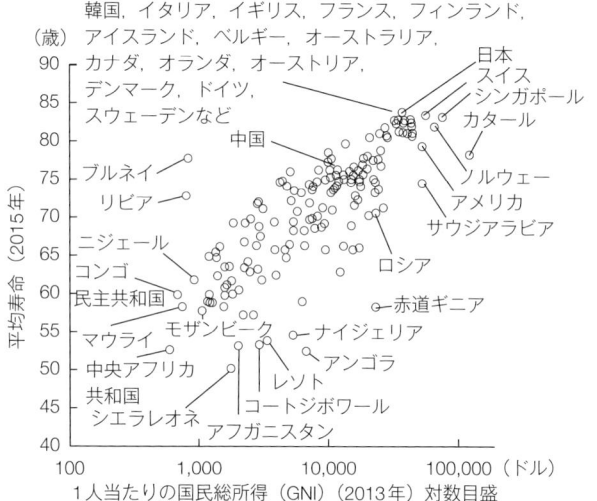

図1-3 1人あたりの国民総所得(GNI)と平均寿命の関係
(World Health Statistics 2015 より作図)

化も影響していると考えられる．これらの要因が維持・改善され続けるのであれば，今後も平均寿命の延伸が期待できる．一方で，一人当たりの国民総所得（Gross National Income: GNI）と平均寿命の相関図（図1-3）が示すように，平均寿命は国の財政的豊かさに左右されるともいえる．

また，人々が「より健康で長生きする」期間，すなわち平均的にどのくらいの期間，病気や他人の介助などがなく生存できるかという指標として，健康寿命（Healthy Life Expectancy）注1）が提案されている．健康寿命の推定指標はさまざま提案されているが，世界保健機関（WHO）では，死亡と健康状態の総合指標として，平均寿命から重傷や重病の期間を差し引いた障害調整余命（Disability-Adjusted Life Expectancy: DALE）を利用している（健康度調整平均余命（Health-Adjusted Life Expectancy: HALE）とも呼ぶ）．2024年に発表した順位（World Health Statistics 2024：WHO）では，192カ国中で男性は第3位（71.9歳），女性は第2位（74.8歳）であった．日本の健康寿命が高い要因として，WHOは，日本の伝統的な低脂肪の食事によって心臓病が少ないことなどをあげている．しかし，近年の日本における食生活の欧米化や高い喫煙率がやがて健康寿命へ影響するとWHOは予測している．また，平均寿命と健康寿命の差（9～12年）は，要介護・

注1）健康寿命（Healthy Life Expectancy）：健康で自立した生活を送ることができる年数であり，何年生きられるかを示す平均寿命とは異なる．つまり，平均寿命は健康寿命と不健康寿命の和と考えられる．ただし，健康寿命は健康の定義の仕方（尺度）によって異なるため，さまざまな尺度が提案されている．したがって，用いる尺度によって健康寿命も異なる．文献上みられる健康の尺度は，疾病・障害の有無（有病率・受療率），就床の有無（寝たきり者，入院者，特別養護老人ホーム入所者），健康自己評価による尺度，日常生活動作能力による尺度（室内における自立生活），手段的日常生活動作能力による尺度（活動範囲が室内および室外での独立した生活），ナジ指標（活動能力＋強さ・スタミナ）などがある．WHOが健康寿命として利用しているのは，障害調整余命（DALE）である．

寝たきり期間と捉えることもできる．この期間の短縮を目指すことがわが国の健康施策において重要となる．

2）少子高齢社会

日本人の平均寿命の延伸とともに，少子化傾向が進んでいる．これは欧米諸国も同様であり，先進諸国は，例外なく多産多死から少産少死の人口動態をたどる（図1-4）．わが国の高齢化の特徴は，世界一の高齢化率に加えて，高齢者人口の増加率（高齢化速度）が欧米諸国の倍近い速度で進行している点にある．そのため，公的支出を少子化対策よりも高齢者対策にあてざるを得ない状況が続いている．厚生労働省は，全人口に占める65歳以上の高齢者の割合が，2040年には34.8％，2070年には38.7％になると推計している（人口統計資料集2023改訂版）．わが国の出生率は，1974年以降，長期的にみて人口を維持できる出生率（人口置換水準）である2.07を下回り，2005年より人口減少が始まっている．人口ピラミッドの推移（図1-5）からみてもその傾向は明らかである．少子高齢化は，労働人口の減少を招き，社会保障制度の維持が難しくなるため重要な問題である．少子化の要因として，女性の社会進出に伴う晩婚化，または，妊娠，出産によるキャリアの断絶が仕事を続けるうえでデメリットとなりやすいこと，さらに子どもの出産を支援する社会制度（少子化対策への公的支出）の遅れなどが考えられる．

3）国民医療費の高騰

国民医療費とは，国民が医療機関において傷病のために支払う費用（医療保険の負担分も含む）のことで，初診料，薬代，処置料，または入院料などを含む．国民医療費は年々増加の一途をたどっている．2013年度には40兆円，2022年度には46兆円を突破している（図1-6）．これは国民経済にとって大きな圧迫要因となり，対国内総生産比率は8％を超え，医療保険で負担している国家財政もその比率が増加している．国民医療費の高騰の要因として，高齢者人口の増加に伴い治療を必要とする人口が増加したこと，医療技術の発達に伴い単価医療費が高騰したことがあげられる．とくに65歳

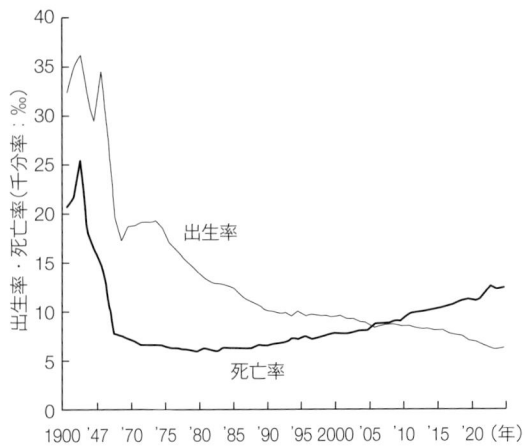

図1-4　日本の出生数と死亡数の年次推移
（国立社会保障・人口問題研究所「人口統計資料集2023改訂版」）

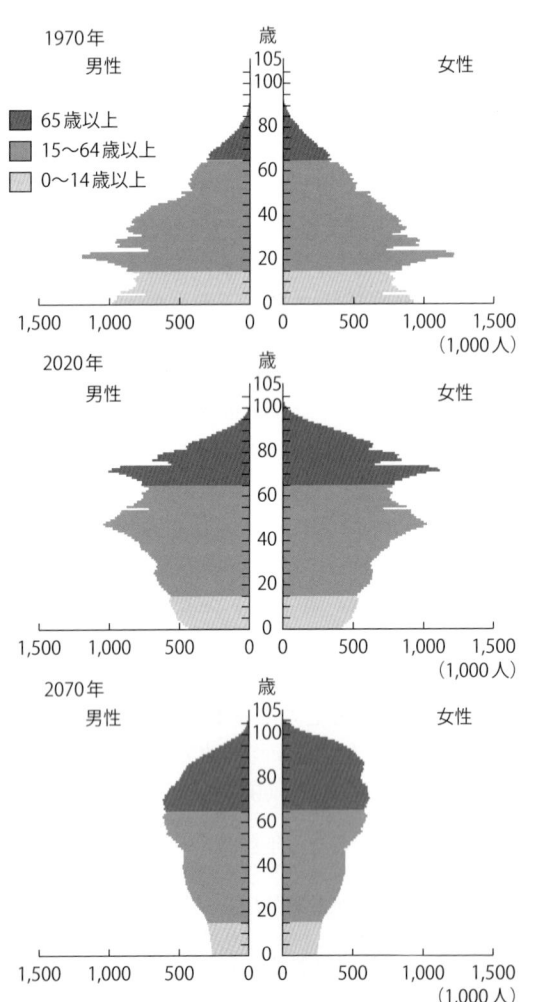

図1-5　日本の人口ピラミッドの推移（1970年，2020年，2070年）
（国立社会保障・人口問題研究所，人口統計資料集2023年改訂版）

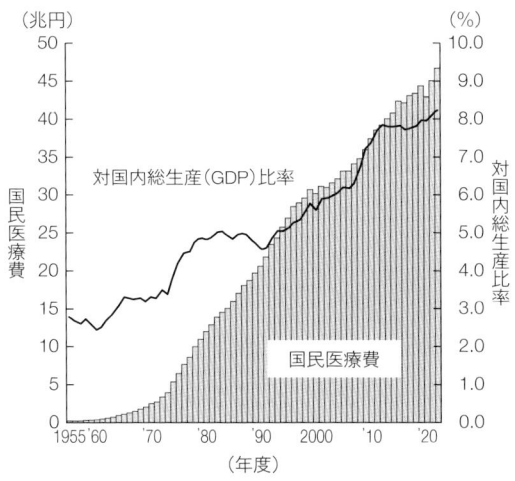

図1-6 国民医療費と対国内総生産比率の年次推移
(厚生労働省「令和4年度国民医療費の概況」2022)

以上の高齢者の医療費が60.2％（28.1兆円）と非常に高く，一人当たりに換算すると65歳未満の3.7人分の医療費がかかっている．また，医療費の内訳をみると，心疾患，脳血管疾患，悪性新生物（がん）などの**生活習慣病**の治療に関連するものが上位を占めている．国民医療費の高騰を考えると，一次予防による生活習慣病の予防が重要となる（表1-1）．

4）運動不足と食生活の高カロリー化による肥満と糖尿病の増大

近年では，生活・労働周辺機器のオートメーション化，交通網の発達などにより生活に運動習慣を意図的に組み込まないと健康を維持・増進するために必要な身体活動量を確保できない．2023年の国民健康・栄養調査（厚生労働省，2024）によると運動習慣のある者の割合（年齢調整）は，男性32.1％，女性24.6％とこの10年間はほぼ横ばいで，一日の歩数も2000年（男性8,202歩，女性7,282歩）から減少し続けている（男性6,628歩，女性5,659歩）．

食生活は，欧米化に伴い，脂質摂取量の増加による高カロリー化が進み，一方で緑黄色野菜，その他の野菜，海藻類，魚介類の摂取量は増加していない．

このような状況は，肥満や糖尿病を増大させる要因となる．女性は，「痩身願望」のためか，この10年間で肥満者はほぼ横ばいであるが，男性の肥満者（BMI≧25）は増加傾向にあり，40～60歳代の約35％は肥満者である．また，20歳以上の男女で「糖尿病が強く疑われる者」と「糖尿病の可能性を否定できない者」を合わせると約2,050万人にもなる（男性27.3％，女性21.8％）．とくに，非肥満者（BMI＜25）の糖尿病患者が増加しており，食事管理による肥満予防だけではなく，運動不足による不活動な生活に注意しなければならない．

5）疾患構造の変化

時代の変化とともに，疾患構造も変化している．1950年代までの死因は，肺炎，胃腸炎，結核などの感染症が上位を占めた（図1-7）．平均寿命が延伸した要因（本章1-1）参照）が整ったことで，感染症による死亡者は激減し，代わって悪性新生物，心疾患，脳血管疾患の生活習慣病による死亡者が増加した．これらの疾患による死亡率は，人口構成比を考慮した場合は横ばいかやや減少しているものの（「初版の序，

表1-1 病気に対する予防

一次予防	・健康の維持・増進	生活習慣を正して，疾病の危険因子を除去する →運動・栄養・休養の3本柱を改善 　健康教育による正しい知識の習得
	・特殊予防	感染症予防，公害対策，職業病予防
二次予防	・早期発見，早期治療	疾病を早期発見・治療し，疾病の重症化を防ぐ →健康診断，人間ドック
	・合併症予防	適切な治療により合併症を予防し，後遺症を軽くする
三次予防	・リハビリテーション	重症化した疾病の治療後の合併症，後遺症を防ぎ社会復帰の対策をとる →理学・作業療法，機能回復訓練など

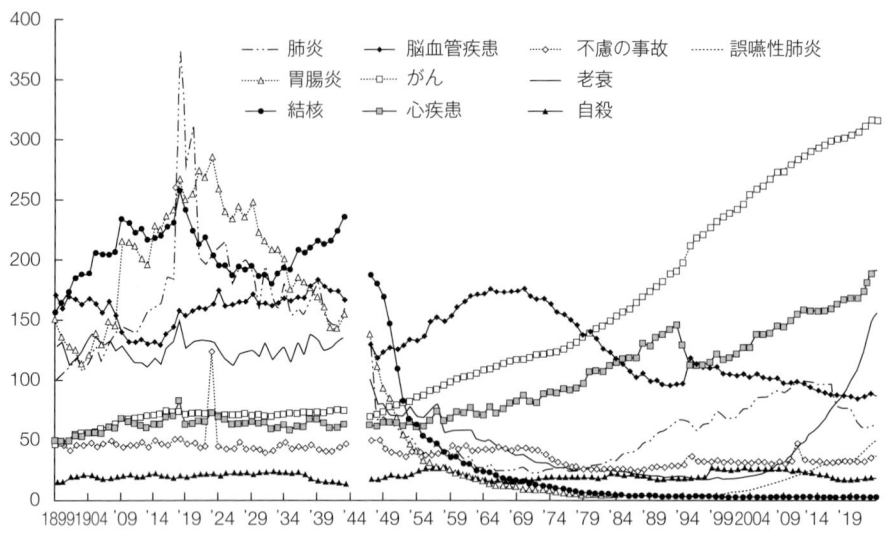

図 1-7　主要死因別死亡率（人口 10 万人対）の長期推移
(社会実情データ図録 HP より＜ http://honkawa2.sakura.ne.jp/2080.html ＞)

p.ⅱ」参照），高齢化が進むわが国では，長期間の生活習慣の蓄積によって発症するこれらの疾患で死亡する者が増加している．とくに近年，老衰と誤嚥性肺炎による死亡者が増加しているが，誤嚥性肺炎の95％は65歳以上の高齢者である．老衰を除くと全体の約50％がこれら4つの疾患で占める．

厚生労働省令和5年簡易生命表によると，65歳まで生存する者の割合は男性の89.5％，女性の94.4％と非常に高いが，加齢とともに生活習慣病の罹患リスクが高まる．事実，2000年以降の平均寿命と健康寿命の延伸を比較すると，健康寿命の伸びはやや鈍い．また，高齢期は加齢とともにさまざまな機能が低下し，自立した生活が徐々に困難となる．たとえば，運動器の機能低下（ロコモティブシンドローム：第3章参照, p.47）や認知症により，活動範囲が縮小する．厚生労働省研究班は，2025年の認知症高齢者は，472万人（有病率12.9％），認知症予備群とされる軽度認知障害（MCI）を含めると1,036万人（28.3％）にものぼると推計した．したがって，早い年齢段階から，高齢期になっても健康で活動的であることを目標とした一次予防が肝要である

2．健康の定義

「健康」という言葉は日常的に使うが，「健康」とは何か，と問われた場合，さまざまな捉え方があることに気づく．それらの定義と健康の捉え方についてまとめる．

1）病気や異常のない状態

もっとも単純な定義は，健康を病気や死の反対の極と捉えることである．しかし，平均寿命が延伸しているにもかかわらず，生活習慣病を患っている人や社会的に仕事や学業などで悩みやストレスを抱えている人も少なくはない．これらの人は，精神的，社会的には健全であるとはいえない．

2）健康とは，身体的・精神的・社会的に完全な良好な状態であり，単に病気あるいは虚弱で

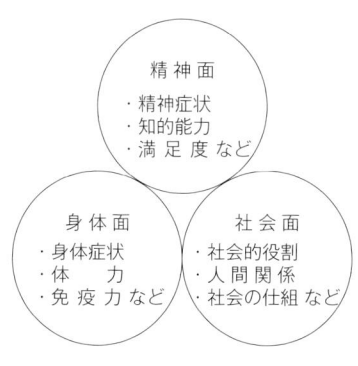

図1-8 健康の3つの側面

ないことではない

　第二次世界大戦後の1946年にWHOは，到達すべき理想的な健康像を掲げて，それに向けて努力しようとして健康の定義を発表した．この定義において注目すべきことは，単に病気ではないという消極的な捉え方ではなく，われわれがより高いレベルの健康を積極的に獲得することを重要視した点である．また，健康を身体面だけでなく，精神面や社会面から捉えていることも重要である．図1-8に示したように3つの側面が相互に関連し，ひとつの側面に区分できないとしている．たとえば，身体症状は，単に身体面の問題だけではなく，心身症のように精神面の問題が身体に現れたと捉えることができる．また，社会的に充実した人生を送れていれば，それが精神面にもよい影響を及ぼすとも考えられる．しかし，WHOの定義は到達すべき健康の理想ではあるが，非常に高いレベルである．2019年の厚生労働省の国民生活基礎調査では，86.1％の人が「健康と思っている」と回答するが，一方で30.3％もの人が，病気やけが，不具合などの自覚症状を有しており，日常生活で悩みやストレスがある者は47.9％と高い．慢性的な病気や障害を抱えている人や精神的に良好ではない人は，WHOの定義から考えると健康ではないと判断される．これらの人は健康とは無縁なのかという疑問が生じる．

3）環境に適応し，かつその人の能力が十分に発揮できる状態

　前記2つの定義では，身体面の健康が重要視されている．つまり，病気の存在は健康を否定する要因として捉えられてきた．しかし，近年では，その人の生き方や価値観が健康に密接に関連していると考えられるようになってきた．病気の存在は必ずしも健康の否定につながらず，外部環境（自然環境，生物学的環境，社会的環境など）に対して，自身の内部環境の恒常性を維持しつつ，外部環境とのバランスを保つことが重要視される．つまり，「健康」とは，個々人が活力をもって物事に積極的に取り組むことができるのであれば，障害のある人や慢性的な疾病を有する人であっても健康を獲得することができると考える定義である．

　この観点から捉える健康においては，個々人の**生活の質**（Quality of Life：QOL）や**生きがい**が重要な要因となる．

3．健康とQOL

　WHOはQOLを「個人が生活する文化，価値システムの中で，自分の目標，期待，基準，および関心に関連して，自分自身が生活の中で置かれている状況に対する認識」と定義している．この定義からもQOLの概念が広範囲にわたり，かつ多面的であることがわかる．日本では，生活の中の満足感や充実感，あるいは幸福感を表す言葉として利用されることが多い．

　QOLは健康と同義ではないが，健康と非常に密接にかかわっている．WHOでは，個人のQOLを測定する調査票を開発している．その調査票では，①身体的領域（活力や疲労など），②心理的領域（前向きな感情など），③自立レベル（移動能力など），④社会的関係（社会的サポートなど），⑤環境（医療機関の利用しやすさなど），⑥個人の信念や精神性（人生の意味など）の6つの下位領域に分類されている．

　近年の健康観では，QOLが重視されていることで，医療現場においても「単に

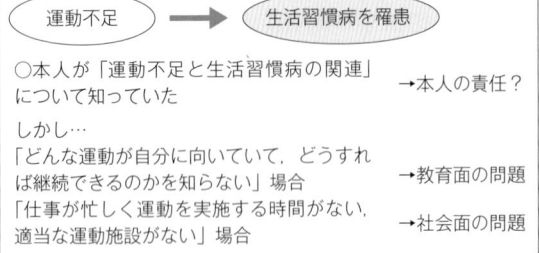

病気を治すことだけでなく，その後の生活も考慮することが重要」と位置づけている．ケガや疾病後の障害や慢性疾患治療の予後などでは，身体の機能回復のみならず，人生の満足感や充実感の向上・維持を図ることが求められている．患者本人の意向によっては，苦痛を伴う治療やリハビリテーションを回避することも十分考えられるべきである．単純に延命を第一に図ることよりも，充実した生活を過ごして死を迎えることを大切に考えなければならないこともあるであろう．

```
┌─────────────────────────────────────────────┐
│ ┌運動不足┐ → ┌生活習慣病を罹患┐             │
│                                               │
│ ○本人が「運動不足と生活習慣病の関連」          │
│  について知っていた           →本人の責任？   │
│ しかし…                                       │
│ 「どんな運動が自分に向いていて，どうすれ      │
│  ば継続できるのかを知らない」場合  →教育面の問題│
│ 「仕事が忙しく運動を実施する時間がない，      │
│  適当な運動施設がない」場合    →社会面の問題  │
│ 個人の責任に押し付けるのではなく，「健康的な行動に結びつ│
│ くための教育的な働きかけ」と「健康的な生活を支えるた│
│ めの社会環境への働きかけ」を組み合わせて，個人の健康の実│
│ 現を支援すること．                            │
└─────────────────────────────────────────────┘
```

図 1-9 ヘルスプロモーションの基本的な考え方

4．健康とヘルスプロモーション

さまざまな捉え方がなされる健康ではあるが，単に「病気にならない」，「死亡しない」といった消極的なものから，「活動的で活力にあふれた生活を送る」といった積極的な健康観が主流となり，「健康」は生活習慣の見直しや運動によって体力を高めるなど，積極的に獲得すべきものであることが共通認識となっている．近年，生活習慣病の罹患者の増加や個人の価値観を尊重する傾向が強まったことに伴い，健康に関する本人の意思や行動が重視されるようになってきた．しかし，健康に対して好ましい意思を持ち，適切な行動をとることができるようになるためには，周囲の支援が必要である．そこで，健康を維持・増進するために，個人に対して教育面と環境面での支援を組み合わせて行うことが重要であるとする「ヘルスプロモーション」という考え方が重視されている．ヘルスプロモーションとは，「人々が自らの健康をコントロールし，改善できるようにする過程」である（図 1-9）．

従来は，健康を最終的な目標と考える傾向が強かったが，WHO が 1986 年に提唱したヘルスプロモーションの概念（オタワ憲章）では，「QOL の向上を最終目標に据えて，健康はその資源である」と位置づけている．

ヘルスプロモーションの活動として，「健康のための政策づくり」「健康を支援する環境づくり」「地域活動の活性化」「個人の能力を高めること」「治療中心から自己健康管理中心の保健サービスへの方向転換」があげられている．このうち，「個人の能力を高めること」は個人に対する直接的な働きかけであり，他の活動は健康のための環境づくりといえる．前述したように，ヘルスプロモーションでは，個々人が健康を維持・増進するための実践力を養成するのと同時に，健康に生きるための環境づくりをとくに重視している．

5．健康日本 21

行政レベルでの健康・体力づくりの取り組みは，健康観の変化，ヘルスプロモーションの発展によって変化してきた．欧米諸国の取り組みとともに，その変化や成果を確認してみる．

1）欧米諸国の健康に対する取り組み

ヘルスプロモーションが定着する以前から，健康に対する取り組みはなされてき

た．

- 1974年：カナダ保健大臣のラロンドは，公衆衛生活動の重点を疾病予防から健康増進に移行するという「ラロンド報告」を提言した．
- 1976年：WHOは医療の重点を「一次医療」，すなわちプライマリ・ケアに転換すべきと提唱した．
- 1979年：米国厚生省は，個人の生活習慣の改善による健康の実現に重点を置いたヘルシー・ピープルという国民的健康政策を打ち出した．これは，ラロンド報告の基本概念に基づいて，科学的に立証された数値目標を人生の年代別に設定するというアプローチ法をとっており，日本の「健康日本21」もこのアプローチ法に近い形をとっている．
- 1980年代後半：個人の努力だけに基づいた予防活動が批判され，社会環境の整備，資源の開発の必要性も説かれるようになった．そして，健康増進に寄与するように地域環境を改善する都市づくり，すなわち健康都市（Healthy City）が提唱された．これにより，ヘルスプロモーションの理念に基づき各国で活動が展開されている．

2）国民運動としての取り組み

旧厚生省および厚生労働省は，国民運動の健康・体力づくりの対策として，これまで3つの対策を進めてきた．この変遷を以下に示す．

①第一次国民健康づくり対策（1978～1987年）：健康診断の充実による疾病の早期発見，早期治療，市町村保健センター等の整備，保健師・栄養士等のマンパワー確保（健康づくりの基盤整備と二次予防に重点）．

②第二次国民健康づくり対策（アクティブ80ヘルスプラン，1988～1999年）：栄養・運動・休養を3本柱に，とくに運動による健康づくりに重点を置き，運動指針，食生活指針，休養指針の策定，健康運動指導士・健康運動実践指導者の養成，健康増進施設の認定（一次予防実践のための環境づくりに重点）．

③第三次国民健康づくり対策（健康日本21，2000～2012年）：一次予防実践に向けた国民の行動変容を促すための環境整備や支援を重視し，それ以前の対策とは，以下に示すような異なるアプローチ法をとっている．

- ⅰ）「一次予防」の重視：生活習慣病予防，健康増進を意味し，罹患してからの早期発見・治療に重点においた以前の対策とは異なる．言い換えれば，ようやく一次予防に取り組める環境が整ったともいえる．
- ⅱ）個人の健康づくりを支援する環境の整備を重視：このアプローチ法は，ヘルスプロモーションの理念に基づくものであり（図1-10），行政，保険医療機関，教育関係機関，企業，NGOなどが連携しつつ環境を整備し，個人の健康づくりを総合的に支援する．
- ⅲ）自由な意思決定に基づく健康づくり：取り組む主体は国民であり，国や地方自治体は国民一人一人を支援する立場にあるという考え方である．
- ⅳ）科学的根拠に基づく，具体的な数値目標の設定：米国のヘルシー・ピープルの手法を参考にした．年齢層や項目ごとに具体的な数値目標を設定することで，この取り組みによる成果を具体的に評価する．

④第四次国民健康づくり対策（健康日本21（第二次），2013～2022年）：基本戦略は，健康日本21を踏襲し，一次予防実践を支援し，「全ての国民が共に支え合い，健やかで心豊かに生活できる活力ある社会の実現」のために，以下の5つの課題に

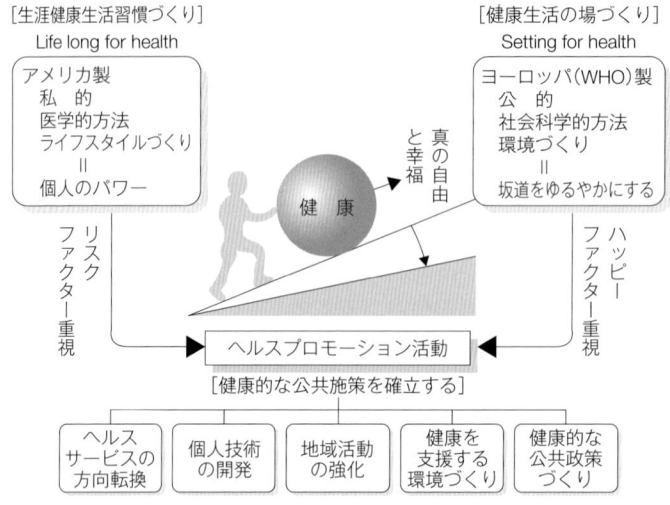

図1−10 ヘルスプロモーションの概念図
（日本ヘルスプロモーション学会HPより< http://www.jshp.net/HP_kaisetu/kaisetu_head.html >）

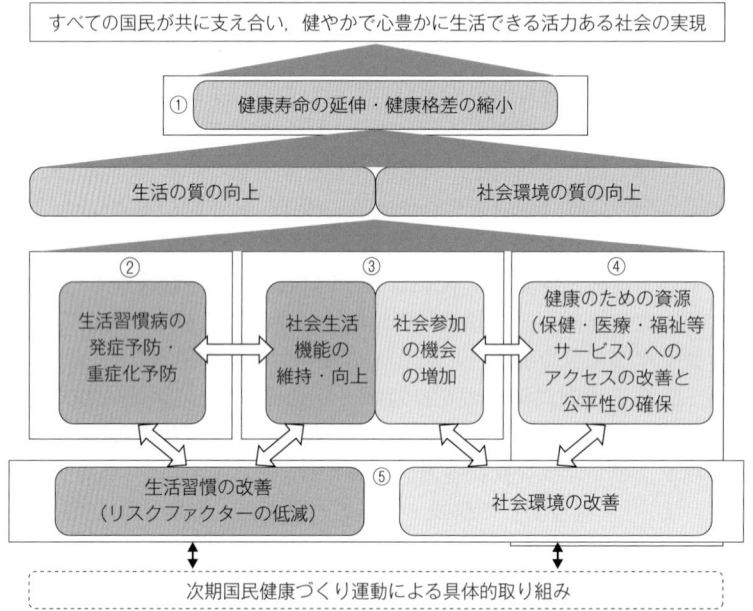

図1−11 健康日本21（第二次）の概念図
（厚生科学審議会地域保健健康増進栄養部会，次期国民健康づくり運動プラン策定専門委員会：「健康日本21（第2次）の推進に関する参考資料」）

ついて具体的目標値を設定して，達成を目指す．図1−11に示すように，各課題は相互に関係し，最終的に健康寿命の延伸と健康格差の縮小の実現を目指す．

　ⅰ）健康寿命の延伸と健康格差の縮小
　ⅱ）主要な生活習慣病（がん，循環器疾患，糖尿病，COPD（慢性閉塞性肺疾患））の発症予防と重症化予防
　ⅲ）社会生活を営むために必要な機能の維持および向上
　ⅳ）健康を支え，守るための社会環境の整備
　ⅴ）栄養・食生活，身体活動・運動，休養，飲酒，喫煙および歯・口腔の健康に

表1-2 「健康日本21」の目標9領域のベースライン値(BL),目標数値,および最終評価

●栄養・食生活
・目標設定：適正な栄養素（食物）の摂取
　　　　　　適正な栄養素（食物）摂取のための行動変容
　　　　　　行動変容を支援するための環境づくり
例：[目標]適正体重を維持している人の増加

	BL	最終	目標
20～60歳代男性の肥満者	24.3%	31.7%	15%以下
20歳代女性の痩せの者	23.3%	22.3%	15%以下
40～60歳代女性の肥満者	25.2%	21.8%	20%以下

[目標]野菜の摂取量の増加

	BL	最終	目標
野菜（成人）	292g/日	295g/日	350g/日
緑黄色野菜（成人）	98g/日	99g/日	120g/日

[目標]朝食を欠食する人の減少

	BL	最終	目標
男性（20歳代）	32.9%	33.0%	15%以下
男性（30歳代）	20.5%	29.2%	15%以下

●身体活動・運動
・目標設定：身体活動の実践と意識
例：[目標]日常生活における歩数の増加

	BL	最終	目標
男性（20～60歳）	8,202歩	7,243歩	9,200歩以上
女性（20～60歳）	7,282歩	6,431歩	8,300歩以上
男性（70歳以上）	5,436歩	4,707歩	6,700歩以上
女性（70歳以上）	4,604歩	3,797歩	5,900歩以上

例：[目標]高齢者の積極的な外出への意欲を持つ者

	BL	最終	目標
男性（60歳以上）	59.8%	74.4%	70%以上
女性（60歳以上）	59.0%	71.4%	70%以上
全体（80歳以上）	46.3%	58.1%	56%以上

●休養・こころの健康づくり
・目標設定：ストレスの低減，睡眠の確保，自殺者の減少
例：[目標]ストレスを感じた人の減少

	BL	最終	目標
全国平均	54.6%	61.2%	49%以下

●たばこ
・目標設定：十分な知識の普及
　　　　　　未成年者の喫煙防止
　　　　　　受動喫煙の害の排除（分煙）・減少のための環境作り
　　　　　　希望者への禁煙支援
例：[目標]喫煙が及ぼす健康影響について知っている割合の増加

	BL	最終	目標
肺がん	84.5%	87.5%	100%
心臓病	40.5%	50.7%	100%
脳卒中	35.1%	50.9%	100%
胃潰瘍	34.1%	35.1%	100%
妊娠に関連した異常	79.6%	83.5%	100%
歯周病	27.3%	40.4%	100%

●アルコール
・目標設定：多量飲酒者の減少
　　　　　　未成年者の飲酒防止
　　　　　　「節度のある適度な飲酒」の知識普及
例：[目標]多量に飲酒する人の減少

	BL	最終	目標
男性	4.1%	4.8%	3.2%以下
女性	0.3%	0.4%	0.2%以下

●歯の健康
・目標設定：う歯・歯周病の予防
　　　　　　歯の喪失防止
例：[目標]80歳で20歯異常の自分の歯を有する人の増加

	BL	最終	目標
75～84歳	11.5%	26.8%	20%以上

例：[目標]う歯のない幼児の増加

	BL	最終	目標
3歳児	59.5%	77.1%	80%以上

●糖尿病
・目標設定：生活習慣の改善
　　　　　　治療の継続
例：[目標]糖尿病有病者の増加の抑制

	BL	最終	目標
糖尿病有病者数	690万人	890万人	1000万人
糖尿病性腎症者数	10,729人	16,414人	11,700人

●循環器病
・目標設定：生活習慣の改善
　　　　　　早期発見
例：[目標]高血圧の改善（収縮期血圧の平均値）

	BL	最終	
男性	132.7	131.7	(mmHg)
女性	126.2	123.3	(mmHg)

例：[目標]高脂血症の減少

	BL	最終	目標
男性	10.5%	10.4%	5.2%以下
女性	17.4%	16.0%	8.7%以下

例：[目標]循環器病による死亡率の減少（人口10万人対）

	BL	最終	
脳卒中（全体）	110.0	97.2	(人)
虚血性心疾患（全体）	57.2	59.9	(人)

●がん
・目標設定：生活習慣の改善
　　　　　　がん検診の受信者の増加
例：[目標]がん検診の受診者の増加

	BL	最終	目標
胃がん	1,401万人	2,159万人	2,100万人以上
子宮がん	1,241万人	1,086万人	1,860万人以上
乳がん	1,064万人	868万人	1,600万人以上
肺がん	1,023万人	1,832万人	1,540万人以上
大腸がん	1,231万人	1,844万人	1,850万人以上

関する生活習慣および社会環境の改善

3）健康日本21の成果（最終評価）

　健康日本21では，5つの生活習慣（栄養・食生活，身体活動・運動，休養・こころの健康づくり，たばこ，アルコール）と4つの生活習慣病（歯の健康，糖尿病，循環器病，がん）の計9領域70項目について具体的な数値目標が設定された．中間年度（2005年）と最終年度（2012年）に成果を科学的数値に基づき評価した．
　2012年に報告された健康日本21の最終評価について主な領域をまとめる（表1-2）．

（1）栄養・食生活
　女性の肥満者は減少したが，痩せは横ばいであった．20～60歳代男性の肥満者は増加した．栄養摂取状態では，食事に占める脂肪の割合は変わらなかったが，食

塩の摂取量は低下した．野菜（緑黄色野菜）やカルシウム摂取量は増加していない．とくに20歳代は，脂肪エネルギー摂取比率が高く，朝食欠食率が高く，体重コントロールの実践率が低い．

（2）身体活動・運動

運動習慣者は増加し，高齢者の外出への意欲は高くなり，何らかの地域活動を実施している者も増加した．しかし，成人，高齢者の日常生活における歩数は減少した．今後，メタボリックシンドロームの概念，介護予防のための身体活動の重要性の普及が期待される．

（3）たばこ

健康増進法の施行以降，受動喫煙防止のための公的施設，職場における分煙対策は着実に進展した．喫煙が及ぼす健康影響についての知識は普及しつつあるが，心臓病，脳卒中，胃潰瘍，歯周病に関しては十分ではない．また成人の喫煙率の低下は目標として掲げておらず，あくまでも禁煙を希望する者への支援を目標としているが，男性の喫煙率は40％を下回った．ただし，女性の喫煙率は10％程度と低いものの減少していない．たばこと健康については第13章を参照されたい．

（4）歯の健康

健康日本21以前から，生涯にわたり自分の歯を20歯以上保ち，健全な咀嚼能力を維持することを目標とした8020運動が推進されており，多くの項目で目標値を達成した．う蝕（虫歯）や歯周病はさまざまな全身疾患リスクとなり，高齢者において歯の喪失は栄養状態の悪化につながることから正しい知識の普及が重要である．

（5）糖尿病

糖尿病有病者数は，女性では増加していないが，男性では増加傾向は続いている．また，糖尿病予備群とされる者は男女とも増加傾向にある．糖尿病では，運動習慣，食生活などのとくに一次予防が重要となることから積極的な対策が必要である．

（6）循環器疾患

5年間で脳卒中，虚血性心疾患の年齢調整死亡率は，それぞれ約40％，約30％低下と顕著に改善している．ただし，循環器病に影響する高血圧症，糖尿病，脂質異常症といった危険因子は改善していない．とくに中高年男性はこれら複数のリスクを有する者が増加している．

（7）がん

がんの一次予防として生活習慣の改善を目標としているが，そもそも，がんの罹患リスクと生活習慣が密接にかかわっていることが十分に浸透していない．がんの罹患リスクとして，運動不足がちな生活，栄養バランスの乱れた食生活，不十分な休養がもっとも影響することを理解しなければならない．また，女性のがんである乳がんや子宮がんの受診者が減少しているのは，検診間隔が1年から2年に変更された影響が大きい．年齢，検診間隔を考慮すると両受診率は増加している．

6．健康増進法

健康増進法は，健康日本21を中核とする国民の健康づくり・疾病予防を積極的に推進するため，医療制度改革の一環として，2002年8月に公布され，2003年4月に施行された．わが国におけるはじめての健康づくりのための法律である．

健康増進法の目的などについては表1-3のとおりである．

表 1-3　健康増進法の目的

第一章　総則
（目的）
第一条　この法律は，我が国における急速な高齢化の進展及び疾病構造の変化に伴い，国民の健康の増進の重要性が著しく増大していることをかんがみ，国民の健康の増進の総合的な推進に関し基本的な事項を定めるとともに，国民の栄養の改善その他の国民の健康の増進を図るための処置を講じ，もって国民保健の向上を図ることを目的とする．
（国民の責務）
第二条　国民は，健康な生活習慣の重要性に対する関心と理解を深め，生涯にわたって，自らの健康状態を自覚するとともに，健康の増進に努めなければならない．
（国及び地方公共団体の責務）
第三条　国及び地方公共団体は，教育活動及び広報活動を通じた健康の増進に関する正しい知識の普及，健康の増進に関する情報の収集，整理，分析及び提供並びに研究の推進並びに健康の増進に係る人材の養成及び資質の向上を図るとともに，健康増進事業実施者その他関係者に対し，必要な技術的援助を与えることに努めなければならない．

図 1-12　新健康フロンティア戦略
（新健康フロンティア戦略賢人会議第3回参考資料2）

健康増進法の基本的な考え方は，個人の健康づくりを社会全体で支援するというオタワ憲章の流れを汲んだ健康日本21の趣旨と同様の考え方が責務として盛り込まれている．これらは，「健康日本21」の推進方策の大きな柱である推進体制，地方計画および保健事業の連携に関する根拠条文となるものである．

7. 新健康フロンティア戦略

厚生労働省主導で推進する健康日本21と並行して，2007年には内閣府の主導により，わが国において健康寿命の延伸やQOLの向上を目指すために取り組むべき9つの領域の課題，およびその具体策をまとめた新健康フロンティア戦略が提言された．これは2005年に「生活習慣病予防」と「介護予防」の推進を柱とした10カ年計画である健康フロンティア戦略を発展的に修正し，2007年から再スタート（2007～2017年度）させたものである．健康日本21と同様に，地方自治体を巻き込みながらポピュレーションアプローチとして国民運動化を企図している．

図1-12は新健康フロンティア戦略の概要図を示している．健康国家を創設するために解決すべき「子ども」「女性」「メタボリックシンドローム克服」「がん克服」「こころ」「介護予防」「歯」「食育」「運動・スポーツ」の9つの分野の健康対策を進める．各分野に共通した方針として，子どもの健やかな育ちと子育てを支援し，若年および中高年の健康な生活習慣の確立と支援による健康の積極的な増進を目標としている．また，高齢者においては，目指すべき高齢者像として生活習慣病を予防する「健康的な65歳」から，病気を持ちながらも，なお活動的で生きがいに満ちた自己実現ができる「活動的な85歳」にシフトしている．これらの健康対策の推進には，活動現場である家庭・地域のつながりの力を高めることを不可欠とし，そこに健康科学に関する基礎研究，および医療・福祉機器や医薬品などの開発の成果を活用することを目標としている．

Ⓑ 実　践

8．健康な生活習慣とは—適切な食生活—

健康を維持・増進するための生活習慣の三本柱である食事，運動，休養について考えてみる．

1）食生活の変化に伴う問題点

わが国の栄養摂取状況は，高度経済成長期以降に著しく変化した（図1-13）．食生活が変化したことによって，日本人の体位（体格や健康状態）が概ね改善されたが，糖尿病や肥満，循環器疾患などの生活習慣病が増加した．

ただし，現代の日本の摂取エネルギーに占める，脂質の割合は約25％で欧米の約40％よりはるかに低い．また，日本人は魚介類の摂取量が格段に多いため，心臓病予防に効果的なDHA（ドコサヘキサエン酸）やEPA（エイコサペンタエン酸）などのω-3系不飽和脂肪酸[注2]の摂取が多い．これは日本食の優れた点といえる．

食生活の変化における問題点として，飽食，外食機会増加，ファストフードの普及などによるエネルギー摂取過多，偏食や朝食の欠食による栄養バランス欠如，核家族化による家族団らんでの食事機会の減少などがあげられる．全体のエネルギー摂取量に占める脂質からのエネルギー摂取量の割合は，昭和20（1945）年代以降の30年で約3倍に増加しており，近年も緩やかに増加している（表1-4）．脂質を過剰摂取する傾向が強まり，成人男性の肥満者が増加し，動脈硬化性心疾患，乳がん，大腸がんのリスクが高まっている．一方で，野菜や牛乳・乳製品の摂取が減少したことによって，食物繊維，抗酸化ビタミン，カリウムやカルシウムなどの摂取量が低下し，循環器疾患やがん，骨粗鬆症のリスクが高まっている．

○戦後～高度経済成長期までの食生活の特徴
和食中心
　ご飯，味噌汁，漬け物，野菜（煮物），魚介類，大豆・大豆食品
　↓
　炭水化物，植物性タンパク，食物繊維を多く摂取．
　調理に油はあまり使わない．
　高塩分（低エネルギー・低脂肪）．

○高度経済成長期～現在までの食生活の特徴
食生活の欧米化
　ファストフード，インスタント食品
　コンビニエンス弁当，外食産業の成長
　↓
　動物性タンパク，脂質の摂取量の大幅増加
　（高エネルギー・高脂肪）．

図1-13　わが国の食生活の変化

表1-4　脂質，野菜，カルシウムの目標摂取量と現状

	目標値	現　状
● 脂質（摂取割合）		
成人男性		
20～29歳	20～30%	29.7%
30～39歳	20～25%	29.6%
成人女性		
20～29歳	20～30%	32.0%
30～39歳	20～25%	29.8%
● 野菜類		
成人男性	350g以上	262.2g
成人女性	350g以上	250.6g
● カルシウム		
成人男性	600～700mg	490mg
成人女性	600～700mg	476mg

（厚生労働省「令和5年国民健康・栄養調査」2024）

注2）ω-3系不飽和脂肪酸：多価不飽和脂肪酸の一種であり，α-リノレン酸，エイコサペンタエン酸（EPA），ドコサペンタエン酸（DPA），ドコサヘキサエン酸（DHA）などがある．魚を主食とする日本の漁村や，アザラシや魚などを常食しているイヌイットの人々に，脳血栓や心筋梗塞が少ないのはEPA，DHAが影響していると報告されている．また，EPA，DHAには，HDLの増加（EPA），コレステロールの低下（DHA）などに作用することが明らかにされている．

表1-5 新しい食生活指針

- ●食事を楽しみましょう．
  - ・心と身体においしい食事を味わって食べましょう．
  - ・毎日の食事で，健康寿命を延ばしましょう．
  - ・家族の団らんや人との交流を大切に．また，食事づくりに参加しましょう．
- ●1日の食事のリズムから，健やかな生活リズムを．
  - ・朝食でいきいきした1日をはじめましょう．
  - ・夜食や間食はとり過ぎないようにしましょう．
  - ・飲酒はほどほどにしましょう．
- ●主食，主菜，副菜を基本に，食事のバランスを．
  - ・多用な食品を組み合わせましょう．
  - ・調理方法が偏らないようにしましょう．
  - ・手作りと外食や加工食品・調理食品を上手に組み合わせましょう．
- ●ごはんなどの穀類をしっかりと．
  - ・穀類を毎食とって，糖質からのエネルギー摂取を適正に保ちましょう．
  - ・日本の気候・風土に適している米などの穀類を利用しましょう．
- ●野菜・果物，牛乳・乳製品，豆類，魚なども組み合わせて．
  - ・たっぷり野菜と毎日の果物で，ビタミン，ミネラル，食物繊維をとりましょう．
  - ・牛乳・乳製品・緑黄色野菜・豆類・小魚などで，カルシウムを十分にとりましょう．
- ●食塩や脂肪は控えめに．
  - ・塩辛い食品を控えめに，食塩は1日10g未満にしましょう．
  - ・脂肪のとりすぎをやめ，動物，植物，魚由来の脂肪をバランスよくとりましょう．
- ●適正体重を知り，日々の活動に見合った食事量を．
  - ・太ってきたかなと感じたら，体重を量りましょう．
  - ・普段から意識して身体を動かすようにしましょう．
  - ・美しさは健康から．無理な減量はやめましょう．
  - ・しっかりかんで，ゆっくり食べましょう．
- ●食文化や地域の産物を活かし，ときには新しい料理も．
  - ・地域の産物や旬の食材を使うとともに，行事食を取り入れながら，自然の恵みや四季の変化を楽しみましょう．
  - ・食文化を大切にして，日々の食生活に活かしましょう．
  - ・食材に関する知識や料理技術を身につけましょう．
  - ・ときには新しい料理を作ってみましょう．
- ●調理や保存を上手にして無駄や廃棄を少なく．
  - ・買いすぎ，作りすぎに注意して食べ残しのない適量を心がけましょう．
  - ・賞味期限や消費期限を考えて利用しましょう．
  - ・定期的に冷蔵庫の中身や家庭内の食材を点検し，献立を工夫して食べましょう．
- ●自分の食生活を見直してみましょう
  - ・自分の健康目標をつくり，食生活を点検する習慣を持ちましょう．
  - ・家族や仲間と，食生活を考えたり，話し合ったりしてみましょう．
  - ・学校や家庭で食生活の正しい理解や望ましい習慣を身につけましょう．
  - ・子どものころから，食生活を大切にしましょう．

（厚生省・農林水産省・文部省「新しい食生活指針」2000）

新健康フロンティア戦略においても「食育」として，食生活の重要性の普及，食の選択力の向上に取り組んでいる．とくに，小児期の食生活は十分な栄養が必要な発育期であることに加えて，小児期に食の嗜好性が決定してしまうといわれることから小児期の食育は重要といえる．また，比較的自由な食事選択ができる高校生以上に偏食傾向が強まることに注意しなければならない．

2）食生活指針と食事バランスガイド

栄養の定性的指針として2000年に当時の厚生省・農林水産省・文部省から「食生活指針」が策定された（表1-5）．また，厚生労働省は2010年に日本人のエネルギーおよび各栄養素の摂取量の基準を性別，ライフステージ別に推奨量，目安量，耐容上限量などを詳細に示した「日本人の食事摂取基準2010年版」を提示した．

摂取基準と食行動を具体的に結びつけるものとして，2005年に食事の基本を身につけるための望ましい食事の取り方やおおよその量を示す「**食事バランスガイド**」が厚生労働省と農林水産省により策定された．米国の「フード・ガイド・ピラミッド」をはじめ欧米の栄養摂取のガイダンスには食品を表示しているが，わが国では，旬の食材が多数あり，季節によって食品が変わることや，食事内容が欧米諸国に比べバラエティに富んでいることから，主食，主菜，副菜と日本型の食事の典型例を示し，食品レベルより料理レベルで示した方が実際の食事に近く，イメージしやすい．

図1-14は食事バランスガイドのイメージを示している．図はコマを示しており，

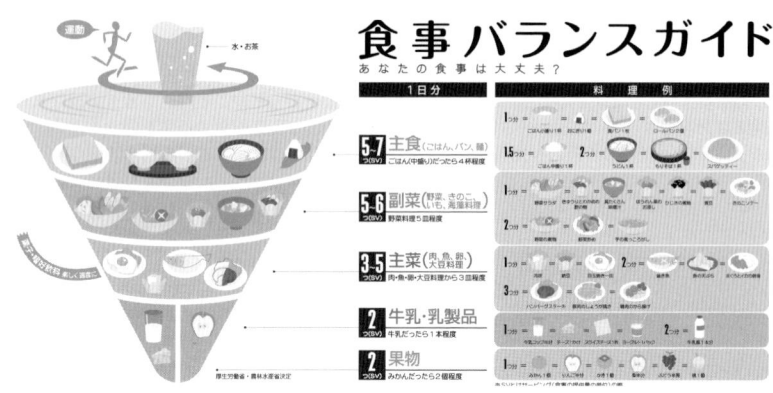

図 1–14　食事バランスガイド（厚生労働省，農林水産省，2005）

食事バランスが悪い場合，コマが倒れてしまうことを表現している．また，コマは回転することで安定することができるが，そのコマの回転に相当するものを日常の運動習慣としている．さらに，体内の構成要素の大部分を占める水をコマの軸とし，6大栄養素と並び重要な位置づけであることを示している．菓子・嗜好飲料は食生活の中の楽しみとして捉え，コマを回転させるためのヒモと表現している．1日200 kcal（ビール500 mL，ワイン260 mL，せんべい3～4枚）程度を目安とする．

コマの上段から，十分な摂取が望まれる主食，副菜，主菜の順に並べ，牛乳・乳製品と果物については，同程度と考え，並列に表している．また，それらの料理区分にそれぞれ，1日に摂取する目安の量（～つ（SV））を記載し，ほぼ同じ量の料理・食品を示している．数量の数え方は，各料理区分における主材料の量的な基準に対して3分の2から1.5未満の範囲で含むものを，「1つ（SV）」とすることを基本的ルールとしている．また，日常的な表現（例：「ごはん（中盛り）だったら4杯程度」）を併記することにより，「～つ（SV）」を用いて数える1日量をイメージしやすくしている．区分をまたがずに，目安の数値を満たす食事を目指す．つまり，コマの中の食事がバランスのよい食事例を示しており，自身の食事内容と比較することで不足している食品と過剰摂取している食品がわかるようになっている．図1–14は2,200±200 kcalを想定した料理例が示されているが，食事の適量は性，年齢，身体活動レベルによって異なる（図1–15）．さらに強い運動や労働を行っている場合は消費エネルギーに応じた摂取量が必要となる．

各料理区分の基準等は以下のとおりである（食事バランスガイドより）．

(1) 主食（ごはん，パン，麺）：5～7つ（SV）

毎食，主食は欠かせない．主菜，副菜との組み合わせで，適宜，ごはん，パン，麺を組み合わせる．

糖質の供給源としての位置づけを考慮し，ごはん，パン，麺等の主材料に由来する糖質がおおよそ40 gであることを，本区分の量的な基準（＝「1つ（SV）」）に設定した．市販のおにぎり1個分がこの「1つ分」に当たる．1日にとる量としては，5～7つ（SV）としたが，これは，ごはん（中盛り）（＝約1.5つ分）であれば4杯程度に相当する．

(2) 副菜（野菜，きのこ，いも，海藻料理）：5～6つ（SV）

日常の食生活の中では，どうしても主菜に偏りがちになることが多い．したがって，できるだけ意識的に主菜の倍程度（毎食1～2品）を目安に十分な摂取を心がける．

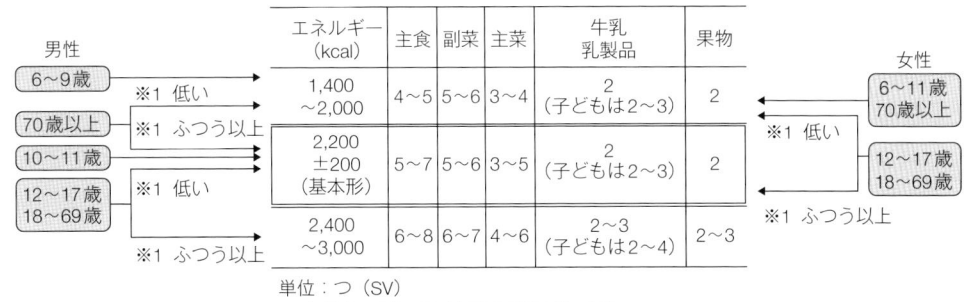

図1-15　1日のエネルギー摂取適量（厚生労働省，農林水産省，2010）
※1）活動量の見方：低い（1日中座っていることがほとんどの人），ふつう以上（「低い」に該当しない人）

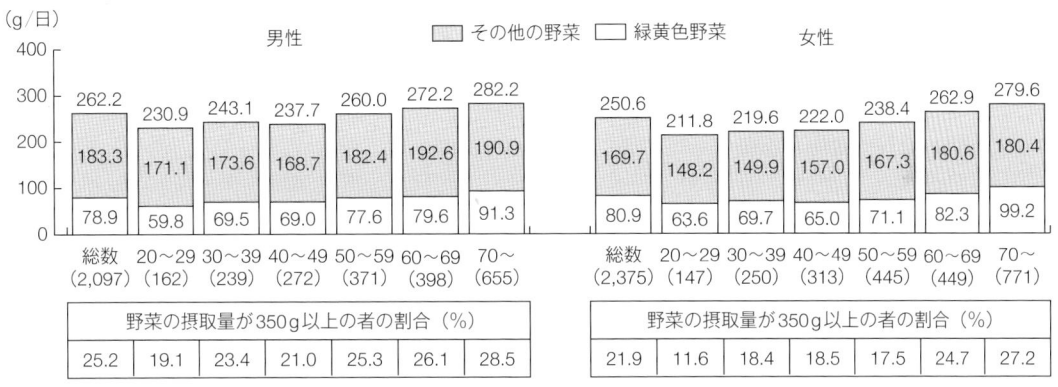

図1-16　野菜摂取量の平均値（20歳以上）（厚生労働省「令和5年国民健康・栄養調査」2024）
※「その他の野菜」は，野菜類のうち緑黄色野菜以外の摂取量の合計

　各種ビタミン，ミネラルおよび食物繊維の供給源となる野菜等に関して，主材料の重量がおおよそ70gであることを，本区分における「1つ（SV）」に設定した．野菜サラダや野菜の小鉢がこの「1つ分」に当たる．厚生労働省は，野菜の摂取目標量を350gと設定しているが，世界がん基金の「食物栄養とがん予防報告書」（2007）において，がん予防のために少なくとも400g/日，推奨量として600g/日としている．しかし，日本人の野菜摂取量はどの年代も350gに達していない現状である（図1-16）．

（3）主菜（肉・魚・卵・大豆料理）：3〜5つ（SV）

　多くならないように注意する．とくに油を多く使った料理では，脂質およびエネルギーの摂取が過剰に傾きやすくなるので，BMI 25以上の場合，1日1品までにするなど調整する．タンパク質の供給源としての位置づけを考慮し，肉，魚，卵，大豆等の主材料に由来するタンパク質がおおよそ6gであることを，本区分の「1つ（SV）」に設定した．

（4）牛乳・乳製品：2つ（SV）

　毎日コップ1杯の牛乳を目安に摂取する．カルシウムの供給源としての位置づけを考慮し，主材料に由来するカルシウムがおおよそ100 mgであることを，本区分の「1つ（SV）」に設定した．牛乳コップ半分がこの「1つ分」に当たる．1日にとる量としては，2つ（SV）とした．子どもは，成長期に特に必要なカルシウムを十分とるためにも，2〜3つ（SV）とし，身体活動量が多い場合は，4つ（SV）

程度までを目安にするのが適当である．

牛乳が苦手な人はチーズ，ヨーグルトなどの乳製品を摂取するか，カフェオレ，料理のソースやスープとして摂取する．

(5) 果物：2つ（SV）

毎日，適量を欠かさず摂るように心がける．主材料の重量がおおよそ100gであることを，本区分における「1つ（SV）」に設定した．みかん1個がこの「1つ分」に当たる．1日にとる量としては2つ（SV）とした．

また，わが国は，食塩を調味料，保存料として多用する習慣が形成されているため，昔から塩分の摂取量は多かった．食塩摂取量の過多は高血圧，がん，脳卒中と関係が認められるため，減塩の啓発活動が進められている．令和5年国民健康・栄養調査における成人の食塩摂取量（年齢調整）は男性で10.6g/日，女性で8.9g/日であった．男女とも60歳代がもっとも高く，とくに男性の60歳代は11.1gと多い．WHO/国際高血圧学会ガイドラインでは高血圧の予防指針として6g/日未満を勧めている．しかし，日本食の伝統から考えて，無理な減塩は，他の栄養摂取量に好ましくない影響やQOLの悪化が懸念されることから，男性8g未満，女性7g未満を目標量としている．

3）健康的な食生活実践のための知識

健康的な食生活の実践にもっとも重要なことは，単一の食品や栄養素の効果を過度に期待しないことである．つまり，個々の食品や栄養素によって健康は維持・増進できない．食事バランスガイドで示すようにさまざまな食品を摂取することが望ましい．近年，国民の健康への関心の高まりから，マスメディアは単一食品の機能性を過度に伝える傾向にあり，ビタミン剤などの健康補助食品などのサプリメントが多数販売されているが，それによる栄養バランスの偏りや過剰摂取による健康を害するリスクに注意すべきである．厚生労働省の食事摂取基準では，カルシウムを除くビタミン，ミネラルの摂取量の上限が規定されている．たとえば，妊娠前3カ月から妊娠初期3カ月までにビタミンAを4,500μgRE/日以上摂取した女性から出生した子どもに，頭蓋神経堤などを中心とする奇形発現の増加が推定されたとする疫学調査結果も報告されている．また，推奨量の2倍程度以上のビタミンAを30年摂取し続けると，推奨量以下しか摂取していない人に比べて高齢期の骨折リスクが2倍に上昇すると報告されている．ただし，通常の食生活では上限を超すことはまずないと考えられ，サプリメントによる過剰摂取に注意すべきである．

厚生労働省は，国民一人一人の食生活の見直しと質の向上を図るために，食品の表示基準制度により，栄養成分の明確化を徹底している．食品には必ず熱量，タンパク質，脂質，炭水化物およびナトリウムの含有量が表示されている．特定の栄養成分が「ゼロ」「ひかえめ」などの広告表現は，基準値以上（以下）の含有量でないとできない（表1-6）．また，日本の食薬区分において，効能・効果を表示できるのは医薬品のみである．しかし，いわゆる健康食品が多く市販され，食品の機能性について消費者の情報提供の要望も高まっている．さらに，消費者の誤解を招く不適切な表示や摂取方法により健康危害や苦情も散見される．そこで，科学的根拠に基づき，栄養成分の補給・補完あるいは特定の保健用途に役立つ食品は，特別用途食品，保健機能食品として認可している（図1-17）．保健機能食品は，「特定保健用食品」，「栄養機能食品」，および「機能性表示食品」に分類される．「栄養機能表示食品」は，ビタミン・ミネラルの含有量が基準値の範囲内を満し，栄養機能表

表 1-6　栄養表示基準に基づく栄養成分表示（抜粋）（厚生労働省，2005）

	「含まない」と表示 [無，ゼロ，ノン，レス]		「低い」と表示 [低，ひかえめ，小，ライト，ダイエット，オフ]	
当量	食品100g	液状食品100mL	食品100g	液状食品100mL
熱量	5kcal		40kcal	20kcal
脂質	0.5g		3g	1.5g
飽和脂肪酸	0.1g		1.5g	0.75g
コレステロール	5mg かつ飽和脂肪酸含有量 1.5g　　0.75g		20mg かつ飽和脂肪酸含有量 1.5g　　0.75g	10mg
糖類	0.5g		5g	2.5g
ナトリウム	5mg		120mg	

上記の基準値より小さくなければならない
ノンオイルドレッシングについては，当分の間，脂質を含まない旨の表示は3g以下とする

図 1-17　日本国内での飲食物の分類

示（例：「カルシウムは，骨や歯の形成に必要な栄養素です」）が認められる．「機能性表示食品」は事業者（企業，団体）が科学的根拠を消費者庁に届け出て，その情報を公開することにより，特定保健用食品と同等の機能性表示が認められる．

9．健康な生活習慣とは—適度な運動—

　　適度な運動が健康の維持・増進のために必要不可欠であることは理解できても，継続的に実行できない人が多い．では，どのようなことに気をつけて行えばよいのであろうか．

1）健康づくりのための身体活動基準 2013

厚生労働省は 2006 年に策定した「健康づくりのための運動基準 2006」から新たな科学的知見を踏まえて，2013 年に「健康づくりのための身体活動基準 2013」を策定した．

この運動基準は，ライフステージに応じて 2 つの基準が示されている．

＜18～64 歳の基準＞

「強度が 3 メッツ以上の身体活動を 23 メッツ・時/週行う．具体的には，歩行又はそれと同等以上の強度の身体活動を毎日 60 分行う．そのうち，強度が 3 メッツ以上の運動を 4 メッツ・時/週行う．具体的には，息が弾み汗のかく程度の運動を毎週 60 分行う．」

＜65 歳以上の基準＞

「強度を問わず，身体活動を 10 メッツ・時/週行う．具体的には，横になったままや座ったままにならなければどんな動きでもよいので，身体活動を毎日 40 分行う．」

身体活動とは，「安静にしている状態よりも多くのエネルギーを消費するすべての動き」と定義され，日常の生活活動も含まれる（図 1-18）．生活習慣病予防においては，エネルギー消費量を増大させることが大切なので，"運動"にこだわらずに，エネルギーを消費する活動はすべて含める．

運動強度を示す単位であるメッツ（Metabolic Equivalent: MET）は，座位安静時のエネルギー消費量を 1 として，その他の身体活動が何倍であるかを示す数値である．つまり，3 メッツの運動とは，座位安静時の 3 倍のエネルギーを消費する運動強度であることを示す．「メッツ・時」とはメッツ×運動時間を意味し，1 メッツ・時に相当する身体活動は表 1-7 に示すとおりである．18～64 歳の基準では，3 メッツ以上の強度の運動および生活活動を対象とし，3 メッツの運動強度であれば，20 分継続すれば 1 メッツ・時となる．したがって，強度の高い身体活動であれば短い時間で基準を満たせる．

週 23 メッツ・時/週を日割りで考えると 3.3 メッツ・時/日程度で達成できることになる．たとえば，1 日軽いジョギング（6 メッツ）を合計 20 分，犬の散歩を 12 分行えば，1 日分はだいたい達成できることになる．また，23 メッツ・時/週を歩数に換算すると，1 日約 6,000 歩となる．日常生活では，3 メッツ以下の歩数が約 2,000～4,000 歩とされていることから，歩数計を身につけて 1 日 8,000～10,000 歩となるように活動を心がければよい．この歩数を実践している人は，それ以外の歩数の人より相対死亡率がもっとも低く，歩数の少ない人（消費エネルギー 500 kcal/日以下）に比べると半分程度であったことが報告されている

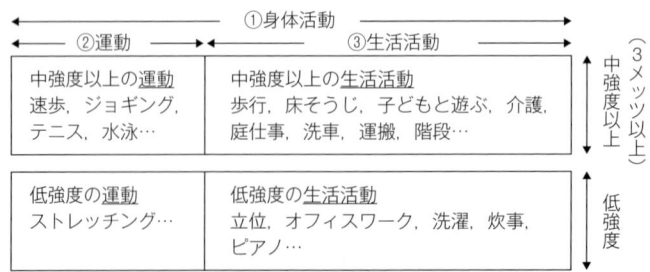

図 1-18　身体活動・運動・生活活動
（厚生労働省運動所要量・運動指針の策定検討会「健康づくりのための運動指針 2006」）

表1-7 1メッツ・時に相当する3メッツ以上の身体活動

メッツ	時間	身体活動内容	
		運動	生活活動
3	20分	低・中強度筋力トレーニング,バレーボール,ボーリング,フライングディスク(フリスビー)	普通歩行(70m/min),掃除(一般,洗車,窓ふき),荷物の積み下ろし,子どもの世話
4	15分	速歩,ゴルフ(カートを使って),卓球,アクアビクス,太極拳	自転車,子どもと外で遊ぶ,庭仕事,介護,速歩
5	12分	野球・ソフトボール,バドミントン	犬の散歩
6	10分	軽いジョギング,エアロビクス,高強度筋力トレーニング,ジャズダンス,水泳(ゆっくり)	階段昇降,芝刈り(電動芝刈り機),家具の移動,雪かき
7	9分	テニス,スキー・スケート,サッカー	大工作業(木材切断など)
8	7〜8分	ランニング,水泳,なわとび(ゆっくり),バスケットボール・ハンドボール	重い荷物を運ぶ
9	6〜7分	ボクシング(スパーリング)	
10	6分	柔道,ラグビー	

表1-8 生活習慣病を予防するための体力の基準

年齢	18〜39歳	40〜59歳	60〜69歳
男性	11.0メッツ (39mL/kg/分)	10.0メッツ (35mL/kg/分)	9.0メッツ (32mL/kg/分)
女性	9.5メッツ (33mL/kg/分)	8.5メッツ (30mL/kg/分)	7.5メッツ (26mL/kg/分)

(Paffenbarger, 1986).

65歳以上の基準は,寝たきり・要介護予防として運動器の機能を維持するためのものであるが,高齢期は体力の個人差が拡大するライフステージであり,この基準をすでに満たしている高齢者も少なくない.元気な高齢者は,より高い健康水準を目指し3メッツ以上の運動を含めた身体活動に積極的に取り組むことが望ましい.

健康づくりにおいて,身体活動基準を満たすように生活行動を変容させることが大切であるが,継続することがもっとも重要である.現在の運動習慣のある者の割合(年齢調整)は,男性32.1%,女性24.6%(令和5年国民健康・栄養調査)と決して高くないことからも,高すぎる目標設定は継続できない.すでに目標を達成している人は10メッツ・時/週を目指すように上方修正すればよいが,運動習慣のない人が「強度が3メッツ以上の運動を4メッツ・時/週」という目標達成の継続が難しいのであれば,2メッツ・時/週から始めるとよい.継続性については,健康づくりのための身体活動基準2013において,すべての世代に共通する考え方として,「現在の身体活動量を,少しでも増やす.例えば,今より毎日10分ずつ長く歩くようにする」を提示し,「プラステン」を合言葉にしている.さらには,「座位時間を短くして,立位時間に変える」を提示し,「BK30(ブレーク30)」を合言葉にしている.この程度の身体活動量の増加であっても継続することで生活習慣病リスクの低減が期待できる.重要なことは,活動量が増加した生活習慣への行動変容であり,個人の生活習慣に応じて目標値を設定するとよい.

また,生活習慣病を予防するための体力の基準は表1-8のように示されている.各年齢段階において,表中の強度の運動を約3分間継続できれば基準を満たすと評価する.

今回の身体活動基準では,18歳未満の子どもについては,生活習慣病および生活機能低下のリスク低減する活動基準の科学的根拠が十分ではないために設定されていない.しかしながら,子どもの身体活動は,心身の健全な発育のため,または運動習慣を定着させるといった面からも重要である.文部科学省は2012年に3〜6

歳の小学校就学前の子どもを対象に「幼児期運動指針」を策定し，「毎日60分以上楽しく体を動かすことが望ましい」としている．また，児童，生徒では，運動する人としない人の二極化が進み，運動しない人の体力低下により体力格差が拡大しているので，体力を全面的に向上させるように努めるべきである．

10．健康な生活習慣とは—休養のとりかた—

1）休養・こころの健康づくり

毎日の生活リズムのなかで，睡眠のとり方が休養として非常に重要となってくる．厚生労働省は2014年に健康づくりのための睡眠指針2014〜睡眠12箇条〜として，表1-9に示す項目を提示している．単純に睡眠時間を確保することだけでなく，寝付きや起床の仕方，睡眠中の内容についても留意すべきことを提言している．これは，睡眠時間とともに睡眠の質が非常に身体と心の休養にとって重要であることを示している．たとえば，睡眠時間は十分なはずなのに，昼間に眠気を感じたり，疲れがなかなか取れなかったりする場合は，睡眠の質が低く，熟睡していない場合がある．近年，睡眠の質に関して，睡眠時無呼吸症候群（Sleep Apnea Syndrome: SAS）が注目を集めている（第2章参照，p.24）．これは，睡眠中に断続的に無呼吸（10秒以上の呼吸の停止）を繰り返し，その結果，日中傾眠（寝てはいけない状況で寝てしまうこと）などの種々の症状を呈する疾患の総称である．この症候群には4大症状があり，①70〜80％は肥満者，②いびきをかいて寝る，③日中傾眠してしまう，④呼吸停止が観察される，である．とくに日中の傾眠は車などの運転者にとっては非常に危険であるため，この症状のチェックが非常に注目を集めている．

表1-9　健康づくりのための睡眠指針2014〜睡眠12箇条〜

1. 良い睡眠で，からだもこころも健康．
    - 良い睡眠で，からだの健康づくり
    - 良い睡眠で，こころの健康づくり
    - 良い睡眠で，事故防止
2. 適度な運動，しっかり朝食，ねむりとめざめのメリハリを．
    - 定期的な運動や規則正しい食生活は良い睡眠をもたらす
    - 朝食はからだとこころのめざめに重要
    - 睡眠薬代わりの寝酒は睡眠を悪くする
    - 就寝前の喫煙やカフェイン摂取を避ける
3. 良い睡眠は，生活習慣病予防につながります．
    - 睡眠不足や不眠は生活習慣病の危険を高める
    - 睡眠時無呼吸は生活習慣病の原因となる
    - 肥満は睡眠時無呼吸のもと
4. 睡眠による休養感，こころの健康に重要です．
    - 眠れない，睡眠による休養感が得られない場合，こころのSOSの場合あり
    - 睡眠による休養感がなく，日中もつらい場合，うつ病の可能性も
5. 年齢や季節に応じて，ひるまの眠気で困らない程度の睡眠を．
    - 必要な睡眠時間は人それぞれ
    - 睡眠時間は加齢で徐々に短縮
    - 年を取ると朝方化　男性でより顕著
    - 日中の眠気で困らない程度の自然な睡眠が一番
6. 良い睡眠のためには，環境づくりも重要です．
    - 自分にあったリラックス法が眠りへの心身の準備となる
    - 自分の睡眠に適した環境づくり
7. 若年世代は夜更かしを避けて，体内時計のリズムを保つ．
    - 子どもには規則正しい生活を
    - 休日遅くまで寝床で過ごすと夜型化を促進
    - 朝目が覚めたら日光を取り入れる
    - 夜更かしは睡眠を悪くする
8. 勤労世代の疲労回復・能率アップに，毎日十分な睡眠を．
    - 日中の眠気が睡眠不足のサイン
    - 睡眠不足は結果的に仕事の能率を低下させる
    - 睡眠不足が蓄積すると回復に時間がかかる
    - 午後の短い昼寝で眠気をやり過ごし能率改善
9. 熟年世代は朝晩メリハリ，ひるまに適度な運動で良い睡眠．
    - 寝床で長く過ごしすぎると熟睡感が減る
    - 年齢にあった睡眠時間を大きく超えない習慣を
    - 適度な運動は睡眠を促進
10. 眠くなってから寝床に入り，起きる時間は遅らせない．
    - 眠たくなってから寝床につく，就寝時刻にこだわりすぎない
    - 眠ろうとする意気込みが頭を冴えさせ寝つきを悪くする
    - 眠りが浅いときは，むしろ積極的に遅寝・早起きに
11. いつもと違う睡眠には，要注意．
    - 睡眠中の激しいいびき・呼吸停止，手足のびくつき・むずむず感や歯ぎしりは要注意
    - 眠っても日中の眠気や居眠りで困っている場合は専門家に相談
12. 眠れない，その苦しみをかかえずに，専門家に相談を．
    - 専門家に相談することが第一歩
    - 薬剤は専門家の指示で使用

（厚生労働省健康局「健康づくりのための睡眠指針2014」2014）

前述したように，睡眠によって身体の休養をとることは非常に重要であるが，趣味や好きなことに打ち込むことによって得られる達成感や満足感のある活動をすることで心身のリラクセーションを図る積極的な休養も重要である．

まとめ

- わが国の平均寿命は延伸し，出生数は減少し続けている．この少子高齢社会によって，さまざまな社会問題が危惧されている．
- 健康の定義はさまざまな捉え方がなされているが，現在では多面的に健康を捉えることが主流である．
- 健康に適切な行動を取れるように教育面と環境面を組み合わせて支援するヘルスプロモーションが定着しつつある．
- 国民の健康づくり対策として，生活習慣病の一次予防に重点をおいた健康日本21（第二次）が行われている．
- わが国において取り組むべき9つの健康課題について新健康フロンティア戦略が提言されている．
- 健康な生活習慣として，食生活，運動，休養について留意すべきである．
- 健康的な食生活のガイドラインとして食事バランスガイドが提示されている．
- 生活習慣病予防に重点をおいた運動のガイドラインとして健康づくりのための身体活動基準2013が提示されている．

レポート課題

1. わが国の健康と病気に関する背景をまとめよ．
2. わが国における少子高齢社会にかかわる社会問題についてまとめよ．
3. 一次予防，二次予防，三次予防をそれぞれ説明し，一次予防が重要視されるわが国の現状をまとめよ．

文　献

厚生統計協会：国民衛生の動向 2010/2011．衛生の主要指標，57（9），2010．
小沢治夫，西端　泉編：最新フィットネス基礎理論-健康・運動指導者のためのUP-Dateテキスト-．日本エアロビックフィットネス協会，2004．
Paffenbarger RS Jr et al.: Physical activity, all-cause mortality, and longevity of college alumni. N Engl J Med, 314: 605–613, 1986.
高宮朋子ほか：「健康日本21」の考え方と取り組み．体育の科学，53：480–487，2003．

［山次　俊介］

第2章 生活習慣病と関連する要因

Ⓐ 理 論

1．生活習慣病とは

1）成人病から生活習慣病へ

わが国の死因の上位を占める脳卒中，がん（悪性新生物），心臓病などの病気は，40歳前後から死亡率が高くなり，40～60歳ぐらいの働き盛りに多い疾病であることから，総称して「成人病」と呼ばれてきた．この用語は，昭和30（1955）年代に行政的に作られたものであり，おもに厚生行政において利用されてきた．しかし，1996年に旧厚生省の公衆衛生審議会では，以下の理由から用語の定義を改めた．

①「成人病」という用語は，加齢というやむをえない要因をもとに用いているため，歳をとったら避けられないというイメージがある．

②これらの疾病は，運動習慣や喫煙，飲酒，不適切な食事，睡眠，精神的ストレスなどの生活習慣が密接に関連しているため，「生活習慣」という要因に着目して改善策を打ちたて，今後の健康推進対策，疾病対策の基本方針にする．

これらの考え方に基づき，上述した疾病に加え，食事や運動と関連の深い脂質異常症や糖尿病，食事やブラッシング（歯みがき），喫煙と関連の深い歯周病なども含めて「生活習慣病」という呼称を用い，以下のように定義した．

「生活習慣病とは，食習慣，運動習慣，休養，喫煙，飲酒などの生活習慣がその発症・進行に関与する疾患群」

生活習慣病には，遺伝的要因や病原体や有害物質，ストレッサーなどの外部環境的要因も関与すると考えられる．しかし，ヘルスプロモーションを推進し，積極的な一次予防を実践するためにも，生活習慣をより重視することで，各個人の健康が大幅に増進され，これらの病気が予防され，また発病しても進行は抑制される．

2）日本人の3人に2人は生活習慣病で死亡する

日本人の死因のトップ3はがん（悪性新生物），脳卒中，心臓病であり，約60％の人はこれら生活習慣病で死亡する．なぜ，生活習慣病の予防が難しいのか．図2-1は生活習慣病の進行についてまとめてある．生活習慣病は，重篤な症状発作が起こるまではほとんど自覚症状などなく進行するため，「沈黙の殺人者（Silent Killer）」という異名を持つ．つまり，病気を自覚したときには，すでに重篤な状態となり，治療に膨大な時間と費用がかかることになる．さらに，脳卒中や心臓病は動脈硬化がおもな原因となるが，この動脈硬化の危険因子は，「死の四重奏（Deadly Quartet）」と呼ばれる「肥満（中心性肥満）」「高血圧」「脂質異常症（高TG血症，高LDL血症）」「糖尿病（耐糖能異常）」の4大リスクファクターである（表2-1）．この4つの症状が重複して現れると，健常人に比べ生活習慣病による死亡の危険性が約35倍高まるという報告もある．また，内臓脂肪型肥満をリスクファクターとして，より重視したメタボリックシンドロームがわが国の生活習慣病対策に導入さ

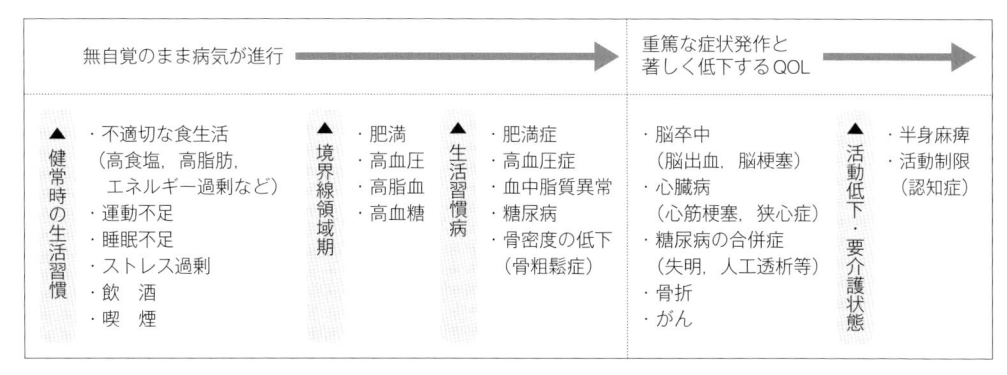

図 2-1　生活習慣病の進行
(生活習慣病予防研究会編：2004 生活習慣病のしおり，p7，社会保険出版社，2004 より引用改変)

健常時の生活習慣	境界線領域期	生活習慣病		活動低下・要介護状態
・不適切な食生活（高食塩，高脂肪，エネルギー過剰など） ・運動不足 ・睡眠不足 ・ストレス過剰 ・飲酒 ・喫煙	・肥満 ・高血圧 ・高脂血 ・高血糖	・肥満症 ・高血圧症 ・血中脂質異常 ・糖尿病 ・骨密度の低下（骨粗鬆症）	・脳卒中（脳出血，脳梗塞） ・心臓病（心筋梗塞，狭心症） ・糖尿病の合併症（失明，人工透析等） ・骨折 ・がん	・半身麻痺 ・活動制限（認知症）

無自覚のまま病気が進行 → 重篤な症状発作と著しく低下するQOL →

表 2-1　死の四重奏のリスクファクター

肥満（中心性肥満）	体内の脂肪組織の蓄積が過多の状態であるが，すべての肥満が問題となるわけではなく，中心性肥満（内臓脂肪型肥満）が動脈硬化のリスクを高める．
高血圧	血圧の高い状態．高血圧自体の虚血性心疾患，脳卒中，腎不全の発症リスクとなる．
脂質異常症（高TG血症，高LDL血症）	血清LDLコレステロール値や血清トリグリセリド（TG）の異常高値，および血清HDLコレステロールの異常低値の総称．
糖尿病（耐糖能異常）	血液中の糖（血糖）を細胞に取り込む作用のもつインスリン分泌障害（インスリンが分泌されない）またはインスリン抵抗性（インスリンが効かない）により慢性的な高血糖状態となる疾患．耐糖能異常とは，ブドウ糖を経口摂取した2時間後の血糖値が異常高値を示す状態であり，糖尿病診断項目の一つである．類似した指標として，空腹時血糖異常がある．慢性的な高血糖であっても初期は無症状であるが，網膜症（失明），腎症（透析が必要），神経障害など重篤な合併症を引き起こす．

表 2-2　メタボリックシンドローム診断基準

内臓脂肪（腹腔内脂肪）蓄積（内臓脂肪面積　男女とも≧100 cm² に相当）					
●ウエスト周囲径	男性　≧85 cm 女性　≧90 cm				
＋ 以下のうち2項目以上					
●血清脂質異常		●血圧高値		●高血糖	
高トリグリセリド値 かつ／または	≧150 mg/dL	収縮期血圧 かつ／または	≧130 mmHg 以上	空腹時高血糖	≧110 mg/dL
低HDLコレステロール値	＜ 40 mg/dL	拡張期血圧	≧ 85 mmHg 以上		

注）CTスキャンなどで内臓脂肪量測定を行うことが望ましい．
　ウエスト周囲径は立位，軽呼吸時，へそ位で測定．脂肪蓄積が著明でへそが下方に変位している場合は肋骨下線と前上腸骨棘の中点の高さで測定する．
　メタボリックシンドロームと診断された場合，糖負荷試験が薦められるが診断には必須ではない．
　高TG血症，低HDL-C血症，高血圧，糖尿病に対する薬剤治療を受けている場合は，それぞれの項目に含める．

れている．2005年4月にはメタボリックシンドローム診断基準が作成された（表2-2）．この診断基準では，内臓脂肪蓄積（内臓脂肪面積100 cm² 以上）の指標としてウエスト周囲径が男性85 cm以上，女性90 cm以上を「要注意」とし，その中で血清脂質異常，血圧高値，高血糖の3項目のうち2項目以上をメタボリックシンドロームと診断すると規定している．しかし，ウエスト周囲径が基準値未満の者の心血管疾患や生活習慣病のリスクを見逃すことが懸念されることから，2018年の特定健康診査（メタボ健診）からウエスト周囲径に異常がなくても，その他の診断項目に異常がある場合，特定保健指導の対象とすることになった．

2．生活習慣病を予防する

1）肥　満

　生活習慣病は無自覚のまま進行するが，明確に進行を自覚できる数少ない症状が肥満である．肥満は「脂肪組織に過剰に脂肪（中性脂肪）が蓄積した病態」と定義される．脂肪細胞は，表2-3に示すように白色脂肪細胞と褐色脂肪細胞に分類され，その役割は異なる．前者が脂肪酸の放出によるエネルギー源の供給に対し，後者は脂肪酸を取り込み，熱エネルギーを供給する．後者は限局して存在し，総量も成人で40g程度であり，一般的に脂肪というと白色脂肪細胞を指す．脂肪は大切なエネルギー源として皮下脂肪組織に蓄積されるが，蓄積過多となると腹腔内の主に腸間膜（内臓脂肪）や，肝臓，骨格筋，膵臓などの非脂肪組織の細胞にも脂肪蓄積（異所性脂肪蓄積：Ectopic Fat Deposition）が生じる．

　肥満は，エネルギー摂取量過多によって生じるが，遺伝的に太りやすい人，太りにくい人が存在する．肥満にかかわる遺伝子を肥満遺伝子（倹約遺伝子）といい，現在50種類以上が発見されており，安静時のエネルギー消費量（基礎代謝量）をある程度増減させる．日本人は，安静時のエネルギー消費を節約する肥満遺伝子を多く有しているといわれている．また，筋肉量の多い人は基礎代謝が高く太りにくい身体といえる．

（1）肥満の種類

　同じ肥満度であっても，体脂肪分布の違いによって生活習慣病の発症に大きな差が認められる．皮下脂肪と内臓脂肪では遺伝子発現や内分泌機能に相違が認められ，内臓脂肪型肥満は，皮下脂肪型肥満に比べ，耐糖能異常，脂質異常症，高血圧症や動脈硬化症などの合併症を伴いやすいことが明らかにされている．内臓脂肪型肥満と皮下脂肪型肥満は外見の体型の違いから，前者を腹部の内臓の周りに脂肪がつきリンゴのようにお腹が突き出る「リンゴ型肥満」，後者は臀部や大腿など下半身に脂肪がつく「洋ナシ型肥満」とも呼ばれている（図2-2）．肥満度を判定するBMI（体重（kg）／身長（m）^{2}）は脂肪量を適切に評価しておらず，肥満の定義に合致していないものの，生活習慣病の予測には有効である（表2-4）．欧米では，BMI30以上を肥満（Obesity）と判定し，BMI25以上は過体重（Over Weight）もしくは前肥満（Preobese）と判定するが，日本では25以上を肥満と判定する（判定表は第3章，表3-3参照，p.42）．日本人のBMIと生活習慣病の関連性について，表2-4のような報告があるためである．また，日本人ではBMI30以上の割合は低いものの，BMI23～25程度の肥満度で上記の合併症が発生する．日本人は，BMI23～25付近で内臓脂肪値のみが異常値を示すことも多い（隠れ肥満）．つまり，BMI

表2-3　脂肪細胞の種類

脂肪細胞の種類	構　造	役　割	存在場所
白色脂肪細胞	細胞膜に囲まれた細胞質の中に核，ミトコンドリア，小胞体，油滴などがある．油滴は1つの細胞に1個あり，大きい．	多量の脂肪貯蔵と運動に必要なエネルギーを供給する．	ほぼ全身にあるが，特に腹部や大腿部の皮下や内臓の周りに多くある．
褐色脂肪細胞	細胞膜に囲まれた細胞質の中に核，ミトコンドリア，小胞体，油滴などがある．油滴は1つの細胞に複数個あり，小さい．	一定量の脂肪貯蔵と体温保温に必要な熱エネルギーを供給する．	肩甲骨の周りや腋窩部だけに少量存在しているにすぎない．幼児だけにあり，成人にはほとんどない．

（湯浅景元：新版・体脂肪-脂肪の蓄積と分解のメカニズム-．p35，山海堂，2004）

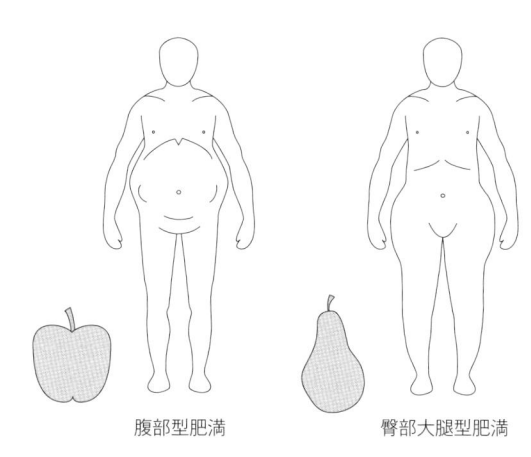

図2-2 リンゴ型肥満（腹部型肥満）と洋ナシ型肥満（臀部大腿部型肥満）
（下方浩史：体脂肪分布-腹部型肥満の基礎と臨床-．p16，杏林書院，1993）

表2-4 BMIと生活習慣病の関係

BMI	生活習慣病の罹患率 （BMI 22の人の危険率を1とした場合）	
25	高血圧，高中性脂肪血症の危険度	2倍
27	糖尿病の危険度	2倍
29	高コレステロール血症の危険度	2倍

（山中學ほか編：メディコピア42．p16，富士レビオ，2001より作表）

が正常であっても内臓脂肪量過多の状況から生活習慣病リスクが高くなったり，飲酒歴がなくとも脂肪肝（NASH：非アルコール性脂肪肝炎）となる例がある．これは，日本人や中国人，ミクロネシア人などのモンゴロイドは，欧米人に比べ皮下脂肪細胞の分化数が少なく，軽度の肥満の状態から内臓脂肪や異所性脂肪の蓄積が生じるためと推測されている．以上より，われわれは肥満に弱い人種であり，単に体脂肪率やBMIだけではなく内蔵脂肪量の増加に留意すべきである．

（2）脂肪の役割

古くから，脂肪は体内のエネルギー貯蔵庫であり，飢餓や長時間の運動時など，緊急の時にエネルギーを放出する役割を果たすと考えられてきた．1990年代には，脂肪細胞からアディポサイトカイン（またはアディポカイン）を分泌していることが明らかとなっている（図2-3）．脂肪組織は男性で正常体重の20％，女性で30％存在することから，体内最大の内分泌臓器といえる．図2-4は内蔵脂肪蓄積とアディポサイトカインの分泌から動脈硬化に至る過程を示している．内臓脂肪の蓄積が多くの合併症を引き起こすのは，アディポサイトカインが異常分泌するためである．

TNF-αは血糖をコントロールするインスリンの作用を妨害し，インスリンが分泌されているにもかかわらず血糖が低下せず，「インスリン抵抗性が高い」状態を作り出してしまう．つまり，耐糖能障害（糖尿病）を惹起する．さらに，血糖が高い状態なのに，インスリンがうまく作用しないと糖を細胞内に取り込めないため血中に糖が残り，肝臓において中性脂肪に合成されることになる．これによって，血液中に必要以上の中性脂肪やコレステロールが放出され，脂質異常症を引き起こす危険性が高まる．さらには，体内のインスリン濃度が高い状態が続くことによって，交感神経系が亢進し，血管収縮作用が生じるため，高血圧が引き起こされる．

PAI-1（プラスミノーゲン活性化抑制因子）は，血液中で血栓を溶解させる線溶活性を低下させ血栓形成に関与し，血管病や動脈硬化を引き起こす．

アンジオテンシノーゲンは血管収縮作用を有し，高血圧症を引き起こす．

レプチンは，脳の視床下部にあるレプチン受容体に結合すると満腹中枢を刺激し食欲を低下させ，同時に交感神経を介して消費エネルギーを高め，体重を元に戻そうとする．したがって，レプチンが有効に働けば肥満を予防することができる．しかしながら，内臓脂肪型肥満者は非肥満者よりもレプチンが大量に分泌されているにもかかわらず（高レプチン血症），この作用がうまく機能しないこと（レプチン抵抗性）が報告されている．

アディポネクチンは抗動脈硬化作用，血管拡張作用による高血圧症の抑制，TNF-αの作用を抑制し，インスリン感受性を向上させることによる抗糖尿病作用など循環器系・代謝系疾患を抑制する善玉アディポサイトカインである．しかし，肥満者において分泌量が減少（低アディポネクチン血症）してしまう．

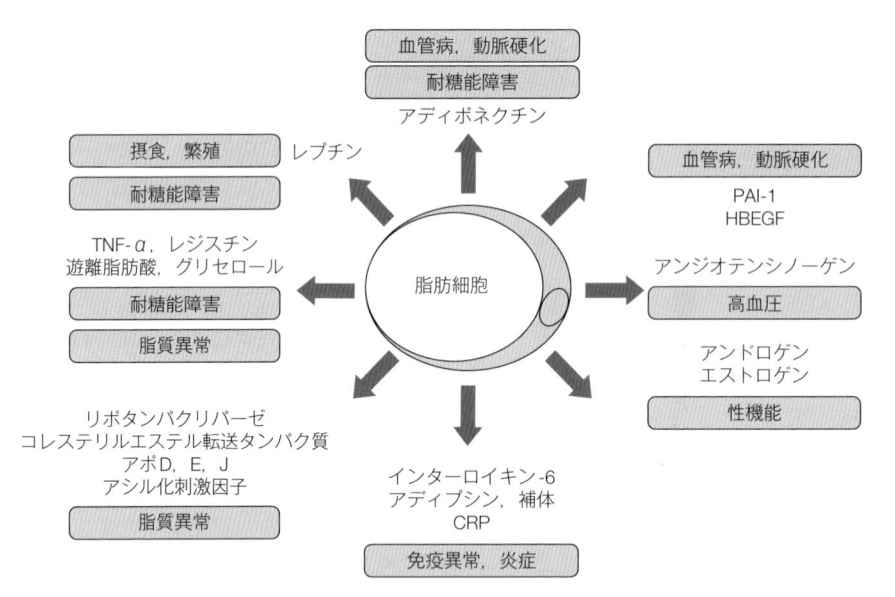

図2-3 脂肪細胞が分泌する多様なアディポサイトカイン
(徳永勝人：メタボリックシンドロームのメカニズム．体育の科学，56：508-512，2006)

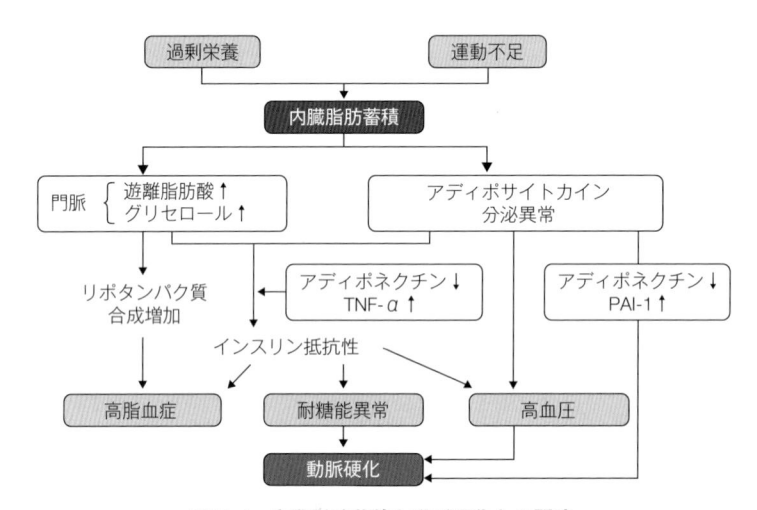

図2-4 内臓脂肪蓄積と動脈硬化との関連
(徳永勝人：メタボリックシンドロームのメカニズム．体育の科学，56：508-512，2006)

(3) Pickwick症候群（呼吸器疾患）

極度の肥満者は，皮下脂肪の異常蓄積とともに，体腔内や諸臓器およびその周辺の附属組織へも脂肪沈着がみられる．そのため，呼吸器官においても形態的あるいは機能的な変化が生じてくる．Pickwick症候群は，極度の肥満者で，気道閉塞のない肺胞低換気症状を示すものをいう．臨床的な特徴は，①極度の肥満，②傾眠，③筋痙攣，④チアノーゼ，⑤睡眠時の交代性無呼吸（チェーストークス呼吸），⑥二次性赤血球増多，⑦右室肥大，⑧右心不全などである．この名称は，イギリスの作家Charles Dickensが1837年にロンドンで発刊した"The Posthumous Papers of the Pickwick Club"の中にみられる肥満で赤ら顔のいつも居眠りをしている少年ジョー（図2-5）がこのような症状を持っており，それがよく描写されていることが由来となっている．極度の肥満の少年ジョーを描いたThomas Nastの挿絵が，

図2-5 少年ジョー
(Burwell CS et al : Extreme obesity associated with alveolar hypoventilation-A pickwickian syndrome. Am J Med, 21: 811-818, 1956)

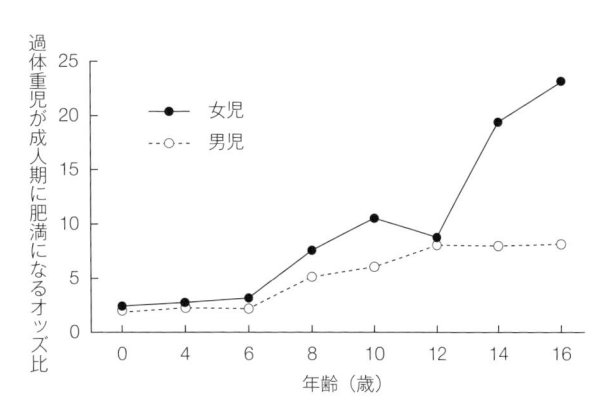

図2-6 過体重の子どもが成人期に肥満になる傾向
(Manu Vほか, 前島伸一郎ほか監訳：エクササイズ-疾患予防のための運動-. エルゼビア・ジャパン, 2004)

表2-5　小児期メタボリックシンドロームの診断基準(6〜15歳)

内臓脂肪（腹腔内脂肪）蓄積					
●ウェスト周囲径≧80cm[注1)]					
＋以下のうち2項目					
●血清脂質異常		●血圧高値		●高血糖	
高トリグリセリド値	≧120mg/dL	収縮期血圧	≧125mmHg	空腹時高血糖	≧100mg/dL
かつ/または		かつ/または			
低HDLコレステロール値	≦40mg/dL	拡張期血圧	≧70mmHg		

注1) ウェスト周囲径／身長が0.5以上であれば陽性と判定する.
　　小学生ではウェスト周囲径75cm以上で陽性と判定する.

自分の症例とよく似ていることから，BurwellらがPickwick Syndromeという名称を用いた．傾眠は，深い眠りに似た長期にわたる無意識状態で目覚めさせることはできるが，すぐに再び眠ってしまう状態をいう．傾眠の原因は，睡眠ポリグラフから睡眠時無呼吸による睡眠の断片化によるものと解明された（**睡眠時無呼吸症候群：第1章10参照, p.22**）．1990年頃に柔道や相撲などの重量級のスポーツ選手の突然死とこの症候群との関連が報道されてから，注目を集めるようになった．近年では，電車やバスの運転手の居眠り運転とこの症候群との関連が指摘されている．この症候群も生活習慣病のひとつに数えられよう．

(4) 小児期の肥満とメタボリックシンドローム診断

米国や英国では小児肥満・過体重が約30％に増加し深刻な問題となっている．日本では過体重と判定されるものは小中学生の10％程度と割合としてはまだ低いが，増加傾向にある．小児期に肥満である者は成人期にも肥満になるリスクが高い（図2-6）．さらに，13歳までの脂肪蓄積は，成人期の糖代謝，LDLコレステロールの異常と関係している．これらは，食生活，運動習慣などの生活習慣の基礎が小児期に形成され，成人期にも引き継がれることが多いためと考えられる．そのため厚生労働省では2007年に小児期（6〜15歳）メタボリックシンドローム診断基準を提示した（表2-5）．小児期から食生活に注意し，運動習慣を定着させることが肝要といえる．

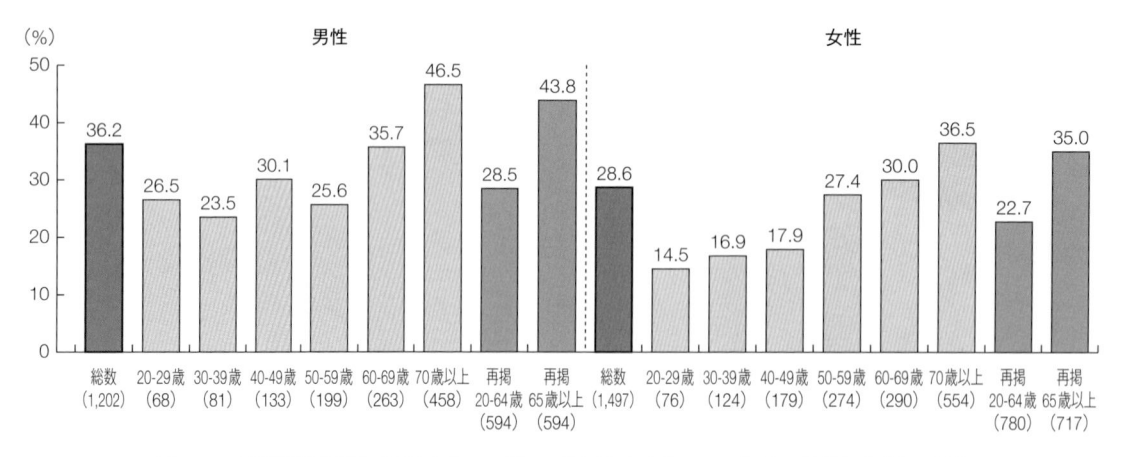

図2-7 運動習慣者（週2回以上かつ1回30分以上の実施で，1年以上継続した者）の割合
（厚生労働省「令和5年度国民健康・栄養調査」2024）

2）運動不足

スポーツ庁による「令和5年度スポーツの実施状況等に関する世論調査」によると，18〜79歳の人で運動不足と感じる人の割合は男性74.6％，女性81.3％と男女とも高い．一方，感じない人の割合は，60歳代以上で高くなっている．また，厚生労働省による令和5年度国民健康・栄養調査（2004年）によれば，「1回30分以上の運動を週2回以上，1年間継続している人」は20〜40歳代で低く，男性の30歳代（23.5％），女性の20歳代（14.5％）がもっとも低い（図2-7）．国民の多くが運動不足を感じていながら運動習慣を形成できていない現状にある．生活環境のオートメーション化や自動車の普及，デスクワーク中心の仕事内容である現代社会においては，付加的に，積極的に運動を行わない限り身体活動量が減少することは必然である．運動不足によって肥満に陥り，生活習慣病に罹患するリスクが高まるので，青年期の若者が将来，中年期・高年期になる頃に生活習慣病の罹患率が増加することは想像に難くない．幼少期あるいは青年期の早い段階に運動の習慣化を確立させ，それを継続させることが大切である．これに加えて，たとえ肥満であっても健康で活動的な生活を営む人は，活動的でない生活を営む標準体重の人よりも年間死亡者数が少ないと報告されている（1万人当たりで，身体活動量の多い肥満者の死亡者数19.8人，身体活動量の少ない標準体重者の死亡者数52.1人）．また，1週間に1,000〜1,500 kcal（1時間の散歩を週に5回程度）の運動をしている人は運動不足の人に比べ，死亡危険率が30％低いという結果が報告されている．

肥満によって，インスリン抵抗性が高くなることは前節で述べたが，インスリンは血糖を筋などの細胞に取り込む補助をするホルモンである．運動を行うことによって筋収縮時にエネルギー源として糖質をより多く求めるため，血糖の取り込みも促進され，インスリン抵抗性を低下させると報告されている．また，細胞を傷つける活性酸素[注1]はストレスによっても増加する．適度な運動はストレスを解消し，活性酸素の増加を未然に防ぐ効果もある．具体的にどのような運動をどの程度行え

注1）活性酸素：呼吸により，空気中から取り込んだ酸素が体内で変質してできる物質で，フリーラジカル（不対電子を持ち非常に不安定で活性（酸化）が強い原子や分子）の一種．活性酸素は酸素よりも大きなエネルギーを有するので，増えすぎると，正常な細胞組織も酸化させて（傷つけて）しまい，さまざまな病気や老化のひとつの原因と考えられている．

表 2-6　運動不足による身体の変化

1. 筋
   ・筋の萎縮
   ・筋力低下
2. 骨
   ・骨のミネラル減少
   ・骨粗鬆症
3. 心　臓
   ・心拍数の増加
   ・心拍出量の減少
   ・心室容量の減少
4. 呼吸・循環器系
   ・最大酸素摂取量の減少
   ・循環血液量の減少
   ・毛細血管密度の減少
5. 代　謝
   ・耐糖能の低下
   ・HDLコレステロールの減少
   ・LDLコレステロールの増加
6. 全　身
   ・体力の低下
   ・抵抗力の低下
   ・免疫能の低下

（岸　恭一，上田信男編：栄養科学シリーズNEXT運動生理学．p3，講談社，1999）

ばよいかについては，第1章9（p.19）を参照されたい．

　運動不足の状態が長く続くと，次のような影響が身体に現れる．筋の萎縮や筋力低下，骨量低下（骨のミネラル減少），心拍出量の減少，最大酸素摂取量の減少，骨格筋に分布する毛細血管密度の減少，耐糖能（ブドウ糖を吸収し，グリコーゲンを貯える能力）の低下，体力の低下などが起こるといわれている（表2-6）．また，過剰なインスリン分泌は，脂肪合成能を増加させ，脂肪蓄積に傾いた代謝状態を作り出してしまう．つまり，体脂肪が増加し筋量が低下することにより，**基礎代謝量**（生命維持のためだけに必要なエネルギー消費量）をも減少させることから，安静時におけるエネルギー消費量が低下する．脂肪蓄積に傾いた，いわゆる肥満は，糖尿病，高血圧や脂質異常症などの生活習慣病の発症に強く関与するといわれている．このような状態にならないためにも，運動を継続的に実施することが重要である．

3）食生活

　生活習慣病を予防する上で，日々の食生活は大きなポイントである．前項1）で述べたように肥満は生活習慣病に大きな影響を及ぼす．肥満は食事のコントロールと適度な運動の継続によって防ぐことができる．食事では身体によいものを積極的に摂取し，悪いものは減らすようにしなければならない．たとえば，**抗酸化物質**[注2]や**食物繊維**の豊富な野菜を積極的に摂取し，**動物性脂肪**が多い肉類の摂取を控えることがあげられる．しかし，食生活の欧米化，ファストフードやコンビニ食に依存することが多い現代社会では難しいかもしれない．適切な食生活については，第1章8（p.14）を参照のこと．

注2）抗酸化物質：活性酸素を含め，電子を失って不安定になっている物質に電子を供給し，その物質を安定な状態にもどす物質．代表的な抗酸化物質には，ビタミンEやビタミンC，各種の植物が持っているフラボノイド，ユビキノンまたサポニンなどのテルペン類などがある．

> ★コラム「健康情報番組の落とし穴」
> 　昨今の健康ブームによって，テレビ番組においても「身体によい食べ物」「ダイエットに効果的な食べ物」が紹介されることが多くなった．これらの情報が商品の売り上げと直結し，番組放送後，どこも品薄状態となってしまうということも珍しくない．しかし，食材はある目的に直接的に作用する薬とは違い，これさえ食べればよいというものはない．「この野菜は糖尿病を予防してくれる」といってもその野菜ばかりを食べていればよいというものではない．植物に含まれている機能性成分にはまだわかっていないことも多く，できるだけ多くの種類を摂取することの方が総合的にみて身体によいと考えられる．基本の主食と低脂肪の副菜に多くの種類の野菜をベースにキノコ類，海藻類などのビタミン，ミネラルが豊富な食材を日替わりで食べることこそが健康の維持のためにもっともよいであろう．

3．生活習慣病と遺伝

　生活習慣病は，生活習慣要因がその発症に深く関与するが，遺伝的要因や環境要因も影響する．生活習慣要因は，食生活，運動習慣，休養など個別要因である．環境要因は，人間関係によるストレス，職業，大気汚染度など個人の生活を取り巻く要因である．疫学的研究によると生活習慣が6割，遺伝的要因と環境的要因がそれぞれ2割である．たとえば，インスリン非依存型糖尿病（2型糖尿病）や高血圧，がん，脳卒中は，身内が罹患していた場合，その発症率は高くなる．遺伝的要因が非常に大きな影響を及ぼす疾患としては，インスリン受容体遺伝子の異常によって起こる糖尿病（インスリン非依存型糖尿病に分類される）やLDL受容体異常によって起こる脂質異常症，家族性ポリポーシスによるがんなどがあり，これらは生活習慣を改善しても予防が難しい．これらのような例外を除いては，生活習慣病にかかわる遺伝因子に対する個々の遺伝子異常の影響は決定的なものではない．

　生活習慣要因をコントロールできれば，遺伝的要因を有していても多くの場合で生活習慣病を予防することはできる．ただし，この生活習慣要因は，幼少期の生活環境に影響されやすいといわれている．たとえば，運動嫌いの両親の子どもは運動習慣が定着しにくかったり，揚げ物など高カロリーの食嗜好の両親の子どもは，同じく高カロリーの食嗜好の傾向にある．とくに食嗜好は幼少期に方向づけられるため食育は重要である．

Ⓑ　実　践

4．運動の有効性（効果）と危険性

　運動や身体トレーニングにより，体内の各器官が刺激され，身体の機能が高まる．日頃から運動するように心掛けていると，予備力（余裕力）が増加し，風邪などに対する抵抗力（防衛体力）も増強する．また，ちょっとした運動でも気分転換になり，ストレス解消には有効である．ここでは，運動の効果について概観し，どのような運動を日常的に行うことが健康維持や生活習慣病の予防に対して効果的かについて考える．

1）運動の一般的効果

　運動を継続的に実施することによって次のような影響が身体に現れる．筋力や柔

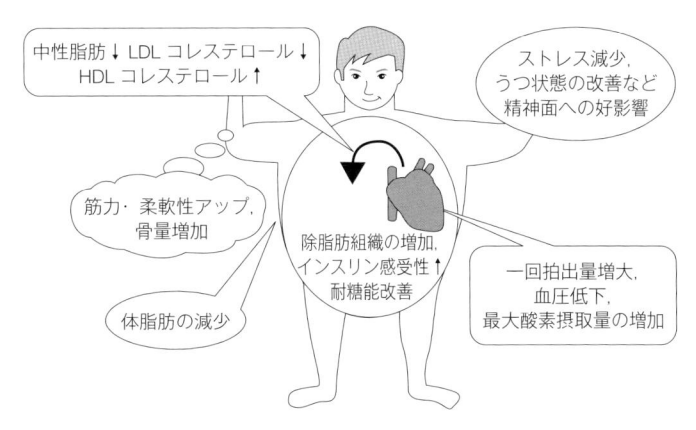

図2-8 運動の一般的効果(岸 恭一,上田信男編：栄養科学シリーズNEXT運動生理学.p5,講談社,1999)

表2-7 運動の開始前と実施中における運動中止が必要な自覚症状

●運動開始前：次のような自覚症状があった場合,その日の運動を中止する	●運動実施中：次のような自覚症状が現れたら,即座に運動を中止して休息する
①胸がしめつけられるように感じる ②ちょっと動いただけで息切れがする ③頭痛やめまいがして,ふらふらする ④顔や足にむくみがある ⑤風邪気味で発熱している ⑥腹痛や下痢がある ⑦朝食をまったく食べる気がしなかった ⑧二日酔いである ⑨前夜はほとんど眠っていない	①胸の痛みが運動とともに強くなり,苦しくなる ②強い息切れ,呼吸困難となる ③頭痛がしてくる ④めまいがする ⑤吐き気やおう吐が起こる ⑥強い疲労感がしてくる ⑦冷や汗が出てくる ⑧足がもつれて動くのが苦痛になる ⑨脈がひどく乱れてきた ⑩下肢に痙攣や痛みが起こる

軟性の増加,骨量増加,一回拍出量の増大,最大酸素摂取量の増加,耐糖能の改善,体力の増強などが起こるといわれている．また,身体活動は適度の疲労をもたらし,不眠症の予防と治療にもつながる．活動的な生活,能動的な生活態度はうつ状態を抑え,心身症の予防にも有効である（図2-8）．これらの運動効果については,不活動の状態を実験的に設定し,運動不足の障害を考えた以下の結果がとくに参考となる．

宇宙に300日間以上滞在した宇宙飛行士は,宇宙で生活するのに必要とされる厳密に調合した食事を摂って栄養不良や肥満にならなくても,地球に帰還した場合に地球上では立てない,歩けない状態になるという．これは宇宙船内では重力がほとんどなく,ベッドに寝たきり,あるいはほとんど歩かないという運動不足の生活に近い状態,すなわち筋が萎縮した不健康な状態にあることによる．筋の活動はエネルギーを消費し,ゆえに人間が余分に取り込んだ糖質や脂質を燃焼させることになり,肥満の予防につながる．運動はこれらの点を考えれば健康にとって不可欠な要因であることがうかがえよう．

このように,生物としての機能を正常に保ち,体力を高めて活力を増進するという効果は,運動の身体面でのプラスの効果である．一方,爽快感によるストレス発散効果や,瞑想状態あるいは無我の境地に身を置くことによって得られる精神の安定など,精神面へのプラスの効果も大きい．運動を長時間続けることによって,脳内にβエンドルフィンという化学物質が自然生成され,これが爽快感のもとになること,セロトニンが増加し,これがうつ病の改善になる可能性も最近明らかになりつつある．

表2-8 健康診断の項目の説明と解釈

	項目の説明（括弧内の数値は適正範囲）	解　釈
栄養状態	総タンパク（6.4〜8.2g/dL）は血清中に含まれるタンパクの総称で，アルブミンとグロブミンに大別される．身体を健康な状態に維持する働きがある． アルブミンは血液中のタンパクの一種で，栄養状態や炎症性疾患・消化器疾患を反映する．	一般的に栄養状態の指標となり，他の検査とも組み合わせて全身状態の良否を判定する．栄養不足・肝障害・腎疾患・慢性炎症性疾患・自己免疫疾患・骨髄疾患その他悪性腫瘍などで異常値を示すことがある．
肝機能検査	GOT（5〜40IU/L）・GPT（3〜35IU/L）は身体のさまざまな臓器に含まれている酵素で，身体の重要な構成要素（アミノ酸）を作る働きをする．おもに肝臓疾患の指標として用いられ，その他心臓・筋・膵臓疾患の指標にもなる． γ-GTP（11〜64IU/L未満）はタンパクを分解する酵素のひとつ．特にアルコール性肝疾患に敏感に反応するが，胆道の疾患の指標としても用いられる．	病気やアルコールの多飲などにより肝臓がダメージを受けると，これらの酵素が破壊された細胞から漏れ出し，血液中に増加する．肝性（急性・慢性・アルコールなど）・脂肪肝・肝がん・アルコール性肝障害などの肝臓疾患の他，胆道疾患・心筋梗塞・薬剤服用などでも異常値を示すことがある．アルコールを飲む人は，節酒・禁酒に心掛けることも必要である．
脂質検査	総コレステロール（130〜219mg/dL）は血管の強化・維持に重要な役割を果たす．また，ホルモン・消化酵素などを作る材料となるなど身体には必要不可欠なものであるが，多すぎると高脂血症・動脈硬化症などの生活習慣病の原因になる． 中性脂肪（35〜150mg/dL）はおもにエネルギー源となり，臓器や組織の維持に重要な役割を果たす．しかし，多すぎると皮下脂肪として体内に蓄えられ，肥満や動脈硬化の原因となる．	総コレステロール・中性脂肪の値が高い場合を高脂血症という．高脂血症の状態が長く続くと，心臓や脳の血管の動脈硬化が起こりやすくなる．コレステロール値が高い場合には動物性脂肪やコレステロールを多く含む食品を控えるように心掛ける．中性脂肪値が高い場合には，アルコールや菓子類を控え，運動を心掛ける必要がある．ただし，糖尿病や甲状腺機能低下症・ネフローゼ・腎障害・アルコール性肝障害などでも異常値を示すことがあるため，注意が必要である．
糖尿病検査	血糖（60〜109mg/dL）は生命活動を維持するエネルギー源として利用されるため，一定の濃度に保たれている．おもに糖尿病の診断に使用されるが，血糖値は食事や運動の影響を受けやすく，病気でなくても異常値を示す場合がある． 尿素窒素（7〜24mg/dL）は血液中の尿素に含まれる尿素成分のことで，体内のタンパク質がエネルギーとして使われた後の代謝産物である．タンパク質摂取量，タンパク質代謝機能，腎機能が深く関与する． クレアチニンは体内でエネルギーとして使われたタンパク質の老廃物である．	血糖値が高値の場合，疾患としてまず糖尿病が疑われる．糖尿病の症状には口渇・多飲・易疲労・体重減少などがあるが，ほとんどこれらの自覚症状がないまま進行するため，食事や運動について十分な注意が必要である．家族が糖尿病という人にはさらに注意が必要である．また，肝臓や腎臓の病気でも高値を示す場合がある．血糖値が低い場合には膵臓の疾患が潜んでいることがある．腎臓は血液中の老廃物を尿とともに排泄する働きがあり，この排泄機能が悪くなると老廃物である尿素窒素やクレアチニンが血液中に増加する．腎機能障害の他，高タンパク食摂取，糖尿病，脱水症，高熱，消化管出血，手術などで高値を示す場合がある．逆に低値を示す場合には肝不全・妊娠・低タンパク食摂取などの影響が考えられる．
痛風検査	尿酸（2.4〜7.5mg/dL以下）は身体の核の成分である核酸が増えてできる．痛風の指標として用いられる．尿酸は，プリン体を多く含む食品の摂り過ぎ，激しい運動・ストレス・腎臓の排泄機能が低下した場合に血中に増加する．	尿酸は増えすぎると血液中で尿酸塩という結晶となり，足の親指の付け根などで激痛が伴う「痛風」をまねく．また，腎臓に沈着する炎症を起こしたり，腎結石・尿管結石の原因となる．痛風の場合，肉，魚，アルコールなどのプリン体を多く含む食品を過剰に摂取しないことが必要だが，腎機能障害などでも異常値を示すため注意が必要である．
貧血検査	血色素（男性13.0〜18.0g/dL，女性11.0〜16.0g/dL）は赤血球の主成分（赤色の成分）で，酸素を身体に運搬する働きがある．血色素量が減ると酸素の運搬能力が低下し，酸素不足の状態（貧血）になる．	貧血が進むと，顔面蒼白，手足の冷え・動悸・息切れなどの症状が現れ，重症になると心不全・ショックを起こすこともある．この貧血の原因としては，鉄分不足，過度のダイエットによる栄養不足，体内の出血や炎症，骨髄の異常，胃切除による鉄の吸収障害，女性では子宮筋腫などが考えられる．逆に血色素が高値の場合には多血症が考えられる．
体格指数	BMIは，体重（kg）÷身長（m）÷身長（m）の計算式で示される体格指数のことで，肥満の判定に用いる．また，標準体重は身長（m）×身長（m）×22で求めることができる．	肥満は余分なエネルギーを脂肪細胞に蓄えた状態をいう．肥満の人はそうでない人に比べ生活習慣病といわれる病気のリスクが高くなるといわれている．BMIでは25.0以上を肥満としている．肥満の人は食事・運動に注意し，標準範囲に近づけるように心掛ける．

2）運動の危険性

　　　　運動には，身体にある種のストレスを課すことになるため若干の危険性を伴うことも事実である．日頃から強度のトレーニングを実施しているサッカーナショナルチームの20歳代のレギュラー選手がサッカーの試合中に突然倒れ，急性心不全と診断結果が公表された．また，30歳代の男性が子どもの幼稚園の運動会で行われた障害物競走に出場し，その競技中に突然倒れ，帰らぬ人となるという新聞記事も

報道された．運動中の突然死や事故死の多くは，運動強度や時間もさることながら，運動量を徐々に増加させるというトレーニングの漸進性の原則を無視したことによることが大きいと考えられる．また，トレーニング方法を熟知した人であってもこのような悲惨な事故にあうことから，運動の危険性とそれを回避する方法について考える必要がある．

(1) 予防のためのメディカルチェック

運動習慣がない人が定期的な運動を実践する場合，メディカルチェックを受けることが勧められる．ただし，中程度以下の運動強度（息が弾む程度）で，自他覚的な身体症状・兆候が認められなければメディカルチェックを行う必要性は低い．

(2) 運動中止が必要な自覚症状

運動を行う前，あるいは行っている最中に注意すべき自覚症状を理解して取り組むことが安全に運動を遂行することにつながる．

自覚症状とは，身体の異常を感覚によって感じるものであるので，運動を行うにあたって，自らの健康状態をチェックすることによって，運動による事故を未然に防ぐことが大切である．表2-7は，運動開始前と運動実施中における運動中止が必要な自覚症状である．運動中に，該当するものが1つでもあれば運動を中止し，メディカルチェックを行う必要がある．

3) 運動による疲労の回復を目的とした栄養補給（食事）

運動による疲労の原因は，グリコーゲンなどのエネルギー源の枯渇，乳酸，アンモニア，K^+，H^+，リン酸などの蓄積による pH の低下，中枢性疲労など多岐にわたり，それらが複合して発現している．食事と直接関係している疲労回復の方法は，運動によって消費・消耗した各栄養素の補給を主眼に行う必要がある．何よりも3度の食事から補うことが肝要であり，栄養ドリンクやサプリメント（栄養補助食品）に頼る傾向はあらためる必要がある．

①糖質による生体内のグリコーゲンの回復
②筋など組織の消耗には，タンパク質や無機塩類（カルシウムや鉄）摂取
③疲労回復過程で働くホルモンの補酵素としてのビタミン摂取
④運動直後の栄養補給（タンパク質，糖質）

5．生活習慣病を予防するために健康診断を受けよう

健康診断は，数多くの検査項目があるが，それらの結果について正しい知識を有していないと，その後の生活改善にも役立てることはできない．健康診断の項目とその解釈について表2-8に示した．

✓ まとめ

- 生活習慣病は，肥満，高血圧，脂質異常症，糖尿病の死の四重奏を伴って進行するが，ほとんど自覚症状がなく，重篤な状態となってから症状発作することから沈黙の殺人者といわれる．
- 生活習慣病を早期に自覚し，一次予防を図ることを目的にメタボリックシンドローム診断が導入された．
- 内臓脂肪型肥満（リンゴ型肥満）は，生活習慣病の発症に関与しているので注

意が必要である．
・肥満は Pickwick 症候群という呼吸器疾患も引き起こす．
・継続的な運動は死亡率を低減させる．
・生活習慣病には遺伝的な要因も 2 割程度関与するが，生活習慣の影響の方が大きい．
・運動不足が筋や骨格系の疾患だけでなく，心臓病などの内科的疾患を引き起こす．
・自身の健康状態を知るために健康診断の項目について理解することが重要である．

レポート課題

1. 生活習慣病を予防することが難しい理由をまとめよ．
2. 生活習慣病を予防する具体的な方法を生活習慣に関連してまとめよ．
3. 運動不足と生活習慣病の関係について説明せよ．
4. 運動によって身体にいかなる影響を及ぼすか，説明せよ．
5. 運動の危険性について，説明せよ．
6. 自分の健康診断の結果から，自分の健康について評価せよ．

文　献

岸　恭一，上田信男編：栄養科学シリーズ NEXT 運動生理学．講談社，1999．
Manu V et al., 前島伸一郎ほか監訳：エクササイズ–疾患予防のための運動–．エルゼビア・ジャパン，2004．
生活習慣病予防研究会編：2004 生活習慣病のしおり．社会保険出版社，2004．
下方浩史：体脂肪分布–腹部型肥満の基礎と臨床–．杏林書院，1993．
高橋和男ほか：なぜふとるのか？–肥満の本態–．保健の科学，44：408-412，2002．
徳永勝人：メタボリックシンドロームのメカニズム．体育の科学，56：508-512，2006．
湯浅景元：新版・体脂肪–脂肪の蓄積と分解のメカニズム–．山海堂，2004．
山中　學ほか編：メディコピア 42 肥満–正しい理解のために–．富士レビオ，2001．

〔山次　俊介〕

第Ⅱ部　フィットネス基礎知識

- 第3章　体力とは何か
- 第4章　運動のしくみ
- 第5章　トレーニング理論
- 第6章　トレーニング方法
- 第7章　健康を維持・増進するための運動
- 第8章　ダイエット計画

第3章 体力とは何か

Ⓐ 理　論

1．体力の定義

　「体力」とは一般に，「Physical Fitness」と英訳される．この言葉を辞典で調べると，「身体の力，身体の作業・運動の能力，または疾病に対する抵抗力」（広辞苑第5版）や「労働や運動に耐える身体の力，また，病気に対する抵抗力」（大辞泉増補新装版）などの記述が認められる．これらに共通する点は，体力には2つの側面があり，日常活動や運動にかかわる能力だけではなく，病気に対する抵抗力をも体力の一部として考えている点である．生体の内外をそれぞれ内部環境，外部環境とすると，外部環境の変化に対応して生体をある程度変容させていく性質を適応性（Adaptability）という．また，外部環境の変化に対して，常に内部環境を一定の良好な状態に保とうとする働きがある．たとえば，気温が急激に変化しても体温を一定に保つ働きが生体には備わっている．これを恒常性（Homeostasis）という．Physical Fitnessという言葉は，外部環境に適合あるいは適応していく身体の能力という考えに基づき，体力の英訳として一般的に用いられている．

　このように，現在では，体力は運動や活動にかかわる部分と病気や生存にかかわる部分に分けて考えられており，体力とは「人間の活動や生存の基礎となる身体的能力である」という定義が認められる．活動の基礎となる部分を**行動体力**，生存の基礎となる部分を**防衛体力**として理解されている．

　図3-1はこれまで報告されてきた体力の構造を著者がまとめたものである．体力の構造における身体的要素の部分は，行動体力と防衛体力に分類される．行動体力とは体内のエネルギーを身体運動という形で外部に積極的に発揮する能力であり，活動体力や運動能力と同義と考えられている．一方，防衛体力とは，外部（体外）からの各種ストレスに対し，これを防衛し自己の健康を維持しようとする能力である．各種外部環境の変化に対して生体は内部環境を一定の状態に保持しようとする防衛機能（恒常性）が働く．そのため，健康保持能力や抵抗力とも呼ばれる．外部環境の変化が小さい場合は，生体はよく適応し，内部環境は安定した状態を保持できるが，外部環境の変化が激しく，防衛機能の限界を超える場合，内部環境の恒常性は乱れ，生理機能に支障をきたす．

　行動体力は形態と機能に分類され，形態は体格と姿勢，機能は**筋機能，心肺（呼吸循環）機能，神経機能，関節機能**に分類される．各機能はさらに，筋力，瞬発力，スピード，筋持久力，全身持久力，敏捷性，平衡性，協応性，巧緻性，柔軟性といった要素に分類される．防衛体力は**構造**（器官・組織の構造）と**機能**からなり，機能には温度調節，免疫，適応の各要素が含まれている．このように，体力は複数の要素から構成される総合的な身体能力である．最近では健康と関連の高い体力という意味での**健康関連体力**（Health-Related Physical Fitness）という概念が提唱されている（後述）．健康を維持・増進するための体力として重要であり，健康づくり

```
                    ┌ 形 態 ┌ 体 格
                    │      └ 姿 勢
                    │          ┌ 筋機能  ┌ 筋 力    ┐
         ┌ 行動体力  │          │        │ 瞬発力   │ 行動を起こす
         │          │          │        │ スピード │
         │          │          │        └ 筋持久力 ┘
         │          │ 機 能    │ 心肺機能 ─ 全身持久力 ─ 行動を持続する
         │          │          │          ┌ 敏捷性 ┐
         │          │          │ 神経機能  │ 平衡性 │ 行動を調整する
         │          │          │          │ 協応性 │ （調整力）
         │          │          │          └ 巧緻性 ┘
体 力    │          └          └ 関節機能（柔軟性）
         │
         │          ┌ 構 造 ┌ 器 官
         │          │      └ 組 織
         │          │ 物理化学的ストレスに対する抵抗力
         └ 防衛体力  │   寒冷，暑熱，低酸素，高酸素，低圧，高圧，振動，化学物質など
                    │ 生物的ストレスに対する抵抗力
                    │   細菌，ウイルス，その他の微生物，異種タンパクなど
                    └ 機 能
                      生理的ストレスに対する抵抗力
                        運動，空腹，口渇，不眠，疲労，時差など
                      精神的ストレスに対する抵抗力
                        不快，苦痛，恐怖，不満など
```

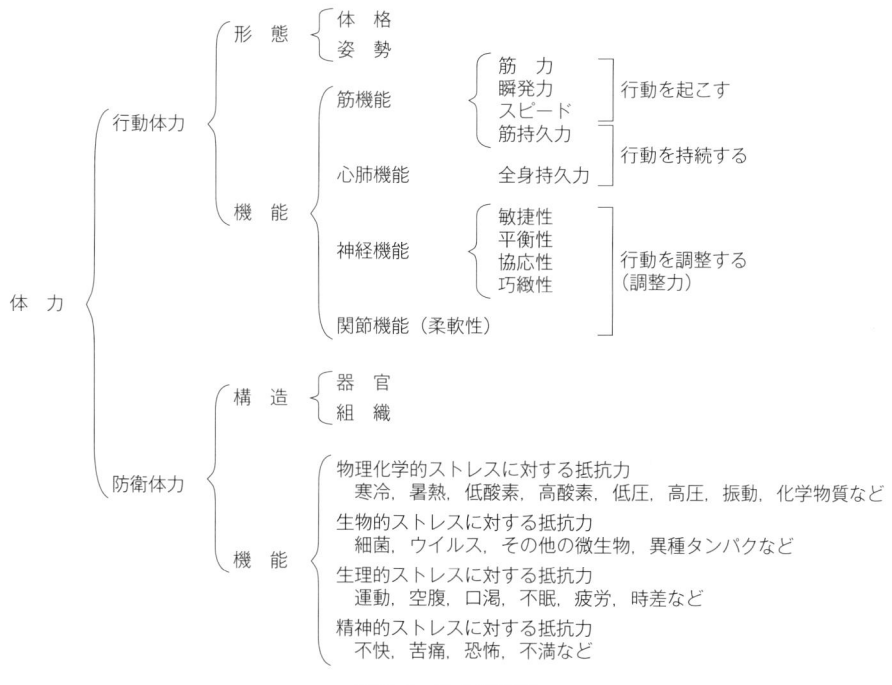

図 3-1　体力の構造

のための運動プログラムの作成において注意すべき体力要素を含んでいる．この健康関連体力を構成する要素には，形態では身体組成，機能では筋力，筋持久力，全身持久力，柔軟性などが含まれる．

　一方，行動体力を構成する体力要素は，その発揮の観点から，**行動を起こす**，**行動を持続する**，**行動を調節する**能力に分類できる．行動を調節する能力は，神経機能と密接な関係があり，調整力と呼ぶことができる．また，エネルギーの出力と制御による観点からエネルギー系とサイバネティックス系の体力として分類することも可能で，前者は行動を起動・持続するための要素，後者は行動を調節するための要素に対応する．

　防衛体力について，構成要素を整理すると以下のようになる．防衛体力における構造には器官・組織の構造が含まれ，機能は 4 要素に分けられる．**物理化学的ストレスに対する抵抗力**としては，寒冷，暑熱，低酸素，高酸素，低圧，高圧，振動，化学物質などに対する抵抗力である．**生物的ストレスに対する抵抗力**とは，細菌，ウイルス，その他の微生物，異種タンパク（ヒト以外のタンパク質）などに対する抵抗力である．**生理的ストレスに対する抵抗力**とは，運動，空腹，口渇，不眠，疲労，時差などに対する抵抗力である．**精神的ストレスに対する抵抗力**とは，不快，苦痛，恐怖，不満などに対する抵抗力である．

　身体の器官・組織の構造に異常が生じたり，各種ストレスに対する抵抗力が低下したときに，生存にかかわる体力，つまり防衛体力の低下が生じると考えられる．行動体力の測定や評価は体力テストなどにより容易に行うことが可能であるが，防衛体力を測定あるいは評価するためには，免疫力やストレス耐性の検査などの医学的検査が必要となる．

　以上のように，体力とは活動や生存の基礎となる身体的能力であり，複数の要素から構成される総合的な能力であることを理解することにより，自己の体力を種々

の側面から測定および評価することが可能になるであろう．

2．身体活動（運動），体力，健康相互の関連と健康関連体力

　身体活動（Physical Activity）とは，骨格筋の働きによってなされる身体の動き全般を指し，日常生活（仕事，スポーツ，余暇など）の中でエネルギー消費を生じさせる原因となる．運動（Exercise）は身体活動の一部であり，体力向上や維持を目的とした計画的で反復性のある身体活動である（Caspersen et al，1985）．体力（Physical Fitness）は，人間の身体活動や生命活動の基礎となる身体的能力をいう．健康とは，世界保健機関（WHO）の定義に基づくと，単に病気ではないというだけではなく，肉体的，精神的，社会的にも良好（Well-being）な状態をさす．これらの特徴を踏まえ，相互の関連性を考えてみると，身体活動（運動），体力，健康は心身の状態や機能を表す概念として相互に密接な関係にある．Paffenbargerはこれらの関係について図3-2のように説明している．すなわち，日常生活の中で身体活動水準を高く保つことにより，体力水準が上昇し，健康の維持・増進につながる（言い換えると，健康状態がある程度良好であることや体力が一定水準以上にあることは，身体活動を行う上での前提条件となる）．体力は健康の中核をなす重要な要因のひとつであることから，健康づくりを考える際には体力が重要な役割を担う．

　近年では，社会環境の変化に伴い健康を支える基盤としての体力のもつ意味の重要性が指摘されるようになった．それに伴い，健康を維持・増進するための健康関連体力（Health-Related Physical Fitness）と技能関連体力（Skill-Related Fitness）に区別して体力を捉える考え方が提唱されてきた．両者はそれぞれ独立に考えられているわけではないが，運動能力は，労働やスポーツにおいて重要視される，スピード（Speed），パワー（Power），敏捷性（Agility），平衡性（Balance），巧緻性（Coordination），反応時間（Reaction Time）などの要素を中心とした体力である．一方，健康関連体力とは，日常生活を健康に過ごすために重要となる体力で，全身持久力（Cardiorespiratory Endurance），筋力・筋持久力（Muscular Strength, Muscular Endurance），柔軟性（Flexibility），身体組成（Body Composition）が健康とより関連の高い体力要素として捉えられている（図3-3）．

　全身持久力，すなわち心肺持久力は，身体の能力の第一決定要因であることが古くから指摘されている．また，健康阻害要因のひとつである生活習慣病など，運動不足や肥満に起因する各種疾患の予防や軽減には，有酸素的・持久的な運動を適切な強度（中等度以下）で長時間継続的に行うことが効果的である．持久的な運動は，呼吸，循環，血液などの酸素運搬系や組織の酸素利用系が総合的に関係しており，健康維持には非常に重要である．したがって，全身持久力は健康関連体力の中でももっとも重要な体

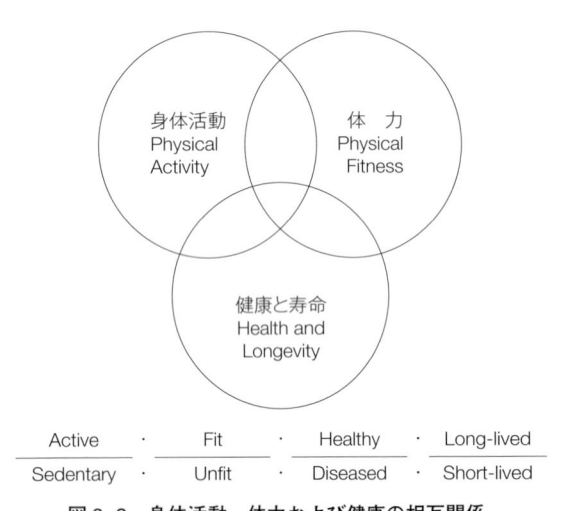

図3-2　身体活動，体力および健康の相互関係
（Paffenbarger RS et al：Physical activity and physical fitness as determinants of health and longevity, pp33-48. In：Bouchard C et al Eds, Exercise, Fitness, and Health. Human Kinetics, 1990）

```
技能関連体力                                        健康関連体力
(Skill-Related Physical Fitness) ← 敏捷性（Agility）          → (Health-Related
                                  筋パワー（Power）             Physical Fitness)
                                  心肺機能（Cardiorespiratory Endurance）
                                  筋　力（Muscular Strength）
                                  筋持久力（Muscular Endurance）
                                  柔軟性（Flexibility）
                                  身体組成（Body Composition）
                                  スピード（Speed）
                                  平衡性（Balance）
```

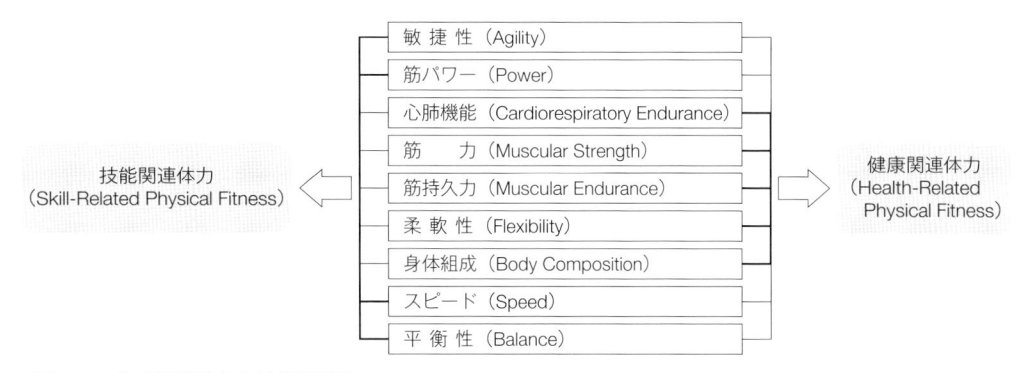

図3-3　健康関連体力と技能関連体力 (Pate RR: A new definition of youth fitness. Phy Sports Med, 11: 77-83, 1983)

力要素として位置づけられている．

　筋力や筋持久力も日常生活において重要な体力要素である．これらと「健康」の直接的なかかわりは理解しにくいが，筋力や筋持久力に優れるほど，日常生活におけるさまざまな身体活動が余裕をもってできる．また，筋力の強化は腰痛や姿勢の矯正にも役立つ．

　柔軟性は，関節が本来もつ最大の可動範囲に対してどの程度関節を動かすことができるかにかかわる能力である．柔軟性が劣ると姿勢にも影響する．悪い姿勢は筋力の不均衡な発達をもたらし，内臓疾患や腰痛などの原因となる．また，運動中の傷害発生の危険性を高める．

　身体組成で健康とかかわりが大きいのは，身体の脂肪と脂肪以外の組織との割合である．体脂肪の割合の増加（肥満）は生活習慣病の発症の危険性を高める要因のひとつである（第2章2参照，p.26）．

3．体力測定法

　自己の体力を知るためには，複数の体力要素についての測定を行い，得られた測定値を評価基準と比較して適切に評価することが必要である．体力が行動体力と防衛体力に分類されることはすでに述べたが，防衛体力を測定することはなかなか難しい．一般に「体力測定」として用いられる「体力」とは「行動体力」のことを指しており，形態および機能に関する種々の項目を測定・評価する．ここでは，行動体力を実際に測定する場合の一般的な測定項目を解説する．

1）形態の分類と測定項目

　形態は，長育，量育，周育，幅育の4側面に分けられる．各側面の代表的な測定項目を表3-1に示した．形態を詳細に測定する際には，これらの分類に基づいて，各側面を代表する測定項目が選定される．また，量育，周育，幅育は相互に密接な関係にあることから，これらの代表的測定項目として体重や胸囲を測定し，長育の代表的測定項目である身長と合わせて，対象の体格特性をおおまかに捉える場合も多い．

　形態は身長と体重の計測値を用いて指数を算出し評価する場合が多い．表3-2に，おもな形態指数とその算出方法，用途を示した．代表的な指数には，ローレル指数やカウプ指数がある．BMI（Body Mass Index）は，これらの指数の総称であるが，一般的にもっとも利用されるカウプ指数のことをBMIと呼ぶことが多い．

表 3-1　おもな形態項目の分類

分類	測定項目
長育	身長，座高，上肢長，上腕長，手長，下肢長，足長，指極，頭長など
量育	体重，皮下脂肪厚など
周育	頭囲，頚囲，胸囲，腹囲，腰囲，上腕囲，前腕囲，大腿囲，下腿囲など
幅育	胸幅，肩峰幅（肩幅），胸矢状径（胸厚），腸骨稜幅（腰厚），腹矢状径（腹厚），足幅，手幅，頭幅など

表 3-2　おもな形態指数

形態指数	算出方法	おもな用途
比体重	体重(kg)/身長(cm)×100	肥満の程度など，形態面の比較に利用
比胸囲	胸囲(cm)/身長(cm)×100	体格充実指数または栄養指数のひとつ
比座高	座高(cm)/身長(cm)×100	上体の発育状態を示す指数
ボルハルト指数	身長(cm)×胸囲(cm)/体重(kg)	単位重量当たりの容積（充実度）を評価する
ローレル指数	体重(kg)/身長(cm)^3×10^7	身体充実度，栄養状態を示す指数
BMI（カウプ指数）	体重(kg)/身長(m)^2	肥満度の判定
ベルベック指数	{体重(kg)+胸囲(cm)}/身長(cm)×100	栄養指数
比上肢長	上肢長(cm)/身長(cm)×100	上半身の発育状態の評価
比下肢長	下肢長(cm)/身長(cm)×100	下半身の発育状態の評価
桂の標準体重	{身長(cm)-100}×0.9	実測体重との比をとり，肥満度を評価

表 3-3　日本肥満学会による肥満の判定基準

BMI	判定	WHO基準
<18.5	低体重	underweight
18.5≦~<25	普通体重	normal range
25≦~<30	肥満（1度）	preobese
30≦~<35	肥満（2度）	obese class I
35≦~<40	肥満（3度）	obese class II
40≦	肥満（4度）	obese class III

※ただし，肥満（BMI≧25）は医学的に減量を要する状態とは限らない．標準体重（理想体重）は，もっとも疾病の少ないBMI22を基準として，標準体重(kg)＝(身長(m))^2×22で計算された値とする．

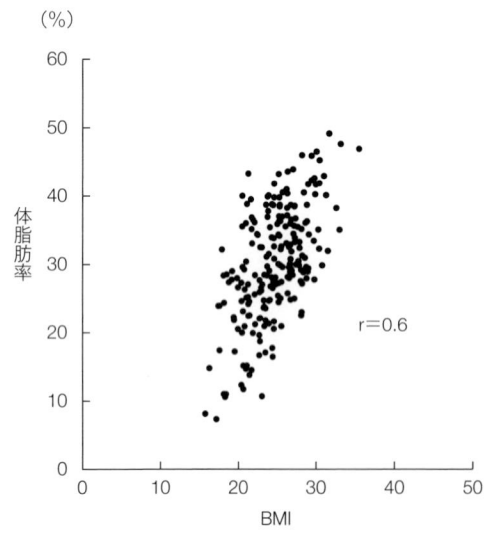

図 3-4　BMIと体脂肪の関係

これらの指数は，体格や体質，肥満度あるいは栄養状態の指標として古くから利用されてきた．ローレル指数については，150〜160を超えると過体重であるという評価基準が示されているが，この指数は身長の大きい人ほど値が小さくなるという問題がある．BMIは近年，代表的な肥満度の評価指標として汎用され健康診断などの評価項目とされている．日本肥満学会では，BMI20〜25が成人男女の標準範囲，25を超える場合に肥満，40を超える場合に病的肥満と判定する評価基準を示している（表3-3）．BMIは体脂肪量を直接評価したものではないが，体脂肪率とも中程度以上の関係を示すことや（図3-4），肥満に関連する合併症の罹患率との間に有意な関係が認められること，簡便に測定が可能なことから世界的に利用されている．

BMIと並び，メタボリックシンドローム診断において重要視されている形態指標として腹囲がある（第2章参照，p.24）．近年，肥満度だけでなく肥満のタイプ（体脂肪の分布の違い）によって，肥満に関連する合併症の罹患率に差があることが明らかにされており，とくに，腹部を中心に脂肪が蓄積するタイプの上半身肥満にはその傾向が強い．上半身肥満の中でも，腹腔内臓器の周辺への脂肪蓄積が顕著な内臓脂肪型肥満のスクリーニング基準のひとつとして腹囲（臍位の周囲径）が用いられている．日本人の場合，男性で85cm以上，女性で90cm以上の場合に，内臓脂肪型

表 3-4 身体機能と測定項目との対応

機　能		測定項目
筋機能	筋　　力	握力，背筋力，脚筋力，屈腕力など
	瞬 発 力	垂直跳，立幅跳，走幅跳，100m走，50m走，25m走，ハンドボール投げ，ソフトボール投げ
	筋持久力	腕立伏臥腕屈伸，両足背上腕立伏臥腕屈伸，上体起こし，懸垂腕屈伸，斜懸垂腕屈伸
神経機能	敏 捷 性	反復横跳，JSテスト，折り返し走，時間往復走，開閉脚跳，全身反応時間，反応開始時間，棒反応時間，バーピー・テスト，ステッピング，ジグザグ・ドリブル
	平 衡 性	閉眼片足立ち，開眼片足立ち，ファンクショナルリーチ
	巧 緻 性	豆運び
	協 応 性	ペグボード
関節機能	柔 軟 性	立位体前屈，伏臥上体反らし，長座体前屈，体捻転
心肺機能		踏み台昇降運動，運動後息こらえ，最大換気量，最大酸素摂取量，対体重最大酸素摂取量，持久走，急歩，シャトルラン，肺活量，1秒量，5分走，12分走，PWC170，最大心拍出量，最高心拍数

肥満の疑いありと判定される．

また，BMIにかわる指標として，BAI（Body Adiposity Index）という指標が発表された（Bergman et al, 2011）．BAIは臀囲を以下の式（臀囲÷身長（m）$^{1.5}$－18）により算出し，体脂肪率を推定する．体重計や男女の補正が不要といった利点があるが，1.5乗することの煩雑さ（手計算ではできない）や，特定の人種に対するエビデンスしか報告されていないなどの問題がある．この指標が世界的に普及するかは今後の研究成果によるであろう．その他，身体組成（体脂肪率等）の測定・評価法は第8章（p.136）を参照のこと．

2）身体機能の分類と測定項目

身体機能は，一般に，筋機能（筋力，瞬発力，筋持久力），神経機能（敏捷性，平衡性，巧緻性，協応性など），関節機能（柔軟性），心肺機能に分類され，評価される．体力測定を行う場合，どの測定項目が何の能力を測定しているのかを理解しておく必要がある．表3-4に，各機能の代表的な測定項目を示した．これをみてもわかるように，測定項目が数多くあるものと，少ないものがある．体力（身体機能）を総合的に測定・評価することに関心がある場合は，すべての機能から，代表的な項目を選択し，測定・評価することが望ましい．

3）体力の評価：測定値の利用方法

表3-5は，ある男性の体力測定結果である．体力測定は，自分の体力プロファイル（自分の体力は優れているのか，劣っているのか，体力のバランスは，など）を知るために行うものであるため，体力測定後，それらの情報が得られなければ意味がない．しかし，表3-5の「測定値」に示されたような測定結果だけでは，自分の体力プロファイルはわからない．集団で測定した場合，その集団の「平均値」や「標準偏差」の情報が加わると，比較基準があるために少し体力の特徴がみえてくる．この場合でも，たとえば，身長と体脂肪率では測定単位が異なり，得られる数値の大きさも違うので，平均値からそれぞれ「1」違っていたとしても，それの持つ意味は異なりそうである．このような場合，一般には標準化された基準と比較するとわかりやすい．表3-5にある「5段階評価」と「T-score」はそれぞれ標準化された基準値である．5段階評価は評価したい集団の平均値と標準偏差をもとに作られ，各段階評価の値の範囲と自分の測定値を比較することで，その集団内での個人の位置づけが評価できる．文部科学省体力テストでも年代別の5段階評価が評

表 3-5 測定結果の例

項　目（単位）	測定値	平均値	標準偏差	5段階評価	T-score
身　長（cm）	175.0	171.5	5.4	4	56.5
体　重（kg）	75.0	64.7	8.0	4	62.9
体脂肪率（％）	25.0	24.0	4.0	3	52.5
握　力（kg）	50.0	28.7	5.1	5	91.8
垂直跳（cm）	55.0	59.9	8.3	3	44.1
上体起こし（回）	30.0	32.6	5.0	3	44.8
反復横跳（回）	40.0	46.6	5.3	2	37.5
閉眼片足立ち（秒）	120.0	92.0	97.0	3	52.9
長座体前屈（cm）	30.0	23.0	10.0	4	57.0
踏み台昇降	80.0	64.2	12.2	5	63.0

表 3-6　5 段階評価

段階評価	SD単位			表3-4「身長」の5段階評価の例			T-score		
1		～	−1.5SD		～	163.4		～	35
2	−1.5SD	～	−0.5SD	163.4	～	168.8	35	～	45
3	−0.5SD	～	+0.5SD	168.8	～	174.2	45	～	55
4	+0.5SD	～	+1.5SD	174.2	～	179.6	55	～	65
5	+1.5SD	～		179.6	～		65	～	

注）SD：標準偏差
段階評価＝平均値±k×SDにより算出．5段階評価の場合，k＝0.5または1.5．
身長の段階評価「1」の場合：171.5−1.5×5.4＝163.4

価基準として示されている．文部科学省体力テストの5段階評価は，全国から年代ごとに集めた数多くのデータをもとに作成されており，全国平均に対する個々の位置づけが評価できる．5段階評価の算出方法を表3-6に示した．T-scoreは一般に「偏差値」と呼ばれるもので，

$$T = 10 \times (測定値 − 平均値) \div 標準偏差 + 50$$

の式で算出される（50m走などのタイム種目の場合は，「平均値−測定値」で計算）．測定値が平均値と同じ場合には50となり，20～80の範囲にほとんどの者が収まる．測定値が平均値以上の場合には50以上，平均値以下の場合には50以下の値を示す．

また，図3-5に示したように，レーダーチャートなどにして評価を行う場合，測定値そのものをグラフ化しても何を示しているのかよくわからないが，T-scoreをグラフ化すると，50点の円を基準として，自分の体力のバランスはどうか，どの項目が優れ，劣るのか，円の大きさはどうか，といった情報が視覚的にも理解しやすい．

4）文部科学省体力テスト

　　表3-7は，文部科学省体力テストの測定項目を示している．この体力テストの特徴として，6～11歳，12～19歳，20～64歳，65～79歳という年齢区分を設定した上で，すべての年齢区分に共通したテストと，特定の年齢区分でしか実施されないテストから構成されている点があげられる．すべての年齢区分に共通なテストとして，握力（筋力），上体起こし（筋持久力），長座体前屈（柔軟性）が採用されている．また，測定項目は異なるが，すべての年齢段階で全身持久力を測定する項目（20mシャトルラン，持久走，急歩，6分間歩行）が含まれている．もうひとつの特徴としては，65歳以上の高齢者を対象としたテストが設定されている点があげられる．高齢社会が急速に進行している社会情勢に合わせた改定といえる．この中には，10m障害物歩行（歩行能力）や開眼片足立ち（平衡性），ADL（Activities of Daily Living

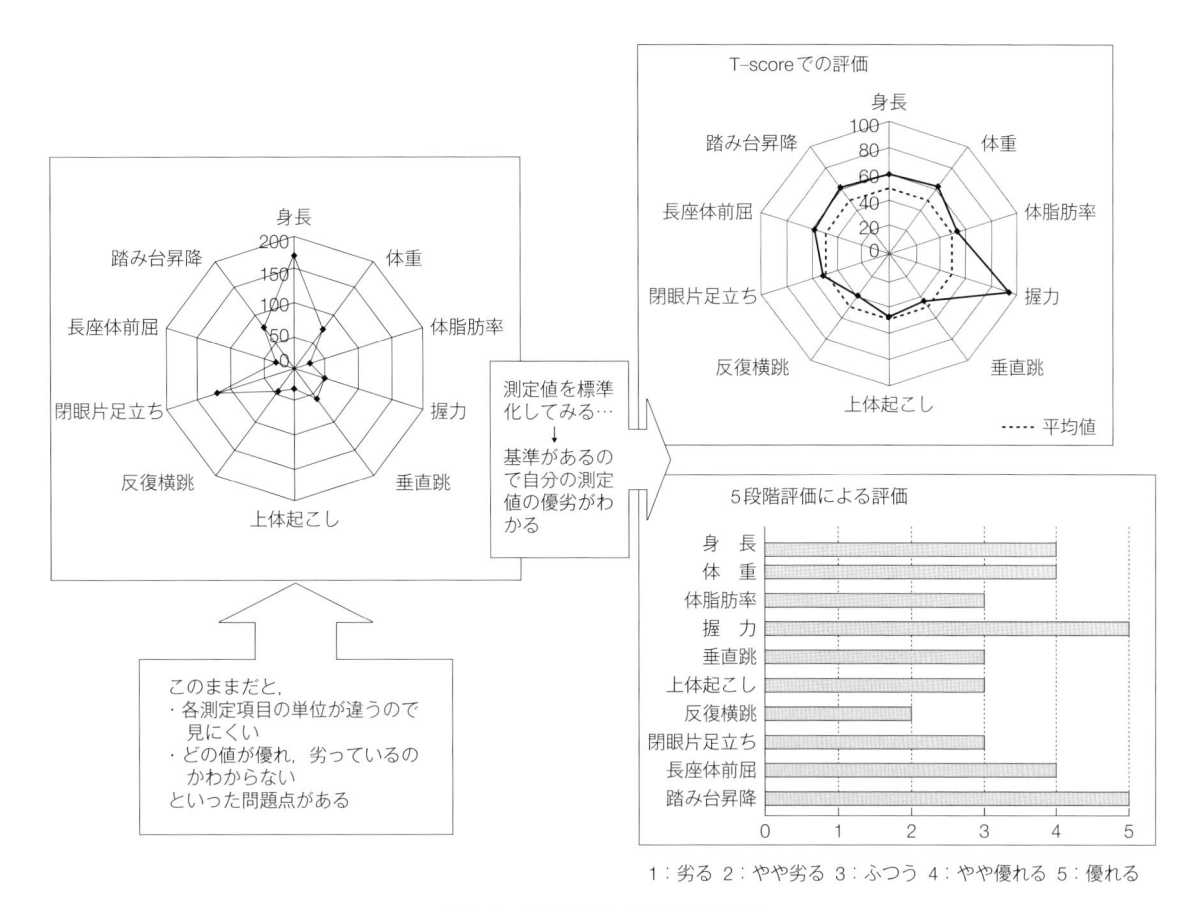

図3-5　体力テスト結果の評価方法

表3-7　対象年齢別測定項目

測定項目	6〜11歳	12〜19歳	20〜64歳	65〜79歳
握　力	○	○	○	○
立幅跳	○	○	○	
上体起こし	○	○	○	○
50m走	○	○		
ソフトボール投げ	○	○		
長座体前屈	○	○	○	○
反復横跳	○	○	○	
20mシャトルラン	○	○	○	
持久走		○		
急　歩			○	
6分間走				○
10m障害物歩行				○
開眼片足立ち				○
ADL				○

テスト（日常生活動作能力）といった，日常生活の自立に必要とされる身体能力を測定・評価できる項目が含まれている．

5）その他のテスト：運動成就能力テスト

「体力テスト」は，一般に，これまで述べたような体力（行動体力）の構造を仮定し，各体力要素を測定する項目から構成されている．一方，目的に応じて，ある動作を成就する能力の測定に焦点を当てたテストもある．これらは一般に運動成就能力テストといわれるものであり，前述したADL（日常生活動作）テストなどはこれに該当する（資料3-1）．文部科学省のADLテストは，高齢者が体力テストを安全に実施できる身体機能を有しているかをスクリーニングする役割も果たしている（高齢者の体力測定では，安全性が最優先されるため，スクリーニングテストとして運動成就能力テストが用いられることが多い）．ADLテストの場合，「日常生活の自立に必要とされる身体能力を測定する」ことが目的であり，「仰臥姿勢から立ち上がる」能力や，「歩く」能力，「ズボンをはく」能力などを測定する．運動成就能力テストの場合，各

資料3-1　ADLテスト（日常生活動作テスト）

ADLテスト（日常生活動作テスト）

※各問について，該当するものを1つ選び，その番号を□の中に，該当するものがない場合は×を記入してください．

問1　休まないで，どれくらい歩けますか．
　　1. 5～10分程度　　　2. 20～40分程度　　　3. 1時間以上

問2　休まないで，どれくらい走れますか．
　　1. 走れない　　　　2. 3～5分程度　　　　3. 10分以上

問3　どれくらいの幅の溝だったら，とび越えられますか．
　　1. できない　　　　2. 30cm程度　　　　　3. 50cm程度

問4　階段をどのようにして昇りますか．
　　1. 手すりや壁につかまらないと昇れない
　　2. ゆっくりなら，手すりや壁につかまらずに昇れる
　　3. サッサと楽に，手すりや壁につかまらずに昇れる

問5　正座の姿勢からどのようにして，立ち上がれますか．
　　1. できない
　　2. 手を床についてなら立ち上がれる
　　3. 手を使わずに立ち上がれる

問6　目を開けて片足で，何秒くらい立っていられますか．
　　1. できない　　　　2. 10～20秒程度　　　3. 30秒以上

問7　バスや電車に乗ったとき，立っていられますか．
　　1. 立っていられない
　　2. 吊革や手すりにつかまれば立っていられる
　　3. 発車や停車の時以外は何にもつかまらずに立っていられる

問8　立ったままで，ズボンやスカートがはけますか．
　　1. 座らないとできない
　　2. 何かにつかまれば立ったままできる
　　3. 何にもつかまらないで立ったままできる

問9　シャツの前ボタンを，掛けたり外したりできますか．
　　1. 両手でゆっくりとならできる
　　2. 両手で素早くできる
　　3. 片手でもできる

問10　布団の上げ下ろしができますか．
　　1. できない
　　2. 毛布や軽い布団ならできる
　　3. 重い布団でも楽にできる

問11　どれくらいの重さの荷物なら，10m運べますか．
　　1. できない　　　　2. 5kg程度　　　　　3. 10kg程度

問12　仰向けに寝た姿勢から，手を使わないで，上体だけで起こせますか．
　　1. できない　　　　2. 1～2回程度　　　　3. 3～4回以上

総合得点　　　　　　判定

動作の成就には，複数の体力要素が複合的に関与するため，体力テストのように体力要素ごとの評価はできない．しかし，たとえば，高齢者の場合，筋力や平衡性が同年代の平均的な水準よりも優れている（劣っている）か否かということよりも，その高齢者が日常生活を自立して過ごすことができるのか，日常生活のどの動作に手助けが必要かなどに関心がある場合も多くあり，そのような場合には有効なテストと考えられる．ADLテストでは，上肢動作能力，手指動作能力，下肢動作能力，体幹動作能力といった使用する身体部位に基づく評価や，食事動作，起居動作，更

衣動作，移動動作など，動作目的に基づいた評価がなされる．

また，どの人を対象とするかによって，同じテスト項目でも体力テストの一項目として扱うか，運動成就能力テストとして扱うか異なる場合があることを理解しておく必要がある．たとえば，文部科学省体力テストにおいて，ソフトボール投げは「どの程度投げられるか」に関心があり，瞬発力を測定する項目として用いられているが，このテストを幼児に対して実施した場合には，「投げるという動作ができるか否か」に関心があり，運動成就能力テストとして扱う方が適当であろう．

運動成就能力テストには，質問紙などによりさまざまな動作ができるか否かをチェックする方法と，実際にある動作を行わせその成就の可否やその程度を評価する方法がある．ADLテストにも，文部科学省で用いられている質問紙による方法の他に，豆運び，8の字歩行などの動作を行わせて評価する方法がある．

6）高齢者の身体機能評価

（1）高齢者の転倒の問題

「超」高齢社会に突入したわが国では，医療費の高騰や，労働力の確保，高齢者介護などさまざまな問題を抱えている．そうした中，高齢者の「転倒」の問題がクローズアップされている．高齢者の転倒は，骨折などの重症を引き起こす危険性が高く，とくに下肢や体幹部の骨折が生じた場合には寝たきり状態を引き起こす原因となる．また，転倒による直接的な受傷の有無に関係なく，転倒経験そのものが，その後の本人の日常生活における活動性や活動範囲の制限を引き起こす．すなわち，「**廃用症候群と生活活動性低下との悪循環**」が起こり，寝たきり化を促進させることになる（図3-6）．このような現象は**転倒後症候群**と呼ばれ，国際的に大きな社会問題となっている．転倒によって生じる問題は，医療費だけではなく，高齢者のQOL（生活の質）という視点からみても問題である．後期高齢者の増加が予想されるわが国にとって，転倒予防は必須の課題といえる．高齢者の転倒はさまざまな内的・外的要因により誘発されるが，図3-7で示したように，筋力の低下をはじめとする身体諸機能の低下はその上位を占めている．高齢者の転倒は要介護化・寝たきり化につながる可能性も高く，QOLにも影響することから，これら高リスク要因にあげられる身体諸機能の低下にはとくに注意が必要である．

（2）運動器の健康の評価（ロコモティブシンドローム）

運動器とは，身体活動を担う筋・骨格・神経系（筋肉，腱，靱帯，骨，関節，神経，脈管系など）の総称であり，消化器，呼吸器，循環器などの表現に対応したものである．2010年の厚生労働省の調査によると，高齢者が要介護化や寝たきり化に陥る原因の約20％をこれら運動器の障害や疾患が占めている．このように運動器の障害は要介護化・寝たきり化の原因となることや急速な高齢化社会の進展を背景に，「ロコモティブシンドローム」という概念が日本整形外科学会から提案され，高齢者の運動器の評価が注目されている．ロコモティブシンドロームとは，「主に加齢による運動器の障害のため，移動能力の低下をきたして，要介護となるリスクの高い状態」と定義されている．加齢に伴う諸機能の低下は不可避であるが，日常生活に運動を習慣化することでそれらを遅

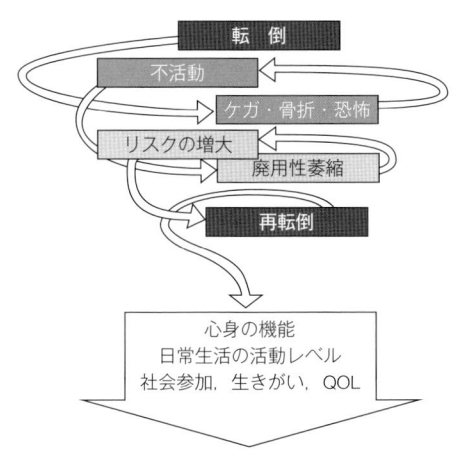

図3-6　高齢者の転倒が引き起こす負のスパイラル

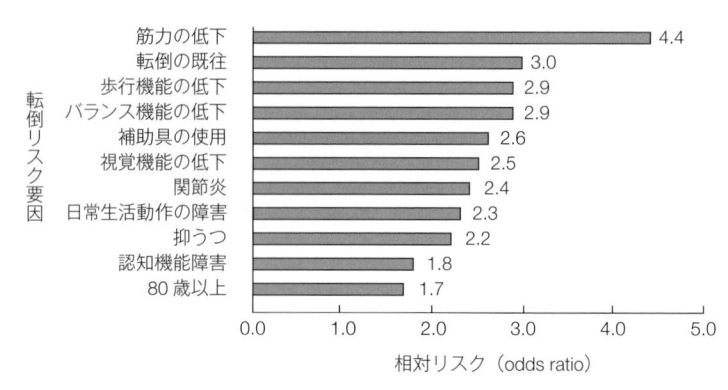

図3-7 高齢者における転倒リスク要因およびそれらの相対リスク

転倒リスク要因	相対リスク（odds ratio）
筋力の低下	4.4
転倒の既往	3.0
歩行機能の低下	2.9
バランス機能の低下	2.9
補助具の使用	2.6
視覚機能の低下	2.5
関節炎	2.4
日常生活動作の障害	2.3
抑うつ	2.2
認知機能障害	1.8
80歳以上	1.7

（American Geriatrics Society, British Geriatrics Society, and American Academy of Orthopaedic Surgeons Panel on Falls Prevention: Guideline for the Prevention of Falls in Older Persons. J Am Geriatr Soc, 49：664-672, 2001.）

新・7つのロコチェック（2009）

ひとつでも当てはまれば，ロコモである心配があります．
※ロコチェックは，ロコモーションチェックの略です．運動器や介護予防に関する研究の進歩にあわせて，今後，項目が変更されることがあります．

1. 家のなかでつまずいたり滑ったりする
   下垂足などの下腿筋力低下や脊髄症による下肢の痙性

2. 階段を上るのに手すりが必要である
   膝などの関節痛や片足での自重支持筋力

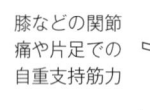

3. 15分くらい続けて歩けない
   間欠性跛行（1kmくらいを想定）

4. 横断歩道を青信号で渡りきれない
   歩行速度（秒速1mあれば渡れる）

5. 片脚立ちで靴下がはけない
   動作をしながらのバランス能力

6. 2kg程度の買い物が困難である．（1Lの牛乳パック2個程度の買い物）

7. 家のやや重い仕事が困難である．（掃除機の使用，布団の上げ下ろしなど）

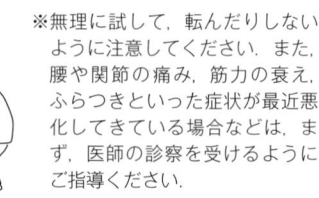

※無理に試して，転んだりしないように注意してください．また，腰や関節の痛み，筋力の衰え，ふらつきといった症状が最近悪化してきている場合などは，まず，医師の診察を受けるようにご指導ください．

図3-8 ロコモティブシンドロームのスクリーニング
（日本整形外科学会ロコモティブシンドローム研究会< http://j-locomo.com/locoleaf2009.pdf >）

延させることは可能である．身体活動量の確保に加え，運動器の健康状態を評価することも重要である．日本整形外科学会ロコモティブシンドローム研究会では，ロコモティブシンドロームのスクリーニングとして図3-8のようなチェックリストを提案している．

（3）生活空間（Life-Space）の評価

前述したADLの評価では，個々の日常生活における成就の可否を問題とする．その一方で，近年，行動範囲や生活圏，地域生活のひろがりといった「生活空間（Life-Space）」を評価する考え方が提案されている．生活空間とは，外出や地域社会との交流，地域活動への参加など含む高次概念であり，QOLにも密接に関連する概念と考えられる．

生活空間評価の指標としてLSA（Life-Space Assessment）が提案されている（Baker et al, 2003）．LSAでは，生活空間を，ある期間において活動を実施するために日常的に移動した距離によって規定し，個人の生活の空間的な広がりにおける

移動を評価している．具体的には，生活空間の移動範囲を，自分の住居を基準に6段階（寝室での移動制限：レベル0，住居内の移動制限：レベル1，居住空間のごく近くの空間での移動制限：レベル2，自宅近隣での移動制限：レベル3，町内での移動制限：レベル4，町外での移動制限：レベル5）に分類し（図3-9），それぞれの生活空間における活動の頻度と自立の程度から個人の生活空間（地域生活のひろがり）を評価する．LSAの評価値は，ADL能力や移動能力と密接な関係にあり，転倒予防介入の際にも評価指標のひとつとして利用されている．

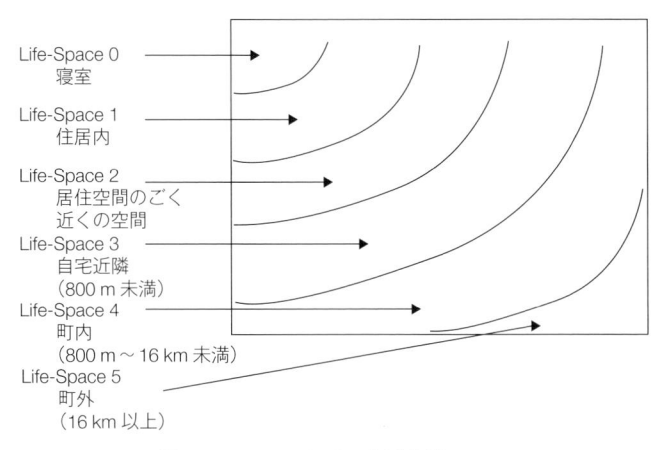

図3-9 LSAにおける生活空間レベル
（日本理学療法士協会ホームページ＜http://wwwsoc.nii.ac.jp/jpta/＞）

Life-Space 0 寝室
Life-Space 1 住居内
Life-Space 2 居住空間のごく近くの空間
Life-Space 3 自宅近隣（800 m未満）
Life-Space 4 町内（800 m～16 km未満）
Life-Space 5 町外（16 km以上）

B 実 践

4．子どもの時期にはいつ，どのような運動をすればよいのか

　体力は，およそ20歳代でピークを迎え，それ以降は徐々に低下していく．この体力が発育・発達する期間を発育期というが，この期間に，さまざまな運動を習得し，力強さ（筋力）やねばり強さ（持久力）を身につける．しかし，この期間の形態や身体諸器官の発育・発達の仕方は一様ではない．また，形態や各種身体機能の発育・発達のスピードは一定ではなく，急激な発育・発達を示す時期がある．身体機能が急激に発達する時期は，適切な刺激による発達効果が高い時期である．このように，刺激が与えられたとき，その効果のもっともよく現れる時期を**臨界期**（Critical Period），それ以前の段階を**準備期**（Readiness），臨界期の中でももっとも刺激に敏感で効果の高い時期を**最適期**あるいは**敏感期**と呼ぶ．

　高齢者の場合でもトレーニング効果が認められることは本章5（p.53）で後述するが，人の身体機能はトレーニングを行えばいつでも同じように高められるのではなく，身体機能を高める上で，最適な時期があるということ，そして，その最適な時期というのは，身体機能によって異なることを理解しておく必要がある．発育期の身体的特徴や各身体機能の臨界期や準備期の特徴を理解した上で，適切な刺激（トレーニング）を与えることが重要である．ここでは，発育期におけるトレーニングについて考える．

1）スキャモンの発育曲線

　身体諸機能の発達の特徴を理解する際には，一般に，スキャモンの発育曲線（図3-10）が用いられる．これは，身体諸器官の発育パターンを4種類に分類したものである．縦軸は20歳の時の値，すなわち成人として完成した値を100としたときの各年齢における諸器官の値を百分率で示している．身体諸器官の発育パターン

には，以下のような特徴がみられる．

①**リンパ型**：胸腺，アデノイド（咽頭扁桃），リンパ節などのいわゆるリンパ組織の発育過程である．児童期の11歳くらいには成人の2倍近い大きさに達する特有な発育パターンを示す．

②**神経型**：脳，脊髄，末梢神経，頭部，眼球の大きさなどの発育過程である．脳の重量変化をみると，生後2週間目で約320 g，1年で930 g，5歳で1,230〜1,290 g，10歳で1,200〜1,360 g，15歳で1,300〜1,340 g，20歳で1,300〜1,400 gとなる．また，頭部は他の身体部分より早く発育することから，顔面の発育をみると年齢が若いほど頭部の占める割合は大きい．

③**一般型**：身長，体重，胸囲，座高などの形態的な計測値のほか，呼吸器，消化器，腎臓，大動脈，筋，骨格，血液量などの発育過程である．出生後に急激に発育した後，いったん緩やかな停滞を示してから，思春期に再び急激な発育を示すパターン（第2発育急進）で，S字を引き延ばしたような経過をたどる．

④**生殖型**：精巣，卵巣などの性腺をはじめ，乳房，喉頭，皮下脂肪厚などの発育過程である．思春期までの発育は緩やかであるが，思春期になって一般型以上の急激な発育を示す．生殖器の発育は一般型の第2発育急進と同様に，内分泌的なメカニズムによるもので人間の発育・発達の過程では重要な役割を占めている．

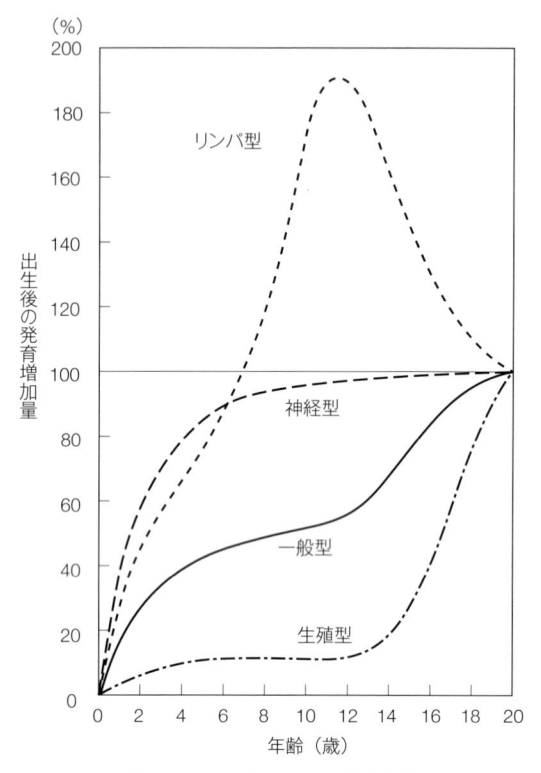

図3-10　スキャモンの発育曲線
（Scamonn : The measurement of the body in childhood. Med Sci Sports Exerc, 25: 173-215, 1930）

2）発育期におけるスポーツに必要な身体諸機能の発達

発育・発達の特性を考えた場合，どのくらいの時期にどのような運動を行えばよいのだろうか．前述のスキャモンの発育曲線を運動に関係の深い身体機能にあてはめてみると，神経機能は神経型，筋機能および心肺機能は一般型を示す．図3-11は，発育期における神経機能，筋機能，心肺機能の発達の特徴を示している．「動作の習得」にはおもに神経機能が関与し，「力強さ」および「ねばり強さ」はそれぞれ筋機能および心肺機能のことを指している．これをみると，各機能がもっとも発達する時期が異なることがわかる．

神経機能（脳・神経系）は，幼児期に発達が著しく，10歳頃までの間にほぼ100％近くまで発達する．この時期は，さまざまな運動やスマートな身のこなしが急激に習得できる時期であり，10歳頃までの間に，いろいろな種目の遊びや運動・スポーツをとおしてさまざまな基本運動を経験させ，神経系に刺激を与えることが非常に重要である（9〜12歳くらいの時期はゴールデンエイジとも呼ばれる）．図3-11からもわかるように，10歳を過ぎたあたりから，神経機能の発達量は急激に低下する．このことは，成人になってから，新しい動作を習得することは難しく，とくに，基本的な運動（走る，跳ぶ，投げる，泳ぐ，蹴る，飛んでくるボールを受ける，

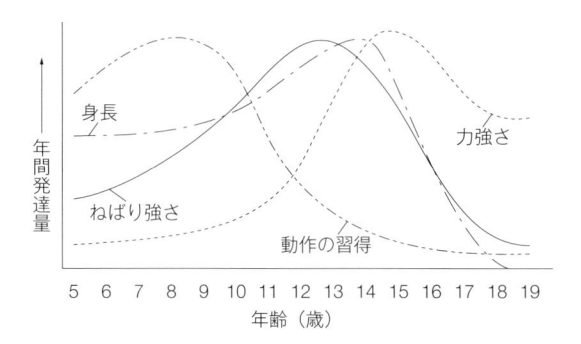

図 3-11　運動や体力はいつ発達するか
(宮下充正：子どものからだ-科学的な体力づくり-．p163，東京大学出版会，1980)

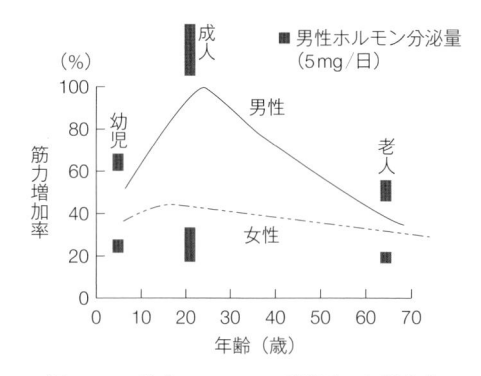

図 3-12　筋力トレーニング効果の年齢変化
(Hettinger Th: Das verhalten der kraft eines trainierten muslcels wahrend und nach mehrtagiger ruhigstellung. Int Z Angew Physiol, 18: 357, 1961 より引用改変)

からだのバランスをとるなど）の習得は10歳までに行わせておくことが重要であることを意味している．特定の種目を専門的にトレーニングするのは，心肺機能や筋機能の発達が著しくなる時期からでも十分であり，神経機能の発達が著しいこの時期には，脳・神経系の発達に合わせて，さまざまな種類の基本的運動を習得することに重点を置く必要がある．一般にいわれる「運動音痴」や「運動神経が悪い」は，「力強さ」（筋機能）や「ねばり強さ」（心肺機能）がないことではなく，基本的な運動をスムーズにできないことを指し，神経機能と密接にかかわる．たとえば，「飛んでくるボールをラケットで上手に打つことができない」場合，その原因としては，飛んでくるボールのスピードが把握できない，ボールに合わせてタイミングがとれない，ボールの位置（高さや自分からの距離）に合わせてラケットを振ることができない，自分の身体がどのように動いているのか感覚的にわからない，などが考えられる．これが幼児の段階であれば，経験させることで一定水準以上には上手にできるようになると思われるが，成人の場合は難しい．したがって，幼児期からさまざまな遊びや運動・スポーツを行っておくことが，"運動音痴"を防ぐ上で非常に重要である．

　神経機能の次に著しく発達する（年間発達量が最大になるということであり，発達のピークを迎えるということではない点に注意）時期を迎えるのは呼吸・循環器系で，12〜14歳といわれている．呼吸・循環器系は「ねばり強さ（持久力）」と密接な関係にある．この時期は，最大酸素摂取量（体内に酸素を取り込む能力）がもっとも発達する時期であり，この時期に長距離走や水泳などの持久的な運動を行うことで心肺機能を効果的に向上させることができる．

　筋機能（力強さ）がもっとも著しく発達する時期を迎えるのは15歳以降といわれている．筋の発達は，性ホルモンの分泌量と密接な関係にあるといわれている（図 3-12）．筋力トレーニングを効率よく行うには，男性ホルモンの分泌が盛んになり，骨の成長が終わりに近づく15歳頃が適当とされている．それまでの時期は，とくに骨や筋，関節などが未成熟なため，非常に弱い構造になっている．成長期の骨は，成長の止まった大人の骨とは異なり，軟骨の部分や成長線（骨端線：骨の細胞が分裂して伸びるところ）が残っており（図 3-13），水分も多く含んでいるため，柔軟性はあるが，非常に弱い状態にある．また，筋は疲労しやすく，関節が柔らかいため，骨や関節に衝撃を受けやすくなっている．したがって，このような時期に同じ動作の繰り返しを行いすぎたり，長い距離を走りすぎたり，重い負荷を用いたウェイトトレーニングを行いすぎると，発達の効率が悪いだけではなく，骨端症などの傷害を起こす危険性やその後の成長を阻害する（本来，著しく発達すべき時期に，十分発達できない）原因にもなるので注意が必要である（"やりすぎ"がダメ

A：子ども　　　　　　　　B：大　人

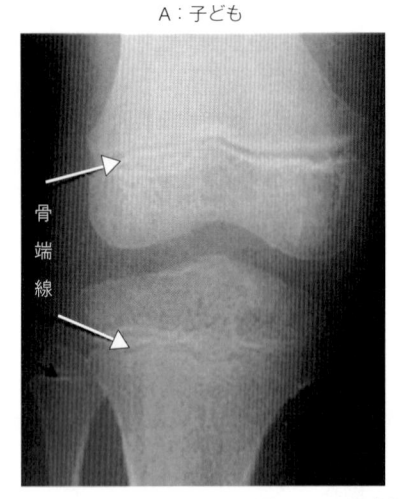

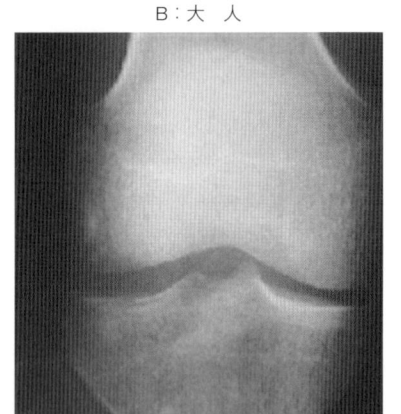

骨端線

図3-13　発育期の子どもの関節

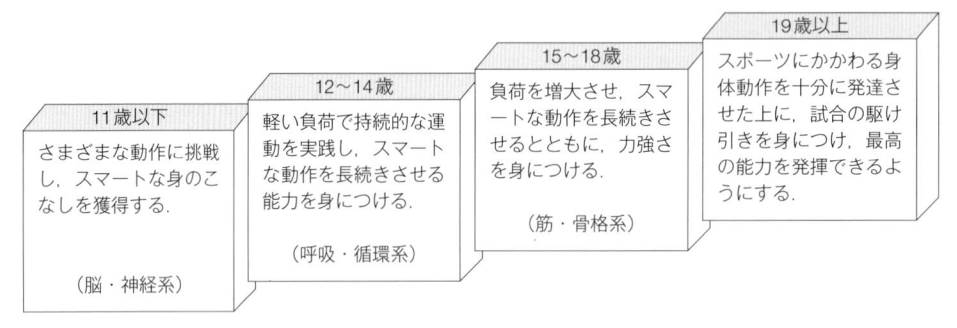

11歳以下
さまざまな動作に挑戦し，スマートな身のこなしを獲得する．
（脳・神経系）

12〜14歳
軽い負荷で持続的な運動を実践し，スマートな動作を長続きさせる能力を身につける．
（呼吸・循環系）

15〜18歳
負荷を増大させ，スマートな動作を長続きさせるとともに，力強さを身につける．
（筋・骨格系）

19歳以上
スポーツにかかわる身体動作を十分に発達させた上に，試合の駆け引きを身につけ，最高の能力を発揮できるようにする．

図3-14　年齢に応じたスポーツに必要な諸機能の発達
（宮下充正：子どものからだ-科学的な体力づくり-. p162，東京大学出版会，1980より引用改変）

なのであって，"やってはいけない"ということではない点に注意）．
　また，筋機能や心肺機能の臨界期や準備期には個人差があることも理解しておく必要がある．つまり，15歳になったからすべての者がハードなウェイトトレーニングを行うべきか，というと必ずしもそうではない．筋機能の臨界期を明確に見極めることは難しいが，これまでのコホート研究[注1)]の結果をみると，これらの臨界期は，体格（身長や体重）の発育が著しい（発育スパート）時期と比較して，心肺機能はほぼ同時期，筋機能は，それより後に発現するようである（松浦, 2002）. 身長の発育には骨の成長が関係するが，骨の成長には，脳下垂体前葉から分泌される成長ホルモンと甲状腺から分泌される甲状腺ホルモンが深く関係している．その後，思春期には，卵巣や副腎皮質から分泌される女性ホルモン（エストロゲン）が骨の発育を停止させ成長ホルモンの分泌を抑制し，骨の発育を抑えるように働く．これらの体内での変化は，身体が成熟に向かっていることを意味する．発育期の身体機能の発達特性とこの時期に行うべき運動・スポーツは，図3-14および以下の

注1) コホート研究：疫学的研究手法のひとつで，ある曝露条件の有無により集団（コホート）を分類し（たとえば，ある薬を飲んでいる集団と飲んでいない集団），両集団の特徴を比較分析する．分析の仕方には，特定の集団を一定の期間，追跡研究する方法（前向きコホート）や，その集団について事後的に調査する方法（後ろ向きコホート）などがある．コホート（cohort）の語源は，古代ローマの歩兵隊の一単位で，300〜600からなる兵隊の群の意味．疫学では共通の因子を持った個人個人の全体という意味で使用されている．

ようにまとめられる．
①成長段階に応じ，「動作の習得（神経機能）」→「ねばり強さ（心肺機能）のトレーニング」→「力強さ（筋機能）のトレーニング」を行う．
②脳・神経系（神経機能）が著しく発達するのは10歳までで，それまでの間に，さまざまな基本運動を経験させることが重要である．
③呼吸・循環器系（心肺機能）が著しく発達するのは12～14歳である．
④筋機能が著しく発達するのは15歳以降であり，これ以前のハードな筋力トレーニングは傷害の原因となる．
⑤各機能の臨界期には個人差があることや，発育期の骨は脆く，運動強度や時間，頻度が過度になると傷害の頻度が増大するため注意が必要である．

5．トレーニングは若い時にしたほうがよいか

　人の身体機能は出生時から徐々に発達し，やがて，その優劣に関係なく衰えていく．その中で身体機能によって急激に発達する時期が異なることはすでに述べた．ここでは，各身体機能が高齢期までの間にどのようにピークを迎え，低下していくのかについてみる．
　図3-15は，握力，背筋力（筋力），垂直跳（瞬発力），反復横跳，全身反応時間（敏捷性），閉眼片足立ち（平衡性），長座体前屈（柔軟性），20mシャトルラン（全身持久力）における加齢変化の特徴を知るために，ピーク値を100とした場合の各年齢段階における割合を男女別に示した．これをみてもわかるように，いずれの機能においても，15～25歳に発達のピークを迎え，その後，加齢に伴って徐々に低下していく．この現象は，トレーニングを行っている・行っていないにかかわらず避けられない．つまり，30歳をすぎると，運動していたとしても，体力水準の高い者も低い者も，体力の最高レベルは加齢に伴って低下していく．ただし，若いときに体力水準が高かった者は，その後も比較的高いレベルに保つことができることや，運動を続けている人ほど体力の低下が緩やかであることが知られている．このことは，第一に，発達がピークを迎える10歳代後半から20歳代後半の時期に，どれだけ体力水準（機能水準）を高めておくかによって，その後の加齢に伴う身体諸機能の低下に対してどの程度余力を持つことができるかが決定されること，第二に，体力レベルのピークを迎えた後，定期的に運動を継続していくことが重要であることを意味する．
　文部科学省の体力・運動能力調査によると，毎日運動している者と週に1～2回程度運動している者の体力の低下の度合いにさほど大きな差はない．したがって，体力維持の観点では，必ずしも毎日運動する必要はなく，週1～2回以上定期的に運動することが重要と考えられる．
　では，15～25歳のピークを迎える時期を逃したら，身体機能は向上しないのだろうか．これまでの研究結果をみてみると，最高齢の例としては，90歳の高齢者の筋横断面積が15％増大したという報告もある（Fiatarone et al，1990）．図3-16は，習慣的なスポーツなどの身体運動経験のない人118名を対象に，1年間の定期的な運動プログラムを実施した際の筋機能の変化を示している．これによると，膝関節伸展動作において3種類の負荷条件ともパワー発揮に統計的に有意な増加が認められている．つまり，中高年者であっても，定期的に運動を実践することにより，動作スピードと動作筋力の改善が期待できる．

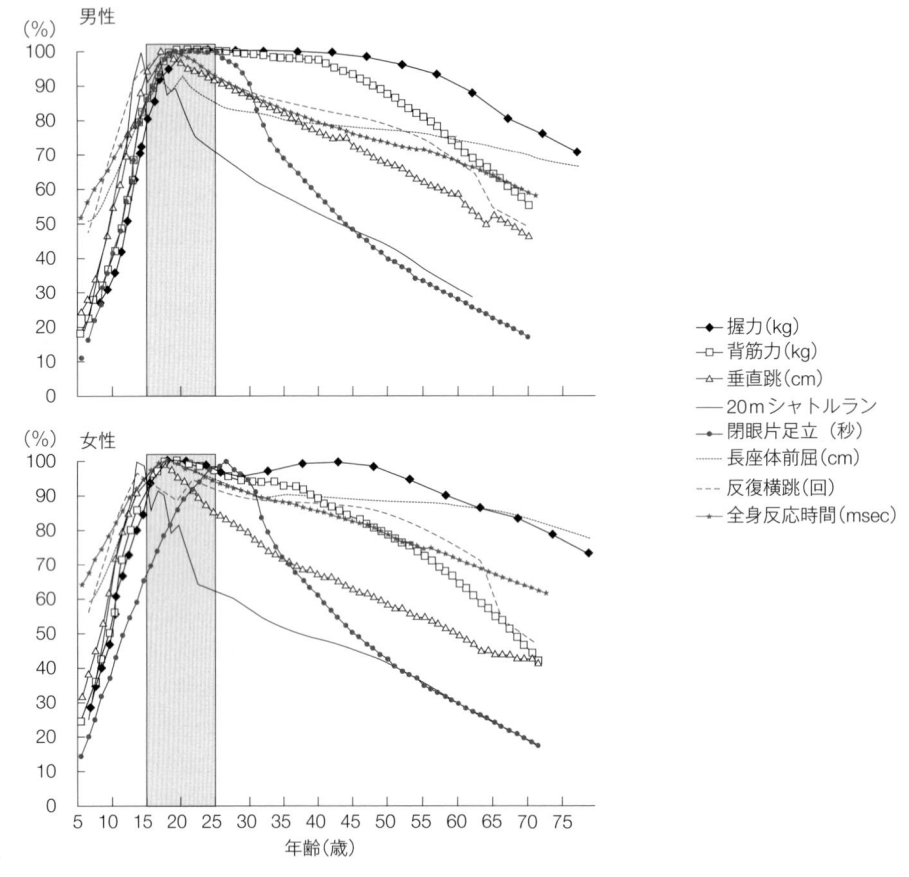

図 3-15　各体力測定項目の加齢変化
各項目の最高値を 100％ とした場合における各年齢の値を百分率（％）で表示．

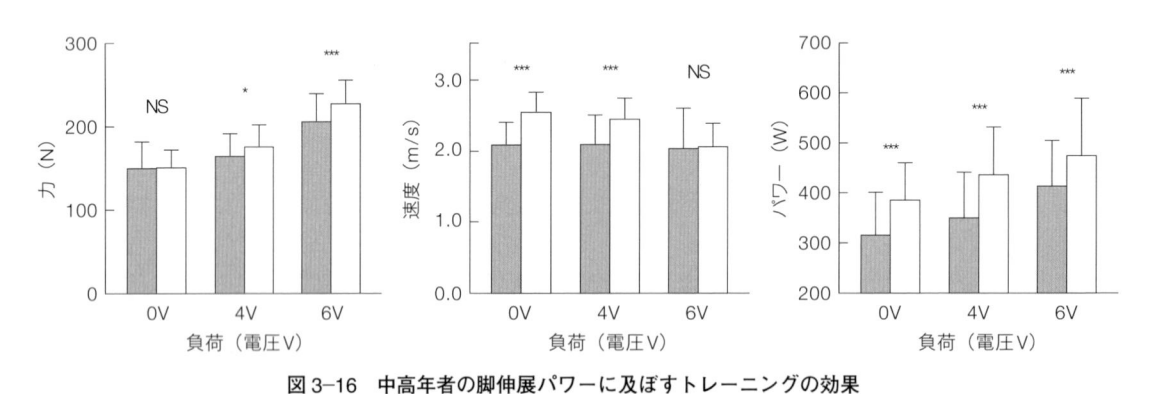

図 3-16　中高年者の脚伸展パワーに及ぼすトレーニングの効果
■：1993 年，□：1994 年，＊：$p<0.05$，＊＊＊：$p<0.001$，NS：$p\geqq0.05$，0V：軽負荷，4V：中負荷，6V：重負荷
（トレーニング科学研究会編：加齢とトレーニング．p6，朝倉書店，1999）

　さらに，中高年のマスターズランナーと同年代の一般人の筋横断面積を比較した研究では，大腿部の全筋横断面積においてマスターズランナー群の方が有意に高い値を示し，日頃の持久的トレーニングが中高齢者の筋量の低下抑制に貢献しているとする報告もある（Kuno et al，1994）．
　また，持久的能力の指標である最大酸素摂取量に関しても，持久的トレーニングを中高年になっても継続的に実施している人やマスターズランナーは，同年代の一

般の人と比較して高い値を示すことや，一定期間（6～12カ月）のトレーニング後に改善がみられることが報告されている（Stratton et al, 1992；Ehsani et al, 1993）．さらに，歩行に関するバランス能力（平衡性）における高齢者のトレーニング効果に関する報告もある（Moller, 1991）．

また，成人における体力レベルと生命予後との関係を検討している研究では，有酸素性能力や筋持久力の維持が2型糖尿病の予防に寄与する可能性を示唆する報告も認められる（図3-17，澤田，2010）．

このように，中高年期であっても，身体機能はトレーニングによって向上させることは可能であること，また機能水準を維持するためにも定期的な運動が重要であること，そして，体力（とくに健康関連体力）の維持が健康維持（各種疾患への罹患率の低下）に好影響をおよぼしていることがわかる（ただし，安全に留意したトレーニングの実施が必要である．トレーニング方法の詳細は第5，6，7章参照）．

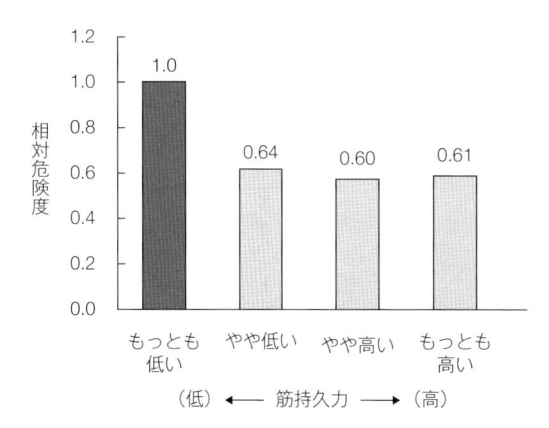

図3-17　筋持久力（上体起こし）と2型糖尿病罹患の関係
（澤田　亨：総死亡リスクと筋力．体育の科学，60: 372-378, 2010．）

6．体力はどのように衰えるか

高齢期（一般には65歳以上をさす）には身体諸機能が低下し，一般的に体力水準も加齢に伴って低下することが知られている．しかし，体力の低下の仕方には個人差が大きく，また，体力要素によって低下の仕方が異なることが報告されている．ここでは，60歳代から80歳代以降までの間に体力特性がどのように変化するかについて検討したわれわれの研究結果を紹介する．

60～89歳の健常な在宅高齢者1,042名を対象に体力テストを実施した．図3-18は60歳代の平均値を100とした場合の各年代の割合を示している．開眼片足立ち，垂直跳，肩腕力（肩および上肢の筋力），全身反応時間における60歳代から80歳代までの低下量は大きく，立位体前屈，タッピング・ステッピング（四肢の敏捷性），握力，体捻転の低下量は小さい傾向を示した．

もっとも急激な低下を示したのは開眼片足立ちであり，65～70歳代で約20％，その後約15％ずつ低下し，合計では男女とも60％以上低下した．他の研究結果でも同程度低下することが報告されており，開眼片足立ちに代表される平衡機能は体力要素の中でも高齢期における加齢に伴う低下が著しいことがわかる．

また，図3-18からもわかるように，平衡機能はある特定の年代で急激に低下するのではなく，65歳代後半以降は，いずれの年代においても他の体力要素と比較して著しい低下を示すと考えられる．

垂直跳および肩腕力は70歳代までに約20％低下し，その後約10％ずつ一定の低下を示した．低下パターンは男女で類似していたが，垂直跳の低下量は男性の方が大きい傾向にあった．開眼片足立ちや全身反応時間の結果とも合わせて考えると，全身を移動させる機能や筋機能は70歳代までの早い段階で著しく低下することに加え，70歳代後半や80歳代においても他の体力要素と比較して低下が著しい．

立位体前屈はもっとも低下率が小さく，男性では加齢に伴う有意な低下は認め

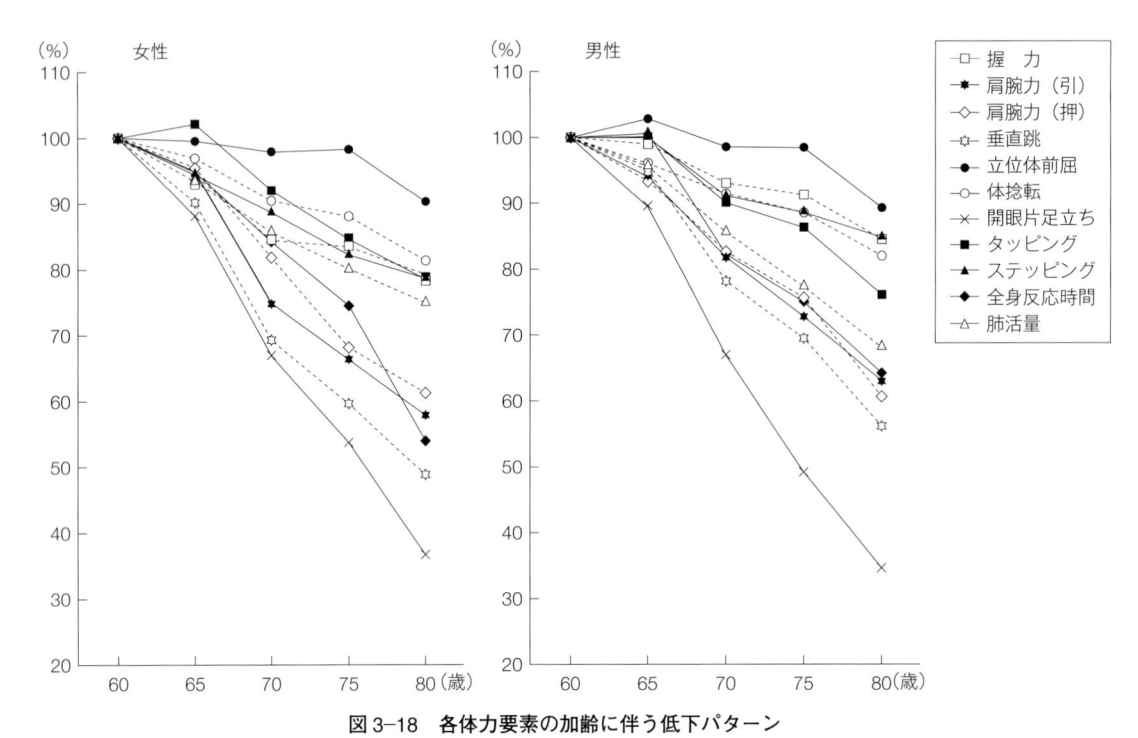

図3−18　各体力要素の加齢に伴う低下パターン
（Demura S et al.: Physical-fitness declines in older Japanese adults. J Aging Phys Act, 11: 112−121, 2003）

られなかった．しかし，低下率を分析してみると，男女とも75歳代から80歳代にかけて，他の年代とは異なる著しい低下を示した．立位体前屈に関して，これまでの報告では，加齢に伴い緩やかな低下傾向を示すとされているが，本研究の結果から，立位体前屈に代表される体前屈能力が低下する時期は他の体力要素と比較して遅く，75歳以降から著しく低下しはじめると考えられる．

　このように，高齢者の体力要素のうち，下肢の筋力，平衡性，全身反応の素早さが70歳代後半から著しく低下する傾向にある．これらの機能は移動能力や立位姿勢時の安定性と密接に関係している．高齢者の身体能力と行動範囲（移動範囲）とは密接な関係にあり，また，行動範囲は生活の質（QOL）にも影響を及ぼすことが指摘されている．

　本章3の6）（p.47）で述べたように，転倒は，高齢者の生活空間（行動範囲）を抑制する要因のひとつにあげられ，健常な高齢者であっても短期間で要介護または寝たきり状態となる場合が多いことが報告されている．われわれの研究結果では，健常な高齢者の開眼片足立ち，垂直跳，全身反応時間における低下率は男女とも高い．さらに，これらの機能は60歳代後半から70歳代の比較的早い時期から著しく低下しはじめ，その後も他の体力要素と比較して低下量が大きい．このことは，健常な高齢者であっても，60歳代後半以降，転倒に対する危険性が急激に高まる可能性を示唆するものである．

　また，高齢者の場合は，第一に自立した日常生活を送るのに必要な体力を有しているか否かが大きな問題となり，それを有している場合に，より人生を豊かにするためのより高い体力水準が求められる．

　前述した体力特性を有する高齢者は，体力テストが実施できる高齢者であり，図3−19の実線の範囲内またはそれ以上の体力水準を有する高齢者（C, D, E）である．

図3-19 高齢者の体力水準

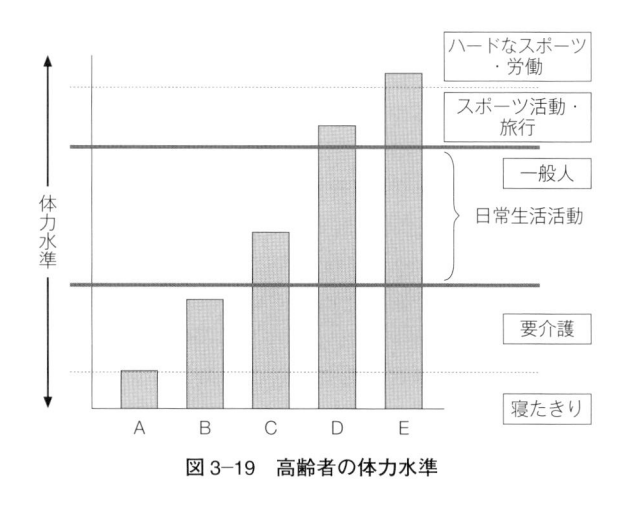

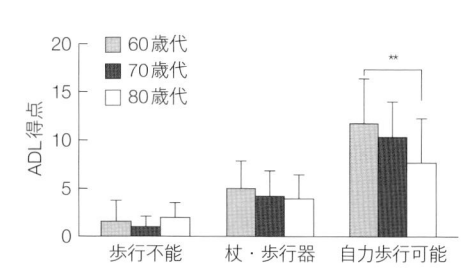

図3-20 歩行能力とADL得点の加齢変化
(出村慎一,佐藤 進：高齢者のADLと起立・歩行能力. JOHNS, 17：909-912, 2001)

実線は日常生活の自立に最低限必要な体力水準を示しているが,実際にはAやBのように,自立した日常生活を送ることが困難な高齢者も存在し,今後これらの高齢者の増大が予想される.

このような高齢者の身体機能レベルを評価する方法にADLテストがある(資料3-1).これは,日常生活の中で行われるさまざまな動作ができるか否かを調べ,身体機能レベルを評価する方法であり,体力テストの実施が困難な高齢者に対しても実施可能である.これまでのADL研究においても,ADL能力が加齢に伴って低下することや,日常生活動作の中でも歩行動作や立ち上がり動作,立位保持動作など,下肢を用いた動作の加齢に伴う低下が著しく,体力水準や総合的なADL能力とも関係が高いことが報告されている.とくに高齢者の場合,歩行能力水準が体力水準の高さや,体力水準の低下の仕方に大きな影響を及ぼすことが明らかにされている.

図3-20は要介護高齢者(図3-19のB)を対象とした著者らの研究結果である.歩行能力水準別にADL総合得点およびその加齢変化を比較した.この図からもわかるように,ADL能力の高さは歩行能力水準と密接な関係にある.また,ADL能力は一般に加齢に伴って低下するが,ADL能力の加齢に伴う有意な低下は,自力歩行可能者群にのみ認められている.このことは,歩行能力水準の違いによって,身体的能力の加齢に伴う変化の様相が異なることや,60歳代や70歳代の高齢者であっても,歩行能力水準の低い高齢者はADL能力水準が低いことを示している.高齢社会が進行している日本では,高齢者の健康状態を良好に保ち体力水準の低下を遅延させること,高齢者が要介護状態になるのを予防することが重要である.その意味でも体力テストやADLテストにより体力特性やその加齢変化の特徴を把握しておく必要がある.

✓ まとめ

- 体力は行動体力と防衛体力に分類され,前者は体内のエネルギーを身体運動として外部に積極的に発揮する能力であり,後者は外部からの各種ストレスから自己を防衛し,健康を維持する能力である.
- 近年,社会環境の変化に伴い,健康を支える基盤としての体力の持つ意味の重要

性が指摘されるようになり，健康関連体力といった概念が提唱されている．
- 発育期における身体諸機能の発達の仕方は一様ではなく，トレーニングに最適な時期も身体機能によって異なる．脳・神経系が著しく発達するのは10歳までで，それまでの間にさまざまな基本運動を経験させることが重要である．呼吸・循環器系が著しく発達するのは12～14歳，筋機能は15歳以降であり，これ以前のハードなトレーニングは傷害の原因になる．
- 体力の優劣にかかわらず，20歳代後半をピークに身体機能は低下する．発達がピークを迎える時期までに高い体力を獲得することは，その後の加齢に伴う低下に対し余力が持てることを意味する．
- 発達のピークを迎えた後，定期的に運動を継続することが体力の低下遅延に重要である．
- 高齢者の体力は，下肢の筋力，平衡性，全身反応の素早さが70歳代後半から著しく低下する傾向にある．

★コラム「これからの若者は育児や介護もままならない？」

　本章3の4）でも述べたとおり，わが国では1964年から，子どもたちを対象とした全国的なスポーツテスト（体力テストおよび運動能力テスト）が継続的に実施されており，国民の体力水準の変化を理解する貴重な資料となっている．体力診断テストおよび運動能力テストにおける総合得点の平均値の推移をみると，子どもの「体力」は80年代をピークに低下傾向を示しており，「運動能力」はとくに小学校6年生において顕著な低下を示している．これをうけて国としても子どもの体力向上に向けたさまざまな施策を講じている．また，図3-21は，背筋力を体重で除して算出した背筋力指数の推移を示している．これをみると子どもの背筋力は低下の一途をたどっていることがわかる．正木は，背筋力指数の解釈のひとつとして，以下の目安を提案している．つまり，育児をするには自分の体重＋大人半分，介護するには自分の体重＋大人一人分程度の重量を支えられる筋力が必要であり，それらの筋力をどの程度有しているかの目安としている．

　背筋力指数1.5：育児に必要な筋力
　背筋力指数2.0：介護に必要な筋力

　調査結果を見るかぎり，女子の平均値は1.5を下回っており，多くの女性が育児に十分な筋力を備えておらず，育児や介護によって腰痛などを発症しやすい可能性がある．背筋力は文部科学省による体力テストの改訂に伴い，測定項目から除外されたため，近年の動向を示す全国的な資料はない．しかし，子どもの体力が低下傾向にあるなかで，日常生活に必要な体力を十分に有しているかをチェックするうえでひとつの目安にすることができるかもしれない．

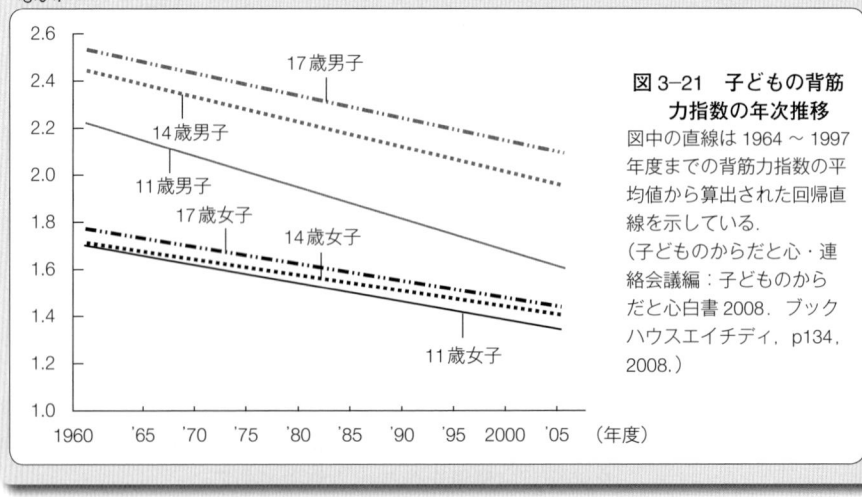

図3-21　子どもの背筋力指数の年次推移
図中の直線は1964～1997年度までの背筋力指数の平均値から算出された回帰直線を示している．
（子どものからだと心・連絡会議編：子どものからだと心白書2008．ブックハウスエイチディ，p134，2008．）

レポート課題

1. 体力の分類（構造）について説明せよ．
2. 行動体力を構成する要素と各要素の代表的な測定項目について説明せよ．
3. 健康関連体力について説明せよ．
4. 体力テストの結果をもとに体力プロフィールを作成し，自分の体力の特徴を説明せよ．
5. 発育期の身体機能の発達特性とこの時期に行うべき運動・スポーツについて説明せよ．
6. 行動体力を構成する各体力要素における発育・発達の特徴について説明せよ．
7. 高齢期の体力の加齢変化の特徴について説明せよ．

文献

American Geriatrics Society, British Geriatrics Society, and American Academy of Orthopaedic Surgeons Panel on Falls Prevention: Guideline for the Prevention of Falls in Older Persons. J Am Geriatr Soc, 49：664–672, 2001.

アメリカスポーツ医学会，日本体力医学会体力科学編集委員会監訳：運動処方の指針–運動負荷試験と運動プログラム–第6版．南江堂，2001．

Bergman RN et al.: A better index of body adiposity. Obesity (Silver Spring), 19: 1083–1089, 2011.

Caspersen CJ et al.: Physical activity, exercise and physical fitness: definitions and distinctions for health-related research. Public Health Rep, 100: 126–131, 1985.

Demura S et al.: Physical-fitness declines in older Japanese adults. J Aging Phys Act, 11: 112–121, 2003.

出村慎一，佐藤　進：高齢者のADLと起立・歩行能力．JOHNS，17：909–912, 2001．

Ehsani A et al.: Exercise training iprovemant left ventricular systolic function in older men. Circulation, 83: 96–103, 1991.

Fiatarone MA et al.: High-intensity strength training in nonagenarians. JAMA, 236: 3029–3034, 1990.

Hettinger Th: Das verhalten der kraft eines trainerten muslcels wahrend und nach mehrtagiger ruhigstellung. Int Z Angew Physiol, 18: 357, 1961.

子どものからだと心・連絡会議編：子どものからだと心白書2008．ブックハウスエイチディ，p134，2008．

Kuno S et al.: Influence of endurance training on muscle metabolism during exercise in elderly men. Adv Exerc Sports Physiol, 1: 51–56, 1994.

松浦義行：統計的発育発達学．不昧堂出版，2002．

宮下充正：子どものからだ–科学的な体力づくり–．東京大学出版会，1980．

Moller C：老人におけるバランストレーニングの効果．臨床スポーツ医学，8：33–39, 1991．

日本理学療法士協会ホームページ：http://wwwsoc.nii.ac.jp/jpta/

Paffenbarger RS et al.: Physical activity and physical fitness as determinants of health and longevity, pp33–48. (Bouchard C et al. (eds.): Exercise, Fitness, and Health. Human Kinetics, 1990.)

Pate RR: A new definition of youth fitness. Phys Sportsmed, 11: 77–83, 1983.

Scamonn: The measurement of the body in childhood. Med Sci Sports Exerc, 25: 173–215, 1930.

Stratton JR et al.: Differences in cardiovascular responses to isoproterenol in relation to age and exercise training in healthy men. Circulation, 86: 504–512, 1992.

澤田　亨：総死亡リスクと筋力．体育の科学，60: 372–378, 2010．

東京都立大学体力標準値研究会編著：新・日本人の体力標準値．不昧堂出版，2000．

トレーニング科学研究会：加齢とトレーニング．朝倉書店，1999．

［佐藤　進］

第4章 運動のしくみ

Ⓐ 理 論

1. 身体エネルギーを生み出す3つの工場

1）運動する場合のエネルギー源：アデノシン三リン酸

人が走ったり，跳んだり，物を持ち上げたりするためには，骨格筋が収縮するときに発生する力を利用する．したがって，運動の原動力は骨格筋の収縮力といえる．骨格筋が収縮するためにはエネルギーが必要であるが，このために直接用いられるエネルギーは，筋内に蓄えられたアデノシン三リン酸（ATP）が分解されることによって得られる．ATPとは，筋収縮に直接的かつ即座に利用できる唯一の化学エネルギーの形態であり，3個のリン酸が結合した高エネルギーリン酸である．つまり，筋を収縮させるためにはこのATPが必要であり，このATPが不足していると筋を収縮させることができない．

しかし，ATPの体内貯蔵量は少ないので，強い運動をすれば数秒でなくなってしまう．したがって，きわめて短時間に終わる運動（たとえば，幅跳びやボール投げなど）は，貯蔵されているATPだけでも間に合うが，運動を継続しようとする場合には，ATPを何らかの方法で合成して，補給する必要がある．ATPを合成する方法として，人のからだには以下の3つのルートが用意されている（図4–1）．

（1）1つめの工場：ホスファゲン系（ATP-CP系）

クレアチンリン酸（CP）がクレアチンとリン酸（P）に分解すると，多量のエネルギーが生じる．このエネルギーを使って，ATPを分解するときに生じたADPとリン酸からATPを再合成する．再合成されたATPは，再び筋収縮に利用することができる．ATPとCPはひとつのチェーンとなってエネルギーを放出し続ける形をとっているので，この両者を併せてホスファゲン系（ATP-CP系）と呼ぶ．ホスファゲン系（ATP-CP系）には以下のような特徴がある．

①この反応には酸素を必要としない．つまり，この系から産生されたエネルギーは無酸素性エネルギーである．

②この系がエネルギーを発生する反応は非常に速く起こる．このため，運動を瞬

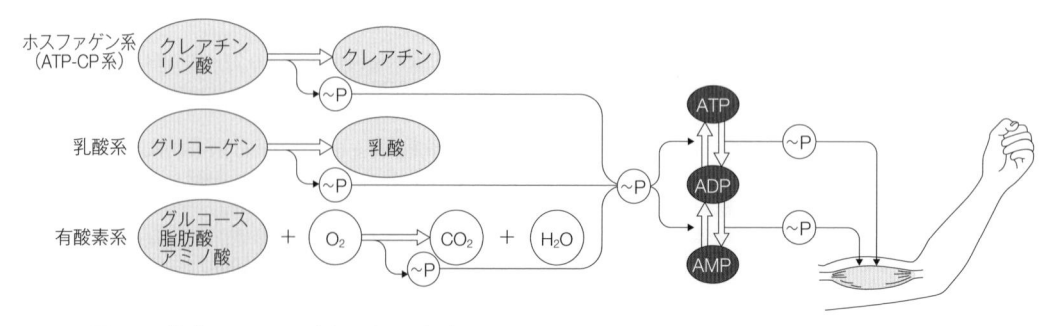

図4–1 筋内の3つのおもなエネルギー源(大地陸男：生理学テキスト 第3版．p492，文光堂，2000)

発的に行ってもエネルギーを遅れることなく供給することができる．

③持続性が短い．CPはATPより多いが，それでもATPとCPを合わせても，全力に近い運動の場合，約10秒しか続かない．

(2) 2つめの工場：乳酸性エネルギー系（乳酸系または解糖系）

乳酸系のエネルギー源には，肝臓や筋に蓄えられているグリコーゲンが利用される．グリコーゲンとは，食物として摂取された糖が形を変えて体内に貯蔵されているもので，全体では400g前後もあるといわれている．グリコーゲンはいくつかの段階を経て，結局，乳酸にまで分解される．このときエネルギーが出るので，そのエネルギーを使ってATPが作られる．乳酸系には次のような特徴がある．

①酸素を必要としない**無酸素性エネルギー**である．

②あまり効率的に供給できない．1 molのグリコーゲン（180 g）が分解して乳酸になっても，3 molのATPしか産生されない．したがって，ATPを多量に得るためには，大量のグリコーゲンを消費する必要がある．しかし，仮にグリコーゲンが大量にあったとしても，乳酸系のエネルギーがそれだけ多く利用できるわけではない．乳酸があまり蓄積すると筋の収縮にとっては具合が悪く，また乳酸がある程度以上蓄積すると筋や血液のpHが低下する．すると乳酸系の中にある酵素の働きが抑制されて，反応にブレーキがかかるようになっている．

③ホスファゲン系（ATP-CP系）に比べると多くのエネルギーが産生できるので，強い運動でも1分前後くらいは続けられる．

(3) 3つめの工場：有酸素性エネルギー供給機構（有酸素系）

乳酸系の途中で生じるピルビン酸を二酸化炭素と水にまで分解することによってエネルギーを得る過程である．この系の特徴には以下のものがある．

①酸素を必要とする**有酸素性エネルギー**である．

②代謝産物（この反応で産生される残りカス：廃棄物）が二酸化炭素と水であって，有害物質を残さないクリーンエネルギーである．

③酸素の供給が続けば，何時間でもエネル

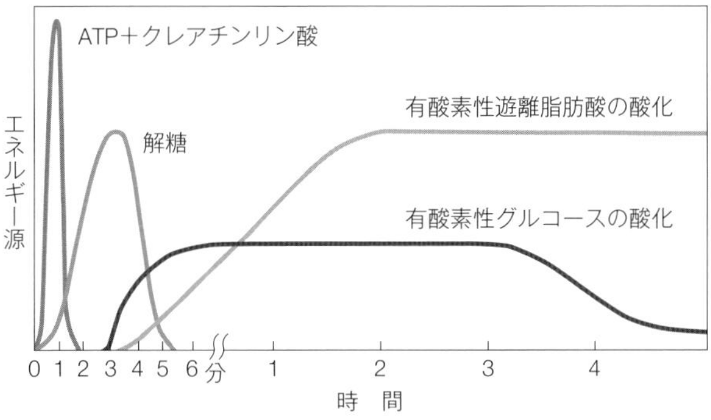

図4-2 運動中のエネルギー源
（大地陸男：生理学テキスト 第3版．p493, 文光堂，2000）

表4-1 3つのエネルギー系の特徴

	ホスファゲン系（ATP-CP系）	乳酸系	有酸素系
エネルギー源	ATP, クレアチンリン酸	グリコーゲン	ピルビン（乳酸），グリコーゲン，脂肪
エネルギー発生速度	きわめて速い	速い	遅い
持続性	短い（約10秒）	中間（約40〜60秒）	長い（数分以上）
酸素の必要性	不要	不要	必要
エネルギー生産量	少ない	かなり多い	きわめて多い
エネルギー容量	100kcal/kg	230kcal/kg	∞
出力量	13kcal/kg/秒	7kcal/kg/秒	3.6kcal/kg/秒
各エネルギー系がおもに用いられる運動	ジャンプ，投てき，50m走，ウェイトリフティング	200〜400m走，100m競泳，階段登り	ジョギング，テニス，遠泳

（出村慎一ほか：テキスト保健体育．p67, 大修館書店，2002）

ギーを算出し続けることができる．
④この系の発動には時間を要する．
⑤この系は非常に効率的にエネルギーを生産できる．乳酸系では 1 mol のグリコーゲンから 3 mol の ATP が生産されるが，そのとき生じた乳酸が有酸素系によって分解されたときには，36 mol の ATP が産生される（乳酸系の 12 倍）．
これらの 3 つのエネルギー系の特徴は図 4-2 および表 4-1 のとおりである．

2．筋（骨格筋）のしくみ

1）骨格筋の分類

体内にある筋は，その形態により，**横紋筋**と平滑筋に分類される．筋線維を顕微鏡で観察すると，横紋筋には規則正しい横縞模様がみられるが，平滑筋には横縞模様は観察されない．横紋筋には**骨格筋**と心筋があり，平滑筋には胃腸や血管などを形成する筋（内臓筋や血管筋）が含まれる．また，筋は，支配する神経によって自分の意志に基づき動かすことができる**随意筋**と意志に関係なく動く**不随意筋**に分類される．

横紋筋 ┤ 骨格筋………随意筋
　　　 └ 心　筋………┐
平滑筋………………… ┴ 不随意筋

（1）骨格筋の部位の名称（図 4-3）
筋頭：骨格筋のからだの中心に近い部分．
筋腹：骨格筋の中央部．
筋尾：骨格筋のからだの中心から遠い部分．

（2）骨格筋の骨への付着部分の名称（図 4-3）
起始部：筋頭の骨への付着部位．
停止部：筋尾の骨への付着部位．

（3）骨格筋の筋頭の数による分類（図 4-4）
単頭筋：筋頭が 1 つの骨格筋．
二頭筋：筋頭が 2 つの骨格筋．
三頭筋：筋頭が 3 つの骨格筋．
四頭筋：筋頭が 4 つの骨格筋．
多頭筋：二頭筋，三頭筋，四頭筋の総称．

（4）骨格筋の形状による分類（図 4-5）
紡錘状筋：両端が細く，中央部が太くなっている骨格筋．（上腕二頭筋）

平行線維筋：紡錘状筋を長くしたような形をしており，両端と中央付近の太さがほぼ同じであり，ひものような形をした骨格筋．紡錘状筋も平行線維筋として分類する場合もある（縫工筋）．

方形筋または板状筋：四辺形をしており，多くの場合，薄い骨格筋である（僧帽筋）．

羽状筋：長い腱の両側に，短い筋線維が斜め方向に並んで出ている，羽のような形をした骨格筋（大腿直筋）．

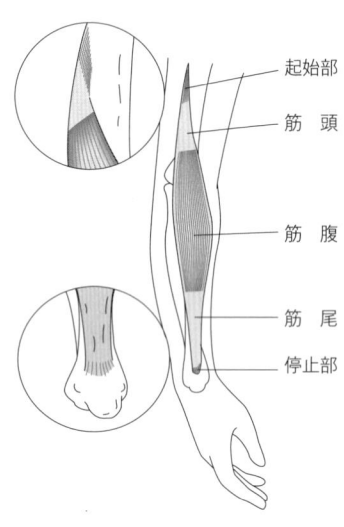

図 4-3　骨格筋の筋頭と筋尾
（小沢治夫，西端　泉編著：最新フィットネス基礎理論−健康運動指導者のための UP-DATE テキスト−．p20, 日本エアロビックフィットネス協会，2004）

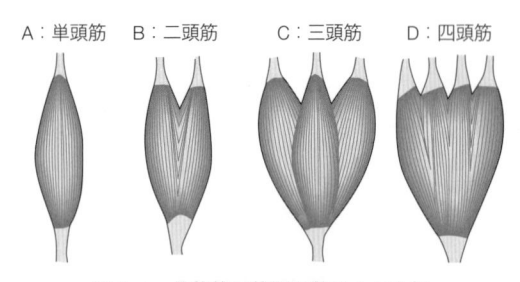

A：単頭筋　B：二頭筋　C：三頭筋　D：四頭筋

図 4-4　骨格筋の筋頭の数による分類
（小沢治夫，西端　泉編著：最新フィットネス基礎理論−健康運動指導者のための UP-DATE テキスト−．p20, 日本エアロビックフィットネス協会，2004）

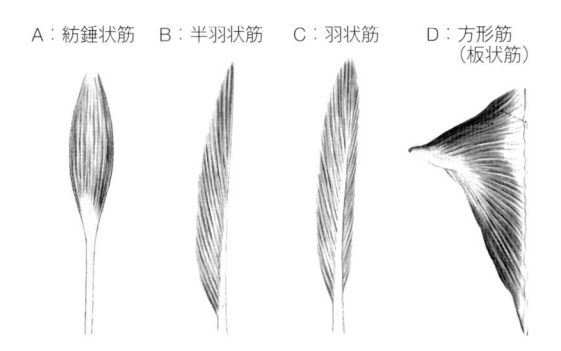

図4-5　骨格筋の形による分類
（三井但夫ほか：岡嶋解剖学．p169．杏林書院．1993）

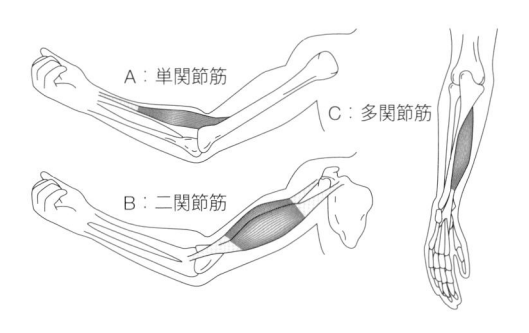

図4-6　起始部と停止部の間にある関節の数による分類
（小沢治夫，西端　泉編著：最新フィットネス基礎理論−健康運動指導者のためのUP-DATEテキスト−．p21．日本エアロビックフィットネス協会．2004）

　　半羽状筋：長い腱の片方からだけ，筋線維が斜め方向に並んで出ている．羽状筋を縦半分にしたような形をした骨格筋（後脛骨筋）．
（5）起始部と停止部の間にある関節の数による分類（図4-6）
　　単関節筋：起始部と停止部の間にある関節が1つの骨格筋（腕橈骨筋）．
　　二関節筋：起始部と停止部の間にある関節が2つの骨格筋（上腕二頭筋）．
　　多関節筋：起始部と停止部の間にある関節が3つ以上の骨格筋（深指屈筋）．

2）骨格筋の構造

　　骨格筋は非常に長い筋線維と呼ばれる骨格筋の細胞の束が多数集まってできている．ひとつの筋線維の長さは2〜8cmほどある．筋線維の集まった束を**筋束**という．筋線維の中には**筋原線維**と呼ばれる細い線維が並んでいる（図4-7）．筋線維には横方向の縞模様が生じるため，骨格筋は横紋筋と呼ばれることもある．筋原線維は2種類のフィラメントと呼ばれる，さらに微細な構造の重なり合いにより構成されている．ミオシンと呼ばれる太いほうのフィラメントと，アクチンと呼ばれる細いほうのフィラメントが，両方の手の指を伸ばしたまま交差させたような状態で，部分的に重なり合っている．ミオシンからはボートのオールのように，外側に向けて（アクチンの方向に）頭部が出ている．この部分をクロスブリッジと呼ぶ．アクチンは，Z膜と呼ばれる線維状の膜に挟まれた部分をサルコメアまたは筋節と呼ぶ．サルコメアが連続してつながって筋原線維ができている（図4-8）．

3）筋活動の原理：フィラメントの滑走説

　　筋活動は，フィラメントの滑り込み合い（滑走）によって生じる．神経線維から骨格筋を活動させる命令が伝わると，筋原線維の中にカルシウムイオンが流れ込む．このカルシウムイオンの刺激を受けて，フィラメントのスライディング（滑走）が起こると考えられている．以前は，フィラメントの滑走，つまり骨格筋の活動は，ミオシンから出ているクロスブリッジがボートのオールのように動いてアクチンを引き寄せるために生じると考えられていた．しかし，最近になって，クロスブリッジが動かなくてもフィラメントの滑走が生じることが確認された．それがどのようなメカニズムで生じるのかについてはまだ明確にはなっていない．
　　フィラメントの滑走のためにATPのエネルギーは，とくに，筋原線維の中に流れ込んだカルシウムイオンを筋原線維の外に出す時に必要になると考えられている．激しい運動を続けて行うと，骨格筋内のATPが枯渇し，エネルギーが足りな

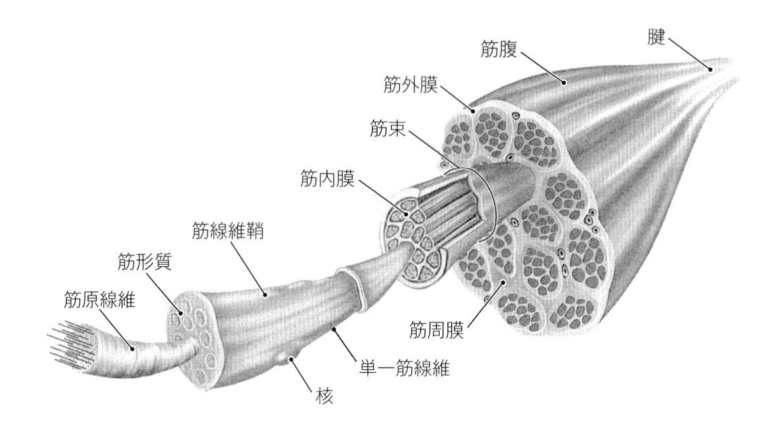

図 4-7　骨格筋の内部構造
（Baechle TR and Earle RW: Essentials of Strength Training and Conditioning. Human Kinetics, 2000）

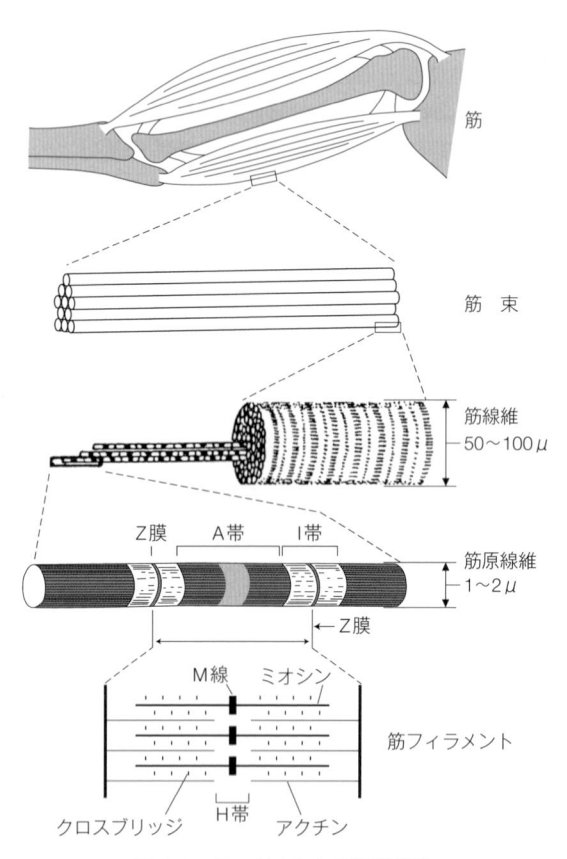

図 4-8　フィラメントの配列構造
（田口貞善ほか監訳：運動生理学．p292，杏林書院，1992 より引用改変）

くなる．このため，活動を引き起こすカルシウムイオンを筋原線維外に出すことができなくなるため，骨格筋は弛緩することができなくなり，痙攣を起こすことがある．また，この現象は死後硬直としても知られている．

4）骨格筋の特徴

骨格筋は，「伸張性」「弾力性」「短縮性」という3つの特徴を備えている．伸張性という特徴があることによって，骨格筋を引き伸ばすような力が外から加わったときに，骨格筋はゴムのように伸びる．弾力性という特徴のために，骨格筋を引き伸ばすような力が取り除かれると，骨格筋は元の長さに戻る．骨格筋は短縮することによって力を発揮し，からだ全体やからだの一部を動かしている．

これら3つの特徴を，垂直跳の動作を例にとって考えてみる．垂直跳を行うときには，直立した姿勢からそのまま跳び上がるのではなく，一度下に素早くしゃがんでから跳び上がる．垂直跳において，もっとも大きな力を発揮しているのは大腿四頂筋であるが，大腿四頂筋は下にしゃがむときには「伸張」される．次に上に跳び上がるときには，大腿四頂筋を伸張することによって「弾力」として貯えられた力と（弾性エネルギー），大腿四頂筋を「短縮」することによって発揮された力の2つを利用する．骨格筋の弾力性も利用して垂直跳を行うと，骨格筋の短縮力だけを利用して跳び上がるよりも高く跳び上がることができる．

5）筋活動の種類

骨格筋の活動は，長さの変化や力の発揮状態によっていくつかに分類できる．

等尺性（アイソメトリック）収縮とは，骨格筋の長さが変化しない筋収縮である．たとえば，腕相撲において，両者の腕力が均衡していて，両者とも相手の腕を押し倒そうと全力を出している（骨格筋を活動させている）にもかかわらず，見かけ上，動きが止まっている時の筋活動である．無意識ではあるが，われわれは直立した姿勢を維持するために脊柱起立筋などを活動させている．姿勢を維持するための筋活動も，骨格筋の長さが変化しないため，等尺性収縮のひとつである．

一方，動的な筋発揮様式を筋の長さの変化で分類すると，骨格筋が短くなりながら力を発揮する**短縮性（コンセントリック）収縮**と，骨格筋が長くなりながら力を発揮する**伸張性（エキセントリック）収縮**がある．たとえば，ダンベルを持ってアームカールを行う際に動員される上腕二頭筋の筋活動についてみると，ダンベルを持ち上げる際に上腕二頭筋は短くなり（短縮性収縮），ダンベルをおろしていく時には，上腕二頭筋は伸ばされながら力を発揮する（伸張性収縮）．

また，動的な筋力発揮時における力の発揮様式の違いによる分類もある．前述したアームカールのように，筋の長さ（関節角度）は変化しても，骨格筋が発揮する力（張力）は変化しない筋活動のことを**等張性（アイソトニック）収縮**と呼ぶ．さらに，動的な筋発揮様式として**等速性（アイソキネティクス）収縮**がある．これは，電気的あるいは油圧的に関節の運動速度を制御する装置を用いた場合に発揮される収縮様式をさす．関節が動く際にすべての角度で同じ負荷がかかり，同じ早さで運動する．この筋収縮様式は通常の運動様式の中ではあまりみられない．水泳などの水中運動やボート競技など粘性抵抗の大きな媒質に働きかけるような運動時の筋収縮様式は等速性収縮に近い．

スポーツ場面やトレーニング場面における多くの動作には，一連の動きのなかに，これらの筋収縮様式が含まれている．図4-9は，四股と懸垂を例に，動作局面と筋収縮様式の関係についてまとめたものである．1つのトレーニング動作のなかにいくつもの筋収縮様式の動作が含まれていることがわかる．筋力トレーニングというと短縮性収縮の強化に着目しがちであるが，等尺性や伸張性の局面での筋力発揮があることや，主働筋と拮抗筋では異なる収縮様式によって筋力発揮がなされていることも理解したうえで，さまざまな収縮様式の筋力発揮にかかわるトレーニングが必要である．また，実際の多くのスポーツ場面では，できるだけ短時間に大きな力を生み出すことが求められる．そのような場合に重要な筋活動形態として，**ストレッチショートニング（伸張－短縮）サイクル（Stretch Shortening Cycle：SSC）活動**がある．SSC活動は，その運動に関与する筋群が急激に引き伸ばされ（もしくは伸張負荷をかけられ）た後，直ちに反動的またはバネのように短縮される予備的な反動動作を伴って開始される．このSSC活動によって発揮される力量は最大筋力とは必ずしも関係が高くない．一方，競技スポーツ場面に求められる動作において大きな力量を発揮するには，少なからずこのSSC活動を効率的に行うことが求められる．つまり，競技的特異性の高い動作に発揮力量を高めるためには，筋力トレーニングによって単純な短縮性および伸張性収縮時の最大筋力を高めるだけではなく，最大筋力を効率的に発揮するためのトレーニング（SSCタイプの動作を用いたトレーニング）も重要である（第6章2参照，p.107）．

6）骨格筋の役割上の分類
　（1）主働筋
　　ある動きを行う際に動員される骨格筋は常に複雑である．それらの複数の骨格筋

四股の動作		左大腿四頭筋の筋収縮様式	懸垂の動作		上腕二頭筋の筋収縮様式	上腕三頭筋の筋収縮様式
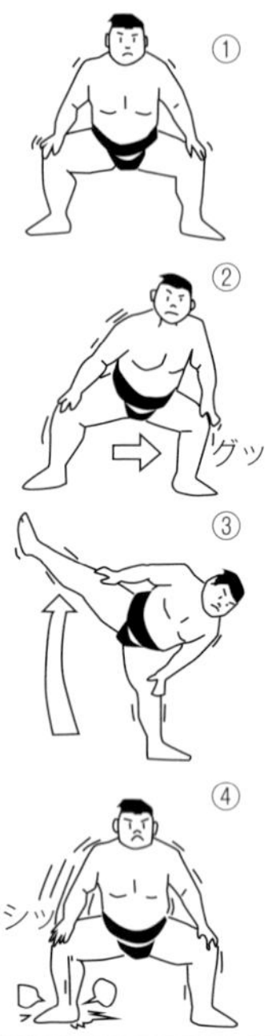 ①	構え	等尺性収縮	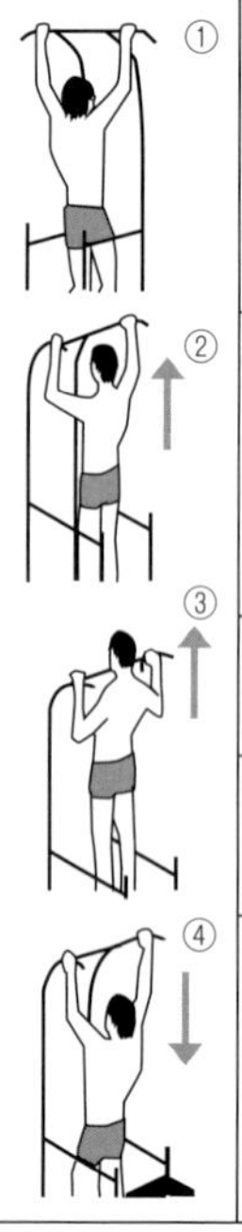 ①	準備	等尺性収縮	等尺性収縮
②	左側へ体重を移動	伸張性収縮	②	体を持ち上げる	短縮性収縮	伸張性収縮
③	右足をあげる	短縮性収縮	③	体を持ち上げる	短縮性収縮	伸張性収縮
	あげた足を保つ	等尺性収縮		あげた体を保つ	等尺性収縮	等尺性収縮
④	足をおろす	伸張性収縮	④	体をおろす	伸張性収縮	短縮性収縮

図4-9　トレーニング動作局面と筋収縮様式

の役割はさまざまである．ある動きに能動的に参加し，中心となってもっとも大きな力を発揮している骨格筋を**主働筋**という．たとえば，アームカールを行う際の主働筋は上腕二頭筋である．

(2) 共働筋

　主働筋と同じ方向に力を発揮しているが，比較的小さな力しか発揮していない骨格筋を**共働筋**という．中には，ある目的とした動きを行う場合に，主働筋と同じ方向に力を発揮することができるが，大きな抵抗を加えたときにしか力を発揮しない共働筋もある．たとえば，スクワットを行う際の，股関節の伸展における主働筋はハムストリングスであり，共働筋は大臀筋であるが，大きな負荷が加わった時にしか，大殿筋は力を発揮しない．

(3) 補助筋

　ある動きを行うためには，その動きを行うのに適した姿勢を維持する必要がある．目的とした動きに適した姿勢を保つために動員される骨格筋を**補助筋**という．

(4) 中和筋

　主働筋や共働筋が発揮する力の方向は，目的とした動きの方向から多少ずれていることが多い．このため，別の骨格筋を活動させて，主働筋や共働筋が発揮した力の方向を調節する必要がある．主働筋や共働筋による望ましくない方向に発揮される力を中和する（打ち消す）方向に力を発揮する骨格筋を**中和筋**と呼ぶことがある．

(5) 拮抗筋

　関節を中心として，主働筋や多くの共働筋と反対側に位置し，目的とした動きと反対方向に力を発揮する骨格筋を**拮抗筋**と呼ぶ．**拮抗筋**は，ある目的とした動きをはじめる際には活動せず動きを妨げないようにしているが，動きを止める必要があ

表4-2 筋線維タイプと特徴

	タイプⅠ線維 (SO)	タイプⅡa線維 (FOG)	タイプⅡb線維 (FG)
●神経支配の特徴			
運動神経細胞径	小	大	大
運動神経細胞動員閾値	低い	高い	高い
運動神経伝道速度	遅い	速い	速い
形態的特徴			
筋線維径	小	大	大
ミトコンドリア密度	高い	高い	低い
ミオグロビン含有量	高い	中間	低い
毛細血管密度	高い	中間	低い
●エネルギー基質			
クレアチンリン酸貯蔵量	低い	高い	高い
グリコーゲン含有量	低い	高い	高い
トリグリセリド含有量	高い	中間	低い
●酵素の特徴			
解糖系酵素活性	低い	高い	高い
酸化系酵素活性	高い	高い	低い
機能的特徴			
収縮時間（単収縮）	遅い	速い	速い
弛緩時間	遅い	速い	速い
収縮力	弱い	強い	強い
易疲労性	疲労しにくい	疲労しやすい	疲労しやすい
持久的運動選手	多い	中間または多い	少ない
スプリント運動選手	中間または少ない	中間または多い	多い

(中野昭一，竹宮　隆編：運動とエネルギーの科学．p131，杏林書院，1996)

るときに活動する．動きの最後に拮抗筋が活動しないと，動きは靱帯や腱などの長さいっぱいまで続き，靱帯や腱の損傷を招くこともある．

7) 筋線維の種類と特徴

　　骨格筋は，筋の色に基づき白筋と赤筋に分類される．色の違いは筋に含まれるミオグロビンやミトコンドリアの量による．つまり，ミオグロビンやミトコンドリアを多く含むのが赤筋である．赤筋は収縮速度が遅いため遅筋とも呼ばれ，白筋は収縮速度が速いことから速筋とも呼ばれる．

　　また，筋線維を収縮単位の性質と代謝の違いから，SO (Slow-Twitch Oxidative)，FOG (Fast-Twitch Oxidative-Glycolytic)，FG (Fast-Twitch Glycolytic) の3種類に分類することもある．この場合，SOが遅筋，FOGとFGが速筋に分類される．筋線維タイプとその特徴を表4-2に示す．筋線維組成（遅筋と速筋の割合）は，運動選手では競技種目と関係があり，一般にマラソンなどの持久的運動選手では遅筋線維の占める割合が大きく，陸上の100m走のような短時間に瞬発的能力を競うスプリント運動選手では速筋線維の占める割合が大きいことが報告されている．

3．神経系のしくみ

1) 神経系の構造と機能

　　(1) 運動ニューロンの構造と役割

　　　　運動ニューロン（神経の最小単位であるニューロンのうち，骨格筋を支配しているニューロン）は，神経細胞（脊髄の灰白質の前部にある：前角）と軸索（神経突起）

などの神経線維，およびそれから出る多くの突起（樹状突起）から構成されている（図4-10）．運動ニューロンの神経線維の長さはさまざまで，数十μmから1m以上に及ぶものまである．運動ニューロンの神経線維の末端は骨格筋線維（神経筋終板）と樹状突起に付着しており，その付着部分をシナプスという．

運動ニューロンの役割は指令を受け取り，それを筋に伝えることである．運動ニューロンは神経細胞が興奮すると，電気的な信号（インパルス）が神経線維を走り，筋にそれが伝わる．神経線維にはミエリン鞘と呼ばれる白い筒状のさやで囲まれているものとそうでないものがある．ミエリン鞘で囲まれた神経線維は，インパルスを高速で伝える．ニューロンには，運動ニューロン以外に介在ニューロンや感覚ニューロンがあり，ヒトの神経系はこのようなニューロンの集合体である．

（2）中枢神経系の構造と役割

神経は大きく中枢神経系（脳と脊髄）と末梢神経系に分類される（図4-11）．脳は，大脳，小脳，脳幹から構成されており，大脳が一番外側に位置し，それ以外は大脳に包まれるように位置している．このうち，**運動野**（第4野：中心溝の前にある中心前回の部分）と**前運動野**（第6野：運動野の前方の部分，および第8野：第6野のさらに前方の部分）は，骨格筋の運動をつかさどる重要な部分である（図4-12）．

間脳には，視床と視床下部があり，全身から送られてくる知覚的情報（たとえば，皮膚感覚など）は視床に集められ，**大脳皮質**の適切な部位に送られる．筋運動の調節に視床は重要な役割を担う．視床下部は視床のすぐ下に位置し，体内の環境を一定に保つように作用する．内臓の働きを調節する自律神経系の最高中枢部位であり，心拍，体温，水分代謝，睡眠，覚醒サイクルなどがここで制御される．小脳は脳幹の後部にあり（図4-12），脳の多くの部位とつながっている．小脳は運動を円滑に強調して行うために重要であり，小脳の機能が損なわれると，手が震えたり，まっすぐに歩けなくなったり，神経性の運動失調がみられる．**脳幹**は，中脳，橋および延髄から構成されており，脊髄と脳をつないでいる．これらは，心臓・血管系や呼

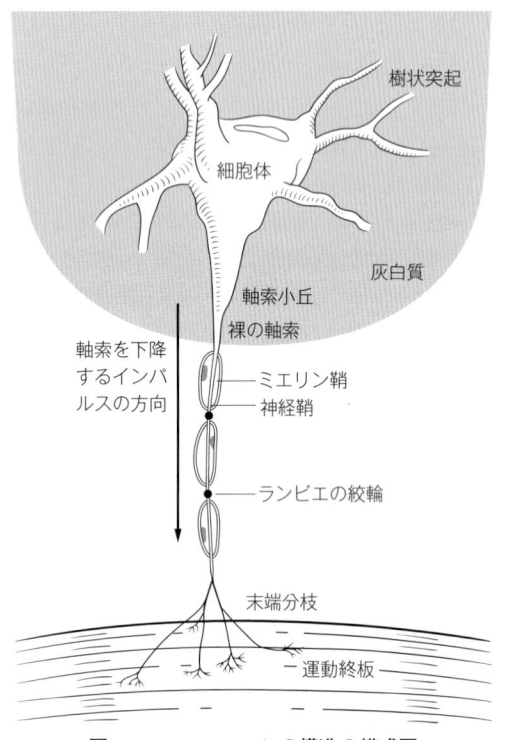

図4-10 ニューロンの構造の模式図
（田口貞善ほか監訳：運動生理学．p310，杏林書院，1992より引用改変）

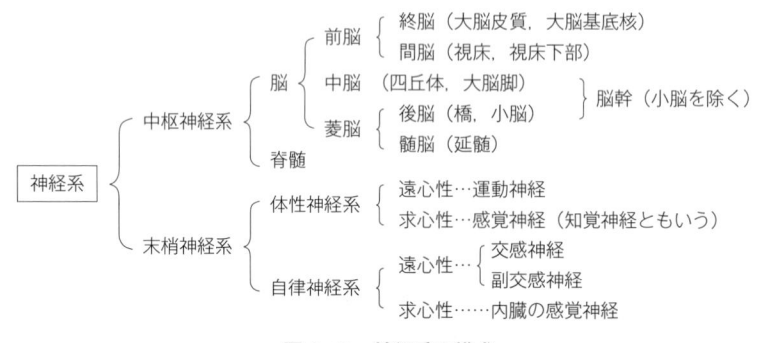

図4-11 神経系の構成
（矢部京之助：運動と神経．p2．（日本体力医学会学術委員会監修：スポーツ医学［基礎と臨床］，朝倉書店，1998））

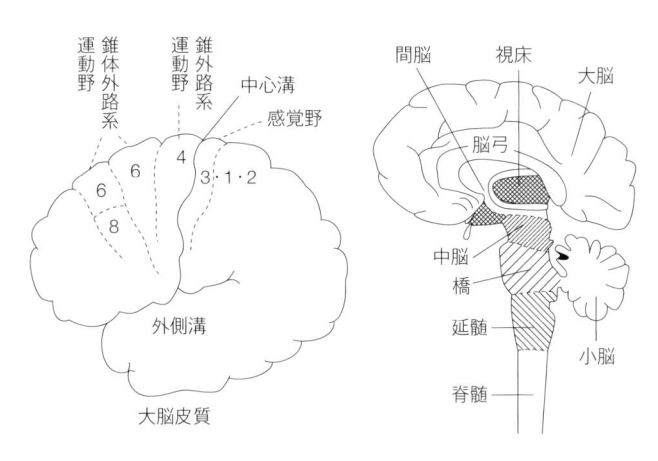

図4-12　中枢神経系(中村隆一ほか：基礎運動学 第6版．p91，医歯薬出版，2003)

吸器系の働きを調節し，生命の維持に関係している．脊髄は，延髄と末梢神経を連絡しているだけでなく，反射の中枢として働く．

(3) 末梢神経系の構造と役割

末梢神経系は，脳・脊髄とからだの組織・器官を連結する神経であり，身体運動・感覚機能に関与する**体性神経**と呼吸・循環・体温調節機能に関与する**自律神経**に分かれ，前者は**運動神経**と**知覚神経**，後者は**交感神経**と**副交感神経**から構成される（図4-11）．臓器の多くは，交感神経と副交感神経の両方が相反して作用するが協調的にも作用し，いずれか一方が高まるとそれに応じてもう一方の働きが弱まる，いわゆる拮抗作用がみられる．また，インパルスの伝達方向により，中枢側から末梢側へ伝達するものを**遠心性神経**，末梢側から中枢側へ伝達するものを**求心性神経**として区別する．

2）運動調節のしくみ

目的が意図したとおりに達成され，観る者に美しさを感じさせる動作は「巧みだ」「うまい」などと表現される．巧みな動作には，おもに脳・神経の伝達の働きが深くかかわっている．競技スポーツでは，大きな筋力やスピードを発揮しつつ正確な動作を遂行することが要求され，脳・神経系の働きも日常生活よりはるかに高いレベルで遂行される．すでに述べたように運動は，意識的に行う**随意運動**と，無意識的に行う**反射運動**があるが，それらがどのように調節されているのだろうか．

(1) 運動プログラムの起動

随意運動の場合，運動を行うという意識を脳の中で起こす．この発動を起こす部分は今のところ明らかではないが，試行，創造，意欲などをつかさどる前頭前野や補足運動野（運動連合野）などが関与し，意識的な運動発動が脳の中で起こると，運動するという心構えができる．

(2) 錐体路系と錐体外路系

随意的な筋収縮を起こす命令（インパルス）は，大脳皮質の運動野から発せられ，延髄の錐体を通り左右交叉して，腹内側・外側経路を下降し，脊髄前角を経て運動ニューロンに達する（**錐体路系**）．一方，錐体外路系の起点は，1つではなく，大脳皮質の第6野と第8野，中脳および小脳など，いくつかの錐体路以外の経路を通り，左右交叉して脊髄前角に達する．錐体外路系は，反射運動に関連し，筋運動の

調節を行っている（図4-13）．これらは必要に応じて運動ニューロンにインパルスを送り，筋の収縮を強めたり弱めたりして，円滑な動きをつかさどる．

(3) 筋・腱の神経系

筋や腱の中には，収縮の状態を感知するセンサーの役割をする神経があり，これらの線維は背部から脊髄に入り，灰白質にあるニューロンと繋がっている．**筋紡錘**（筋の中にあるセンサー）は，筋の収縮力が不足していることを察知するとインパルスを送り，より強く収縮するよう調節する．**腱紡錘**（腱の中にあるセンサー）からのインパルスは，抑制介在ニューロンを経て，運動ニューロンに到達し，筋の収縮を弱める働きをする．このようなしくみは，過度の加重負荷を未然に防ぎ，筋を障害から保護する役割を果たしている．

(4) 運動の修正とフィードバック

入力に応じて生じる出力の一部を再び加えることをフィードバックという（図4-14）．随意運動では，その運動の要求内容と自分の動きの結果とのずれが末梢の感覚受容器から感覚神経をたどり，中枢神経系へフィードバックされる．このフィードバック情報に基づき，中枢で適切な処理がなされて，運動神経を経て，筋や腱の効果器の活動を調節する．ボールを捕る場合，ボールという刺激を視覚器にて受容し，補給動作という反応動作を起こした後もボールと身体の位置関係は常に視覚によって身体にフィードバックされており，これによって歩調や手足の動きを調節することができる．直立姿勢や運動中の姿勢は，前庭器や半規管，筋紡錘などの受容器を通して動作の結果がフィードバックされることによってそのバランスが保たれる．一方，環境の変化に関する予測が大きく外れる場合があり，その場合，動作の修正には大幅な時間がかかる．しばしば対人種目にみられるフェイントは，相手に強い予測を形成させておき，その裏をかいて攻撃をしかけたり防御したりする技術である．フェイントにかかった場合は，一度発動した運動指令のキャンセルと新しい運動指令の出力という2つのプロセスが進行しながら動作修正が行われるため，対応が遅れると考えられている．随意運動には，以上のように，錐体路，錐体外路，筋紡錘，腱紡錘，小脳そしてフィードバック経路などの協働活動によって円滑に遂行される．

(5) 反射による調節

巧みな運動にはさまざまな**反射**が関与している．運動に関与する代表的な反射には以下のようなものがある．骨格筋が伸ばされるとそれが刺激となってその筋が収縮するという**伸張反射**が現れる．これは運動場面では反動動作と深いかかわりをもつ．頭を前後左右に傾けることで四肢の筋緊張が変化する**緊張性頚反射**が現れる．これは走高跳の背面跳や野球選手のフライをキャッチする動作などと深いかかわりをもつ．また，画びょうを踏んだときに思わず足を引っ込めるのは屈曲反射の働きによる．

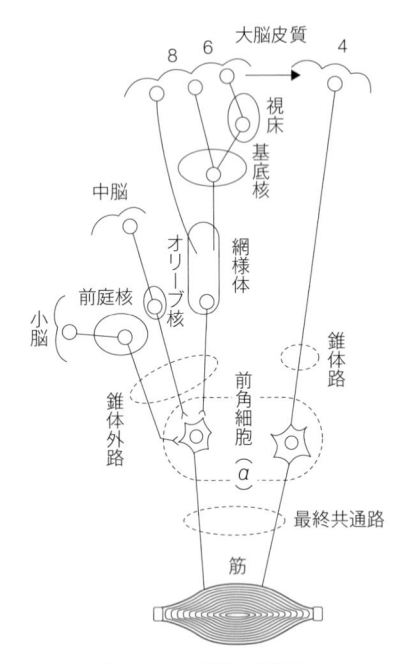

図4-13 運動神経経路
（朝比奈一男：運動とからだ．p109，大修館書店，1981）

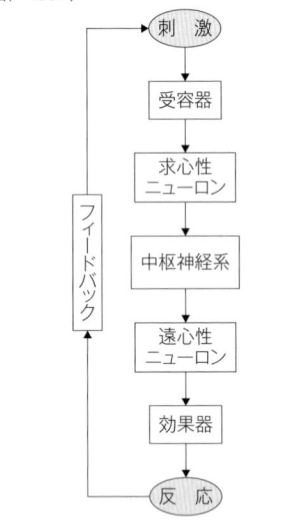

図4-14 身体運動の模式図
（宮下充正，石井喜八編著：新訂 運動生理学概論．p30，大修館書店，1983）

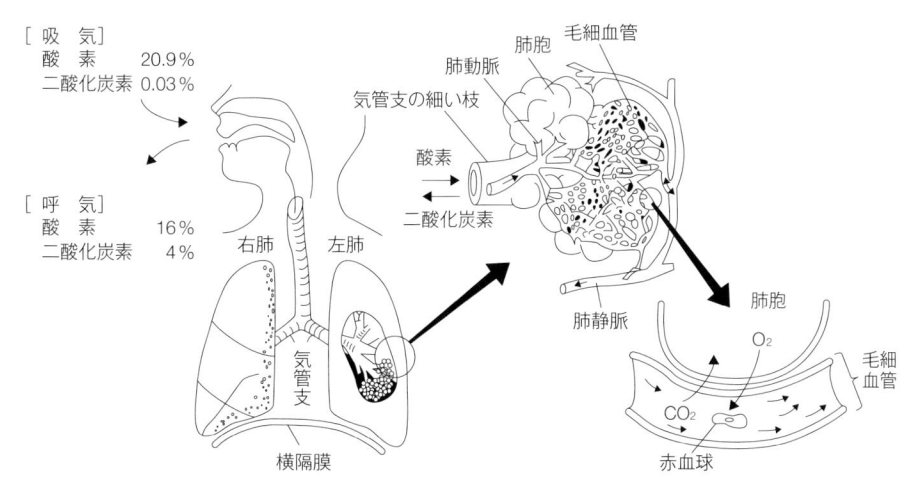

図 4-15　呼吸器のしくみ(松田岩男ほか：中学保健体育．p44，学習研究社，1993)

4．呼吸・循環器系のしくみ

1）呼吸器の働き

　筋の連続した収縮には筋への酸素とエネルギー源の供給が重要となり，この働きをしているのは呼吸・循環器系である．

　人間の身体は，絶え間なく呼吸を続けることで，空気中から酸素を取り入れ，それによって生命を維持している．吸気として取り入れられた酸素は，体内で栄養素を燃やすのに利用され，絶えず生命活動や運動のエネルギーが作り出されている．そうした活動によって出てきた二酸化炭素は呼気として体外に出される（**換気**）．

　安静時での換気量は成人で 6～9 L/分程度であるが，運動時には 1 回の呼吸量が多くなり，呼吸数も多くなるので，120 L/分前後まで増加する．マラソン選手では 200 L/分に達する場合もある．

　呼吸器は，鼻（口），のど，気管および肺からできている．鼻から肺の入り口までを**気道**という．肺の中には小さな肺胞が無数にあり，そのひとつが網目状に走っている**毛細血管**によって覆われている．この肺胞と毛細血管との間で，血液中の二酸化炭素と肺胞に取り入れられた空気中の酸素が交換（**ガス交換**）される（図 4-15）．

　肺における酸素と二酸化炭素のガス交換能力を肺拡散能（拡散：物質が高濃度から低濃度へ移動する現象）と呼ぶが，これは 1 分間に肺胞と肺毛細血管との分圧差 1 mmHg 当たりに移動する酸素の量とされている．一般に，肺胞の酸素分圧は 100 mmHg，二酸化炭素分圧は約 40 mmHg と一定であるが，ある運動強度を超えるとこのバランスは崩れる．この際，肺胞の壁を介して肺の毛細血管と肺胞内のガスが接触し，この分圧差によって，ガスが高濃度部から低濃度部へ移動し酸素が運搬される．安静時の肺拡散能は 20～30 mL/分/mmHg である．最大運動時には一般成人で 55 mL/分/mmHg 程度，持久的なスポーツ選手では 70～80 mL/分/mmHg となる．

2）循環器の働き

循環器は，心臓，動脈，静脈，毛細血管などからなっている．血液は，心臓のポンプ作用によって全身を循環している．心臓の右心室から出た血液は肺に入り込み，そこで酸素を取り入れ，二酸化炭素を放出し左心房に戻る．そして，左心室から全身に送り出された血液は，細胞に酸素をあたえ，細胞から二酸化炭素を受け取って右心房へ戻る．

血液中の赤血球にはヘモグロビンがあり，これが酸素と結合して，酸素の取り入れや運搬を行っている．循環器が発達すると全身への血液のめぐりがよくなり，酸素や栄養物質，不要な物質などを効率よく運ぶことができる．

酸素運搬に大きな影響を及ぼすのは心拍出量（Stroke Volume：SV）である．心臓の拍動数を心拍数（Heart Rate：HR），心臓1回の拍動で送り出される血液量を一回拍出量という．1分間に心臓が送り出す血液の量を心拍出量と呼び，一回拍出量と心拍数の積で求められる．一般成人の安静時における一回拍出量は70～80 mLであるが，持久型の運動選手では100～110 mLと大きな値を示す．運動時にも心拍出量は増加する．また，一般成人の安静時の心拍数は60～80回であるが，マラソン選手では40回程度である．これは持久的なトレーニングによって，心臓が大きくなり，しかも心臓の収縮力も増して一回拍出量が増えるためである（スポーツ心臓）．

呼吸によって肺胞に取り込まれた酸素はヘモグロビンと結合して心臓から活動筋に運ばれ，最終的に筋組織内に取り込まれて利用されることになる．このとき，1分間に体内に取り込み利用することができる酸素の最大量を**最大酸素摂取量**（$\dot{V}O_2max$）という．この値が持久力を表す指標として一般的に用いられている．

3）呼吸器と循環器の働きの関連性

呼吸器と循環器の働きは，肺胞とそれを取り巻く毛細血管との間で，ガス交換によって連結している．酸素は肺胞で血中ヘモグロビンと結合し，心臓のポンプ作用によって血管をとおして筋に運ばれ，毛細血管を通して筋細胞に取り込まれ，エネルギーを生み出すのに利用される．この協働作業では，激しい運動をしたとき，多くの酸素を呼吸器によって取り入れ，循環器によって全身に速く運んでいる．

筋での酸素の取り込み（血液から筋への受け渡し）は，毛細血管の酸素分圧と筋組織の酸素分圧との較差によって起こる．筋組織に取り込まれた酸素は筋細胞内のミトコンドリアに運ばれてエネルギー（ATP）を再合成する．筋での酸素の取り込み量（酸素摂取量：$\dot{V}O_2$）は，筋血流と，筋へ入る血液（動脈）と出て行く血液（静脈）との酸素量の差（**動静脈酸素較差**）の積で表すことができる．

また，前にも述べたように，最大酸素摂取量は持久力を評価する代表的な指標であり，持久力に優れた人の最大酸素摂取量は高い値を示す．一方，最大下の運動を一定の強度で続けるとき，消費する酸素の量が少ない人の方がよい成績を収める．たとえば，最大酸素摂取量が同じである2人のランナーが同じ速度で走っているとき，より少ない酸素の量で走ることができるランナーの方が長く走り続けることができる．これは，筋での酸素利用効率が優れているためで，持久的なトレーニングを積んだ選手は酸素利用効率が高くなっている．酸素利用効率は筋の毛細血管の発達，ミトコンドリアの数や大きさの増大などによって高められる．

これまで述べてきたような運動を持続させるからだのしくみによって，日頃，われわれは長時間の持久的な運動（筋収縮）が可能となっている．持久的な運動には

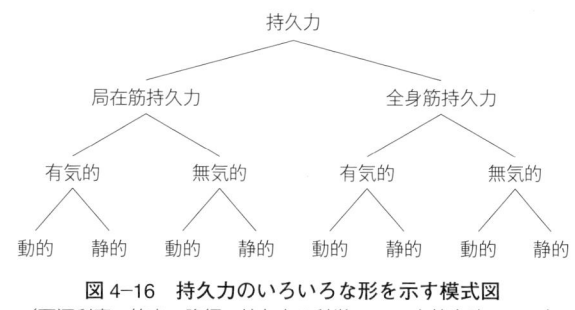

図4-16 持久力のいろいろな形を示す模式図
（石河利寛，竹宮　隆編：持久力の科学．p3，杏林書院，1994）

いくつかの種類があり，マラソンのような全身を用いた持久的な運動と，長時間重い物を持ち続けたり，長時間腕の屈伸を続けるような身体の一部（局所）を用いた持久的な運動に大きく分類される（図4-16）．持久力の優劣を決定する要因もこれらの運動様式により異なり，持久走のような全身の持久的な運動の場合は換気量や最大酸素摂取量など，上体起こしのような局所の持久的運動の場合は筋での酸素摂取量や酸素利用効率などが密接に関係している．

B　実　践

5．運動中の無酸素性および有酸素性エネルギー供給系の役割

一般に，高強度での短時間の運動は無酸素性エネルギーが，低強度での長時間の運動は有酸素性エネルギーがおもに使用されることが知られている．しかし，図4-17に示すように，短時間の高強度運動に必要なエネルギーがすべて無酸素性エネルギーで賄われているわけではない（長時間の低強度運動時も同様で，必要なエネルギー量がすべて有酸素性エネルギーで賄われているわけではない）．運動中の無酸素性および有酸素性エネルギー供給系の役割について，荻田（2000）の研究成果を紹介したい．

無酸素性エネルギーが筋内でエネルギーを作り出すのに対し，有酸素性エネルギーは酸素を取り込んでエネルギーを産出する．言い換えると，次から次に出てくる水道の水が有酸素性エネルギーで，バケツに汲み置きされた水が無酸素性エネルギーといえる（図4-18）．そして，これらのエネルギー供給の割合は，その運動の強度によって，また一定強度での運動中における運動開始時からの時間経過によって変わってくる．

1）酸素負債と酸素借

図4-19は，最大下運動（A）と超最大運動（B）中のエネルギー供給の様子を示している．運動をはじめると酸素摂取量はすぐに増加しはじめ，最大下運動の場合，やがて一定の値を示す．この酸素摂取量が一定の状態を定常状態といい，このときの酸素摂取量は，その運動を続けるのに必要なエネルギー量（エネルギー需要量）に等しい（定常状態では，必要なエネルギー量はすべて有酸素性エネルギーで賄われている）．

しかし，運動開始後，心拍数が上昇し，血液によって酸素が筋に運ばれ，身体機

能がその運動に適応するまでにある程度の時間が必要なため，定常状態に達するまで酸素摂取量の不足分は無酸素性エネルギーによって賄われている．この無酸素性エネルギー量は，運動に必要とされる全エネルギー量（図4-19Aのa）と，運動中の酸素摂取量の総和（図4-19Aのb）の差として算出できる（図4-19のc）．このc部は「運動中に必要な酸素の量を無酸素性エネルギー供給系から借りてきた分」という意味合いから「酸素借」と呼ばれる．一方，「酸素負債」とは，図4-19Aのd部のように，運動後にしばらく続く，安静時よりも高い酸素摂取量のことをさす．この酸素負債とは，運動中の酸素の借り分（c）を運動後にdだけ余分に摂取して返すという考えに基づいている．

これまで長い間，酸素負債と酸素借は等しいと考えられてきたが，近年の研究により，酸素負債，つまり運動後の酸素摂取量には運動中に供給された無酸素性エネルギーの返済とは別の要因も含まれていることがわかり，酸素借よりも大きくなることが明らかとなった（借金の返済には利子がついてまわるということらしい）．

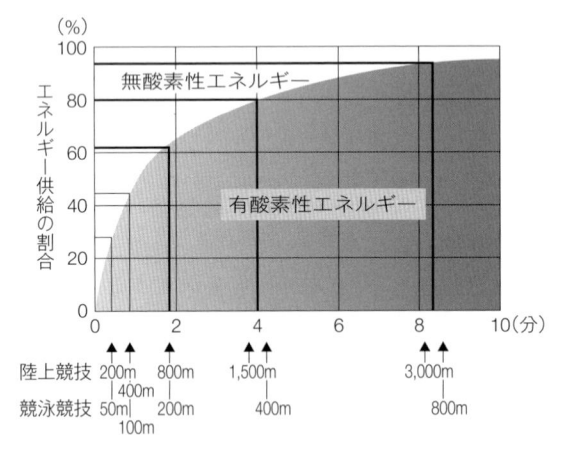

図4-17 運動持続時間に対する有酸素性および無酸素性エネルギー供給の割合の変化
（荻田 太：時間と強度，エネルギー供給の関係．Training Journal，6月号：63，2000）

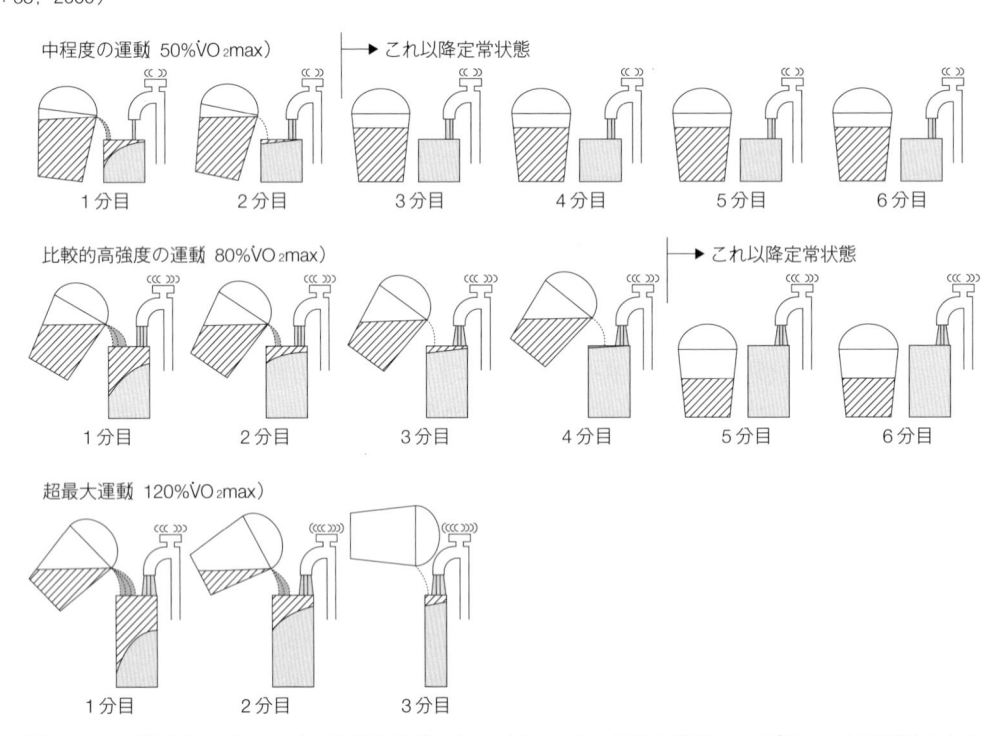

図4-18 中程度(50%$\dot{V}O_2max$)，比較的高強度(80%$\dot{V}O_2max$)，超最大強度(120%$\dot{V}O_2max$)で運動したときの無酸素性および有酸素性エネルギー供給の様子
それぞれ，バケツの水が無酸素性エネルギー供給を，水道の水が有酸素性エネルギーを表している．運動強度が高くなると，バケツの水も水道の水より速い速度で供給されることに注目．また，超最大強度の運動では，バケツの水は空っぽになり，無酸素性エネルギーは底をついてしまう．
（荻田 太：時間と強度，エネルギー供給の関係．Training Journal，7月号：61，2000）

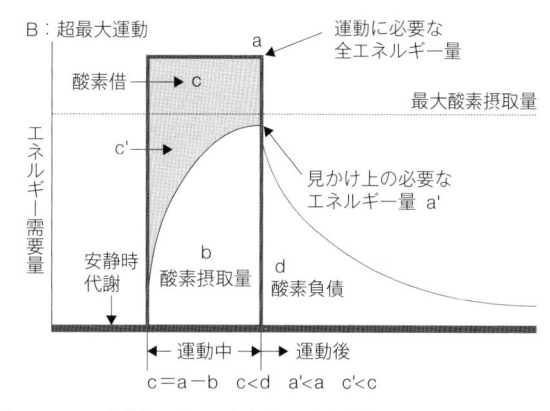

図4-19 最大下運動(A)と超最大運動(B)における酸素摂取量,酸素借,酸素負債
(荻田 太:時間と強度,エネルギー供給の関係.Training Journal,7月号:59,2000)

また,従来,無酸素性エネルギー量は酸素負債を測定することにより求められていたが,**酸素借=酸素負債の概念が否定されたため,無酸素性エネルギー量=酸素負債**と仮定することができなくなった.しかし,近年の研究により,運動中の酸素借を測定する方法が開発され,運動中の無酸素性エネルギー供給量の推定が可能となっている.

2)運動中のエネルギー供給

(1)有酸素性エネルギーと無酸素性エネルギー

前述したように,運動開始時からしばらくの間は必要なエネルギーを無酸素供給系と有酸素供給系により産生している.無酸素性エネルギーが筋内でエネルギーを作り出すのに対し(バケツの水),有酸素性エネルギーは酸素を取り込んでエネルギーを産出する(水道の水).無酸素エネルギー量(最大酸素借)は,その人が持つバケツの大きさによって決定される.有酸素性エネルギー量も,蛇口が太くて水圧が高ければ多くの量を供給できる(最大酸素摂取量が高い状態).

(2)運動中のエネルギー供給

この限りあるバケツからの水と尽きることのない水道からの水は運動中にどのように使われているのだろうか.図4-18は,3種類の強度(中程度:50%$\dot{V}O_2$max,比較的高強度:80%$\dot{V}O_2$max,超最大運動:120%$\dot{V}O_2$max)で6分間またはオールアウト(疲労困憊)まで運動したときのエネルギー供給の様子を示している.図中のバケツと水道水が供給されている長方形の器は,その運動を1分間行うために必要とされるエネルギー量(エネルギー需要量)の大きさを意味している.バケツと水道の蛇口は,それぞれ無酸素性と有酸素性のエネルギー供給系を示している.また,エネルギー需要量の長方形内の斜線部分は,その1分間に供給された無酸素性エネルギー量を,網掛け部は有酸素性エネルギー供給量を示し,バケツの中の水の量は,無酸素性エネルギーの残量を示している.この場合の,120%$\dot{V}O_2$maxとは,最大運動(100%$\dot{V}O_2$max=最大酸素摂取量)時に供給されたエネルギーの1.2倍のエネルギーを必要とする運動という意味で,運動に使われるエネルギー量の大きさで示した運動強度である.このように最大運動以上の強度の運動を超最大強度の運動という.

まず,各強度での運動を1分間行うのに必要なエネルギー量を比較してみる.たとえば,最大酸素摂取量が3 L/minだとすると,中程度(50%$\dot{V}O_2$max)の運動

の場合のエネルギー需要量は 3×0.5＝1.5 L/min の酸素が必要な運動となる．同様に，比較的高強度（80％$\dot{V}O_2$max）および超最大運動（120％$\dot{V}O_2$max）の場合は，それぞれ，2.4 L/min および 3.6 L/min となる．これらの運動を行う際，その人のバケツの大きさ（無酸素性エネルギー量）や水道の蛇口の大きさ（有酸素性エネルギー供給量）は決まっているので，バケツと水道から出すことのできる量や勢いを調節して，各強度の運動に必要とされるエネルギー量を賄うことになる．1分目の各運動強度のエネルギー供給を比較すると，いずれの強度の場合も両エネルギー供給系からエネルギーが供給されているが，必要とされるエネルギー量に合わせて水の出方が異なっているのがわかる（バケツと水道の水の出方が強度に合わせて多くなっている）．ここで注目すべきは，運動強度が高くなるに従って，エネルギー需要量も増加するが，その増加分を無酸素性エネルギーの供給量だけで賄っているのではなく，有酸素供給系も供給速度を高めてエネルギー供給量を増加させている点である．また，時間の経過に伴って，酸素摂取量（有酸素供給系で賄うことができるエネルギー量）が増加するため，無酸素性エネルギーの供給量は減少する．そして，最大下の運動の場合（この例では，50％$\dot{V}O_2$max と 80％$\dot{V}O_2$max），定常状態になった時点で無酸素供給系からのエネルギー供給の必要がなくなる（エネルギー需要量をすべて有酸素供給系で賄えるようになる）．およそ，

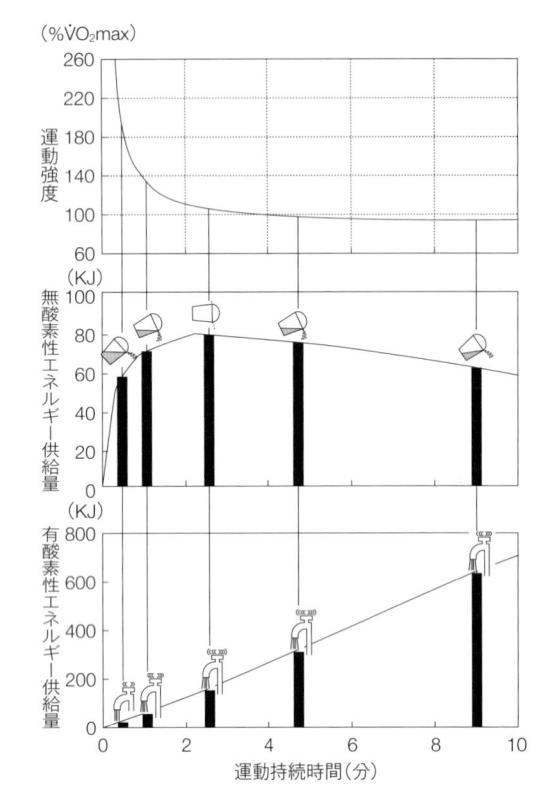

図 4-20　運動持続時間と運動強度，無酸素性，有酸素性エネルギー供給量の関係

無酸素性エネルギー供給量は，2～3分続く超最大強度の運動でピークに達する．一方，有酸素性エネルギー供給量は，運動持続時間に比例して増加し続ける．
（荻田　太：時間と強度，エネルギー供給の関係．Training Journal，8月号：59，2000）

軽・中程度の運動の場合，2～3分，比較的高強度（80％$\dot{V}O_2$max）でも4～5分で定常状態に達する．しかし，超最大運動（100％$\dot{V}O_2$max 以上の強度の運動）の場合，エネルギー需要量が最大酸素摂取量（有酸素供給系で賄える最大量）を上回るため，無酸素性エネルギーを使い果たしてしまう（バケツが空の状態）．このような状態になると，有酸素供給系が最大限に働いていたとしてもエネルギー供給が間に合わず，その強度での運動の継続ができなくなり，疲労困憊となる（もう運動ができないということではなく，その運動強度を維持できなくなる）．

(3) エネルギー供給と運動時間および運動強度の関係

　図4-20は，運動持続時間と運動強度，無酸素性および有酸素性エネルギー供給量の関係を示している．上段の図は，運動持続時間に対する運動強度を表している．たとえば，約180％$\dot{V}O_2$max の運動の場合30秒程度，135％$\dot{V}O_2$max の場合1分程度，110％$\dot{V}O_2$max の場合2～3分程度で疲労困憊に至ることを意味する．中段および下段の図は，上段で示した各時間で疲労困憊に達する運動中に供給された無酸素性および有酸素性エネルギー量の実測値を示している．したがって，それらの棒グラフを結んだ線は，運動時間の変化に伴うエネルギー供給量の変化を概ね示していると考えてよい．

　この図をみるとわかるように，有酸素性エネルギー供給量は運動持続時間に比例

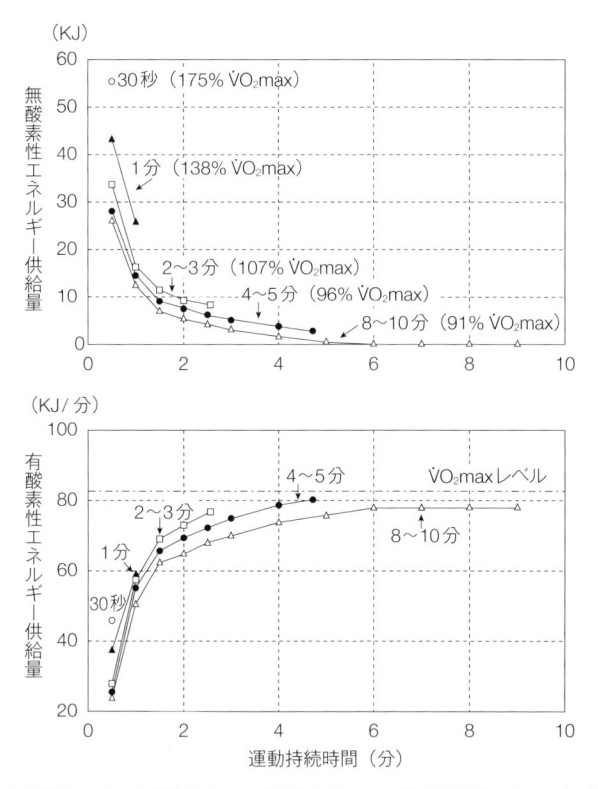

図4-21 運動開始から運動終了までの無酸素性および有酸素性エネルギー供給の変化
どちらも運動開始後30秒間隔，または1分間隔で測定されたものをプロットしてある．無酸素性エネルギー量はその測定時間に供給された量を，有酸素性エネルギー量はその量を1分当たりの量として表しているので，通常の酸素摂取量の変化とみてよい．
（荻田　太：時間と強度，エネルギー供給の関係．Training Journal，8月号：60，2000）

して増加している（お風呂に水を溜めるようなものである）．一方，無酸素性エネルギー供給量は，1分の運動までは持続時間に伴い急激に増加し，2～3分続く超最大強度の運動時にピークに達する．つまり，30秒程度で疲労困憊に達する運動では約70％，1分程度の運動では約90％が使用され，2～3分程度の運動ではエネルギーを使い切ってしまう．また，最大下の運動時には余力を残した状態（バケツに水が残った状態）で定常状態に達する．

（4）疲労困憊までのエネルギー供給の変化

では，これらのエネルギー供給は，運動開始から疲労困憊に達するまでどのように変化しているのだろうか．図4-21は，5種類の運動強度（175％，138％，107％，96％，91％$\dot{V}O_2max$）で運動させた際の運動開始から運動終了までの無酸素性エネルギーの供給量と有酸素性エネルギーの供給量（速度）の変化を示している．これをみると，無酸素性エネルギーは，いずれの強度の場合も，運動開始直後から激減している（バケツの水が勢いよく出されている）．供給量は2分以降，ほぼ横ばい状態になり，8～10分の運動（91％$\dot{V}O_2max$）では5分目以降，供給量が0になる（定常状態に達し，無酸素性エネルギーの供給がなくなっている）．一方，有酸素性エネルギー供給量は，無酸素性エネルギーの減少に合わせて増加している．また，運動強度が高くなるにつれ，各運動時間におけるエネルギー供給量も大きくなっている．つまり，各強度の運動のエネルギー需要量に対し，トータルの量

としてエネルギー量が不足しないように，無酸素性および有酸素性のエネルギー供給系がバランスを取っている．ちなみに，1分で疲労困憊に達する運動および，2〜3分で疲労困憊に達する運動における運動終了30秒間の酸素摂取量は，それぞれ最大酸素摂取量の70〜75％および95％に相当する．このことは，無酸素性運動といわれる短時間の運動でも，運動終了時には最大酸素摂取量に近いレベルまで酸素が摂取されていることを意味する．したがって，このような運動は，無酸素性と有酸素性のエネルギー供給系の両方をフル稼働している運動ということもでき，これらの運動が非常に"つらい"こともうなずける．

また，図4-21において，超最大運動強度（175％および138％$\dot{V}O_2max$）での運動時では，無酸素性エネルギーは枯渇していなかった．言い換えると，無酸素性エネルギーを使い切る前に運動強度を維持できずに疲労困憊に至っている．これは，単に運動時間が短かったために使い切れなかったというわけではなく，無酸素性エネルギー供給の低下が急激すぎて，有酸素性エネルギー供給の増加速度が間に合わずバランスが崩れた（その運動に必要なエネルギー量をトータルとして供給できなかった）ことによる．このことは，短時間の無酸素性運動中に無酸素性エネルギーを有効に活用するためには，有酸素性エネルギーの供給速度を高めることも重要であることを意味している．つまり，無酸素性運動でより高いパフォーマンスを発揮するためには，無酸素性エネルギーの絶対量を増やすことだけでなく，それを有効に活用するために（使い切るために），有酸素性エネルギー供給の能力も高める必要がある．

（5）運動開始時の有酸素性および無酸素性エネルギー供給の割合

図4-22は，前述した各運動強度における運動開始30秒間の無酸素性および有酸素性エネルギー供給量を示している．これをみると，先にも述べたとおり，無酸素性エネルギーだけでなく，有酸素性エネルギーも運動強度の上昇に伴って供給量が増加している．つまり，必要なエネルギー量に合わせて，両エネルギー供給系が帳尻を合わせるように供給量を変化させているのがわかる．ちなみに，この各運動強度における無酸素性と有酸素性の供給量の比をとると，いずれの強度の場合もおよそ2：1となる．つまり，運動強度が高まると各供給系の供給量は増加するが，両者が負担するエネルギー供給量の割合は変化しない．さらに，運動1分後の供給量を同様に比較してみると，1：1の関係になる．

これらを整理すると，運動中のエネルギー供給の特徴は以下のようになる．

①運動開始直後，無酸素性エネルギーだけが供給されるのではなく，有酸素性エネルギーもすぐさま供給される．

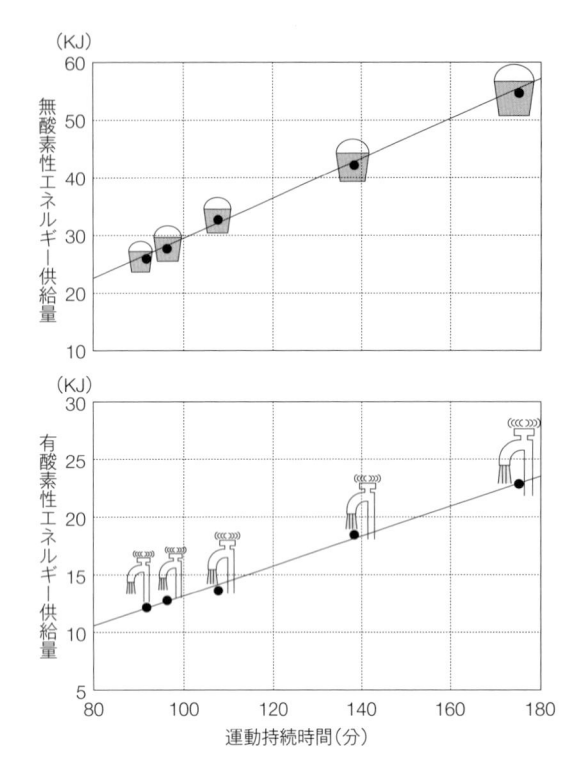

図4-22 種々の運動強度で運動したときの運動開始後30秒間の有酸素性と無酸素性エネルギー供給量

運動開始後30秒間のエネルギー供給量は，無酸素性のみならず，実は有酸素性エネルギーも運動強度が高いほど，より多く供給されている．

（荻田 太：時間と強度，エネルギー供給の関係．Training Journal，8月号：62，2000）

②運動強度が高くなった場合，その増加したエネルギー分は素早くエネルギー供給が可能な無酸素供給系だけで賄われるのではなく，有酸素供給系も供給速度を高めてエネルギーを供給し合う．
③超最大運動のように有酸素性エネルギーだけでその運動に必要なエネルギーを供給できない場合，無酸素性エネルギーは供給され続け，やがて枯渇し，その運動強度が維持できなくなる．
④2〜3分で疲労困憊に達する運動時に無酸素性エネルギー供給量はピークになる．
⑤無酸素性運動時に無酸素性エネルギーを有効に活用するためには，有酸素性エネルギーの供給速度を高めることも重要である．
⑥運動開始時のエネルギー供給における無酸素供給系と有酸素供給系の負担する割合は一定であり，運動開始後30秒間は2：1，運動開始後1分間では1：1となる．

6．スポーツの「うまい」「へた」とはどういうことか

1）「うまい」とはどういうことか

ある動作を行う際に，思い通りにできる人を「上手な人」といい，思うようにできない人を「下手な人」という．うまい・へた（巧拙）の評価は，自分の意志によってなされる運動，すなわち「随意運動」に対して行われる．人間が自分の意志でからだを動かすとき，その動きや動きの結果には必ず個人差が生じる．このような動きあるいは動きの結果の個人差を，われわれは普段，「強弱」と「巧拙」という2つの尺度で評価している．たとえば，相手を力でねじ伏せる力士の動作や，相手を引き離す水泳選手やランナーの走動作は，見る人に「強い」という印象を与える．一方，ゲレンデを軽やかに滑り降りるスキーヤーやスノーボーダーの安定した姿勢や，ボールをドリブルしながらディフェンスを抜くサッカー選手の動きなどは，見る者に「巧みだ（うまい，上手だ）」という印象を与える．「強弱」や「巧拙」の評価は相対的なものである．見る人自身の経験や技能から判断して成功の見込みがないと思われるような動作が成功したとき，その動作を「巧みだ」と評価し，自分の筋力や持久力から判断して成功の見込みが少ないと思われる動作が成功した時，その動作を「強い」と評価する．

2）スポーツ科学における「スキル」

巧みな動作を実行するためにとくに必要な能力のことを「スキル」と呼ぶ．スキルにはさまざまな定義があるが，Receptor-Effector-Feedback（受容器－効果器－フィードバック）の過程を，空間的・時間的に非常にうまく組織化する能力と考えられている（大築，1978）．スキルは一般に次のような要素により構成される．

- 状況把握能力：視覚，聴覚，皮膚感覚，運動感覚などからの感覚能力や状況の予測能力．
- 正確さ：ポジショニング能力　体肢を適切な位置に置く能力
  グレーディング能力　力やスピードなどの運動に必要な出力を適切な強さに調節する能力
  タイミング能力　適切な時刻に運動を出力する能力
  スペーシング能力　どの筋群に張力発揮を要求するかという空間的序列を調節する能力

・素早さ：素早く運動を開始する，または素早く運動を切り換える能力．
・持続性：正確さや素早さを持続する能力．

これらの要素がさまざまな比率で組み合わされて，さまざまな巧みな動作が遂行される．

3）脳の運動中枢

スキルをつかさどるのは「脳」である．人の脳は，あらゆる動物の中でもっとも発達した器官でありさまざまな運動の中枢がある．大脳半球の表層部は大脳皮質と呼ばれている．その中でも，意志や意欲などをつかさどる「前頭葉」には，運動野，運動前野，眼球運動野，補足運動野などの運動中枢が多くある（図4-23）．

前述したように，スキルの「うまい」「へた」の評価は随意運動に対してなされる．随意運動（図4-24）は，まず，からだの各種受容器からのインパルス（電気的な信号）や記憶に基づく情報を，運動野が総合的に分析・判断して動作のプログラム（企画）を作成する．そして，運動野で作成されたプログラムを実行するための指令（運動指令）が運動経路（錐体路および錐体外路）を介して最終的に効果器である骨格筋に伝えられて実現する．運動指令の実態は，ニューロン（神経細胞のこと）の中を流れるインパルスという無数の電気信号である．ニューロンとニューロンはシナプスを介して連結しているが，ニューロンがそれ以外の細胞に連結することを神経支配，感覚受容器を支配するものを感覚ニューロン，骨格筋を支配するものを運動ニューロンと呼ぶ．ひとつの運動ニューロンとこれに支配される筋線維とを合わせて運動単位と呼ぶ．運動ニューロンにはαとγの2種類があり，αは骨格筋を，γは筋紡錘内の筋線維を支配する．

大脳皮質以外にも，脳には大脳基底核，小脳など，多くの重要な運動中枢が存在する．大脳基底核は随意運動の強さの調節（グレーディング）や順序づけ（タイミング）に関係し，からだの姿勢（位置）の制御（ポジショニング）には小脳が深くかかわっている．また，運動に熟練すると次第に無意識にからだが動くようになるが，この現象は小脳内に運動のプログラムが蓄えられるために起こるといわれている．

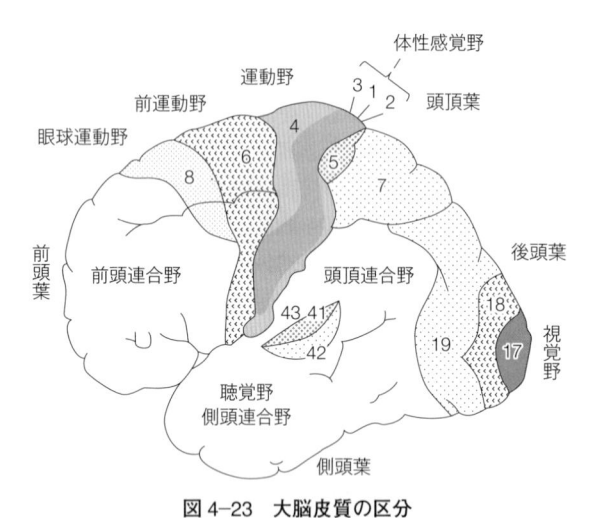

図4-23 大脳皮質の区分
（Brodmann K: Vergleichende Lokalizationslehre der Grosshirnrinde. Verlag von Johann Ambrosius Barth, 1925）

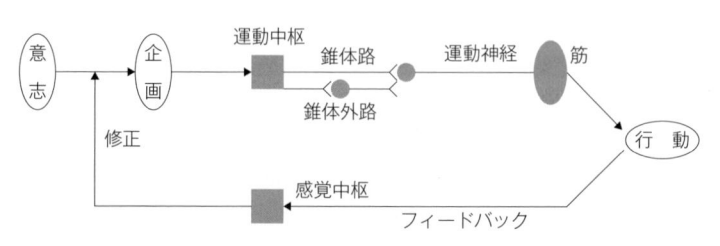

図4-24 随意運動（猪飼道夫：身体運動の生理学．p319，杏林書院，1973）

4) 随意運動の自動化：メインプログラムとサブプログラム

随意運動の中には，意識的に行われる部分と無意識的に行われる部分がある．たとえば，歩行の場合，歩きはじめようとするときは意志がかかわり，歩くときの両足を交互に前に出すという動作は意識にのぼらない．この点について大築（1978）は次のように説明している．

「随意運動を行うとき，われわれが意識するものは，無数の意識されない動きの組み合わせからなるひとつのプログラムの名前だけであって，意志を働かせるということは，このプログラムを実行させるスイッチを押すことに相当する．プログラミングの言葉を使えば，ひとつのスポーツを行うということは，メインプログラムを実行することであり，そのために，メインプログラムの実行中に必要な動作を詰め込んだサブプログラムを次々に引用していくことに相当する．サブプログラムにはいろいろな種類のものがあり，もともとそれだけでメインプログラムだったものが，何度も使われているうちにサブプログラムとして保存されるようになったもの（自動化した動作）や，もともと生体に固有のものとして備わっている動き（反射や自動運動）などがある．」

このサブプログラムは小脳の中に蓄えられていると考えられている．スポーツや日常生活でなされる動作の多くは，後天的に獲得される．これらの動作は，はじめはぎこちないが次第にスムーズにできるようになる．それはその動作を実行するメインプログラムが作成され，それがサブプログラム化されるという経路をたどることを意味する．

未経験の運動や，まだうまくいかない運動の場合には，とくに意識して運動の企画（プログラム）を作らなければならない．つまり，からだの中の動きをいちいち気にしながら動作が行われる．しかし，繰り返し同じ動作を行ううちに，個々の動作はあまり気にしなくても自然にできるようになり，他のことを考えながらでもその動作を行うことができるようになる．テニスのストロークを例にあげると，はじめてラケットでボールを打つときには，腕の動きやラケット面の向き，踏み出し足の方向などをいちいち確認しながら行うためぎこちないが，練習を重ねるうちに，これらの細かな動きは意識の外に追い出され，逆に，相手の動きを確認しながらコートのどこを狙うかなどを考えられるようになる．

一般に，このような意識的な学習によって獲得された動作は，習熟度が増すに従って意識外にある時間の方が長くなるが，必要なときにはいつでも意識の中に引き戻し，サブプログラムを再構築（修正）することもできる．先の例では，再度，個々の動作を意識してストローク動作を行い，動作の問題点を修正した上で，その修正された動作をサブプログラム化することもできる．「自動化」された動作は，無意識に行われるという点で「反射」と似ているが，受容器への入力刺激によって意志とはまったく独立して行われる反射とは異なる．

ある動作を意識の範囲外に追い出すことは，いわゆる「からだで覚える」ということであり，合目的的な運動パターンの生成といえる．これができあがれば，運動開始時には，メインプログラムのスイッチを意志によって押すだけとなる．すなわち，巧みな随意運動とは，数多くの意識されない運動パターンを，意識によって巧みに配列し，統合することともいえる．

5) 練習効果の生理学的メカニズム

随意運動は練習によって上達する．練習によって繰り返し同じ動作を行うという

ことは，脳や脊髄の同じ運動中枢や運動経路を繰り返し使うということを意味し，インパルスが繰り返し同じ神経回路を流れることである．繰り返し同じ神経回路が使われると，シナプスの肥大や分岐により伝達効率が改善されるという現象が，**海馬**（知的記憶と学習をつかさどる部分）で起こることが知られている．熟練した動作が無意識のうちに正しく遂行されるのも，これに似た神経系のメカニズムと考えられている．逆に言うと，誤った（へたな）動作を繰り返すと悪い癖がつき，修正が困難になるのもこの神経系のメカニズムによる．

スキャモンの発育曲線によれば（図3–10，p. 50参照），スキルをつかさどる脳は12歳頃までにほぼ成人の重量に達する．神経細胞の数は生後数カ月および老化による死滅を除くと，一生変化しないので，成長に伴う脳の重量変化の主原因は神経細胞の数の増加ではなく，細胞体から出ている樹状突起や軸索の分岐の増加と考えられている．したがって，スキルを要する巧みな動作の練習は，脳の発達するできるだけ早い時期にはじめた方がよい．そして，さまざまな運動を経験し，できるだけ多くのシナプスの伝達効率をよくしておくことが，成人になってからの運動の「うまい」「へた」を大きく左右するといえる．

また，練習によってスキルを習得することを，**運動学習**という．このスキルを向上させる方法は，科学的にまだよくわかっていない部分も多い．しかし，心理学の局所運動を課題として行われてきた研究は，スポーツの運動学習に大いに参考になる．その原理や練習方法の詳細は第12章（p. 191）を参照のこと．

7．骨粗鬆症と運動の関係

1）骨の役割

骨には，からだ全体を支持して筋の力を伝達することで運動を可能にすることや，脳，内臓などの器官を保護することに加え，**カルシウムの貯蔵庫**としての重要な役割がある．体内のカルシウムは99％が骨に貯蔵され，1％程度が血液などに含まれている．血液中のカルシウムは少量であるが，心臓の筋などを収縮させたり，出血時に血液を凝固させるほか，細胞内で行われるさまざまな生命活動に利用されており，重要な意味を持っている．そのため，血液中のカルシウム濃度を常に一定水準に維持する必要があるが，カルシウムは通常，尿や便，汗などにより，毎日100～200 mgが体外に排泄される．血液中のカルシウム量のバランスを保つためにはカルシウムの貯蔵庫が必要となるが，その役割を担うのが骨ということになる．

2）骨芽細胞と破骨細胞

このように骨には，身体を支える鉄筋のような役割だけではなく，体内のカルシウム貯蔵庫としての重要な役割がある．そして，体内（血液中）のカルシウム濃度を一定に保つ（維持する）うえで新陳代謝（骨吸収と骨形成）は不可欠である．骨は筋や皮膚と同様，毎日，新陳代謝（骨吸収と骨形成）を繰り返している．その代謝を担うのは**骨芽細胞**と**破骨細胞**である．骨芽細胞は，骨を造る細胞で，骨の主原料のカルシウムを取り込む働きをする（骨形成）．その作用は，血液中のカルシウム量に応じて変化し，血液中のカルシウムが多くなると骨づくりを活性化させる．運動刺激などで骨に負担がかかった場合も，骨芽細胞が活性化し，カルシウムの取り込みが盛んになる．破骨細胞は，骨芽細胞と正反対に，血液中のカルシウムが不足した場合に，骨の主成分であるカルシウムを溶かして血液中に供給する役割を

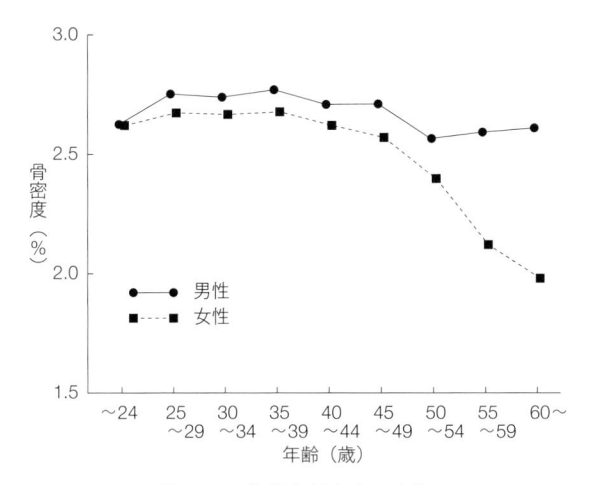

図4-25 加齢と骨密度の変化
（東京都老人総合研究所編：骨折と骨粗鬆症．p86，東京化学同人，1994）

担っている（骨吸収）．前述したように，人の血液中には一定量のカルシウムが含まれるが，通常，尿や便，汗などにより体外に排泄される．破骨細胞の働きは，血液中のカルシウム濃度を一定水準に保つための重要な役割を担っているといえる．

また，骨の役割のうち，「身体を支える」役割よりも「体内のカルシウム濃度の維持」の方が優先される（骨中のカルシウムは血液中のカルシウム濃度を一定に保つために積極的に使用される）．そのため，骨吸収と骨形成のバランスが崩れると，骨吸収が促進され，骨が脆くなる（骨粗鬆化が進む）．前述したように，骨中のカルシウムの血液中への供給には破骨細胞が関与するため，一見，破骨細胞により骨粗鬆化が促進されるように感じられる．しかし，破骨細胞と骨芽細胞は常にくっついた状態で骨内に存在し（カップリング），相互で骨代謝を調節している．つまり，正常な骨代謝は，破骨細胞が働けば，同時に骨芽細胞も活性化するようにバランスがとれている．

3）骨密度の加齢変化

骨密度は，日本人の場合，男性では20〜30歳前後，女性では30〜40歳前後でピーク（最大骨量）に達する．人は誕生時に約27gのカルシウムを有しているが，ピーク時には女性で約700〜800g，男性で約1,000gのカルシウムを保有しているといわれている．その後，骨量は加齢に伴って低下していくが，その低下は閉経後の女性に顕著にみられる．一般に，加齢とともにカルシウムは年に1％程度減少していくが，閉経後数年間は1年に3〜5％ものカルシウムが失われ，80歳時にはピーク時の約40％が損失するといわれている．したがって，骨粗鬆症（骨の中のカルシウムなどが減って骨が目の粗いスポンジ状になり，もろく折れやすくなる病気）は男性よりも女性にとって深刻な問題であり，60歳以上の女性では2人に1人が骨粗鬆症ともいわれる（図4-25）．

4）骨の脆弱化とその関連要因

骨の脆弱化を促進させる要因としては，①遺伝，②加齢，③栄養不足，④運動不足，⑤女性ホルモン（エストロゲン）の減少，などがあげられる．骨の脆弱化はこれらの要因が複合的に関与して生じるが，女性の場合，最大の原因は女性ホルモンの減少である．女性ホルモンのひとつであるエストロゲン（卵胞ホルモン）は，石灰化する（骨細胞の中にカルシウムを取り込む）ことにより骨を丈夫にし，骨量を増大させる作用がある．また，エストロゲンは石灰化を活性化することでカルシウムが骨から出て行くのを抑える働きがある．また，女性ホルモンはビタミンDの作用を活性化させる働きがある．ビタミンDは，カルシウムを体内に吸収させる作用がある．つまり，女性ホルモンは破骨細胞の働きの抑制およびビタミンDの活性化の点で，骨の形成に重要な役割を果たしている．したがって，女性の場合，閉経により女性ホルモンの分泌が減少すると，骨の老化が急激に進行し，骨粗鬆症

になる危険性が高くなる．また，閉経に限らず，女子陸上長距離選手や体操選手に多くみられる運動性無月経（過度な運動が原因で生じる無月経．低体脂肪率も影響）も，女性ホルモンの分泌を低下させ，骨量の低下を引き起こす．とくに，10歳代から20歳代の骨量が増加する時期に十分な骨量を得られないことは，将来的な骨量の低下に対し余裕がなく，危険な状態といえる．一方，男性は女性と比較して骨粗鬆症になりにくい．その原因のひとつは，男性ホルモンは骨を丈夫にする作用があることに加え，男性ホルモンの一部（テストステロン）はエストロゲンに転換されることから，骨の老化は女性と比較して緩やかに進行するためである．

　また，一般に加齢に伴い骨量は低下するが，それには，①加齢に伴う骨芽細胞の減少，②カルシウム摂取量の減少および消化吸収機能の低下に伴うカルシウム吸収効率の低下，③運動による骨への負荷の減少，などが関与している．前述したように，骨には，からだを支えたり，脳や内臓諸器官を保護する役割とカルシウムの貯蔵庫としての役割がある．血液中のカルシウムが少なくなると，骨は自ら溶け（破骨細胞の作用），血液中のカルシウム濃度を一定に保とうとして，不足したカルシウムを補う．しかし，カルシウム濃度の維持は「からだを支える」役割よりも優先されるため，加齢に伴って骨形成作用が低下（骨芽細胞の減少，カルシウム吸収量の低下）するのにしたがって，次第に骨がもろくなる．

5）骨粗鬆症に伴う四大骨折

　骨粗鬆症で生じる骨折の特徴は，負荷が加わった箇所が直接折れるのではなく，手をついて前腕部を骨折するとか，尻もちをついて大腿部を骨折するなど，離れた場所への負荷で骨折が生じることである．また，一般に骨は，やや細くなっている中心部よりも骨端部に近い方が折れやすい．これは，骨端部に近い方が血液の流れが活発で，カルシウムの流出も中心部と比較して多いことによる．

　骨粗鬆症が原因のひとつと考えられて生じる骨折にはおもに以下のものがあり，**骨粗鬆症による四大骨折**といわれている．これらの骨折はとくに高齢者に多くみられる．

①橈骨遠位端骨折：転んだ時に地面に手をついて起きやすい骨折．手首の少し肘側が，甲側に折れ曲がる．

②上腕骨外顆頸骨折：転んだときに地面に肘をついて起きやすい骨折．肩に近い，上腕骨の付け根部分を骨折する．

③大腿骨頸部・転子部骨折：転んだときにお尻をついたり，膝をついたりすると起きやすい骨折．大腿骨の付け根近くが骨折する．入院・手術が必要な場合が多く，重症となった場合には，寝たきりにもつながるという点で，もっとも問題視される．

④脊椎・骨盤の骨折：脊椎・骨盤は血管が多く血流も多いため，骨のカルシウム損失が活発で骨自体がもろくなりやすい．骨が押しつぶされるなどして脊椎の中を通る神経を圧迫し痛みを生じる．

6）骨粗鬆症の予防

（1）運動の日常化

①運動と骨形成の関係

　体内に摂取されたカルシウムが骨の構成要素として沈着するためには，骨に加圧刺激が加わることが必要とされている．この加圧刺激の必要性については，無重

力状態を続けて骨に刺激が加わらなかった宇宙飛行士や，長期間ベッドに横たわった人間の骨量が低下することで因果関係が明らかになっている．そのメカニズムについては，加圧刺激による電位発生に対し，カルシウムイオンが引き寄せられ，骨に骨塩が沈着するという仮説が支持されているが，これは明確に実証されていない．しかし，運動と骨量の関係について調べた多くの研究においてその因果関係が証明されている．図4-26は，ゲートボールを実施している高齢者と運動をしていない者（成年から高齢者）の骨量を比較した結果である．ゲートボール実施者の骨量は同年代の運動を実施していない高齢者よりも20～30％多く，30～40歳代の運動を実施していない者と同等の値を示した．また，ゲートボール愛好者の4年間の縦断的調査においても骨量の増加が認められている．

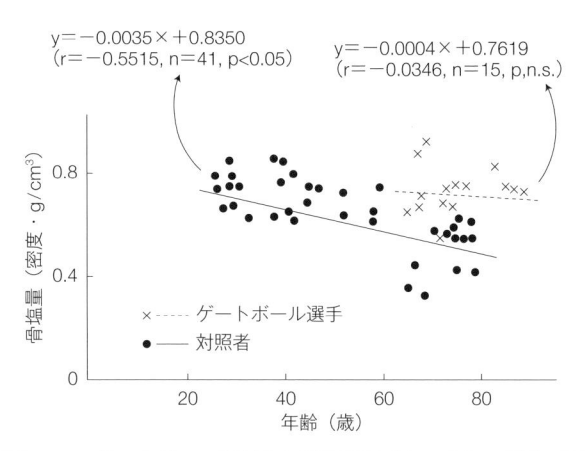

図4-26 ゲートボール愛好者と運動習慣がない者との骨量の比較
（東京都老人総合研究所編：骨折と骨粗鬆症．p165，東京化学同人，1994）

②効果的な運動

骨形成には骨に対する加圧刺激が必要であることは前述した．つまり，骨に対して，より圧迫力が加わる運動，すなわち，骨の長軸に対し負荷をかける運動が骨の強化・成長には効果的ということになる．具体的には，仰臥位で行う運動よりも立位での運動の方が，また，同じ立位でも，浮力の作用する水中運動よりも陸上での運動の方が適しているということになる．

これまでの研究結果からは，立位で運動強度が高く，運動時間の長い方が骨量増加作用は高いことが明らかにされており，**骨量増加効果＝運動負荷×頻度（時間）**と考えられている．しかし，現実的には高強度の運動を長時間続けることは困難であり，とくに，普段運動を行っていない人が高強度の運動を長時間実施することは危険が伴う．障害の生じにくい低強度の運動を長時間行う方が結果的に運動刺激は多くなり骨粗鬆症の予防には有効となる．とくに，高齢者の場合には，歩行やグランドゴルフ，ゲートボール，ハイキング程度の運動が勧められている．中高年者の場合，日常生活の活動性を高めることでも骨量増加作用が認められている．また，全身運動だけでなく，特定の骨に集中させて運動負荷（両上肢を引っ張る，壁に対して上肢を圧迫する，床に対して上肢の曲げの力を加える，上肢に捻る力を加える，片足起立をする，膝の上に5kgの重りを乗せ30度大腿をあげる，など）を与えると，該当する骨の骨量増加作用が認められることも明らかにされている．このことは，心疾患や関節疾患などで全身運動ができない場合でも，運動の仕方によって骨粗鬆症の予防が可能なことを示している．運動による骨量増加作用は，運動をやめるとともに戻ることが報告されていることから，日常生活に無理なく取り入れられるような運動を習慣化することがもっとも重要といえる．

(2) 食事によるカルシウム摂取

カルシウムは骨の主要な構成要素であり，十分なカルシウム摂取は骨粗鬆症予防には重要である．カルシウム摂取には牛乳がもっとも効果的とされている．カルシウムを多く含む食品は，その他にも，小魚や豆類，緑黄色野菜などがあるが，牛乳は吸収率が高いことや，幅広い栄養素を摂取できることが推奨される理由である．

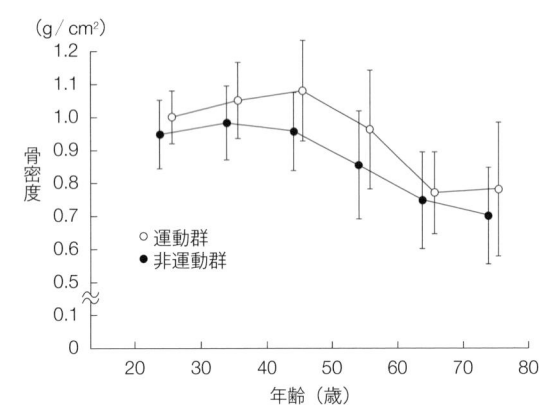

図4-27　女性の10歳代の時の運動経験の有無と骨密度
10歳代の成長期にスポーツを行っていた女性（○）と行っていなかった女性（●）における年齢と腰椎骨密度の関係．成長期の運動の効果は運動をやめてからも「貯金」として存続する傾向がある．
（百武衆一ほか：骨粗鬆症の予防としての運動効果の縦断的研究．臨床スポーツ医学，11：1271-1277，1994）

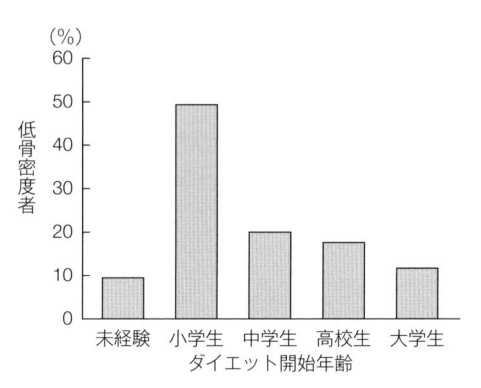

図4-28　ダイエット開始年齢と低骨密度者の割合
（広田孝子ほか：小児・成人期の栄養・運動と骨粗鬆症．臨床栄養，81：768-774，1992）

　しかし，カルシウムは，毎日，尿や便，汗などから100〜200 mgが体外に排泄されることに加え，体内への吸収率は，食事で摂取した量の約1/3（性・年代により異なる）である．厚生労働省が示す1日のカルシウム摂取量の目安（性別・年齢階級別の基準体重，体内蓄積量，尿中排泄量，経皮的損失量から算出）は成人の場合，600〜800 mgとされている．発育・発達が著しい年代（10歳代）ではより多くの摂取が推奨され，800〜1,000 mgが目安とされている．その一方で，カルシウムの1日の摂取量が300 mg以上になると，腸管からの吸収を抑制する作用が働き，吸収率の低下が生じる．また，血液中のカルシウム量は13〜14 mg/100 mLまで増加すると意識障害が生じるとされ，一定量以上，体内に取り込まれると逆に不都合に作用することもある．

　したがって，カルシウムは一度に多量に摂取する（摂りだめする）のではなく，毎日摂取することが重要である．ただし，カルシウム摂取だけではカルシウムは効率的には吸収されない．前述した日常的な運動の実施やその他の栄養素（ビタミン（C, K, D），ミネラル（Mg））も重要である．カルシウム摂取＋運動＋その他の栄養素摂取＝骨量増加という図式は忘れてはならない．

（3）成長期のカルシウムの貯金

　前述したように骨密度が増加するのは，30〜40歳前後までである．したがって，成長期はもちろん，その後もできるだけ高い骨量を維持し，骨の強度を高めておくことが重要である．骨量の加齢に伴う減少には個人差が少ないことから，成長期の骨量がより高レベルに達しているということは，高齢になっても同年代の中では相対的に高レベルの骨量，骨塩量を有している可能性を意味している．高齢期に高い骨強度を維持していることは，骨折や障害などから身を守ることができる可能性を高め，健康な生活を送ることができる可能性を有していることを意味する．逆に，若年期に低レベルの骨量しか有さなかった場合，高齢期の骨の強度は低く，早期からの骨粗鬆症などの罹患の可能性が考えられる．

　骨量増加のスパート期（臨界期）は男性で中学から高校生期，女性で小学校高学年から中学校期，つまり二次性徴期である．この時期に栄養バランスのとれた食事

と適度な運動という生活習慣が骨密度に影響を及ぼす．

　図4-27は，10歳代のスポーツ活動が，その後の骨密度にどのような効果を及ぼすかについて，女性を対象に調査した結果である．10歳代にスポーツを行っていた女性は，その後あまり運動を実施していなくても，10歳代にスポーツを行っていなかった女性と比較して高い水準の骨密度を維持していることがわかる．つまり，成長期に運動経験がある者は，ない者よりも高レベルを維持しながら推移している．このことは，成長期における骨密度の増加分が「貯金」となり，加齢に伴って骨密度が低下しても，その「貯金」によって骨密度レベルが維持されていると考えられる．また，図4-28は，女子大学生を対象にダイエット開始時期と骨密度を調査した結果である．小学生の時期からダイエットを開始していた者の約半数が低骨密度者であった．

　近年，若い女性の痩身願望は強く，極端なダイエット（偏食や極端に少ない食事量など）を行っている者も少なくない．成長期における栄養不足は骨量増加の妨げになる．このような間違ったダイエットは，成長期の健康ばかりか，骨粗鬆症予備群となる可能性も含んでいる．

✓ まとめ

- ヒトが運動を行う際のエネルギー源はアデノシン三リン酸（ATP）であるが，運動中にATPを合成する方法には，ホスファゲン系（ATP-CP系），乳酸系，有酸素系の3つの方法がある．
- 自分の意志に基づいて動かすことができる随意筋（骨格筋）と意志に関係なく動く不随意筋（心筋や内臓の筋）があり，骨格筋は付着部位や形状，筋頭の数などにより分類される．
- 骨格筋の収縮様式には，等尺性収縮と短縮性・伸張性収縮があり，後者には等張性収縮や等速性収縮がある．
- 神経系は中枢神経系（脳と脊髄）と末梢神経系（脳・脊髄とからだの組織・器官などを連結する神経）に分類される．末梢神経系はさらに，身体運動・感覚機能に関する体性神経系（運動神経と知覚神経）と呼吸・循環・体温調節機能に関する自律神経系（交感神経と副交感神経）に分類される．
- 呼吸・循環器系は，筋の連続した収縮に不可欠な酸素を供給する．呼吸器と循環器は，肺胞と毛細血管との間でガス交換によって連結し，筋細胞への酸素の運搬および二酸化炭素の体外への排出を行っている．
- 運動開始直後のエネルギー供給は，有酸素性および無酸素性のエネルギー供給機構からなされ，両供給機構が負担するエネルギーの割合は運動強度に関係なく一定である．無酸素性運動においてその人が持つ無酸素性エネルギーを有効に活用するためには有酸素性供給機構の供給速度を高めることも重要である．
- 随意運動を思い通りに行うためには，正しい動作を習得し，それを反復練習により自動化（サブプログラム化）させることが重要である．また，神経系が発達する10～12歳頃までの間に，さまざまな基本運動を経験し，できるだけ多くのシナプスの伝達効率をよくしておく（できるだけ多くの運動に対するプログラムを獲得し，サブプログラム化させる）ことが成人になってからの「うまい」「へた」を左右する．
- 骨には体支持に加え，カルシウム貯蔵庫としての重要な役割がある．骨量は

30〜40歳でピークに達し，その後加齢に伴って低下するが，閉経後の女性の場合，とくに低下の度合いが顕著である．骨粗鬆症の予防には，日常的な運動およびカルシウム摂取に加え，若い年代で骨密度を高めておくことも重要である．カルシウム摂取＋運動＝骨量増加および骨量増加効果＝運動負荷×頻度（時間）を覚えておく必要がある．

レポート課題

1. 運動時のエネルギー供給機構について説明せよ．
2. 筋（骨格筋）の構造と筋活動の原理について説明せよ．
3. 筋線維の種類と特徴について説明せよ．
4. 随意運動の修正とフィードバックについて説明せよ．
5. 随意運動が自動化されるしくみについて説明せよ．
6. 骨密度の加齢変化と性差の特徴についてまとめ，それらが生じる原因について説明せよ．

文献

朝比奈一男：運動とからだ．大修館書店，1981．
Baechle TR and Earle RW: Essentials of strength training and conditioning. Human Kinetics, 2000.
Brodmann K: vergleichende lokalizationslehre der Grosshirnrinde. Verlag von Johann Ambrosius Barth, 1925.
出村慎一ほか：テキスト保健体育．大修館書店，2002．
百武衆一ほか：骨粗鬆症の予防としての運動効果の縦断的研究．臨床スポーツ医学，11: 1271-1277, 1994．
広田孝子ほか：小児・成人期の栄養・運動と骨粗鬆症．臨床栄養，81: 78-774, 1992．
猪飼道夫：身体運動の生理学．杏林書院，1973．
石河利寛，竹宮　隆編：持久力の科学．杏林書院，1994．
松田岩男ほか：中学校保健体育．学習研究社，1993．
三井但夫ほか：岡崎解剖学．杏林書院，1993．
宮下充正，石井喜八編著：新訂 運動生理学概論．大修館書店，1983．
中村隆一ほか：基礎運動学第6版．医歯薬出版，2003．
中野昭一，竹宮　隆編：運動とエネルギーの科学．杏林書院，1996．
荻田　太：連載　無酸素性トレーニング．Training Journal，5〜9月号：2000．
大地陸男：生理学テキスト 第4版．文光堂，2003．
小沢治夫，西端　泉編著：最新フィットネス基礎理論−健康運動指導者のためのUPDATEテキスト．日本エアロビックフィットネス協会，2004．
田口貞善ほか監訳：運動生理学．杏林書院，1992．
田口貞善，山地啓司：若い時に知っておきたい運動・健康とからだの秘密．近代科学社，1998．
東京都老人総合研究所編：骨折と骨粗鬆症．東京化学同人，1994．
矢部京之助：運動と神経．pp2-6,（日本体力医学会学術委員会監修：スポーツ医学［基礎と臨床］．朝倉書店，1998．）

［佐藤　進］

第5章 トレーニング理論

Ⓐ 理　論

1．トレーニングの原理・原則

1）トレーニングの原理

　　運動することによって身体は変化する．たとえば，レジスタンストレーニングを行うと筋は太くなり，力も強くなる．運動によって筋の形態と機能が変化するからである．運動に応じて身体の形態と機能が変化することを適応性という．われわれの身体は適応性を備えているので，身体の生理的機能と変化にかかわる基礎知識を踏まえてトレーニングを行わなければならない．その身体の適応にかかわる3つの原理が，過負荷（Over-Load），特異性（Specificity）および可逆性（Reversibility）の原理である．

（1）オーバーロード（過負荷）の原理

　　オーバーロードの原理とは「普段常用しているよりも強い負荷をかける」ことをいう．「オーバーロード」とは「過負荷」のことで，「トレーニングに伴う筋量の増加は運動の強度が日常の活動レベル以上のときに起こる」ことを言い表したものである．これは，Roux（1850～1924，ドイツの解剖学者・発生学者）が100年も前に指摘したもので，ルーの法則とも呼ばれている．あまりにも軽い重量でウェイトトレーニングを行っても筋は太くならないし，あまりにも遅いスピードで短時間ジョギングを行っても持久力は向上しない．また，筋が伸びた感じがしない程度のストレッチでは，柔軟性は向上しない．ただし，負荷が強すぎるとトレーニング効果が得られるどころか，逆に傷害を引き起こす危険性があるので，負荷の設定には注意が必要である．

> ★コラム「クロトナのミロの話」
> 　オーバーロードの原理を語るとき，有名な例え話「クロトナのミロ」がある．古代ギリシャの町クロトナに住む17歳の青年ミロは，筋力を鍛えるため子牛を持ち上げるトレーニングをはじめた．そのときの子牛の体重は約34 kgだった．このトレーニングを毎日行うわけだが，子牛も成長し少しずつ重くなっていった．ミロは201日間トレーニングを続け，牛が約132 kgまで成長したところで，とうとうこれ以上持ち上げることができなくなった．しかし，この時点で，ミロは当初の4倍近い筋力を身につけたわけである．子牛の体重増加がほどよいオーバーロードとなり，過負荷の原理に基づくトレーニングができたのである．
> 　日本では牛若丸が，成長する庭木を毎日飛び越える訓練を行ったおかげで，驚異の跳躍力を身につけ，京の五条の橋の上で弁慶の攻撃をヒラリとかわし，やっつけたと聞いたことがあるが……．

（2）特異性の原理

　　特異性の原理とは身体部位の「どこ」を，筋機能の「何を」「どのように」向上させたいのか，その目的によってトレーニングの方法も条件付けられるというもの

である．たとえば，腕の筋をトレーニングした効果が脚の筋に現れることはなく，逆に脚の筋をトレーニングしても，その効果が腕の筋にはもたらされないということである．また，同じ部位でも，筋力を高めたいのか筋持久力を高めたいのか，その目的によってもトレーニングの方法は異なってくることを意味する．

このようにトレーニングには目的に応じた条件があり，トレーニング効果を効率よく得るには目的に合った方法を用いることが必要である．この原理は，SAIDの原理（原則）ともいわれる．SAIDとは"Specific Adaptation to Imposed Demands"の略で，「生体に一定のトレーニング負荷をかけると生体はそれに見合った適応現象を起こす」という意味である．ただし，身体の一部をトレーニングした結果，全身の血行が促進されたり，神経が刺激されたりすることが認められており，他の部位や能力にもそれなりの効果がみられることがある．したがって，ある能力を向上させたいからといって，特定の部位や特定のトレーニングだけを行うことは，避けた方がよいと考えられる．

(3) 可逆性の原理

レジスタンストレーニングを継続すると，筋は強く，太くなる．しかし，このようなトレーニングによって獲得された効果は永続的なものではない．トレーニングを中止して，筋へ与える負荷がなくなると，せっかく獲得された効果もやがて消失してしまう．これを可逆性の原理という（ディトレーニング，本章4, p. 98）．トレーニング中止後の効果の消失の程度は，効果を獲得するまでのトレーニング内容や期間などに影響される．

2) トレーニングの原則

実際のトレーニングにおいては，トレーニングを行う人の体力，年齢，性別，トレーニング経験の有無や習熟度，スポーツ選手であればその技術水準などを考慮しながら行うことが重要になってくる．その方法や手順は「トレーニングの原則」として知られている．

(1) 漸進性の原則

トレーニングを進めていくと体力は向上していくので，トレーニングの負荷（量や質）を，体力レベルの向上とともに高めていかなければならない．たとえば，ある負荷を8回挙上できる者が，トレーニングが進むにつれ筋力が向上し，13回挙上できるようになったら負荷を少し増加させ，8〜12回の間に収まるよう調整しなければならない．そして，その負荷に身体がなれたらまた負荷を上げるということを繰り返す必要がある．

トレーニングを行っている人の中には，効果を早く得たいがために急速に強度を高める人がいるが，これでは効果が得られないばかりか傷害や障害につながる危険な結果を生むこともある．強度や目標設定を急激に上げたりせず，少しずつ徐々に上げていくことが大切である．

(2) 反復性の原則

技術練習であっても体力トレーニングであっても，同じことを繰り返し行えば，その技術や体力が定着していく．反復して行うことで脳のプログラミングが確かなものになり，上記の「漸進性の原則」と組み合わせることによって動作の精度，力強さなどが向上していく．

ただし，同じように反復性の原則に基づいてトレーニングを行ったとしても，繰り返してやればやるほど体力が落ちて，コンディションが悪くなるという現象がみ

られる場合もある．これをオーバートレーニングといい，トレーニング過多を指す．オーバートレーニングになるとトレーニング効果が思うように上がらないばかりか，病的な症状も認められるようになり日常生活にも支障をきたす．したがって，反復性の原則に従い，トレーニング・栄養・休養のバランスに注意しながら，確実に超回復（本章2，p.93）が起こっていることを確認し，トレーニングを実施しなければならない．

(3) 個別性の原則

　体格，体力，トレーニングの目的などには個人差がある．すべての人が同じ運動を同じ負荷重量で同一回数，同一セット数を行っても，それが身体的に偶然合っている人の場合には効果があるが，その他の人にとっては必ずしも同様な効果が得られるとは限らない．トレーニング効果をより高めるためには，その人に合った内容であることが必要である．

　ジュニア選手の場合，発育・発達状況に大きな個人差があるので個別性の原則がとくに重要となる．ある選手にとっては難なくこなせる練習でも，別の選手にとっては負荷が強すぎて怪我やオーバートレーニングの原因になることがあるので，指導者は細心の注意を払う必要がある．

(4) 意識性の原則

　トレーニングを行うときには，トレーニングの目的，方法，実施上の留意点，効果などをよく理解して，高い集中力と意欲を持って取り組むことが大切である．けっして，監督やコーチに「やらされている」のではなく，自分自身の意思でコントロールしながら，からだを動かすことが重要である．とくに，ウェイトトレーニングにおいては，いま，どの部分の筋に刺激を与え動かしているかという動作への集中，動作している自分に対する精神的なコントロールはトレーニング効果に大きく影響する．

　たとえば，上半身の代表的なトレーニング種目である腕立て伏せはどこの筋（部位）のトレーニングであるか理解しているだろうか．もし，力こぶ（上腕二頭筋）をつけようと思って行っているとすれば，まったく効果は望めない．腕の開き方によって負荷がかかる箇所が変わるが，両腕を大きく開きながら行うと大胸筋に，両手を揃えながら行うと上腕三頭筋に負荷がかかる．このほかに補助筋として三角筋前部が使われる．すなわち，腕立て伏せによって二の腕（上腕三頭筋）を引き締めることはできても，力こぶはついてこないのである．このように，そのトレーニングがどこの筋を強化する運動なのか，正しく理解し，その筋に意識を集中することが大切になってくる．また，集中力を欠いた状態でのトレーニングは，効果が少なくなるだけでなく，ときには傷害や障害の原因にもなる．

　しかしながら，筋への意識集中はウェイトトレーニングの熟練者にも難しく，わかりづらいものである．熟練者，初心者を問わず，鏡に映して目的とする部位やフォームをよくみて意識を集中したり，パートナーにその部分の筋を触ってもらったり，軽く叩いてみたりするとよい．そのためにも，トレーニングに先駆けて，身体の主要な筋（骨格筋）の全体像と，それぞれの筋の付着部位と機能について理解しておくことも重要である（図5-1）．

(5) 全面性の原則

　スポーツトレーニング全般についていえば，体力トレーニングのみや技術のトレーニングのみではなく，体力，技術，戦術，意志，理論について総合的にトレーニングしていかなければならない．また，体力トレーニングついていえば，ほとん

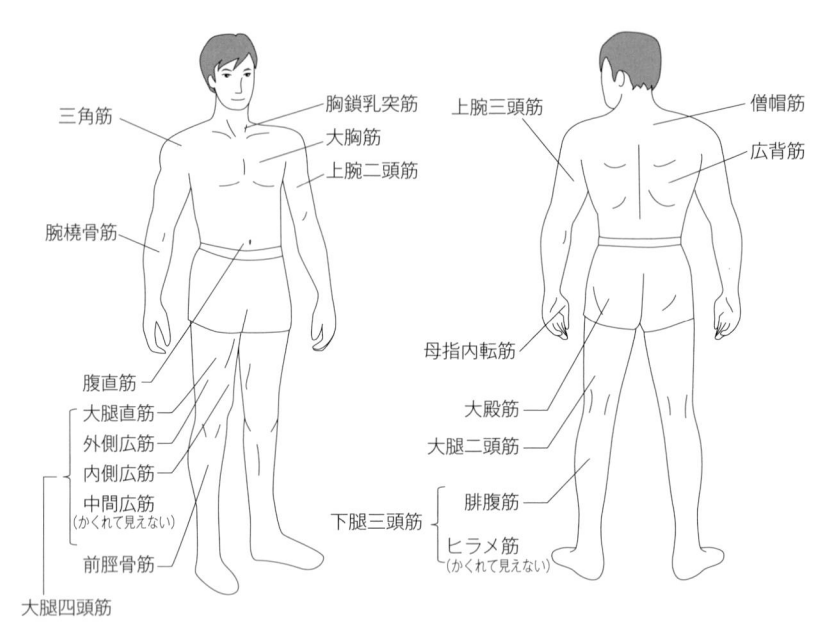

図5-1 トレーニングを行う上で知っておくべき筋の名称(宮下充正ほか編：フィットネスＱ＆Ａ．p192，南江堂，1993)

前面（左から）：三角筋，胸鎖乳突筋，大胸筋，上腕二頭筋，腕橈骨筋，腹直筋，大腿四頭筋（大腿直筋・外側広筋・内側広筋・中間広筋（かくれて見えない））、前脛骨筋

背面（左から）：上腕三頭筋，僧帽筋，広背筋，母指内転筋，大殿筋，大腿二頭筋，下腿三頭筋（腓腹筋・ヒラメ筋（かくれて見えない））

表5-1 トレーニングの原理・原則についてのまとめ

- ●原 理
  - ・過負荷の原理……トレーニングの効果を得るためには一定以上の運動強度が必要
  - ・特異性の原理……トレーニングの方法や種類によって鍛えられる部位が異なる
  - ・可逆性の原理……トレーニングを中止すると向上した能力も元に戻る
- ●原 則
  - ・漸進性の原則……筋力の向上に合わせ徐々に負荷を高めていく
  - ・反復性の原則……一定期間以上，反復継続する
  - ・個別性の原則……自分に合った，目的部位に応じたトレーニングをする
  - ・意識性の原則……意欲をもって臨み，意識を集中する
  - ・全面性の原則……一面に片寄らず，調和をもってバランスよく行う
  - ・専門性の原則……目的動作に合ったトレーニングを行う

どのスポーツ種目において，非乳酸性パワー，乳酸性パワーおよび有酸素性パワーが必要となる．たとえ，運動時間が数秒の非乳酸性パワーが主となる種目であっても，練習量の確保のためには有酸素性パワーも必要となる．したがって，それぞれの体力要素をバランスよくトレーニングしなければならない．

この原則は，発育・発達段階にある子どもたちのトレーニングにはとくに重要である．

（6）専門性の原則

とくに競技スポーツを対象とした場合，「全面性の原則」だけで競技力向上は成り立たない．専門種目に傾倒していく高校生の頃には，身体の生理的機能の変化の面からみても全面的なトレーニングを考慮し，その種目ごとの特性に応じた技術，体力などそれぞれのトレーニングバランスを考えなければならない．また，体力トレーニングにおいては，さらにその種目でもっとも必要とされる体力構成要素のトレーニングに比重が置かれるべきである．たとえば，水泳の選手がキック力を増すために陸上でスクワットばかり行っていても，競技力向上に直結する脚力を強化することは期待できない．実際に泳ぎながら脚の筋に負荷が加わるようなトレーニングを行う必要がある．

以上，トレーニングを行う際の基礎となる3つの原理と6つの原則について述べた．その要点を表5-1に示す．

2. トレーニングの基礎理論

ここではとくに，ウェイトトレーニングに注目し，その基礎理論について述べる．

1）トレーニングにおける運動配列

トレーニングを行う場合，どの種目をどのような順番で行えばよいかを考慮しなければならない．その際，「トレーニングの効果は最初に行った種目でもっとも大きく，あとの種目になるほど小さくなる」といった原則があるので，もっとも重要な筋群の種目をトレーニングの前半に組むべきである．一般的に体幹に近い筋群ほどスポーツには重要であり，優先順位も高くなる．そのため，体幹に近い部位の筋群（大筋群）から末梢部への筋群（小筋群）へと組むのが一般的である．なぜなら，小筋群は大筋群よりも疲労しやすいためである．したがって，大筋群に適切な過負荷を与えるには，小筋群が疲労する前にトレーニングを行う必要がある．また，多くの筋群を用い，非常に集中力が必要となる種目（たとえば，ハイクリーン）は，心身ともにフレッシュなときに行うべきである．そして，同じ筋群を続けて使うようなトレーニング種目の配列は取り入れるべきではない．なぜなら，前のトレーニングの疲労が筋に残っているため，十分な回数をこなすことができず，筋の損傷を増幅させる可能性があるからである．

2）トレーニング動作と呼吸法

トレーニング動作を行う際の呼吸は，基本的にポジティブ・ワークのときに息を吐き，ネガティブ・ワークのときに息を吸うようにする．つまり，負荷が身体から離れていく動作のときに息を吐き，身体に近づく動作のときに息を吸うように行う．ベンチプレスを例にとると，バーベルを胸に近づけていく動作のときに息を吸い，胸から離していく動作のときに息を吐くようにする．ラットプルダウンの場合は，バーを肩のレベルまで引き下ろす動作のときに息を吸い，戻す動作のときに息を吐く．呼吸は，トレーニングの効果にも大きな影響を及ぼすことはもとより，生理的な身体の反応として，血圧の上昇を最低限に抑えるためにも重要な要因である．

★コラム「ベルトの装着について」

肩にバーベルをかついでスクワットの動作を行う場合，しゃがみ込むに従って，上体の前傾が強くなっていくが，前傾が強くなればなるほど，体幹の強い固定力（姿勢を保持する能力）が要求されるようになる．このような体幹部の固定力に深くかかわっているのが腹部の圧力（腹腔内圧や腹圧と呼ばれる）である．

ベルトを体幹部に正しい方法（ベルトを締める強さは，装着した後に，腹部とベルトの間にすき間がなく，手の指が入らないくらいを目安にする）で装着し，適切な呼吸方法と組み合わせることによって腹圧を効率よく高め，腰背部の安全な姿勢を保持しやすくなる．ただし，常用しすぎると体幹の姿勢を維持するため必要な部位の筋力養成の妨げになるので，必要最小限にとどめる．

3）食事のタイミングとプロテインの活用

トレーニングによって損傷し，破損した筋線維は休養と栄養の補給によって再合

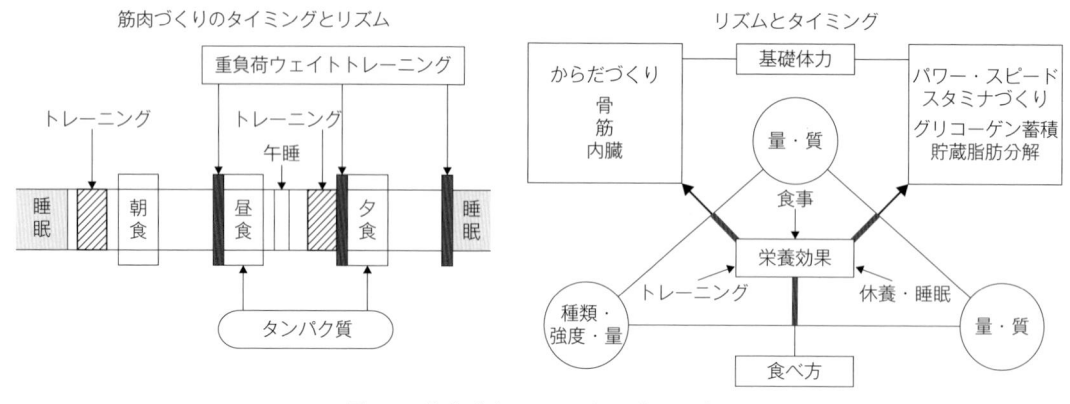

図5-2 筋肉づくりのタイミングとリズム

筋肉づくりは，睡眠，重負荷ウェイトトレーニング，タンパク質の摂取の3要素を合理的に組み合わせることにより達成される．
(鈴木正成：勝利への新・スポーツ栄養学．pp11-13，チクマ秀版社，1991)

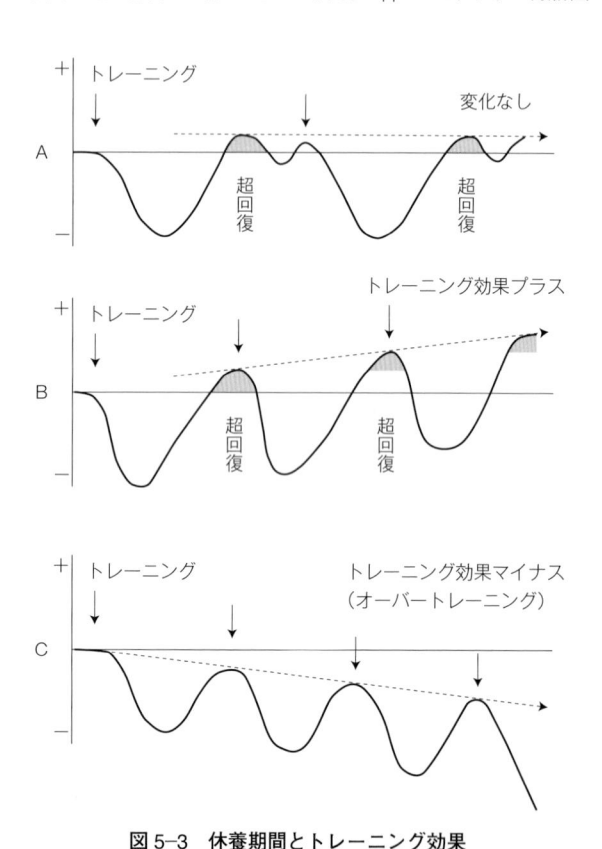

図5-3 休養期間とトレーニング効果
A：休養期間が長すぎる例，B：適正な休養により理想的なトレーニング効果が得られる例，C：休養期間が短すぎる例
(有賀誠司：競技スポーツのためのウェイトトレーニング．p35，体育とスポーツ出版社，2002)

成される．その際に，もっとも大切な要素はタンパク質である．食事やプロテイン（サプリメント）によりタンパク質を摂取する場合，トレーニング後すみやかに（30分以内）摂取することが効果的である．ただし，過剰に摂取しても，タンパク質の合成は上昇せず，脂肪として蓄積されたり，アミノ酸分解によって産生された窒素を処理するために肝臓や腎臓に負担がかかってしまうので，注意が必要である．

筋肉づくりに関与するホルモンとして成長ホルモンがあるが，このホルモン分泌の効果を最大限引き出すためにも，タイミングを考慮し，栄養摂取，運動トレーニング，そして睡眠の3つのファクターをうまく1日の生活の中に組みこむことが重要である（図5-2）．最近では，前述したプロテインをはじめとしたサプリメント（栄養補助食品）が身近になっている．個人差を考えて，補食として摂取することはよいことだと考えるが，3回の食事を抜いて補助食品で栄養を摂取することは絶対に避けなければならない．3食を主として，あくまでも補食として栄養補助食品を摂ることが重要である．

4）超回復の利用

トレーニングは，その時点のからだの定常状態に対してからだを傷めつけることにほかならない．エネルギーの消耗，疲労物質の蓄積，筋細胞の微細な傷害などによって，からだの機能は一時的に低下する．しかし，トレーニングの負荷が適切であれば，栄養の補給，休養によって以前より高い身体機能レベルまで回復していく．これを超回復（Super Compensation）と呼ぶ．

表 5-2　目的別トレーニング条件

目　的	筋力向上	筋肥大	最大パワー向上	筋持久力向上
使用重量	80％以上 (8RM)	70〜80％ (8〜12RM)	60〜70％ (12〜20RM)	60％以下 (20RM)
反復回数	1〜5回	最大反復	10〜20回	20回以上
インターバル	2〜4分	30〜90秒	2〜4分	1〜2分
ポイント	集中して行う 1〜2回余裕を残して セットを終える	各セットオールアウト まで実施	動作はできるだけ速く	粘り強く反復する

(有賀誠司：競技スポーツのためのウェイトトレーニング．p66, 体育とスポーツ出版社, 2002)

　　トレーニング効果を得るためには，トレーニング後にからだを順調に回復させるということが不可欠である．からだに負荷をかけ，刺激し，消耗させ，そして栄養を与え，休息をとり，筋疲労を回復させる．この一連のサイクルの中で，回復の時期に次のトレーニングを行うかどうかがポイントになる（図5-3）．回復期に合わせて次のトレーニングを行えば身体機能は向上していくが，回復が消失した時期に次のトレーニングを行っても身体機能の改善はあまり得られない．ここに時宜を得たトレーニングの重要さと効果がある．回復が不十分なままトレーニングを継続すると身体機能は逆に低下し，場合によっては傷害や障害を引き起こす（オーバートレーニング）．

　　疲労回復時間はトレーニングの強度，部位，あるいは筋力や体力，トレーニングの習熟度など個人差によっても異なるが，原則的に48〜72時間が必要とされている．上腕二頭筋や腹直筋は回復時間がわりと短く24時間程度，背筋群は105時間程度で回復するといわれている．

5) トレーニングにおける目的，強度，運動回数

　　一般に，筋力を強化するときには最大筋力（最大挙上重量）の2/3以上の負荷を用いて，運動の反復回数を少なくしたトレーニング（高強度・低回数のトレーニング）が適している．

　　パワーアップには，最大筋力の1/3〜2/3の負荷を利用して高スピードで運動する．筋持久力を向上させるには，最大筋力の1/3程度の負荷で，反復回数をできる限り多くしたトレーニング（低負荷・高回数のトレーニング）を行う（表5-2）．

6) トレーニングをより効果的にする「スプリットルーティン（分割法）」

　　初心者のうちは，全身をまんべんなく鍛えることでそれなりの成果が得られる．しかし，次第に扱う負荷が大きくなり，トレーニング種目数も増えてくると，一度のトレーニングに費やす時間が多くなってくる．そこで全身のトレーニングプログラムを2〜3に分け（たとえば上半身と下半身），その一部分をある1日にまとめて2〜3日で全身のトレーニングをし，残りの一部分をまた別の日にまとめてトレーニングする，スプリットルーティンという方法が効果的である．上級者になると部位別に3分割，4分割にすることもある．スプリットルーティンは超回復の原理にもかなっており，時間も節約できる．

7) 筋バランス

　　筋バランスとは，ある筋および筋群と他の筋および筋群に対する筋力，パワー，

表5-3 スポーツ選手として身につけたい一般的筋力の最終目標値（特にパワー系競技の場合）

● スクワット	男子	体重の2.0倍
	女子	体重の1.7倍
● ベンチプレス	男子	体重の1.5倍
	女子	体重の0.8倍
● パワークリーン（ハイクリーン）	男子	体重の1.2倍
	女子	体重の1.0倍

（有賀誠司：競技スポーツのためのウェイトトレーニング．p126，体育とスポーツ出版社，2002）

持久力を指していう．それは，通常，相対的筋力を指す．関節の主働筋と拮抗筋が例としてもっともよく比較される．たとえば，筋力テストで大腿四頭筋と比較してハムストリングス（大腿部の後の筋）がきわめて弱い場合，そのバランスの悪さ（肉離れ発生の原因ともなる）を補うために，ハムストリングスを鍛えるエクササイズをより多く課す必要がある．また，体側（左と右の上腕二頭筋）や上半身と下半身の筋群（ベンチプレスとスクワット）についても，よく比較される．

基本的なレジスタンストレーニングをしっかりやっていくと，結果としてシンメトリー（左右対称）なからだになっていくことを知っておく必要がある．トレーニング開始直後は左右差が大きくても，徐々に対称的になっていく．バーベルやマシンを使った場合，トレーニングは必然的に両側性になるため，どちらかの腕や脚に極端に負荷がかかることはない．また，左腕が疲れた場合，右腕に余裕があってもバーベルは上がらなくなるため，そこでトレーニングは終了する．これらの理由から，レジスタンストレーニングを行っている人は，一般人に比べ，からだの左右差が少なくなる傾向がある．

欧米のコーチは，アスリートの筋力をベンチプレスとスクワットでよく比較する．ベンチプレスで上半身の筋の発達，スクワットで下半身の筋の発達を知る指標にしている．そして，成長期の15～18歳までに，ベンチプレスで体重の1.5倍，スクワットで体重の2.0倍を挙上できるようになることを目標値に掲げている．加えて，40ヤード（約36m）を5秒以下で走るというスプリント能力も要求している．この目標値は，日本の少年からみれば程遠いが，このように総合的バランスを重視した目標値を掲げ，トレーニングに励むべきであろう（表5-3）．

著者が指導する高校の硬式野球部（甲子園大会出場校）では，野手ではベンチプレスで体重の1.3倍，スクワットで体重の2.0倍，さらに，パワー系の種目として，ハイクリーンを体重の1.2倍は挙上できるように指導している．いくらベンチプレスだけが強くても，他とのバランスがとれていなければ，パフォーマンスのみならず傷害の原因にもなるからである．

8）ウェイトトレーニングによって身体は硬くなるのか

「ウェイトトレーニングは身体を硬くする」と誤解している人はいないだろうか．正しい方法でウェイトトレーニングを行えば，筋の柔軟性を高めることができる．ウェイトトレーニングでは目的とする筋を最大限に引き伸ばし（フルストレッチ），もっとも強く収縮させる（フルコントラクション）ことを意識，実行する．それによって，筋は最大限にストレッチされ，柔軟性が高められる．筋は緊張したまま伸ばされるので，一般に「ストレッチング」といわれるリラックスして伸ばす方法よりも，伸縮性はむしろ高まるといわれている．ただし，ウェイトトレーニングの後，筋は極度に疲労して老廃物がたまりやすいので，アフターケアとしてゆっくり伸ばすストレッチングを欠かしてはならない．

よくみられる誤りとして，関節の可動範囲を考えず，単に重さと回数に挑む方法である．関節を小さく動かすのであれば，高重量を扱うことができ，みかけの筋の発達も著しい（実際，ボディービルダーのトレーニング方法のひとつにハーフ・レンジ《半分の可動域》でのトレーニングがある）．しかし，可動範囲が狭いために，

筋の柔軟性は養われず，その範囲を越えた動きをするときに筋や腱に傷害を起こす可能性があるので注意が必要である．

3．筋肥大のメカニズム

1）筋線維が肥大する

　一般に，レジスタンストレーニングによって増加する筋量は，1本1本の筋線維の肥大（筋肥大）が原因で生じるといわれている．実際に，ボディビルダー（男性）の筋を筋生検によって採取し，筋線維の平均横断面積を測定してみると，一般女性と比較して約2倍も大きいことが報告されている．しかし，最近の研究によれば，筋断面積の増加率は，個々の筋線維の断面積の増加率よりも大きいことから，他の要因も筋量の増加に関係しているといわれている．

2）筋線維の数は増えるのか

　従来，筋線維の数は出生時にすでに決定されていて，増えないと考えられてきた．しかし，最近の動物実験による研究で，トレーニングによって，筋線維の増殖がみられたという報告がある．トレーニングによって筋線維の周りにあるサテライト細胞が筋線維に移行するというのである．サテライト細胞とは発生の過程で成熟した筋細胞に変化せずに，筋細胞の周りに衛星細胞として存在している単核の紡錘形の細胞のことである．これが筋肥大のときの筋線維増殖の原細胞になると考えられている．これについては，サテライト細胞から筋線維に移行する構造的変化のメカニズムや運動神経線維との連係についての検討が十分ではないため，今後の研究に期待したいところである．

3）筋線維の肥大，増殖の謎

　トレーニングによる筋線維の肥大や増殖を引き起こす原因については，現在のところ十分に明らかにされていない．これまでの研究で，トレーニングにおける短縮性動作は筋線維の肥大を起こし，伸張性動作は筋を損傷させ，その結果，筋線維の増殖と結合組織の肥厚を引き起こすことが報告されている．実際，ヒトの筋では，伸張性トレーニング後に，顕著なサテライト細胞の活性化が生じ，筋力や筋量増加には，短縮性よりも伸張性トレーニングのほうが効果的であるといわれている．

　このことは，トレーニングにおいて，短縮性よりも，むしろ伸張性の局面でのトレーニング動作に重点を置く必要があることを意味する．バーベルの上げ下げを交互に行う通常のトレーニングでは，全体の効果のうち40％程度が短縮性の局面に，60％が伸張性の局面すなわち「バーベルを下す動作」によるともいわれている．よくマシンでトレーニングする人をみると，挙上した後，急に脱力し，ガイドにまかせ落下させるように戻している人が多い．これは，負荷がガイドされているので力を抜いても安心だからだと思われるが，効果の半分，あるいはそれ以上を放棄していることになる．その点，フリーウェイトを用いたトレーニングでは，完全に脱力すると危険なので，下ろすときも比較的慎重に力を入れながら下ろすため，自然に伸張性の状態でトレーニングしていることになる（第6章参照，p.105）．

4．ディトレーニング―トレーニングを中止することの生理学―

　　トレーニングを継続して行っている場合や，身体の活動水準が高い日常生活を送っている場合，体力は向上するか，あるいは，ある一定の体力水準を維持できる．しかし，何らかの理由でトレーニングを中止したり，または，身体活動量が低下したりすると体力は徐々に低下する．このような状態をディトレーニング（de-training）または脱トレーニングという．ディトレーニングによってさまざまな身体変化が現れる．

1）心臓血管系

　　トレーニングを中止すると1〜2週間で最大酸素摂取量が低下し，毛細血管床や密度も減少をはじめる．とくに，長期間トレーニングを積んだ鍛錬者の場合，3週間までは心拍出量の低下が，その後は動静脈酸素較差の低下が最大酸素摂取量低下の原因であるといわれている．そして，約6カ月間でトレーニング前の水準に戻るという報告がある．したがって，持久性能力に関しては，過去のトレーニングによって保たれた水準ではなく，現在どのようなトレーニングを実施しているかによって，その水準が決定されるといえよう．そのような意味で，持久性能力の維持には日々のトレーニングが必要である．

　　ただし，長期間のディトレーニングでも非鍛錬者のレベルまでは持久力が低下しないこともある（遺伝的要因が大きい）．

2）筋　　力

　　ディトレーニング開始後4週間目までの筋力低下は神経活動の低下（大脳興奮水準の低下，筋力発揮に参加する運動単位減少，インパルス発射頻度低下，筋線維の非同期化）が原因であり，4週間目以降は筋線維の萎縮（廃用性萎縮，とくにFG線維が選択的に萎縮する）が原因であると考えられている．いずれにせよ，筋力については，短期間で養成されたものはトレーニングを中止することによって短期間で元にもどり，長期間かけて養成されたものは長期間かけて元にもどる傾向があると報告されている．

★コラム「宇宙飛行」
　地上では24時間いつも重力という負荷がからだにかかっている．したがって，からだを動かす時は，無意識ではあるが常にこの重力負荷に逆らって運動をしていることになる．しかし，宇宙には重力がないかあっても微少である．そのため，宇宙旅行をすると重力から解放され，トレーニング機会を失うことになる．実際，スペースシャトルの宇宙飛行士・向井千秋さんの筋の構造と筋力に関する測定を行ったところ，帰還後に非常に大きな筋萎縮が起きていた．負荷がかからない状態で数日間過ごすだけで，筋力はかなり落ちてしまうのである．また同時に，骨の密度の低下がとくに長期滞在の場合問題になってくる．地上では，とくに女性に多い骨粗鬆症であるが，宇宙に行くと男性も女性も変わりなく骨粗鬆症になる．骨密度の低下度は人によって異なるが，多い人は月に2.3％くらい低下する．そうした状況を少しでも減らす目的で，宇宙滞在中はさまざまな運動を行う．自転車こぎや，ゴムやバネの力を使った上半身・下半身のレジスタンストレーニング，ルームランナーなどでの運動である．

B 実　践

5．トレーニング計画

1）トレーニング目標と課題の設定

　　トレーニングを効果的に遂行していくためには，まず，何よりも適切な目標を設定することが必要である．そのためには，これまでの1年間を振り返り，試合の結果と，結果にいたるまでの練習やトレーニング内容を思い出してみることが大切である．自分自身，またはチームの弱点を把握し，その後の未来を予測しながらトレーニング目標を設定する．この現状と目標との間にあるギャップを埋めるために，関連するスポーツ種目の特性を考慮して，いくつかの課題を設定するとともに，それらを構造的に配列していく必要がある．

2）トレーニング手段および方法の選択

　　トレーニング課題を設定すると，次は各課題の解決にもっとも効果的なトレーニング方法や手段を選択する．それがない場合には，自ら新しい解決法を創造していくことを考えなくてはならない．また，方法や手段を選択する場合，ひとつの方法や手段のみに頼るのではなく，相互の関連性や相乗効果，転移効果や遅延効果などを考慮しながら，1日および1週間，1カ月間や数カ月間の計画の中に，数種類の方法や手段を配置していく．

　　トレーニングの方法や手段には，効果的な作用と同時に必ず副作用が存在する．たとえば，ウェイトトレーニングを行うと，筋肥大し，大きな力が発揮できるようになる．しかし，体重が増えたために，各種の跳躍能力は低下し，目標とする跳躍種目の成績が低下してしまう可能性がある．このように，大きな効果の期待できる手段には，同時にきわめて強いマイナスの効果も存在しており，万能薬的なトレーニング方法や手段は存在しないことも理解しておくことが大切である．

3）トレーニング計画の立案

　　トレーニング計画を立案する場合，その選手が持つ時間資源を配慮することが重要になる．すなわち，トレーニング計画には，時間の流れの長短にそって，長期計画から中・短期計画へと階層構造のあることを考慮し，長期計画から立案し，徐々に短期計画へと順に作業していく．また，計画は各種スポーツの特性に合致したものであると同時に，選手の特性やレベルに応じたものにし，「個別性の原則」を重視する．そして，ピーク（一番大事な試合がある時期）をいつ頃にもっていくかを考えておく必要がある．それが決まったら，ピーク（試合期）までの時期を分けて計画を立てていく（本章6，p.100）．

4）トレーニング実践とその評価および診断

　　トレーニング計画が立案できたら，それにそってトレーニングを実践していく．そして，最終的には，目指す試合における成績や記録が満足のいくものであれば，そのトレーニングは成功したと判断できる．一方では，最終的な結果だけではなく，日々のトレーニングにおける動きやできばえ，コントロール・テスト（第6章参照，p.105）の結果，体力・運動能力テストの結果，基礎的な形態測定や医科学的なテ

ストの結果などを手がかりにして，より分析的に評価および診断を行っていくことも有効になる．

これらの流れ（図5-4）に即してトレーニングサイクルを何回も循環させ続けると，やがて選手の能力に大きな変化が生じ，急激に競技力が向上しはじめるようになってくる．

6．トレーニング計画の実際

プログラムの組み方や種目についてはさまざまな方法があり，目的や期間，トレーニングに費やせる時間などの要因を加味してトレーニング計画を組む必要がある．

1）ピリオダイゼーション

ピリオダイゼーションという概念は1960年代にロシアの生理学者 Leo Matveyev によって提起された．その後，米国の運動科学の研究者たちによって，筋力・パワー系競技選手のトレーニングに適用できるようさらに修正が加えられた．日本では「期分け」と訳されている．

ピリオダイゼーションの原理は，環境が変わると生物はその環境の変化に適応していくという生物の生存原則にもとづいている．変化した環境に生体が適応し，その適応が終わるまでにおよそ数カ月ほどかかり，適応が完了してしまうと，その後，からだの変化はあまり起こらないといわれている．

トレーニングする場合も同じで，2〜3カ月して適応がすんだ時点でトレーニングのパターンを変えて，新しい環境に対して身体を適応させることを繰り返していかないと，トレーニング効果がすぐに頭打ちになってしまう．したがって，年間を通じ，一本調子でトレーニングを行うのではなく，強弱のリズムをつけて行うことが必用になってくる．

ピリオダイゼーションには細かいテクニックがあり，方法も多種多様である．しかし，その基本は，1年間のトレーニングスケジュールの中で，①トレーニングの量（ボリューム）を変化させ，②それに対してほぼ反比例するようにトレーニングの強度を変えていく，という考え方である．つまり，トレーニングの量を増やしたら強度を下げ，トレーニングの強度を上げるときは量を減らすというものである．

およそ1年周期くらいで上げたり下げたりするのが基本的なピリオダイゼーションである．このくらいの周期をマクロサイクル（Macrocycle）という．しかし，選手の競技レベルが上がるほど，マクロな振動だけでは不十分になる．トレーニングの効果を頭打ちさせないためには，実際にはマクロな振動の上に細かい振動を乗せる．1〜2カ月を1周期とする見当でトレーニング強度を上げて量を落とし，逆

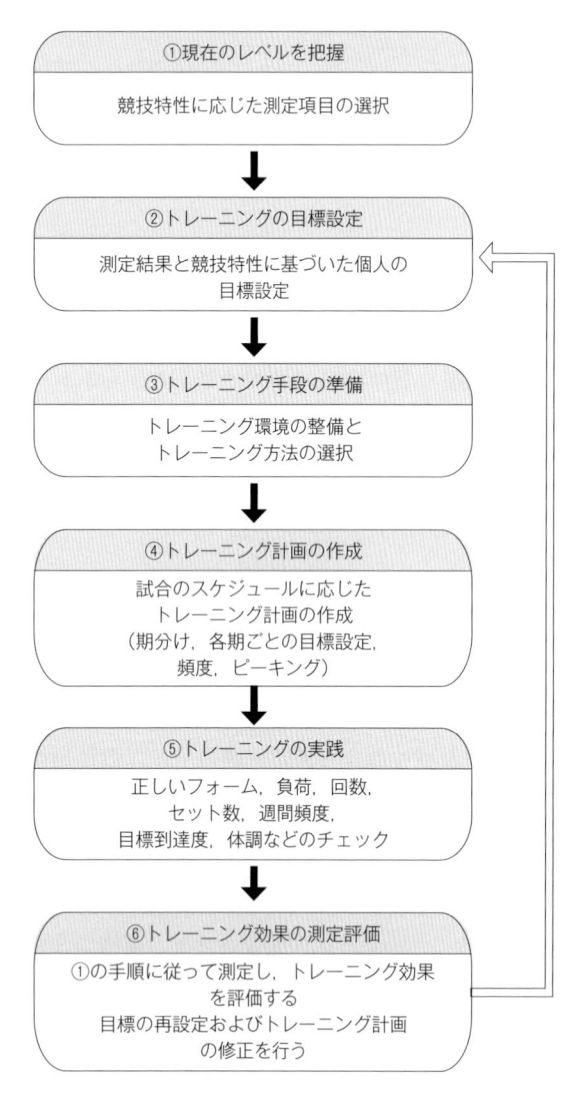

図5-4　トレーニング導入の手順(徳永幹雄ほか：Q&A 実力発揮のスポーツ科学．p8，大修館書店，2002)

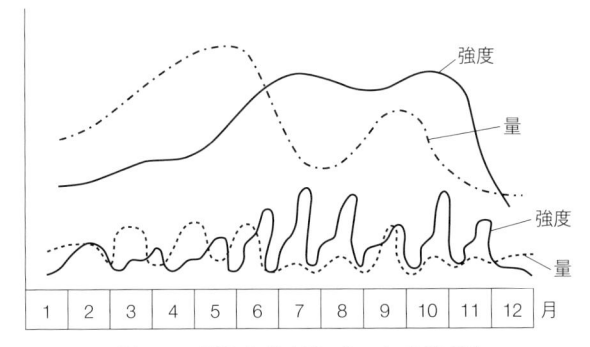

図5-5 ピリオダイゼーションの模式図
上の2本の線がマクロサイクル，下の2本の線がメゾサイクルの振幅を示す．
(石井直方：レジスタンス・トレーニング．p90，ブックハウスHD，1999)

に量を上げて強度を落とし，というような方法でトレーニングの内容を変化させるものをメゾサイクル（Mesocycle）と呼ぶ．この1〜2カ月程度の周期が，われわれの感覚で簡単に認識できるピリオダイゼーションだといえよう（図5-5）．

マクロサイクル（通常1年間）は，2つ以上のメゾサイクル（年間トレーニングの一部）から成り，各メゾサイクルは，いくつかのミクロサイクル（Microcycle）からなるが，ミクロサイクルは通常1週間（7日間）のトレーニング期を示す．

メゾサイクルは準備期，試合期，そして移行期に分けられる．

(1) 準備期

トレーニングの最初の段階は，試合に向けての準備期であり，この期間はさらに3つの期間に分けることができる．それは，オフシーズンの筋肥大／持久力向上，筋力強化，そしてシーズン前のパワー強化である．

①1段階：筋肥大／持久力向上

これはオフシーズンの初期段階で，1〜6週間続く．この段階では，低強度で運動量の多いトレーニングを行う．この段階での目標は，より高強度なトレーニングを行う（第2段階）ための持久力の基礎を築くことにある．最初の段階でのトレーニングは，各競技に特異的なものと非特異的なものの両方を行うが，数週間を経て準備段階が進むにつれ，よりその競技に特異的なトレーニングへと移行していく．たとえば，陸上競技のスプリンターの場合，準備段階の最初のうちは，ゆっくりとしたスピードで長時間にわたるランニングを行ったり，低強度のバウンディングやホッピングを行ったり，低・中程度の負荷で高回数のウェイトトレーニングを行う．この段階の終了後，次の段階に入る前に，低強度で少量のトレーニングを行う1週間程度の移行期を設定する．

②第2段階：筋力強化

ランニングのプログラムについていえば，この段階では中距離のインターバルスプリントへと移行する．ジャンプ主体のパワートレーニングはより複雑なものとなる．また，ウェイトトレーニングはより競技の特異性に応じたものを行う．強度を徐々に増やし，選手の最大挙上重量の80％を超える負荷，または5〜8回反復できる範囲で中程度の量のトレーニングを行う．

③第3段階：パワー強化

トレーニングサイクルが進むにつれ，負荷は最大挙上重量の90％以上にまで上がり，スピードトレーニングもほぼ試合でのペースと同程度にまで高める．各エクササイズやスピードトレーニングの間には十分に回復できるだけの休息時間をとる．この段階では，抵抗を課したスプリントや，上り坂や下り坂でのスプリントなどのスピードトレーニングのドリルを行う．

(2) 試合期

多くの場合，試合期の前段階として移行期が設定されている．移行期では，身体の回復や試合に向けてのメンタル面の準備を行うため，一般的に低強度で少量のト

レーニングを行う．この後の試合期は通常1〜3週間にわたる．しかし，バスケットボールなどのチームスポーツの中には，試合期（もしくはシーズン）が何カ月も続くものもある．試合期間が長期にわたる場合には，週単位で負荷強度を操作する必要がある．しかし一般的に，この期間には，きわめて高強度で少量のトレーニングを行う．

（3）移行期

メゾサイクル（年間トレーニングの一部）の最後の段階である移行期は，シーズンの最終戦終了後のオフシーズンの初期に当たる．この時期には非特異的，低強度，少量のトレーニングを行う．陸上競技のスプリンターであれば，軽いジョギングやレクリエーション的な種々のスポーツ，低強度のレジスタンスエクササイズを行うとよい．また，この期間にはトレーニングや試合に関する精神的なストレスを取り除くようにする．

7．コンディショニング

コンディショニングとは，競技会などに備えて体調を最高の状態に整えることであり，「体力トレーニングによって引き起こされた個々の器官の適応を，最適な状態に維持するための身体運動および休養などの面からの働きかけ」といえる．ただし，広義にはその種目に必要な体力を養成することをコンディショニングと呼ぶこともある．つまり，トレーニングとコンディショニングとは，身体運動の質（強度・頻度）・量（時間）と休養の組み合わせ方は異なるものの，体力の向上を目指すか，維持を目指すかという概念的な違いでしかない．

1）テーパリング

コンディショニングの主目的は，試合に合わせて体調を最高の状態に整えるピーキング（Peaking）である．ピーキングの中でもっとも重要となるのがテーパリング（Tapering）である．Taperとは「先を細くする，とがらせる」という意味がある．練習量を少なくして疲労を抑えることからTaperという語が用いられたといわれるが，一点に集中できるよう気持ちを鋭利にするという意味もあるといわれている．この意味では，メンタルトレーニングにおける集中力のトレーニングや，試合会場での行動をイメージするメンタルリハーサルなどもコンディショニングの一部となろう．

2）サーカディアンリズム

動物には，「体内時計」とも呼ばれる24時間を周期としたサーカディアンリズム（Circadian Rhythm）がある．時差ぼけのまま試合に望んでもよい結果は得られない．また，大会当日は早朝から試合があるのに，普段の練習は夕方からではリズムに変調を来して，集中できないまま試合が終わってしまうことになりかねない．大切な試合であれば，少なくとも2週間くらい前から試合時間に合わせた生活リズムにからだを慣らしておきたい．

3）グリコーゲンローディング

持久系種目では，摂取エネルギーの不足によるパフォーマンスの低下は免れたい．この解決策としてグリコーゲンローディング（カーボローディング）がある．これは，

持久系運動のエネルギーである筋グリコーゲンを高めるため，目標とする試合の1週〜3日前はエネルギー比で通常の食事（糖質50〜60％，タンパク質10〜15％，脂質25（〜30；運動量の多い場合）％）を摂り，3日前から高糖質食に切り替える．高糖質食ではエネルギー比を糖質70〜80％，タンパク質10〜15％，脂質10〜20％とする．また，1週間前からは調整練習とし，運動量は低下させ（テーパリング），筋グリコーゲンを消費させないようにする．

　この方法は比較的安全だが，多量の糖質が体内に入ることから血中のミネラルバランスにも影響するだけでなく，筋グリコーゲンの増加は体水分の蓄積を伴い，体重が増加しやすいので，注意が必要である．望ましいのは，まず練習で試し，方法がからだに合っているかどうかを確認してから（場合によっては糖質の量を60〜70％程度にして）本番で実施することである．

4）減　　量

　体重制限のある種目では，減量もピーキングの概念に含まれる．減量に失敗して，試合当日までの数日を絶食するような状態では，まともなコンディションとはいえない．望ましい減量法は，運動（エネルギー消費）と食事（摂取エネルギー制限）の両面からのアプローチとなる．エネルギー消費（運動）の面から減量を考えた場合，当然脂肪を燃焼しやすい有酸素性運動を行うことが基本となる．エネルギー制限（食事）では，摂取するエネルギーを，その日の運動量などを基準に考えなければならない．十分なエネルギーを摂取していないと，筋タンパクが分解されエネルギーとして利用されるため，脂肪を落とすつもりが筋量まで落とすことになってしまう．また，男性では活力不振，女性では貧血や生理不順を引き起こしやすい．また，サウナなどで汗を出しておいて，摂取する水分を制限するようなことは絶対に避けなければならない．水分やミネラルの損失によって，筋中の電解質のバランスが崩れ，痙攣を起こしやすくなり，脱水症状で生命に危険が及ぶことさえある．

✓　まとめ

- 運動に応じて身体の形態と機能が変化することを適応性という．その身体の適応性にかかわっている3つの原理が，過負荷，特異性，および可逆性の原理である．
- 実際のトレーニングを効果的に進めていくためには6つの原則（①漸進性，②反復性，③個別性，④意識性，⑤全面性，⑥専門性）に従って行う必要がある．
- トレーニングによってからだの機能は一時的に低下するが，トレーニング負荷が適切であれば，栄養の補給（トレーニング終了後30分以内），休養によって以前より高い身体機能レベルまで回復（超回復）していく．
- トレーニングを何らかの理由で中止すると，体力は徐々に低下する（ディトレーニング）．
- トレーニング計画にあたっては，期間を分け（マクロ・メゾサイクル），①トレーニング量を変化させ，②それに対してほぼ反比例するようにトレーニングの強度を変えていく，というピリオダイゼーションの考え方を導入することが望ましい．

レポート課題

1. オーバーロードの原理について説明せよ．
2. トレーニング計画において，ピリオダイゼーションが有効な理由を説明せよ．
3. グリコーゲンローディングの具体的方法について述べよ．
4. トレーニングにおける運動配列についてウェイトトレーニングを例にして説明せよ．

文 献

有賀誠司：競技スポーツのためのウェイトトレーニング．体育とスポーツ出版社，2002．
石井直方：レジスタンス・トレーニング．ブックハウスHD，1999．
宮下充正ほか編：フィットネスQ&A改訂第2版．南江堂，2001．
鈴木正成：勝利への新・スポーツ栄養学．チクマ秀版社，1991．
徳永幹雄ほか：Q&A実力発揮のスポーツ科学．大修館書店，2002．
トレーニング科学研究会編：トレーニング科学ハンドブック．朝倉書店，1996．

［宮口　和義］

第6章 トレーニング方法

A 理 論

1．レジスタンストレーニング

1）レジスタンストレーニングとは

筋に負荷（レジスタンス）をかけ，それを克服して筋力を高めるトレーニングを，広い意味でレジスタンストレーニング（Resistance Training）と総称している．レジスタンストレーニングというのは包括的な表現で，「筋力トレーニング」あるいは「ウェイトトレーニング」としてもなんら問題はない．「ウェイトトレーニング」というのは使用する「道具」に着目した表現で，一方，「筋力トレーニング」は最大筋力を高めるという「目的」に着目した表現である．ただし，「筋力」という言葉には「パワー」や「スピード」は含まれないので，「筋力トレーニング」よりも「レジスタンストレーニング」の言葉の方が関連現象を広く含めることから，誤解が少ないものと思われる．

2）フリーウェイトとマシン

レジスタンストレーニングの方法はさまざまあるが，ダンベルやバーベルなど固形の重量物を直接身体で扱うトレーニングと，用途別に仕立てられたフレームの中に負荷を組み込んだマシンによるトレーニングの2つの方法が一般的である．

ダンベルやバーベルは負荷を克服する動作が自由なので，一般にはこれをフリーウェイトトレーニングと呼んでいる．これに対して，マシンによるトレーニングはマシントレーニングと呼ばれ，目的の部位に効率よく負荷がかかるように負荷のかかり具合が機械的に制御されている．しかし，マシンは目的別に作られているため，動作がその装置の軌道に制約され，場合によっては動作も局部的に限定される．

筋力増強や筋肥大の効果は，フリーウェイトトレーニングのほうが大きい．その理由として，エキセントリックな筋力発揮がマシントレーニングに比べて大きいことがあげられる．マシンでは，機械的な摩擦で伸張性動作時の負荷が低減されてしまうためと考えられる．しかし，筋群によってはフリーウェイトを用いて的確にトレーニングすることが難しい場合もある．このような筋群として，たとえば広背筋のトレーニングがあげられる．また，マシンによるトレーニングは軌道が一定であり，動作が制限されすぎているため，実際の運動に必要な筋力の養成に適さない場合があると考えられる．このことは，逆に安全であり，習得が容易で，急性・慢

表6-1 フリーウェイトとマシンの長所の比較

	フリーウェイト	マシン
価　格	○	
安全性		○
時間的効率	○	
テクニック		○
初心者のためには		○
パワーの発達	○	
用途の多さ	○	
やる気	○	
各筋群に分けて使える		○
多様性	○	
リハビリテーション		○
スペースの効率		○

（関口　脩ほか：選手とコーチの筋力トレーニングマニュアル．p25，大修館書店，1993）

性の傷害や障害が少ないという利点にもなる（表6–1）．

3）負荷の設定と最大筋力

ウェイトトレーニングにおいて重要で，かつ難しいのが「どのくらいの重量を」「どのくらい反復するか」という負荷の設定である．ここでは，最大反復回数によるRM法について説明する．RMとは「Repetition Maximum」の略で「最大反復回数」を意味する．ある重量に対し，その重さを何回繰り返すことができるか，その反復可能な回数によって負荷を決める方法で，これをRM法という．通常，RMの前に「8 RM」とか「12 RM」とか数字をつけ「その数字の回数だけ反復できる最大の負荷」を示す．「1 RM」と表記すれば「1回反復できる重さ」，つまり「1回しか反復できない重さ」であり，その人にとって最大挙上重量ということになる．

具体的なトレーニングプログラムでは，このRM表示の負荷（重量）に回数を付記し反復回数を示す．たとえば「15 RM×10回」というように表記する．これは15回反復できる（16回目は反復できない）負荷を使い，それを10回反復するという意味である．

トレーニングを行う際，「自分の最大筋力（1 RM）を知る」ことが重要である．しかし，一般人の場合，最大筋力を測るということは肉体に限界までの負荷を強いることになり，かなりの危険を伴う．そこで，反復回数と自覚的強度の目安を参考にしながら1 RMを推計することが望ましい（表6–2）．具体的に1 RMを推計するための手順を以下に示す．

手順①：これなら10回反復できると思われる負荷でトレーニングを繰り返す．十分なインターバルをとり何回か試行し，10回以内で反復できなくなる重さを確認し，その反復回数を把握する．

手順②：その回数を（目安表）に当てはめ100％（1 RM）を求める．たとえば，40 kgで8回反復できた（9回は反復できなかった）とすると，その重さが1 RMの80％に相当するため，

1 RM（最大筋力）＝40 kg÷0.8＝50 kg

となる．つまり，その人の1 RM（最大筋力＝100％）は50 kgと推計できる．

4）目的別のレジスタンストレーニングプロトコル

レジスタンストレーニングの目的に応じた一般的なプロトコルは表6–3のとおりである．

筋肥大を目的とする場合，成長ホルモンの分泌を促すために動作速度をゆっくりにし，セット間の休憩時間は短く（30～90秒）する．また，6～12回程度を最大

表6–2　%1RMと反復回数，自覚強度の目安

%1RM	反復回数	自覚強度	%1RM	反復回数	自覚強度
100％（1RM）	1回	非常に重い	77％	9回	
95％	2回		75％	10回	
93％	3回		70％	12回	やや重い
90％	4回	かなり重い	67％	15回	
87％	5回		65％	18回	
85％	6回		60％	20回	軽い
80％	8回	重い	50％	25回～	非常に軽い

（湯浅景元：筋肉—筋肉の構造・役割と筋出力のメカニズム．p161，山海堂，2004より引用改変）

表6-3 目的別のレジスタンストレーニングプロトコル

目的	筋肥大	最大筋力	筋パワー		筋持久力
			単発	反復	
負荷	67〜85%	85%以上	80〜90%	75〜85%	67%以下
反復回数	6〜12回	6回以下	1〜2回	3〜5回	12回以上
	(最大反復)		(最大反復しない)		
動作速度	ゆっくり	速く	速く		
セット間休憩	30〜90秒	2〜5分	2〜5分		30秒以下
セット数	3〜6	2〜6	3〜5		2〜3
頻度(回/週)	初心者(トレーニング継続 2カ月以内):2〜3 中級者(トレーニング継続 2〜6カ月):3〜4 上級者(トレーニング継続 1年以上):4〜7				

(Baechle TR, Earle RW 編, 石井直方監修:ストレングストレーニング&コンディショニング 第2版. ブックハウスHD, 2002.)

反復できる重い負荷を選択する.一方,最大筋力や筋パワー向上を目的とする場合,運動単位の動員促進や神経系の機能改善を促すために動作速度を速くし,セット間の休憩時間は長く(2〜5分)する.また,反復回数は最大反復とならない負荷で行う.たとえば,最大筋力を高めるために反復回数を4回と設定した場合,表6-2より最大反復4回は90%1RMとなるが,用いる負荷はそれ以下(85〜90%1RM)とする.筋持久力向上を目的とする場合は,自覚的に短い(表6-2)と感じる程度の負荷を12回以上実施し,セット間の休憩は短く(30秒以下)する.

セット数や頻度の目安は表6-3のとおりであるが,これらはピリオダイゼーション(シーズンイン,オフなど)によって変動する.

また,初心者は正しいフォームを取得することを優先し,このプロトコルよりも軽めの負荷で,動作速度はゆっくりで行うことから始める.初心者の場合,軽負荷であっても神経系の改善によってトレーニング効果は期待できる.

B 実 践

2. フリーウェイトトレーニングの実際

1)基本となるビッグスリー

スポーツ選手にとってもっとも重要な筋群として,①脊柱の伸筋群,②脊柱および腰関節の屈筋群,③脚の伸筋群,④腕の伸筋群,⑤大胸筋,の5つがあげられるが,これらの筋群を鍛える種目として,以下の3種目をビッグスリーと呼ぶ.

・ベンチプレス(プレス系,胸部)
・スクワット(スクワット系,脚部)
・デッドリフト(プル系,下背部)

初心者は上記の3種目を修得することを基本とし,シット・アップなど腹筋群の種目を追加すればすべてカバーしていることになる.ただし,アメリカンフットボール,陸上競技の投てき,格闘技などの大きな筋力やパワーを必要とする競技では,「ベンチプレス,スクワット,ハイクリーン」の3種目をビッグスリーにあげていることが多い.しかし,ハイクリーンは全身の筋を使い反動的に行う種目のため,全身の筋がある程度発達していることと,体幹の姿勢など基本フォームを十分に身につけておくことが必要となる.

写真 6-1　ベンチプレス

写真 6-2　スクワット

　そこで，まずデッドリフトを加えたビッグスリーに取り組むことが望ましい．デッドリフトは脊柱起立筋など背中の筋だけでなく，臀筋やハムストリングスなどの筋も使われるので，からだの後面の筋全体を強化する種目として有効である．

(1) ベンチプレス（写真 6-1）

　大胸筋を主働筋とするが，小胸筋，三角筋（前部），上腕三頭筋など多くの共働筋を持ち，上半身の総合的筋力を養うために重要である．手幅を 80 cm 程度（肩幅の 1.6 倍が理想といわれている）にとる．グリップはサムアラウンド・グリップ（母指をその他の指の上から被せるようにしっかりとシャフトを握る）を用い，サムレス・グリップ（5 本の指をそろえて掌にシャフトをのせる）は用いないようにする．このとき，まず母指と人指し指の間でシャフトを挟み，次に前腕をやや回内させるようにしてシャフトを握るとよい．大きく息を吸いながら胸の頂点（乳首ないしそれよりやや上方の位置）にシャフトが接するまでバーベルを下ろす．この位置で肩にかかる回転トルクが最大になるので，中途までしか下ろさない（このようなケースは意外に多いので注意）と効果を半減させる．多少胸郭によるリバウンドを用いてもよいので，動作の切り返しを意識しながら最大努力でバーベルを一気に挙上する．一般のトレーニングの場合には，バーベルの軌跡は常に鉛直方向になる（真っ直ぐに上げる）ように心掛ける．大胸筋が負荷の 60～70％ を，残りの 30～40％ を肩や上腕三頭筋が担当するのが理想的な形といえる．

(2) スクワット（写真 6-2）

　バーベルが左右に傾かないように必ずシャフトの中心を肩に乗せる．足は肩幅程度に開いて立つ．膝を曲げ，左右の肩甲骨をくっつけるように胸を張りしゃがんでいく．大腿が床面に対して平行以下になったら立ち上がり，元に戻す．膝関節伸筋群（大腿四頭筋など）と股関節伸筋群（大臀筋，ハムストリングス）を主働筋とし，あらゆる種目の中でもっとも重要な種目であり"キング・オブ・トレーニング"といわれている．

　腰痛の発生を防止するために腰椎は適度の背屈（脊柱の S 字形）を常に維持し，股関節のトルクを十分に利用する．膝は足の第 2 趾に向けてまっすぐに屈曲・伸展させ，内・外旋をさせない（いわゆる X 脚にならないようにする）ことが膝の傷害を防止するために重要である．

　ウェイトリフターがよく行うように，臀部と下腿部が接するまでのしゃがみ込み，リバウンドを利用して負荷を挙上する方法も膝と腰椎に大きな負担をかけるので，一般のトレーニングでは避けたほうがよい．

写真6-3 デッドリフト

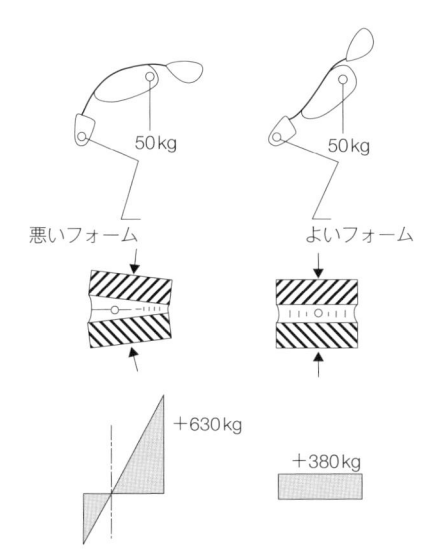

図6-1 トレーニングにおける正しい姿勢
(石井直方：レジスタンス・トレーニング．p56，
ブックハウスHD，1999)

足関節や股関節の柔軟性が低い場合，最下点で踵が浮くことがあるので，厚さ1～2cm程度の補助板を使用した方がよい．

(3) デッドリフト（写真6-3）

股関節伸筋群と脊柱起立筋群（下肢の生み出したパワーを上体に伝達するためにきわめて重要）のためのもっとも基本的な種目である．さまざまな要因で起こる腰痛を防止するためにきわめて有効である反面，方法を誤るとトレーニング中に腰痛を起こす危険性のもっとも高い種目となる．バリエーションがあるが，基本的なナロースタンスの方法（ヨーロッパスタイル）について述べる．バーベルに近い位置に立ち，ハーフスクワットをするときのように臀部を後ろにつきだし，膝を曲げかがみこむ．この姿勢では背中はまっすぐに伸ばし，水平に対して約45度にする．両腕をまっすぐ伸ばし，肩幅より少し広いグリップでバーを握る．膝・股関節を伸展し，立ち上がる．完全に立ち上がったら少し後方に反り，ゆっくりと元に戻す．

注意点はスクワットの場合と同様，腰椎を前方に絶対曲げないことである．腰椎が曲がるとテコの原理で，非常に大きなストレスが腰椎の腹面にかかる（図6-1）．また，腰椎にかかる負担を軽くするため，バーベルがからだから離れないように注意する．バーベルの上下の動きが膝の前方への動きに妨害されないようにするためには，ある程度の習熟を必要とする．単純な動作であるが，難しい種目である．

以上，基本となるビッグスリーの動作方法について述べた．なお，よくみられる間違ったフォームを図6-2に示す．

2) 力の伝達トレーニング：ハイクリーン（パワークリーン）

近年，米国では競技の動きに近いエクササイズをパフォーマンストレーニングというカテゴリーに分けている．基礎体力とスキルをつなぐエクササイズがパフォーマンストレーニングというジャンルである．その代表的な種目がハイクリーンである（写真6-4）．競技選手にとって，身体全体の筋を動員し，筋の協調性をとるには最適なエクササイズであるといわれている．アテネ並びに北京オリンピック100m・200m平泳ぎの金メダリストである水泳の北島康介選手もトレーニングにスナッチ（ハイクリーンに類似）を取り入れている．単にパワーアップのためだけでなく，より的確な水のキャッチを行うために，力の伝達を重視し取り入れているのである．

スタンスは肩幅，膝は腕の内側のポジションでスタートする．順手でバーを握り，背中をまっすぐに伸ばす．その際，肘は外に向ける．できるだけ，すねに沿って引き上げるが，腕で引き上げるのでなく，膝を伸展させれば大腿の力でバー

ベンチプレス
○ ×
手首を反らせてしまう

× バーベルが傾く

× 肩をすくめてしまう

× 片足をあげて踏ん張る

× 腰を浮かせてしまう

スクワット

× 肩をすくめてしまう

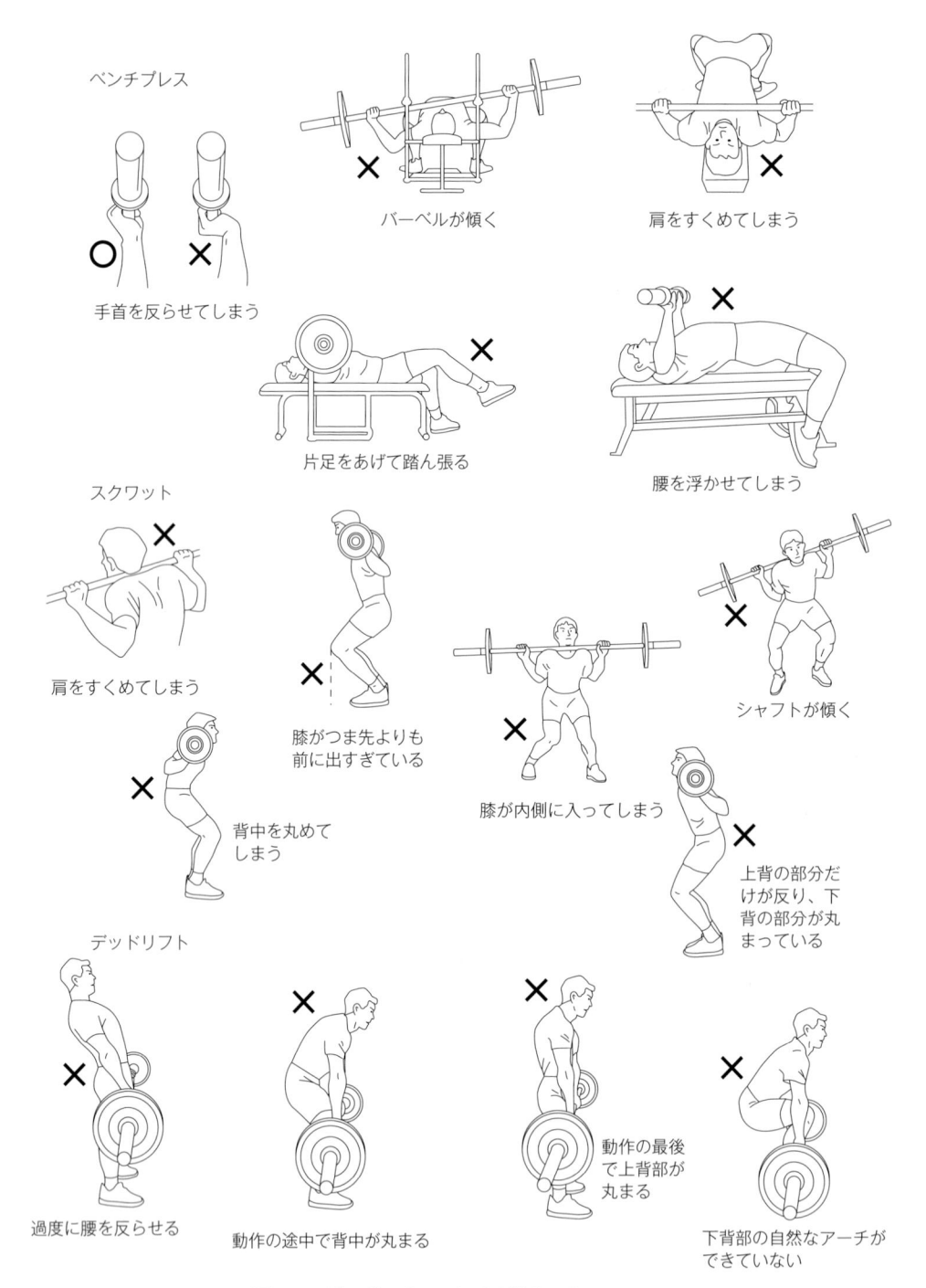

× 膝がつま先よりも前に出すぎている

× 膝が内側に入ってしまう

× シャフトが傾く

× 背中を丸めてしまう

× 上背の部分だけが反り、下背の部分が丸まっている

デッドリフト

× 過度に腰を反らせる

× 動作の途中で背中が丸まる

× 動作の最後で上背部が丸まる

× 下背部の自然なアーチができていない

図6-2 ビッグスリーにおける間違ったフォーム
(森永スポーツ&フィットネスリサーチセンター編：スピード強化のトレーニングと食事がわかる！. p62-75, 森永製菓健康事業部, 1998)

は持ち上がる．そして肩甲骨を互いに引き寄せ，胸を張り，頭を持ち上げ，前上方20〜30度を見上げるようにする．

ファーストプルは股関節を前方に動かし，膝の伸展を行い，同じスピードで肩を上げる（写真6-4の①②）．移行のスクープ（引き上げ）では，背中を立てていけ

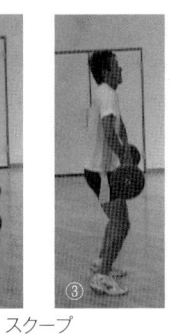

| ① | ② | ③ | ④ | ⑤ | ⑥ | ⑦ | ⑧ |
ファーストプル　スクープ　　　　セカンドプル　　　　　　　　　キャッチ

写真 6-4　ハイクリーン

ば背筋の力でバーは持ち上がる（写真 6-4 の③）．この際も大腿に沿ってバーベルを引き上げる．できるだけ身体に近いところをバーが通らないと，背筋に大きな力がかかり，背筋を痛める原因となる．したがって，このエクササイズはフォームを覚えるまでは軽い負荷で行うのがよい．

　セカンドプルはバーベルを股関節，膝関節，足関節と伸展させるジャンピング動作で，瞬発的にバーベルを持ち上げる（写真 6-4 の④〜⑥）．肘は常に外側に向けておく．ジャンピング動作で軽くなったバーベルを，肩のシュラッグ動作（肩をすくめるしぐさ）で勢いをつけ，肩よりも上に引き上げる．肘を前方，やや上に向け，バーベルをキャッチする．上から落ちてくるバーベルの重さを股関節，膝関節をクッションにして受け止める（写真 6-4 の⑦⑧）．

　以上，とくに重要と思われる 4 種目について解説してきたが，この基礎種目さえ修得できれば，その他のフリーウェイト種目については比較的容易に修得できるはずである．なお，ぜひ追加してもらいたい種目として，①ベントオーバーロー，②フロントプレス，③クランチ，④バックエクステンション（写真 6-5）もあげておくが，具体的方法については専門書を参照されたい．

3）「筋肥大に有効な動き」と「競技動作に有効な動き」の違いについて

　　筋力トレーニングの目的は，いかに筋に負荷をかけて肥大の刺激を与えるかにある．一方，スポーツ動作の目的は，いかに効率よく大きな力を発揮するかにある．両者はこのように正反対の要素を持つため動作の仕方が異なる．その主な違いは"反動動作"を使うか使わないかにある．

　　スポーツ動作で上手く強い力を発揮させるためのポイントは"SSC（Stretch-Shortening Cycle：伸張―短縮サイクルの略で，筋が一度伸ばされてから縮む往復の収縮形態のこと）という筋のバネを生かした"反動動作"を巧みに使うことにある．たとえば，同じアームカールでも反動を使わない通常の方法（ストリクトフォームという）よりも反動を使った方が，楽に重いバーベルを挙上できる．これは日常動作でも自然に行っている動きである．たとえば，床から立ち上がる動作でも，「よいしょ」と上体の反動を使って立ち上がる．

　　対照的に筋にしっかり負荷をかけたい場合は，基本的には反動は使わないで行う．反動を使った動きはチーティング（"ごまかす"という意味）といって，むしろ行うべきではない動作とされている．筋肥大目的のために行う反動を使わないストリクトフォームは，実は日常生活にはない特殊な動作である．そのため反動を敢えて使わない筋力トレーニングを長年行っていると，反動を使わない身体使いの"癖"

①ベントオーバーロー（上背部）　②フロントプレス（肩部）
③クランチ（腹部）　④バックエクステンション（下背部） 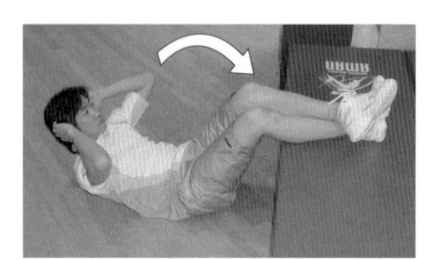

写真6-5　ベントオーバーロー，フロントプレス，クランチ，バックエクステンション

がついてしまう危険性さえある．全身の反動を上手く使えない「手打ち・手投げ」動作などはその典型例といえるだろう．

　そこで筋を肥大させる筋力トレーニングに加えて，上述したハイクリーンやプライオメトリクス（本章，p.117）などの動的な競技動作での身体の使い方や力発揮を上達させるための処方が必要になってくる．とくに競技選手は，筋を"つける"だけでなく，それを"使える"ようにしなければ，見せかけだけの使えない筋になってしまうことを理解しておかなければいけない．

4）スロートレーニング

　スロートレーニングは，低負荷で筋肉を刺激し成長ホルモンの分泌を促進するトレーニング法である．スロートレーニングとは，その名の通り動作をゆっくり行うトレーニング法である．4秒で上げて4秒で下げる4秒セットが基本となり，これを基に各種方法がある．1セット約70秒で終了することを目標に行う．つまり，4秒セットなら1レップ（回）8秒かかるので8〜9回になる．

　スロートレーニングは，力を発揮しつづけることで筋の内圧を高め，筋中の循環を抑えるのが目的である．これによって，血中の酸素が少なくなり，無酸素性運動を行える速筋線維が多く使われると考えられる．また，ネガティブ動作（負荷に耐えながら筋が伸びていく動作）をゆっくり行うことで，低重量のトレーニングでも速筋線維が多く使われる．さらに，筋の回復や脂肪の燃焼には成長ホルモンの分泌

が欠かせないが，成長ホルモンの分泌には無酸素性運動による乳酸値の増加がかかわっている．スロートレーニングにより乳酸が大量に分泌され，その結果成長ホルモンが通常トレーニングの約3倍分泌されることも報告されている．

通常のトレーニングと同じ負荷を扱うのは不可能なため，しっかりコントロールできる負荷で行う．また，スロートレーニングはノンロックで行う．たとえば，スクワットの場合，膝を伸ばした時に関節をロックしてしまうと筋は緩んでしまう．そうならないために，膝が伸びきる手前で止め，またしゃがむようにする．他の部位のトレーニングも同様で，完全に脱力するという局面を作らないようにし，常に動きがあるようにする．

スロートレーニングの最大のメリットは，扱う重量が通常のトレーニングに比べて軽いことである．女性や男性でもトレーニング初心者なら自重トレーニングでも十分である．ただし，最低でも40％1RM以上の負荷が必要で，それ以下になると，いくらスローでやっても効果はない．競技者にとって軽い重量でトレーニングできることは，怪我や故障のリスクを軽減することにもつながる．

3．マシントレーニングの実際

1）種目別実施のポイント
①シーテッドレッグプレス（写真6-6）
主働筋……大腿四頭筋
補助筋……大臀筋
・膝は常につま先の延長線上に置き，伸展した時に，膝を若干曲げる．

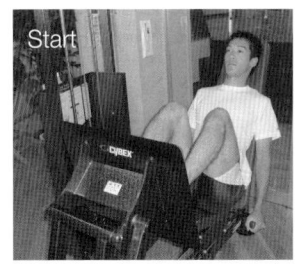

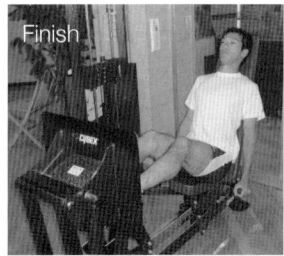

写真6-6　シーテッドレッグプレス

②レッグエクステンション（写真6-7）
主働筋……大腿四頭筋
・内側広筋の強化や膝関節の安定性の向上に効果的である．動作中，両膝と両足首の幅を一定に保ち，足首は軽く背屈させておく．

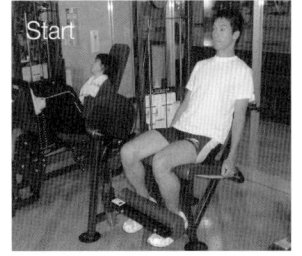

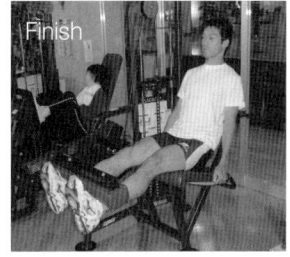

写真6-7　レッグエクステンション

③シーテッドレッグカール（写真6-8）
主働筋……ハムストリングス
・上半身に力が入り，からだが丸まることのないようにする．脚を戻すとき全部戻さず，ある程度筋を緊張させたままにしておく．

写真6-8　シーテッドレッグカール

④ヒップアダクション（写真6-9）
主働筋……大腿内転筋群
・反動がつきやすいトレーニングなので注意が必要である．とくに女性に多いO脚改善に効果がある．動作中，バックパッドに背中を密着し続けるようにし，合わせる動作中，息を吐く．

写真6-9　ヒップアダクション

⑤ヒップアブダクション（写真6-10）
主働筋……大腿外転筋群（中臀筋，小臀筋）
・反動がつきやすいトレーニングなので注意が必要である．しっかり背中をつけて座り，押している動作中，息を吐く．

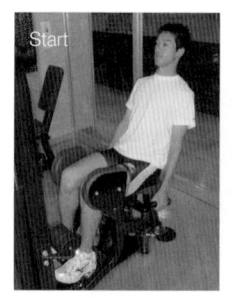

写真6-10　ヒップアブダクション

⑥ラットプルダウン（写真6-11）
主働筋……広背筋
補助筋……上腕屈筋群，大円筋
・肘の位置は常にバーの真下．生理的湾曲（脊柱のS字）をくずさないように，広背筋を意識し，肩甲骨を引きよせるように（肩をすくめない），バーを頭の後ろ側へ引き下げる．手先で引かないよう注意する．

写真6-11　ラットプルダウン

⑦バックエクステンション（写真6-12）
主働筋……脊柱起立筋群
補助筋……臀筋
・トレーニング中は背中をまっすぐに保ち，無理に反り返らないようにする．運動中は，筋に意識を向け，常に緊張を維持するように心がける．

写真6-12　バックエクステンション

⑧アブクランチ（写真6-13）
主働筋……腹直筋（上部）
補助筋……外腹斜筋
・Start位置に戻ったとき，後ろに倒れすぎないようにし，Finishのときパッドが脚につくまで倒さない．前方向動作中，息を吐く．

写真6-13　アブクランチ

⑨フライ（写真6-14）
主働筋……大胸筋
補助筋……三角筋（前部），小円筋
・からだの中心にアームレバーを持ってくる時，背中が背もたれから離れ，上体や頭がつっこまないようにする．大胸筋を意識しながら両腕を内側に絞りこんでいく．中央に合わせる動作中，息を吐く．大胸筋を重点的に，分離して強化したい場合に効果的である．

写真6-14　フライ

⑩チェストプレス（写真6-15）
主働筋……大胸筋
補助筋……上腕三頭筋，三角筋（前部），前鋸筋
・大胸筋を意識しながら動作を行う．押す動作中，シートから背中が離れ，からだが丸まることのないように注意する．伸ばした時に肘を完全に伸展させないようにする．

写真6-15　チェストプレス

⑪オーバーヘッドプレス（写真6-16）
主働筋……三角筋（中部）
補助筋……上腕三頭筋，僧帽筋（上部）
・背中を反らせると，腰に負担がかかり故障の原因になる．グリップの最高点では，肘を伸ばしきらないようにする．

写真6-16　オーバーヘッドプレス

⑫アームカール（写真6-17）
主働筋……上腕二頭筋
・下げる動作時に完全に肘を伸展させずに手前で止める．まっすぐな姿勢を保ち，腰部にアーチを作らないようにする．挙上動作中，息を吐く．

写真6-17　アームカール

⑬アームエクステンション（写真6-18）
主働筋……上腕三頭筋
・肘の位置がぶれないように注意する．上腕三頭筋に意識を集中する．下方向動作中，わずかに背中を丸める．また，下方向動作中に，息を吐く．

写真6-18　アームエクステンション

★コラム「トレーニングは裏側からはじめよ」
　日本人と欧米人の筋を比較してもっとも違うのが背中の発達である．それは日米のボディビルダーをならべてみれば一目瞭然である．もちろん全身の筋量は大きく違うが，とりわけ背中の差は歴然としている．この大きな違いの原因は，人類の遠いルーツを遡らなければならない．「モンゴロイド」vs「コーカソイド＆ネグロイド」．われわれ日本人の祖先，モンゴロイドはこの背部が発達していなかったのである．日本人の場合，残念ながら，相当トレーニングを積んだ人でも裏側は貧弱な人が多い．背中は自分にはみえないので他人と比較できず，トレーニングにおいても怠りがちになる．瞬発力を要する運動において裏側（広背筋・固有背筋）はとくに大切である．
　トレーニングはまず裏側からはじめよ！　強い選手，弱い選手の違いは背中に出る．

4．SAQトレーニング－スピード強化－

1）SAQトレーニングとは

　SAQトレーニングとは1980年代後半，米国でフットボールやバスケットボールのチームのために開発されたもので，NFLやNBAなどのトッププロも採用しているトレーニング方法である．日本には1990年代前半に伝わり，とくにラダートレーニングやミニハードルトレーニングなどは代表的なトレーニングといえる．現在はそのトレーニング方法や種類も増え，基礎トレーニング，ウォーミングアップ時の重要な地位を占めるようになっている．
　SAQの意味は速さを作る3要素の頭文字をとったもので，Sはスピード（走る時

の最高速度の能力＝Speed），A はアジリティ（敏捷性：左右の速い移動＝Agility），Q はクイックネス（素早さ：静止からの速い反応と動作＝Quickness）のそれぞれ頭文字をとったものである．

　SAQ トレーニングは「スピード」と簡単に片付けられた速さの定義を細分化してシステム化してトレーニングの一部に組み入れたものである．競技の本練習前のウォーミングアップや基礎トレーニングの一部として考えられる．本来なら，子どもの頃の鬼ごっこや木登り，竹馬など（最近ではかなり少なくなったが）遊びの中で自然に習得する俊敏さ，バランス能力，柔軟性など，いわば自然の中での人間本来の動きを取得するのが，SAQ トレーニングといえる．

(1) ダイナミック・フレキシビリティ：動きの柔軟性

　身体全体を使ってさまざまな動きを入れながら行う，いわば動的なバリスティックストレッチである．とくに股関節を中心とした特徴的な動きで体温の上昇と柔軟性を促進させる．柔軟性とは，単純に身体が柔らかいだけでなく，実際に動くときに，全身の筋や関節がスムーズに大きく動くかがポイントとなる．サッカー選手がよく行うブラジル体操もこれに属する（写真 6-19）．

(2) ラダートレーニング

　マス目のあるはしご状のトレーニング器具を用いて，素早くマス目をさまざまなステップやフットワークを使って動く神経系のトレーニングである．「いかに身体を動かすのか」を知ることができ，正しい動きや正しい姿勢作りを覚えるためにも効果的なトレーニング方法で，SAQ の代表的ともいえるトレーニングである．直線ドリル・横ドリル・スキップ・ツイスト（ひねり）・ジャンプなど，基本的なパターンだけでも10種類以上あり，複雑なステップになるほど難易度が増す（写真 6-20，21）．

(3) ミニハードルドリル

　15〜30 cm 程の小型ハードルを連続で跳び越えるもので，片足や両足揃えてなどさまざまなバリエーションがあるが，前述したラダーとは違い，動きの枠に高さを加えたものである（写真 6-22）．

(4) メディシンボールトレーニング

　パワー系のトレーニングとして効果的な方法で，プライオメトリクス[注1]のひとつになる．単純な放り投げ運動だけでなく連続動作で，スローイング，ひねりなどによってスピードのある運動が可能となり，上肢，体幹部を中心としたパワートレー

写真 6-19　ウォーミングアップにブラジル体操

写真 6-20　ラダーを取り入れる金沢大学サッカー部

写真 6-21　子どもたちも大好きなラダートレーニング
神経系の発達が著しいこの時期に是非導入してもらいたいドリルである．
（著者が指導する Jr. 陸上クラブにて）

注1) プライオメトリクス：できるだけ短時間に最大の筋力を発揮することを目的とした運動．筋や腱を引き伸ばしエキセントリックな収縮を加えた直後に，コンセントリックな収縮を行うと，バネのような弾性エネルギーが発生する．その性質を利用したトレーニングで，パワートレーニングの手段として用いられている．大きな収縮力が生じるため，筋や腱を痛めやすいので注意が必要である．

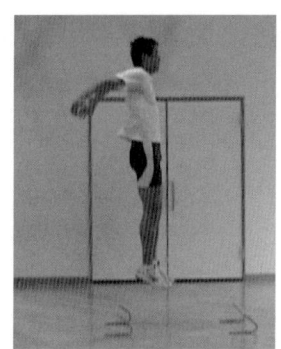

スプリント　　　　　　　　ラテラルスプリント　　　　　　両足ジャンプ

写真6-22　ミニハードルドリル

オーバーヘッドスロー　　　　　　　　　　バックスロー
　　　　　　　　　　　　　　（このドリルはパワーの測定でも利用される）

写真6-23　メディシンボールトレーニング

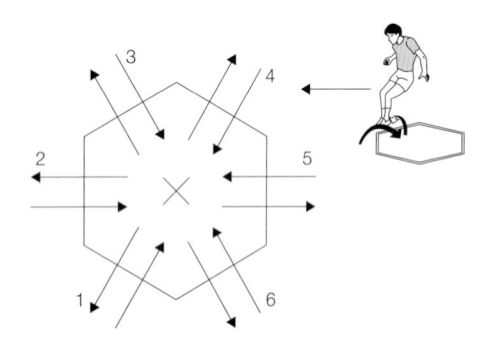

図6-3　ヘクサゴンドリル
移動の際，身体の中心線は常に六角形の中に残っていることが，素早い動きを行うためのポイントになる.

ニングが達成される（写真6-23）.
　ほかにもさまざまなトレーニング法があるが，ここでは基本的な概念とトレーニングを紹介するだけにとどめておいた．詳しくは，『スポーツスピード養成SAQトレーニング』を参照されたい．

2）SAQ能力の評価
　以下にあげる種目は，SAQトレーニングであると同時に，SAQの要素がどれだけ身についたかをチェックするテストにもなっている．
（1）ヘクサゴン（六角形）ドリル
　テープ，石灰，ロープなどを使って，1辺が60cmのヘクサゴンを作る．ジュニア選手の場合，50cmが目安となる（図6-3）．
　両足を六角形の中心部に置き，六角形の各ラインを越えるように両足跳びでステップする．「前方にステップ→戻る，斜め右にステップ→戻る」というように，一定方向を向いたまま，6辺をできるだけ速く回る.

図6-4 Tドリル

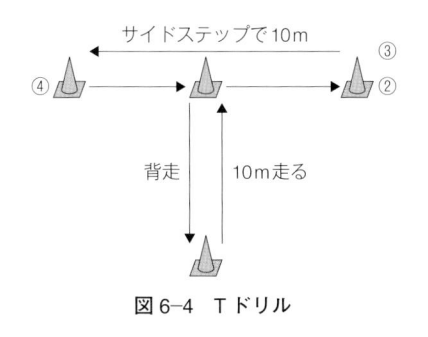

移動中のバランスやアジリティのコントロール・テスト[注2]として活用されている（3周を何秒間で移動できるか測定する）．

(2) Tドリル

縦10m，横10mのTの字を作る（図6-4）．横のライン上に5mの間隔で3つのコーンを置く．選手は縦10mのラインの端から直線ダッシュし，中央のコーンにタッチしたらサイドステップで右方向に移動，右のコーンにタッチしたらそのまま左方向へサイドステップで進んで，左のコーンにタッチ，再びサイドステップで中央のコーンまで戻って中央のコーンにタッチ，そのままバックランでスタート地点に戻る．この所要時間を測定する．

野球，バスケットボール，バレーボール，アメリカンフットボールなど前後，左右へのスピードが求められる競技でのコントロールテストとして利用価値が高い．

テストの一例を示したが，自分の競技で用いられる動き，運動時間や距離などを考慮して内容をアレンジしていくとよい．いずれにしても，テストを定期的に実施し，自分に足りない能力をそのつど把握した上でトレーニングに取り組むことが大切である．

5．コアトレーニング

コアとは『中心』を意味する．背骨・肋骨・肩甲骨・股関節などを支える筋肉部位をターゲットとするトレーニングをコアトレーニングという．コアトレーニングは2001年頃に開発され，今日では多くのプロスポーツ選手が取り入れている．

コアトレーニングの効果として，「身体の歪み矯正」「バランスのよい筋の状態を取り戻す」などがある．すなわち，体幹および連結部分の筋を強く，しなやかにすることによって，身体全体の力がうまく伝達され，調和の取れたダイナミックな動作が可能となる．

スポーツにおいては，とくに腰が安定していることや身体全体を力強く使えることはとても重要で，コアがしっかりしてくると，バランス機能が向上し，どんな場面にも上半身がくずれにくくなる．たとえば，サッカー日本代表の長友佑都選手は激しいタックルを受けてもなかなか転ばない．コアがしっかりしている選手の代表といえる．彼は積極的にスタビライゼーションを取り入れている．

1）ピラティス（写真6-24）

ピラティスとは，1900年代はじめにドイツ人のJoseph. H. Pilatesにより作られた腹筋運動に注目した，リハビリテーションプログラムである．1930年代にニューヨークで「ピラティススタジオ」を開設し，多くのダンサー，舞踊家により支持される．「あらゆる人々に最高のボディ・コンディショニングを」という彼の意思を受け継ぎ，現在では競技選手をはじめ，多くの人々に親しまれるエクササイズとなる．腰痛の改善，姿勢の矯正，下半身のサイズダウンなど，体型を変化させる効果

注2）コントロール・テスト：トレーニングによって選手たちがどのように変わったかを客観的に把握するために行うテストのことで，特別な測定機器を用いなくても，日常的に行っている（トレーニングに取り入れている）運動をテスト項目にすることで，選手本人が自分に足りない能力が何かを把握でき，トレーニングへの動機づけにもなる．

ハンドレッド
呼吸に合わせて腕をポンピングし、吐く、吸うでそれぞれ5つ数える

ティーサー
お腹を引き締めながら、両足を持ち上げることで腹筋を鍛えると同時に、身体のバランス感覚を養う

写真 6-24　ピラティス

が高いことから注目されている．

　エクササイズの目的は，身体のコア（腹部の深層筋，臀部の筋，脊柱の周りの筋）を強化することにある．姿勢が崩れ，動きが悪くなっている人は，肩甲帯や骨盤帯を安定させる体幹の深層部が使えていないことが考えられる．そこで，肩甲骨や骨盤の位置，動きに意識を集中したピラティスによるトレーニング・プログラムを行うことで，骨盤と肩甲帯を安定させ，「身体の中心」からはじめる動きによって身体全体をストレッチし強化することができる．

> ★コラム「ウエストを引き締めるのに有効なエクササイズとは」
> 　重要なのは深部腹筋を刺激することであり，皮下脂肪を落とそうとする前に大腰筋をしっかり動かすことがポイントとなる．それだけで，ウエストが 10 cm 以上細くなる人もいる．
> 　大腰筋を意識したトレーニングをすると，その周辺の脊柱起立筋や大臀筋，中臀筋といったコアマッスルも使うことになる．その結果，前や後に倒れていた骨盤が真っ直ぐ立ってくる．骨盤の姿勢がよくなると，内臓の位置が矯正され便秘や冷え性，むくみがなくなってくる（骨盤や腰椎の姿勢が崩れていて内臓が下に落ちている人は，おなかが出っ張ってしまう）．
> 　そして，下半身の代謝そのものが改善される．血行や代謝がよくなれば，エネルギーが逃げやすくなり，脂肪が落ちやすくなる．そうなったら，エアロビックエクササイズで脂肪を燃焼させるなど，段階を踏んでトレーニングをしていくことで，効果は非常に大きくなる．いきなりエアロビックエクササイズをやっても，おなか周りの脂肪はなかなか落ちない．
> 　大腰筋を鍛える運動としては，足を引き上げるレッグレイズ系の種目が有効である．たとえば，仰向けになって足を上げる．あるいは，階段を一段とばしで上がっていくのも効果的である．こうして大腰筋を鍛えることで骨盤の向きが変わり，大臀筋の位置も高くなりヒップアップにもつながる．

2）フォームローラーエクササイズ（写真 6-25）

　　　フォームローラーエクササイズは，丸い筒のような形をした，フォームローラーの上に仰向けになったり，立ったり，ボールを転がしたりすることでリハビリテーションやストレッチ効果を得ることができるエクササイズである．米国ではおもにリハビリテーションの現場で使われており，その安全性の高さや経済性，患者個々の満足感が高く評価され，広く普及している．

　　　フォームローラーを使用することで，短時間でストレッチしにくい体幹部（肩，胸部，背部，腰部，体幹，体側，骨盤周辺など）をこれまでにない感覚で伸ばすことができる．また，強まりすぎた脊柱の前湾を緩め，脊柱の本来あるべきカーブを回復させてくれる．また，ヒーリング（いやし）効果も高い．

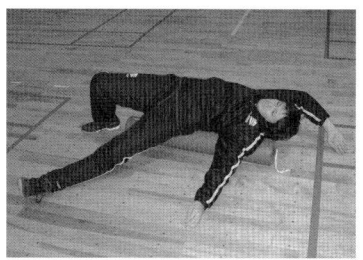

基本姿勢　　　　　　　　　　対角のストレッチ　　　　　　ボールの回転に任せ，ゆっくり身体を捻る

写真 6-25　フォームローラーエクササイズ
フォームローラーの上に横たわり，脚や腕を伸ばしたり，広げたりするだけで効果が実感できる．

プローン　　　　スパイン　　　　ラテラル　　　　スタンディング　　　シッティング

写真 6-26　スタビライゼーション
正確な姿勢と自然な呼吸で 10 ～ 30 秒静止する．

3）スタビライゼーション（写真 6-26）

　　　スタビライゼーションは，ドイツで医療体操から発展した機能訓練（Function Gymnastic）の一部を，"スタビライゼーション・トレーニング"という名称を用いてトレーニング専門誌に紹介したのがはじまりである．スタビライゼーションは，「動作中における頭部や体幹，四肢の定位（軸や重心の状態）を把握し，その機能的な安定と回復を図るエクササイズ」と定義づけられる．これには，より大きな動作を支える主働筋群の強化もさることながら，共働筋と呼ばれるいわゆる補強筋群の強化が必要で，深部の繊細なより多くの筋線維を刺激することによって，筋および神経の協調性を増し，身体各部の関節支持能力を向上させる目的がある．効果としては，①関節可動性の向上，②関節可動域の拡大，③動的柔軟性の向上，④重心や軸の把握と安定性の向上，⑤バランス能力の向上などがあげられる．

　　　ウォーミングアップやクーリングダウンの場面に，バランスチェックを兼ね，このスタビライゼーションを導入するのが効果的である．

4）ムービング（バランス）ディスクとボールエクササイズ（写真 6-27，28）

　　　ムービングディスク（空気入りクッション）や各種ボールを使い，体幹部の強化・ひきしめ，バランス機能の向上，姿勢の矯正を行うエクササイズである．不安定なディスクやボールの上にバランスよく座るためには，正しい姿勢をとらなければならない．そのためには，バランス感覚や脊柱の自然な S 字カーブ，骨盤の適度な前傾が必要になってくる．

5）腰痛防止のためのエクササイズ

　　　腰は文字通り人体の要であり，腰に障害があると日常生活のほとんどの動作が困難となる．スポーツ選手にとってはなおさらで，腰を支える腹・背筋群は一般人よ

122　第Ⅱ部　フィットネス基礎知識

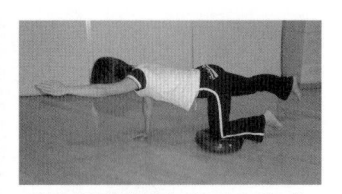

不安定要素を加えていく中で，体の中心軸を感じ，バランスをとるようにする．

バランスをとり，まっすぐ立とうとすることで，足関節可動域の改善や，下肢の筋を鍛えることができる．

お尻の下にボールを入れたり，挟んだりすることで，安定とはずみを活かせる．

写真 6-27　ムービングディスク

バランスゲーム

腕立て伏せ

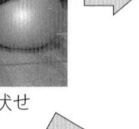

片脚をあげるとよりハード

サイドブリッジ

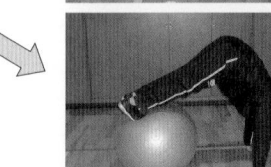

ボールの弾力で微妙に体がぶれるので，バランスをとりながらの運動となる．見た目以上にきついトレーニングである．

写真 6-28　ボールエクササイズ

第6章 トレーニング方法

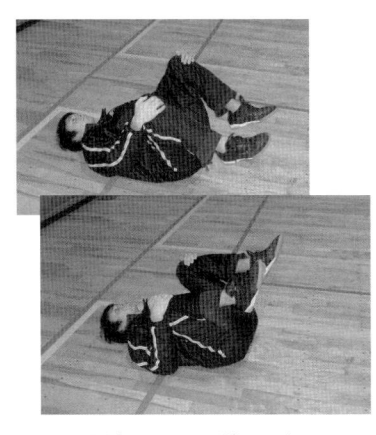

写真 6-29 両膝かかえ
仰向けに寝て両膝を抱え，背骨を床にぴったりつけたまま胸へ引き付ける．3秒静止する．骨盤の動きをよくするイメージで．10回．

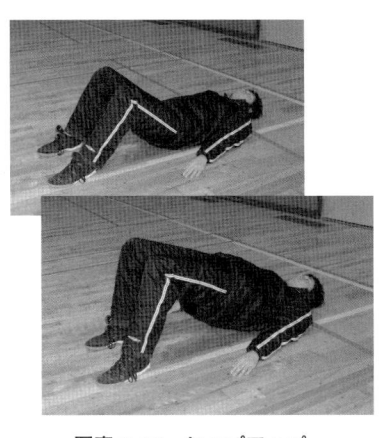

写真 6-30 ヒップアップ
挙げたときはヒップ，背中，ハムストリングスに力を入れ，戻したときにはお腹に力を入れる．腰背部で床を押しつけるように上下各3秒静止．10回．

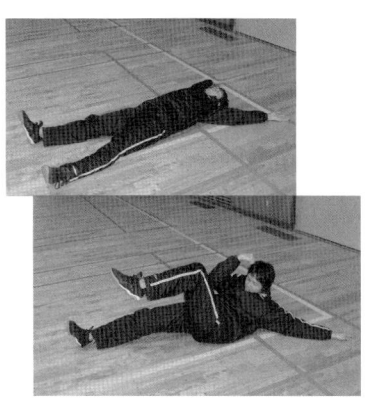

写真 6-31 ダイアゴナルクロス
仰向けに寝た状態から起き上がり，右肘と左膝を3秒間くっつける．このとき，反対側の手と足は全力で伸ばすように．片側ずつ各10回．

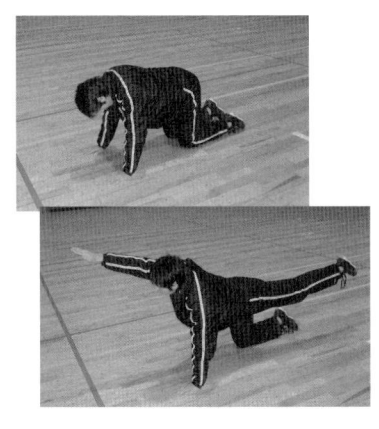

写真 6-32 片手片足のばし
四つんばいになり，右手と左足を上げて全力で3秒間伸ばす．目線は指先．腕はやや外側にあげる．次に手足をかえて行う．左右交互に10回．

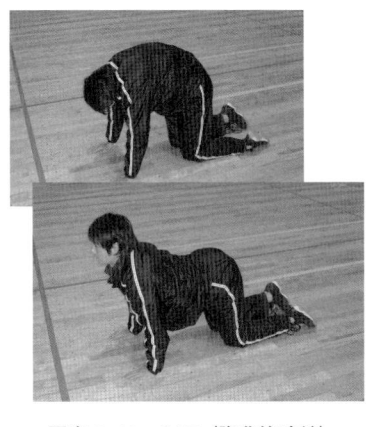

写真 6-33 CAT（腹背筋連続）
背中をまっすぐにした状態から力を入れてお腹を引き，3秒間静止．続けてそらす感覚で背中に力を入れ，3秒静止する．10回．

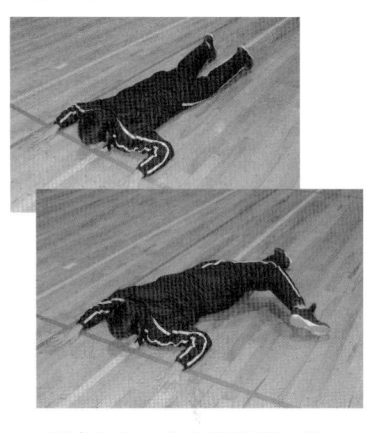

写真 6-34 うつぶせ腰ひねり
うつぶせになり，左右交互に腰をひねる．肩を動かさないように注意して10回．

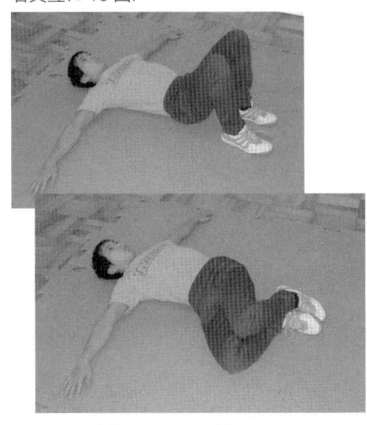

写真 6-35 両膝たおし
仰向けに寝て，両膝を左右に倒す．肩を動かさないようにして，左右へ10回．

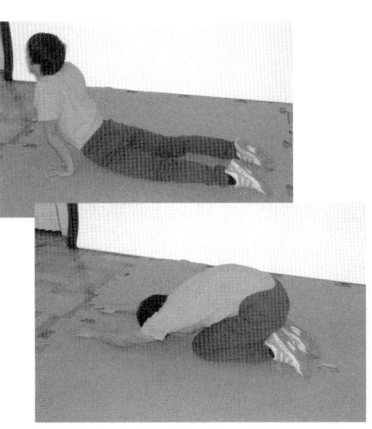

写真 6-36 スフィンクス
顔を上げ3秒間しっかり腹筋を伸ばし，次に腰を引いて背中を同じく3秒間伸ばす．10往復．

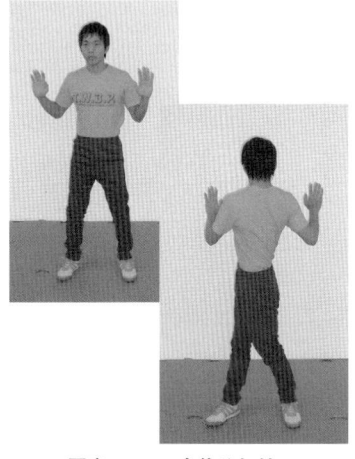

写真 6-37 立位ひねり
肩幅に立ち，つま先を正面に向け，両手を前に．胸を張り膝が曲がらないようにして，上半身を左右にひねる．10回．

りも強化されているものの，それ以上に酷使することも多く，結果的に腰の不調を抱えたまま練習やプレーを続けているという選手も決して少なくない．ここで紹介するドリルは，そういう選手のための「腰痛体操」で，腰の状態を通常のトレーニングができるように回復させるエクササイズである．もちろん，一般人にも有効である（写真6-29〜37）．

✓ まとめ

- 筋に負荷をかけ，それを克服して筋力を高めるトレーニングを，レジスタンストレーニングと総称している．
- ダンベルやバーベルを直接身体で扱うフリーウェイトトレーニングと，フレームの中に負荷を組み込んだマシンによるマシントレーニングがある．
- 筋力増強や筋肥大の効果は，フリーウェイトの方が大きいが，筋群によってはマシンでしか強化できない場合もある．安全面からいえば初心者にはマシンが勧められる．
- トレーニングを行う際，まず1RM（最大筋力）を知る必要があるが，推定法を用いれば初級者でも簡単に知ることができる．
- フリーウェイトトレーニングではビッグスリーに重点を置き，基礎的な筋力が備わったら，ハイクリーンなどのクイックリフトを導入するのが望ましい．
- スピード強化のためのSAQトレーニング，体幹および連結部位を刺激するコアトレーニングが近年注目されている．

📝 レポート課題

1. フリーウェイトとマシントレーニングの長所・短所についてそれぞれ説明せよ．
2. ベンチプレスにおいて60kgで8回反復できた（9回は反復できなかった）とすると1RM（最大筋力）は何kgになるか表6-2を参考にして推計せよ．
3. 基本となるビッグスリーとは何か（パワー系のアスリートについても説明せよ）．
4. ベンチプレスの主働筋および挙上する際（呼吸法など）の注意点について述べよ．

文献

Baechle TR, Earle RW 編, 石井直方監修：ストレングストレーニング＆コンディショニング 第2版．ブックハウスHD, 2002.
石井直方：レジスタンス・トレーニング．ブックハウスHD, 1999.
森永スポーツ＆フィットネスリサーチセンター編：スピード強化のトレーニングと食事がわかる！．森永製菓健康事業部, 1998.
関口 脩ほか：選手とコーチの筋力トレーニングマニュアル．大修館書店, 1993.
湯浅景元：筋肉−筋肉の構造・役割と筋出力のメカニズム−．山海堂, 2004.

［宮口 和義］

撮影協力：金沢大学陸上競技部，水泳部，サッカー部
SPORTS RESORT AMAN URT.
http://www.sr-aman.co.jp

第7章 健康を維持・増進するための運動

Ⓐ 理　論

1．健康を維持・増進するための運動

1）各個人に応じた運動を計画する

　医師が患者の治療のために投薬する場合には薬効を最大限にし，かつ副作用を最小限に抑えるために，「処方箋」を作成する．これと同じように運動のもつプラスの効果を最大限に活用し，個人の体力レベルや既往歴，生活状況などを考慮した上で，危険を回避する決定プロセスを「**運動処方**」という．この運動処方は，個人情報（性・年齢・職業・体力レベル・既往歴・運動目的・禁忌事項）をもとに，どのような運動を，どのくらいの強度，時間，回数（セット数）および頻度で実施するかを確認するので，画一的なものはあり得ない．たとえば，競技選手の場合であれば，トレーニングやケガによる休養期間からの第一線復帰を目的とした高強度，高負荷の専門トレーニングが処方されるし，一般健常者の健康維持・増進が目的であれば，個々人の体力に応じた中〜高強度の運動メニューが決定され処方される．運動処方は図7-1の手順に従って作成される．処方の際の確認事項は大きく，**運動を実施できるか**，**体力レベル**，**運動処方が適しているか**，**運動の効果**，の4つに分類できる．もっとも注意が必要なのは運動による障害や事故を未然に防ぎ，「安全に運動を実施できるか」を確認するためのメディカルチェック（医学的検査）である．
　運動によって悪化する危険性のある状態（無症状の虚血性心疾患や整形外科的障害）がある場合は運動実施が困難な場合もあるので，必ず医師と連携をとり，事前に問題がないかを確認しておくことが大切である．運動処方を作成する際には，第5章で述べたトレーニングの原則（意識性，全面性，漸進性，反復性，個別性など）を十分に配慮する必要がある．運動は身体に負荷（ストレス）を課すことになるので，その加減が非常に重要になる．最大能力の30％以下の負荷では体力は向上しないし，100％を超える負荷では運動障害を引き起こす可能性がある．一般には最大筋力，最高心拍数，あるいは最大酸素摂取量の40〜100％強度の負荷をかける．ただし，負荷強度については定期的に確認し，トレーニング効果によって変動させる必要がある．運動強度を正確に把握するためには，機器が必要であるが**自覚的運動強度**でおおよその判定は可能である．表7-1に各年代別の自覚的運動強度と心拍数の目安を示す．

2）運動種目の決定

　運動の目的に応じてどのような種目の運動を行うかを決定しなければならない．運動は，エネルギー供給機構の違いから短時間に力を出し切る**無酸素性運動**と長時間にわたって継続する**有酸素性運動**に分類される（第4章参照，p.60）．
　健康を維持・増進するためには，無酸素性運動・有酸素性運動ともそれぞれ効果があり，また，柔軟運動の重要性も指摘されている．レジスタンストレーニングに

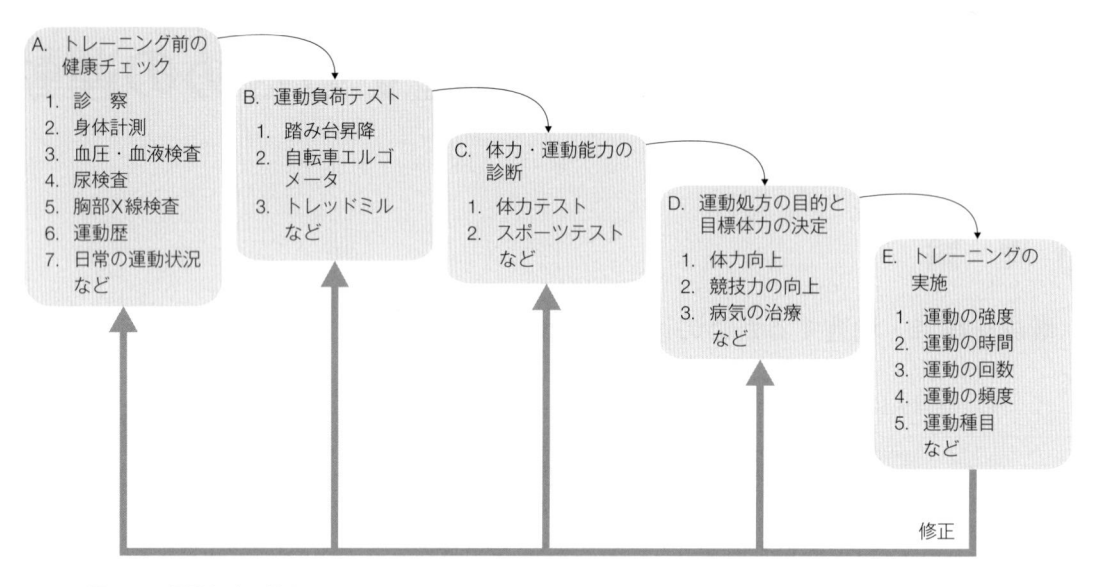

図7-1 運動処方の流れ（岸　恭一，上田信男編：栄養科学シリーズNEXT運動生理学．p93，講談社，1999）

表7-1　自覚的運動強度の捉え方と目安

| 強度の割合(%) | 強度の感じ方 | 年代別1分間当たりの心拍数 ||||| その他の感覚 |
		20歳代	30歳代	40歳代	50歳代	60歳代	
100	最高にきつい	190	185	175	165	155	体全体が苦しい
90	非常にきつい	175	170	165	155	145	無理，100%と差がないと感じる，若干言葉が出る，息がつまる
80	きつい	165	160	150	145	135	続かない，やめたい，のどが乾く，がんばるのみ
70	ややきつい	150	145	140	135	125	どこまで続くか不安，緊張，汗びっしょり
60	やや楽	135	135	130	125	120	いつまでも続く，充実感，汗が出る
50	楽	125	120	115	110	110	汗が出るか出ないか，ものたりない
40	非常に楽	110	110	105	100	100	楽しく気持ちがよいが，まるでものたりない
30	最高に楽	95	95	95	90	90	じっとしているより動いたほうが楽
20	座っているのと同じ	75	75	75	80	80	安静

（岸　恭一，上田信男編：栄養科学シリーズNEXT運動生理学．p94，講談社，1999）

　　　　代表される無酸素性運動については，第5章および第6章に，柔軟性については第11章にそれぞれまとめた．本章では，有酸素性運動について述べる．有酸素性運動は，脂肪をエネルギー源とするために，生活習慣病のリスクファクターとなる脂肪を直接燃焼することができる非常に有効な運動手段である．

　　　　運動内容の基準や設定方法については，1995年に策定されたアメリカスポーツ医学会（ACSM）とアメリカ心臓学会（AHA）による健康の維持や慢性疾患のリスクの低減を目的とした運動ガイドラインが有名である．現在は，新たな研究成果が取り入れられ，最新版が2007年の8月に公表されている．最新版のガイドラインの特徴としては，以下のこと等が紹介されている．

・平均的な健康の維持や慢性疾患の予防のためには，循環器系運動（有酸素性運動）を30分間の中強度運動ならば週5日，20分間の高強度ならば週3日以上と，8～10種目の筋力強化運動，8～12種目のレペティショントレーニングを最低週2回盛り込む
・循環器系運動（有酸素性運動）の運動継続時間については，10分間ずつに小分

表7-2 一般的な運動プログラムの一覧

運動プログラムの要素	頻度（セッション/週）	強度	持続	運動内容
心肺系（有酸素運動）	3〜5回/週	40%／50〜85% 心拍数予備または 最大酸素摂取量予備 55%／65〜90% 最大心拍数 12〜16回反復	20〜60分 10分程度に 分割可	大筋群の ダイナミック運動
レジスタンス	2〜3回/週	最大疲労負荷 例：19〜20回 最大疲労負荷前まで 例：16回	1セット 3〜20回	すべての大筋群を含む 8〜10運動
柔軟性	週に最低2〜3回 できれば週に5〜7回	痛みのない可動域ぎりぎり 筋緊張感まで	15〜30秒 を2〜4回	すべての大筋群の 静的ストレッチング

（アメリカスポーツ医学会編，日本体力医学会体力科学編集委員会監訳：運動処方の指針 第7版．南江堂，2006より引用一部改変）

けして数回にわたって実行しても運動の効果は連続して運動した場合と大きな差はないので，健康の維持には10分間×3セット程度のメニューにすると実行しやすい
・自分が運動の行いやすい時間帯を検討し，予めその時間に運動を実施するようにスケジュールを立てておく
・無理に有料のスポーツジムに通って専用のマシンなどを使って運動しなくても，シューズ1足とやる気があれば運動は可能である
・配偶者やこどもなど，家族とともに実行すること（一緒に啓発することが，こどもの将来に良い影響をもたらす）
・ガイドラインに提示された運動量はあくまでも最低限の推奨例であり，これ以上の運動が行えればさらに効果的である
・筋力強化運動とストレッチを組み込むこと

表7-2は，健常者が体力の維持，向上を目的とした場合の適切な運動の質と量を示したものである．通常はこの表の量を参考にメニューを組む．ただし，この基準は一般的なガイドラインであり，個々人の体力レベル，運動歴，運動の目的などによって調節しなければならない．たとえば，減量を目的とした場合は，運動時間を長めに設定しないと十分な効果が期待できないし，逆に運動習慣に乏しい人やしばらく運動から離れていた人が運動を開始する場合は，身体をならしながら運動習慣を定着化させる必要があるため低い強度の運動を選択し，回数も少なく設定する．最初から高強度で行うとケガをしやすかったり，トレーニングに対する飽きが生じたりするので注意が必要である（表7-3）．

表7-3 身体活動量が少ない低リスク[1] 参加者のトレーニング進展度

プログラムステージ	週	運動頻度 （回/週）	運動強度 （%HRR）	運動時間 （分）
初期段階	1	3	40〜50	15〜20
	2	3〜4	40〜50	20〜25
	3	3〜4	50〜60	20〜25
	4	3〜4	50〜60	25〜30
向上期段階	5〜7	3〜4	60〜70	25〜30
	8〜10	3〜4	60〜70	30〜35
	11〜13	3〜4	65〜75	30〜35
	14〜16	3〜5	65〜75	30〜35
	17〜20	3〜5	70〜85	35〜40
	21〜24	3〜5	70〜85	35〜40
維持段階[2]	24+	3〜5	70〜85	20〜60

1) 一般健康人や，心疾患患者でも重篤な症状を持たず運動中特別な監視が必要ない成人
2) 長時間をかけてプログラムを実行していくことから，強度，頻度，時間はさまざまである．
HRR：予備心拍数
（アメリカスポーツ医学会編，日本体力医学会体力科学編集委員会監訳：運動処方の指針 第7版．南江堂，2006より引用一部改変）

2．有酸素性運動のすすめ

1）体脂肪をエネルギー源として燃焼する

有酸素性運動によって，脂肪がエネルギー源として利用され，燃焼する．しかし，体脂肪1g当たり約7.2 kcalのエネルギーを有しており，有酸素性運動だけで体脂肪の減量を計画すると膨大な運動量が必要となる．たとえば，体重60 kgの人が30分程度，普通の速さ（3.5〜4.0 km/h）でウォーキングしたとしても消費されるエネルギーは100 kcal程度である．これは，ごはん約半杯分，ショートケーキ約1/4個分にしか相当しない（第8章参照，p.136）．

2）基礎代謝量を維持する

基礎代謝量は加齢とともに低下し，年齢を重ねるとともに脂肪がつきやすくなる．また，無理なダイエットによって食事量を減らすと身体は筋量を減らし，基礎代謝量を低下させて適応する．有酸素性運動によって，筋量を維持し基礎代謝を維持する効果が期待できる．ダイエットには必ず，リバウンドが付きまとう．食事のみのダイエットではリバウンドが大きくなるが，運動をあわせて行うことで，リバウンド量を小さくすることができる．

3）インスリンの感受性を高める

体脂肪量が増加すると，インスリン感受性が低下する．インスリンは血液中の血糖と結合して，糖を細胞内に運搬し，細胞の活動エネルギーを供給する働きをする．しかし，インスリン感受性が低下すると血糖が血液中に残り，脂肪に再合成され，内臓脂肪が蓄積するようになる．有酸素性運動をすることによって，インスリン受容体が増加し，細胞内でのブドウ糖の利用も改善される．

4）毛細血管網の発達促進

有酸素性運動を行うことによって，心臓血管系の働きが強化される．末梢部位の毛細血管，心筋，呼吸筋の毛細血管網が発達し，それらの血管が太くなり，各部位への酸素供給量が増大するようになる．また，血管壁の柔軟性が高まるため，動脈硬化のリスクを軽減する．これらに関連して，表7-4のような効果が期待される．

5）ストレスの解消

運動を行うことによって爽快感が得られる．とくに有酸素性運動は最大下の強度で継続して行う運動であるため，運動中の苦痛度や疲労感も適度であり，ストレスの解消には適しているといえる．

表7-4 有酸素性運動による生理学的効果

- 交感神経，副交感神経に働きかけ，安静時および最大下運動中の心拍数の減少
- 心臓機能を強化し，安静時および最大下および最大運動中の一回拍出量の増加
- 最大運動時の心拍出量，仕事量および酸素摂取量の増加
- 血漿量の増加
- 最大換気量の増加，最大下運動中の換気量の減少（呼吸効率の改善）
- 安静時および最大下運動中の血圧低下
- 毛細血管数の増加
- 筋細胞内のミオグロビン増加や酸素運搬の増加
- ミトコンドリアおよび関連酵素の実質的増加
- 脂質利用の増加−グリコーゲン蓄積，最大下仕事量負荷時の持久性亢進
- 悪玉コレステロールの減少と善玉コレステロールの増加
- インスリン感受性の亢進
- 乳酸閾値の上昇，高強度運動耐用能の亢進
- ATP（アデノシン三リン酸），CP（クレアチンリン酸）およびグリコーゲン蓄積の増加

（David PS, Brian CL著，坂本静男監訳：運動処方−ケーススタディでみるACSMガイドライン−．NAP，2009より引用一部改変）

表7-5 有酸素性運動の条件

(1) 大きな骨格筋群を動員し，全身的な運動であること
(2) 5分以上継続できる運動であること
(3) 疲労困憊に至らない運動（中等度程度：ややきつい）であること
(4) リズミカルに骨格筋群を活動させること

表7-6 有酸素性運動を行う上でのポイント

(1) 相手がいなくても実施できるもの
(2) 特別な場所を必要としないもの
(3) 自由な時間に実施できるもの
(4) 特別な技術，器具，服装がなくてもできるもの

3．有酸素性運動の例

　有酸素性運動の条件は，表7-5のとおりである．(1)は，より大きな筋群を利用した運動であれば，それだけ多くのエネルギー消費を期待できることになる．(2)は，運動をはじめてから有酸素性代謝が主として働くまでには数分の時間が必要であるため，ある程度の継続が必要となる．(3)は，健康の維持・増進のために行う運動であるから，運動障害の危険がある高強度な運動は避ける必要がある．また，疲労困憊まで行うと運動が習慣化しにくくなる．(4)は心臓血管系への影響を考えた場合，リズミカルな運動であれば，**筋ポンプ作用**（第10章2参照，p.171）により静脈還流効率が高まるため，血液循環が効率よくなり，骨格筋への酸素運搬効率も上がる．

　これらの有酸素性運動の条件に加え，運動を習慣化させるためのポイントとして，表7-6の事項も考慮する必要がある．これらの条件を満たす運動種目として，ウォーキング，ジョギング，サイクリングがあげられる．また，表7-6の事項で制約される場合もあるが，エアロビクスダンス，水泳（水中運動）も有効な運動種目といえる．さらに，人によっては野球やサッカー，バレーボールなども無理をしなければ（表7-5の注意点を考慮すれば），有酸素性運動に含められないこともない．また，忙しくて運動種目だけで一度に十分な運動量・時間が確保できない人の場合，10分間×3セットの運動計画をたて，必要に応じて日常生活活動の中でも比較的強度が高い運動（ACSMの例：仕事のための早歩き，ショベルによるガーデニング，木工など）を組み込むと習慣づけしやすい．

1）ウォーキング

　もっとも強度が低く，誰もが手軽に実施できる運動である．姿勢とフォームを変えるなどして普段の歩行速度より速足で歩く．1分間に100〜120mの速度で速歩きすれば，ゆっくり走るのとほぼ同じ運動強度となる．ウォーキングは運動強度よりも運動時間を長くとることに重点を置く．個人の体力にもよるが，1日20〜60分程度を目標とする．ただし，1回でまとめて行う必要はなく，2〜3回に分けても運動量にはそれほど違いはない．

2）ジョギング

　ジョギングは，運動経験者で体力にある程度自信がある人に推奨される運動である．肥満度の高い人の場合，体重によって足首，膝，腰などに負担がかかりすぎる場合があるので，目安としてBMI（男性：26未満，女性：24未満）によってウォーキングとジョギングのどちらを選択するか決定するとよい．また，ジョギングはウォーキングの約3倍の力が脚にかかるので障害予防として，運動前後のストレッ

表7–7 サイクリングの運動強度と時間

(1) 体力水準の低い人はできるだけ毎日，マイペースで．距離的に近くても通勤，買物の往復に．
(2) 通勤あるいは買物に自転車を頻繁に利用している人は，週2～3日，「普通」あるいは「やや強く」の感覚で，遠回りをして1日20分．
(3) 体力づくりのために，本格的に自転車を利用する人は，週3～5日，「やや強く」の感覚で1日20分以上．

チは十分行う．目安としては，1 kmを7分程度の速度で走る．

3）サイクリング：エアロバイク

自転車は特別な器具と環境を必要とするが，外を走る場合，スピード感が爽快な気持ちにさせてくれる．自転車運動の最大の利点は，サドルが体重を支えるため，膝や足首への負担が少ない．また，ギアチェンジ付の自転車であれば運動強度も任意に設定できる．エアロバイクであれば，負荷強度，時間を任意に設定できる上に，イアーセンサーによって心拍数もリアルタイムに計測できる．一般の人が平坦な道を普通に走ると（4～6メッツ），男性で15～20 km/h，女性で10～18 km/hで運動強度としては比較的低いが，長時間継続することができる．自転車運動を行う場合，ペダルを「やや強く」漕ぐことがポイントである．この運動は，運動障害のリスクが低いという点で，肥満度の高い人や腰痛症を持つ人にも推奨できる．表7–7に運動強度と時間の目安を示した．

4）水泳：水中運動

水泳は特別な環境（プール）を必要とするが，性，年齢，体力レベル，肥満度を問わず誰もが安全に実施できる点で有効な運動である．また，全身運動であるため，短時間に多くのエネルギー消費を期待できる．水泳（水中運動）は，身体の一部分に負担がかかるということはなく，運動障害のリスクが低い．また，水の抵抗力が適度な運動負荷となる．つまり，水中では等速性筋力発揮（第4章参照，p.60）に近い運動が行われるため，泳速度に比例して負荷（抵抗）も大きくなる．また，水圧によって静脈還流効率が高まり，呼吸・循環器系の負担も小さい．さらには，水の中に入る気持ちよさが，ストレスを解消してくれるという効果も期待できる．水泳では，全力で泳ぐのではなく，自分のペースでゆっくりと長時間（20分ぐらい）泳ぐことが重要である．泳ぐことが苦手な人は水中でウォーキングするとよい．また，水中で音楽にあわせて全身運動を行う「アクアビクス」がスポーツクラブなどで行われている．

水中運動は陸上運動に比べ，主観的運動強度が同じでも心拍数が少なくなる．したがって，陸上運動のときより目標心拍数をやや低めに設定して運動を行う．

5）エアロビクスダンス

エアロビクスダンスは，1人で実施するには困難な運動であり，スポーツクラブなどの特別な環境が必要となる．しかし，エアロビクスダンスは，心肺機能を高める運動，筋力強化の運動，柔軟性を高める運動などを音楽にあわせて行うため，運動の"きつさ"を忘れ，楽しく運動ができる．ただし，エアロビクスダンスは，初級者と上級者では運動強度やダンステクニックに大きな差があるため，自分にあったレベルを選択することが重要となる．また，ステップ動作によって，肥満度の高い人や運動習慣のない人には下肢（膝，足首）などの傷害の危険性があるため注意が必要である．

4. 有酸素性運動の実施上の注意点

　前述してきた運動は，健康を維持・増進するために行うものであって，運動効果が効率的になるように注意するのはもちろんのこと，継続できないものや健康を損なうようなものであってはならない．運動の効果は即時的に現れるものではないので，日常生活の中に習慣化するように工夫をすることが大切である．たとえば，強度が強すぎたり，運動自体がストレスになったり，実施時間が日常生活（仕事や睡眠）を妨げないように注意する．最初から頑張りすぎて無理な計画を立てると，継続できないことが多い．疲れが残らない程度の軽度の運動を計画することや，運動を一定期間継続できたら，自分に褒美を与えるように決めておく，運動を一緒に行うパートナーをみつける，など自分にあった工夫を取り入れることが大切である．

　また，運動をより安全かつ効果的に行うためには，事前にメディカルチェックを受けることや，運動する当日の体調にも十分気を配ることが必要である（第2章参照，p.35）．体調のチェックは，運動前後に行い，運動中の変調にも敏感になるように心掛ける．運動障害の予防のためにも，運動前に使う筋を伸ばすためのストレッチング，関節の屈伸を行い，終了後はしばらく軽い運動をして，徐々に安静水準に導くようにすることが大切である．

> ★コラム「アキレス腱断裂や肉離れはおじさんの証拠？」
> 　プロやオリンピック代表選手などがアキレス腱を断裂して，しばらくの間競技に復帰することが不可能というニュースを時々耳にする．一見，激しい運動を繰り返しているアスリートがよく起こすケガのように勘違いしがちであるが，実はアキレス腱断裂の好発年齢は中高年（比較的男性が多い）である．アキレス腱は30歳代以降退行性変化がはじまり柔軟性が失われ出す．さらに，普段スポーツを行うことが少なくなっている30〜40歳代の人が健康を意識し，急にジョギングやなわとびなどの運動を実施することによって，筋肉の収縮による急な引っ張りに耐えきれずに断裂を起こす．同じような症状に肉離れもある．健康のために運動を始める際にも，いきなり強度の高い運動を実施せず，強度の低い運動から徐々に体を慣らしていくこと，十分なストレッチングを行い，柔軟性を高めておくことが重要である．

Ⓑ 実　践

5. ウォーキングとジョギングをはじめる

1) ウォーキング・ジョギング実施時の留意点

　健康を維持・増進させるために行う運動であるから，健康を損なうようなことがないように留意点を以下に示す．

①気温が低いときは，血管が収縮し血圧が上昇しやすくなるので，防寒の準備を忘れない．

②気温が高いときは，発汗による脱水症状や尿酸値の上昇などの危険があるので，運動の前に水分を補給する．また，運動中も水分（できれば塩分などのミネラルを含むもの）を携帯し，喉が渇く前にこまめな水分補給を行う．

③不快感がなく30分以上継続できるペースを維持し，無理をしないこと．頑張りすぎは，継続を妨げるストレスとなる．

④実施中に，息切れ，関節や筋に痛みがある，疲労感が強くなったなどの自覚症

状が現れた場合は，ただちにスピードを緩めて様子をみる．
⑤胸が痛い，圧迫感がある，頭痛やめまいがする，吐き気や悪寒がする，冷や汗が出るなどの自覚症状が現れたら，ただちに中止する（表2-7，第2章参照，p. 34）．
⑥睡眠不足，二日酔い，全身の倦怠感など運動実施前から体調が優れないと感じたときは取りやめる．
⑦糖尿病の人は血糖値の低下に注意し，糖分を速やかに補給できるように飴やチョコレートを携帯する．
⑧生活習慣病を罹患している人は，運動をはじめる前に，主治医に運動計画に無理がないかなどのアドバイスをもらう．
⑨夜間や薄暗い早朝に実施する際は，交通事故の発生を予防するために，反射素材を利用したシューズや帽子，ウェアを着用したり，ライトなど光るものを手で持ちあるいたり頭に装着する．

2）ウォーキングとジョギングの違いと運動特性

（1）動き

ジョギングでは，両足とも地面から離れている瞬間（滞空時間）があるのに対して，ウォーキングでは常にどちらか一方の足か両足が地面に接している．そして，ジョギングにおける滞空時間は速度が上がるほど長くなり，ジョギングでは1歩に要する時間の20～30％である．

（2）着地時の衝撃

ウォーキングでは，速度を上げても着地衝撃は，体重の1～1.2倍程度であるが，ジョギングでは2～3倍の力を地面から受けることになる．したがって，ジョギングの方が障害を起こさないための注意がより必要となる．たとえば，ランナー膝（腸脛靭帯炎）や鵞足炎と呼ばれる使いすぎ症候群[注1]があるように，ジョギングによって膝の障害が発生することは多い．これらを予防するためにも，踵の衝撃を和らげるジョギングシューズを使用することが進められる．

（3）スピードと消費エネルギー

ウォーキングでは100 m/分くらいの速度から急激にエネルギー消費が高くなり，120～130 m/分前後でジョギングとほぼ同じ水準になる．そして，それ以上の速度ではウォーキングが困難となり，ジョギングの方がエネルギー消費も少なくて済み，ジョギングの方がウォーキングより楽である．ジョギングでは速度の増加とともに，エネルギー消費もほぼ直線的に増加する．

ジョギングでの体重当たりの消費エネルギーは，距離に比例する．1 km当たりの消費エネルギーは，体重1 kg当たり約1 kcalである．たとえば，体重50 kgの人が6 kmのジョギング（160 m/分）を行えば約300 kcalを消費することになり，1日に必要といわれている運動量を満たす．

4）膝や足首を痛めないフォーム

ウォーキング・ジョギングともに着地衝撃があり，体重の大きい人ほどその負荷

注1）使いすぎ症候群（Overuse Syndrome）：運動中に，負荷が1カ所に集中し，疲労が蓄積されることで起こるスポーツ障害である．スポーツによる慢性障害には，内的因子（体力レベル，年齢，性，姿勢など），外的因子（運動量や強度など），環境因子（床，シューズ，気温など）の3つの因子が関与するが，使いすぎ症候群はとくに外的因子の関与度が大きい．

は大きくなる．したがって，着地衝撃が比較的少ないウォーキングであっても膝や足首への負担は考慮すべきである．

足に負担をかけないウォーキング・ジョギング姿勢を以下に示す．

① 背筋を伸ばし，耳・肩・腰から足首まで地面に対して一直線となる姿勢で歩く．そのためには腹筋を引き締めて，あごを引く．立ち姿勢をチェックし，猫背やそり姿勢の場合は改善する．
② 目線は落とさず，左右の肩の高さは地面に対して平行にする．
③ 踏み出した足は踵から着地し，重心をつま先に移動させる．
④ 「内股歩き」は，膝関節を痛める原因となる．足首の力を抜いてまっすぐ前に蹴りだす．

5）適切なシューズを選ぶ

膝や足首を痛めないためにも，シューズは適切なものを選択する．ランニングシューズやジョギングシューズでも競技性が高いものは軽量化に重点がおかれ，踵のクッションが薄く作られている場合が多いので，選択の際には注意する．適切なシューズを選択するポイントは以下のとおりである．

① 足のサイズを正しく測定し，実際に履いてみる．午後3時くらいが適時である．
② 履き心地をチェックする．踵や土踏まずの部分がしっかりしていて，つま先に，足の指の曲げ伸ばしができるくらいの余裕があるか．また，足底部が簡単に曲がるか．つま先立ちがするのが苦しくないか．
③ 少々重くとも，クッション性が高い素材を使用しているものを選ぶ．

6．ウォーキングとジョギングの運動強度

ウォーキングとジョギングの運動強度の指標は，心拍数を用いる場合が多い．目標心拍数（Target Heart Rate）は，以下の式7-1から算出する．

目標心拍数＝運動強度×（最高心拍数－安静時心拍数）＋安静時心拍数 … 式7-1

ウォーキング・ジョギング中の心拍数は，一定速度で5～10分間の運動後，止まって速やかに6秒間測定し，10倍して1分間の心拍数を推定する．最高心拍数がわからない場合は，「220－年齢」もしくは「210－（0.5×年齢）」で推定する．たとえば，50歳で安静時心拍数70拍/分の人が中等度（最大の60％程度）30分間のトレーニングを行う場合，目標心拍数は，約130拍/分と算出することができる．

7．ウォーキングとジョギングの正しいフォーム

1）ウォーキングフォーム

以下に部位別の注意事項を列挙する．

① 頭：首の後ろから上に引き上げられている意識を持つ．頭部は3kg以上あり，ウォーキング中にぶれるとフォーム全体のバランスに乱れが生じる．
② 視線：4～5m先の地面を見据える．頭部をぶれさせないためにも重要である．
③ 肩・背：力を抜いてリラックスする．ただし，体幹の軸をまっすぐにすることを意識し，背筋を伸ばす．
④ 腕：速いウォーキングの場合，肘を約90度に曲げ，親指を上にして軽くこぶしを握る．腕は前後に大きくしっかり振る．普通のウォーキングの場合，肘は

表7-8 正しいウォーキングフォーム

・つま先は常に進行方向を向いていること
・一歩一歩，かかとから着地することを意識し，つま先をピンと上げること
・足裏全体（つま先からかかとまで）をしっかり使って歩くこと
・同じサイドの足と同調して呼吸すること
・視線は4～5m先に定めること
・肩の力を抜いて，リラックスすること
・深呼吸するときのように，胸を広げていること

軽く曲げ自然にスイングする．
⑤腰：腰の高さは一定に保つように心掛け，身体が左右に揺れたりしないようにする．後ろ足に腰を乗せるような感覚で，もう片方の足を一歩前に踏み込む．重心が前に移動する力を利用して，最後に後ろ足の親指で地面を蹴る．上半身が同じ高さを水平に移動するイメージで歩く．疲労とともに脚が伸びず腰が落ちてくるので注意する．
⑥膝：足を着地するときは突っ張らず，衝撃を吸収するように柔らかくする．蹴りだすときは，膝を伸ばして力強くける．
⑦足：つま先を上げて，踵から着地する．足の裏全体でつま先までしっかり使って歩く．地面に対して40度くらいの角度で着地する．普段よりもストライド幅を大きくし，弾みをつけながらテンポよく歩く．ストライド幅は，以下の式より目安を算出できる．

普通のウォーキング：身長（cm）×0.37 ……………………………… 式7-2
速いウォーキング　：身長（cm）×0.45 ……………………………… 式7-3

⑧呼吸：速いウォーキングの場合，呼吸のリズムが重要となる．酸素を効率よく取り込むために，リズムよく呼吸する．たとえば，1歩ずつ「吸う，吸う，吐く，吐く」のリズムで呼吸する．
また，正しいウォーキングフォームのその他のチェック事項を表7-8に示す．

2）ジョギングフォーム

以下に部位別の注意事項を列挙する．
①視線：前方を見据え，あごは軽く引く．
②腕：指は軽く曲げ，腕の振りは後ろに肘を引く意識を強め，肩の力を抜いてリズミカルに振る．
③腰：腰の位置を高く保ち，背筋をしっかりと伸ばす．
④上体：速度とともにやや前傾させ，腰を前方に押し出すイメージ．
⑤ストライド：無理に広げようとせず，自分にあった楽な大きさ．
⑥足：踵で着地し，足の裏全体で重心移動を行い，つま先で蹴りだす．
⑦呼吸：自分の楽な呼吸法でよいが，上体の背筋を伸ばすことで，胸を開き，空気を取り込みやすい状態を作る．

8．ウォーキングの消費エネルギー

普通のウォーキング（3.5～4 km/h）で1 km進むときの消費エネルギーは体重1 kg当たり約0.5 kcalである．速いウォーキング（6 km/h）の場合は約0.8 kcalである．たとえば，身長165 cm，体重70 kgの人が普通のウォーキングで10,000歩歩くと，消費エネルギーは式7-4より，213.7 kcalとなる．目安として，普通のウォーキングで30分間歩くと約100 kcal程度消費される．

（係数 kcal）×（歩幅 m）×km換算×（歩数）×（体重 kg）＝消費エネルギー…式7-4
0.5 kcal×（1.65×0.37）×1/1,000×10,000×70＝213.7 kcal

まとめ

- 運動は，エネルギー供給機構の違いによって無酸素性運動と有酸素性運動に大別され，両運動とも健康の維持・増進には有効な手段である．
- 有酸素性運動は，生活習慣病のリスクファクターである脂肪を直接燃焼することができ，基礎代謝量を維持し，インスリン感受性を高めるなどの効果が期待できる．
- 有酸素性運動として，ウォーキング，ジョギング，サイクリング，水中運動，エアロビクスダンスなどが普及している．
- ジョギング・ウォーキングを実施するときは，フォームを意識して適度な強度で行う必要がある．

レポート課題

1. 自分自身の運動処方を作成せよ．
2. 有酸素性運動の効果についてまとめよ．
3. 有酸素性運動の実施上の注意点をまとめよ．
4. ウォーキングとジョギングの実施上の留意点をまとめよ．

文献

アメリカスポーツ医学会編，日本体力医学会体力科学編集委員会監訳：運動処方の指針 第7版．南江堂，2006

David PS, Brian CL 著，坂本静男監訳：運動処方 ケーススタディでみる ACSM ガイドライン．NAP，2009．

岸　恭一，上田信男編：栄養科学シリーズ NEXT 運動生理学．講談社，1999．

運動所要量・運動指針の策定検討会編：健康づくりのための運動指針2006〜生活習慣病予防のために〜＜エクササイズガイド2006＞．厚生労働省，2006．

ランニング学会編：今日からはじめる実践ランニング読本．山海堂，2001．

［吉村　喜信］

第8章 ダイエット計画

Ⓐ 理 論

1．ダイエットとは

　ダイエットとは食事療法，制限食，減食を意味し，食事制限（摂取エネルギーと消費エネルギーのバランスを取ること）によって体重を減量することであるが，一般的にはダイエット＝減量として捉えられている．現在，使われているダイエットという用語は食事制限のみではなく，運動や生活習慣の改善によって計画される一連の過程に当てはめられる．エネルギーバランスをマイナスにすれば減量できる．しかし，それが難しいことは，さまざまなメディアで"ダイエット"関連の情報が次から次と紹介されていることからも理解できよう．ダイエットには必ず，程度の大小はあるもののリバウンドを伴うためである．ダイエットが成功しない理由として，メディアから発信される情報に正しくないものが少なくないこともあげられる．ダイエットの本質は，単に体重を減らすのではなく，筋量や骨密度を減らすことなく余分な体脂肪を減らすことにある．結論からいえば，正しいダイエット法とは，規則正しく，栄養バランスがとれ，かつ摂取エネルギーを抑えた食生活と適度な運動の継続，およびストレス管理がすべてである．このうち，即効性，短期的に「楽」な方法は食事療法による摂取エネルギー制限である．

　しかし，食事療法にのみ依存したダイエットはリバウンドする確率が高い．運動療法は，100 kcalを消費するためには30分以上のウォーキングが必要であり，即効性は期待できないし，「楽」ではない．それならばバナナ1本を我慢した方が「楽」に感じる．しかし，運動の継続は基礎代謝を高め，太りにくい身体を作るため，リバウンドを小さくできる．つまり，ダイエットは適切な食習慣と運動習慣の二本柱で実施することが重要である．しかし，ダイエットに失敗する人のほとんどは，自分の生活習慣や食生活を見直して誤っている箇所を明らかにする前に，突発的に低エネルギー食に切り替えたり，無理な運動をはじめたりして，ダイエット行為そのものが強いストレスとなる人である．したがって，ダイエットとは自分の体型（脂肪量）のみならず，生活習慣や食生活をよくみつめた上で，ストレスを管理しながら計画的に実施することが大切となる．

2．ダイエットの注意点

　近年の若年者，とくに女性の痩身願望は高くなっている．平成20年国民健康・栄養調査において全年代において理想とするBMI値は標準BMI22以下と報告されているように，ダイエットの必要のない人までもダイエット願望を持っている（図8-1）（BMIの判定基準は，第3章，表3-3参照，p.42参照）．この傾向は10〜20歳代でとくに強く，小学生からダイエットを始める女性も少なくない．厚生労働省は新健康フロンティア戦略（第1章参照，p.13）において女性の健康問題のひと

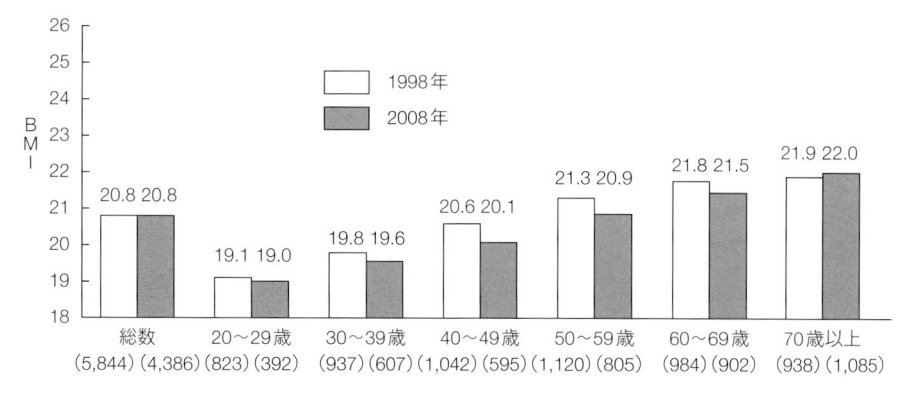

図 8-1 本人が思っている理想の BMI 値（女性）
「あなたの身長であなたが理想と考える体重はどのくらいですか」との問に対し，現在の身長（自己申告）と理想の体重を回答した結果から BMI を算出
（厚生労働省「平成 20 年国民健康・栄養調査」）

表 8-1 短期間ダイエットに対する弊害

（1）骨や筋まで減ってしまう
（2）やつれて髪や肌を傷める
（3）貧血や骨粗鬆症にもなりやすくなる
（4）疲れやすく体調をくずす
（5）ストレスから過食になりやすい
（6）過食・拒食を繰り返すこともある
（7）風邪などをひきやすくなる
（8）意欲が減退し，活動力が低下する
（9）女性は生理不順，無月経，不妊症になることもある
（10）失敗から自己嫌悪に陥りやすい

つとして「女性の痩せの増加」を警鐘している．それは，「とにかくやせたい」という願望から，過激なダイエット，つまり一時的で短期間に減量することを目標とした，偏食，欠食を中心としたダイエットを行った結果，心身に弊害を起こすケースが少なくないからである．

短期間で誤ったダイエットをした場合の弊害を表 8-1 に示す．短期間で体重の 5% 以上の減少は，健康を著しく損なう恐れがあるといわれ，とくに女性の場合，無月経や月経不順を引き起こす可能性がきわめて高くなる．これは「視床下部性の防御反応」といわれ，身体が飢餓状態に備えはじめた緊急処置の現れである．身体を危機的状況に追い込むことが健康によいはずもない．基本的に最大限 1 kg/週の減量にとどめる必要がある．また，女性において誤ったダイエットを実践して結果として骨粗鬆症を招くケースも少なくない（第 4 章，図 4-28 参照，p. 86）．

また，図 8-2 は極端な食事制限によるダイエットによる減量とその後のリバウンドの傾向を実験した結果である．この結果が示す重要なことは 3 つある．1 つ目は，極端な食事制限は減量を可能とするが，食事制限を継続できないと同程度の期間でリバウンドし，元に戻る．2 つ目は，リバウンド後に再度同じ食事制限をしても減量に要する期間は約 2 倍に延長するようになる，つまり痩せにくくなる．3 つ目は 2 回目のリバウンドは 1 回目よりも速やかで大きく，元の体重以上となる．さらに，脂肪増加量／食事量の比率を比較すると高脂肪食をずっと食べていたラットよりも食事制限を繰り返したラットの方がこの比率が高いこと，つまり太りやすい身体になっていることも明らかにされた．つまり，極端な食事制限を伴うダイエットは，繰り返すたびに痩せにくい身体と太りやすい身体を作っていくことを意味し，このようなダイエットは，体重がヨーヨーのように増減することからヨーヨーダイエットと呼ばれている．この結果はラットによるものであるが，ヒトであっても同じ傾向を示すことが明らかにされた．健康的に短期間で，楽に大きな効果があるダイエット法があるのであれば，真っ先に医療機関で肥満治療に使われるはずであるし，その方法に関する科学的な研究も盛んに行われるはずである．しかし，現在の

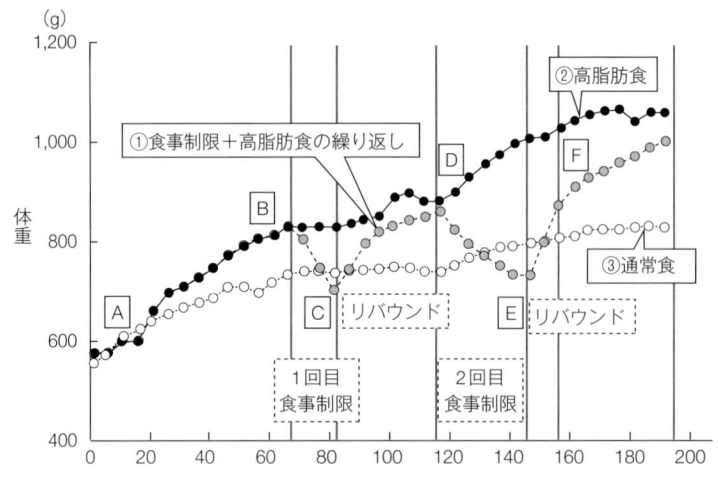

図8-2 食事制限を繰り返した場合の体重変動

①〜③群のラットは自由に餌（①，②：高脂肪食，③通常食）を食べてよい環境で生育された（A時点から各食事を与える）．①群はB，D時点でから通常食群の半分の量の食事を与える食事制限を実施し，C時点，E時点から食事制限を解除し，高脂肪食を自由に与えた．食事制限は通常食群の平均体重に到達するまで実施され，食事制限解除は高脂肪群の体重に到達するまで継続した．
（Brownell KD et al.: The effects of repeated cycles of weight loss and regain in rats. Physiol Behav, 38：459-464, 1986. より引用改変）

ところ，そのような方法はないといえる．

3．誤ったダイエット法

メディアからダイエットに対して誤った情報が発信されていることもあり，ダイエットに対する正しい知識が理解されているとは言い難い．ダイエットに対する需要に対して，テレビをはじめとするメディアもダイエットの特集をよく行っているが，「簡単に」「楽に」「即効で」というキーワードがなければ惹きつけられないため，「正しいダイエット法」が紹介されることの方が少ないというのが現状である（表8-2）．

1）部分やせ

大腿部や腰部周辺，腹部など部分的なプロポーションを気にする女性において目的とした部位の体脂肪を減らしたいという願望は非常に強いようである．その願望に対してさまざまな部分やせダイエット法が脚光を浴びてきた．たとえば，「料理用ラップをお腹に巻いて発汗を促す方法」「特別な塩で身体を揉みほぐす方法」「顔や首のマッサージ刺激」「やせたい場所に何か塗る」などはその部位の細胞が脱水して一時的にしぼんでいたり，体液が他の場所に移動したに過ぎず，時間が経てば元に戻ってしまう．脂肪はマッサージなどの外部からの物理刺激を加えても燃焼することはない．

現在の研究報告を総合すると部分的に目的とした部位の脂肪を燃焼させることは不可能と考えられる．ただし，腹筋などの筋力トレーニングを行うと，体脂肪率の変化は認められないもののウエストは細くなる．これは筋力トレーニング効果によって筋が引き締まることによるもので，外見のプロポーションを改善するのであ

表8-2 健康を害する恐れがあるダイエット方法

(1) 単品の食品のみを摂取するダイエット
(2) 摂取エネルギーを極端に制限（1,200 kcal以下）するダイエット
(3) 食欲を抑える薬品（健康食品）を用いるダイエット
(4) 代用食品（サプリメント）を1日2回以上使用する方法
(5) 短期間に大幅な減量（1週間に1 kg以上）を謳っているダイエット

れば，これで目的は達成できたことになるかもしれない．しかし，体脂肪を減らそうとするのであれば，やはり全身的に体脂肪を落とさない限りその部分の体脂肪は減少しない．

全身的な運動で脂肪を燃焼しようとした場合，燃焼のされやすさは部位間で異なる．内臓脂肪が燃焼しやすいことから，腹部の脂肪は大腿などよりも減少しやすいといわれている．

2）サウナや厚着による発汗

サウナや厚着によって発汗させることは，一時的に脱水することによって体重の減少が認められるが，水分を補給すれば元に戻ってしまう．また，体温を上昇させるだけで体脂肪が燃焼するとは考えにくい．厚着で運動すると，体温上昇による疲労度の高まりから，運動継続時間が短縮してしまうので，かえって消費エネルギーは少なくなる．

3）リンゴ，ゆで卵，バナナ，納豆，キャベツ，寒天などの単品ダイエット

単品ダイエット，つまり「○○だけを食べる」ダイエットは人気ダイエット法であるが誤りである．単品ダイエットは低エネルギー摂取となり短期的には減量するが，リバウンドも強く，必ず失敗する．また，単品ダイエットは，栄養バランスが非常に悪く，血液中のこうした満腹中枢をコントロールする物質の分泌や感受性にも異変を生じる．同様に炭水化物抜きダイエットも推奨できない．いずれにしても，栄養素の不足が非常に大きく精神的・肉体的に変調を来たす場合が多く報告されている．リンゴなどの低エネルギー食品だけの食事は貧血，髪の毛が細くなる，脱毛，肌荒れ，むくみなどを起こす場合もあり，タンパク質の欠乏により逆に脂肪燃焼が妨げられる事態もある．

4）ダイエット飲料，ダイエットアロマ（香り），カプサイシン，やせ薬

「飲むだけでやせる」や「香りをかぐとやせる」と関心を惹く情報が，よく発信されているが，このようなサプリメント食品や方法はないと考えたほうがよい．トクホとして「体脂肪が気になる方に」と表示されている食品も劇的な効果は期待できない．

脂肪燃焼効果として，「カプサイシン」の摂取が話題になったことがある．唐辛子の主成分であるカプサイシンは，摂取直後に代謝の亢進が認められるが，ダイエット効果は確認されていない．カプサイシン受容体は胃に存在するが，これは減量にはまったく関係しない．日本に比べて非常に多くの唐辛子を摂取する韓国でも肥満が次第に社会現象となっていることを考えるとカプサインの効果には疑問がある．

また，食欲抑制薬や脂肪吸収阻害薬などの「やせる薬」がインターネットなどを介して販売されているが，これらの薬は非常に副作用が強いものが多く，日本で製造・販売が禁止されている薬もあるので注意が必要である．日本で唯一認可されている薬は「サノレックス」だが，劇的な効果は期待できず極度の肥満者が数 kg減量できる程度であり，処方期間も依存症を避けるため最大3カ月に制限されている．

表8-3 リバウンドのメカニズム

- ●体脂肪コントロールのメカニズム
  脂肪細胞からレプチンが分泌
  　（脂肪細胞から分泌されるホルモン．脂肪細胞がどの程度蓄積されているかを知らせる．このレプチンは体脂肪のコントロールに大きく関与）
  ↓
  脳の視床下部のセンサーを通過
  ↓
  血中のレプチン濃度の増減により体脂肪量をモニタ
  ↓
  体脂肪を適正値にコントロール
- ●減量による生理機能の変化
  体脂肪が減少
  ↓
  脂肪細胞からレプチンが分泌
  減量により分泌量が減少
  ↓
  脳の視床下部のセンサーを通過
  ↓
  血中のレプチン濃度の増減により体脂肪量をモニタ
  レプチン濃度が減少
  ↓
  体脂肪を適正値にコントロール
  ↓
  体の生理機能を調節
  ↓
  食欲増進，消費エネルギー抑制，摂取エネルギー増加，基礎代謝の減少
  ↓
  体脂肪の増加
  リバウンドの発生

4．リバウンドのしくみ

　ダイエットを実施すると，程度の大小はあるものの必ず「リバウンド」現象がみられる（表8-3）．リバウンド現象は飢餓に対する生体反応であり，正常なホメオスタシスの作用といわれているが，詳しいメカニズムは完全には解明されていない（セットポイント説[注1]）．たとえば，摂取エネルギーをダイエットにより低く抑えた場合，食物がない飢餓状態に対する生体反応として本能的に摂食を欲するようになる．短期間に大幅な減量を行った場合，生体内部環境も短期間に大幅な変化を余儀なくされるので，その反動（リバウンド）の反応が大きくなる．リバウンドは，ダイエット後長期的に観察することで明らかになる現象であるため，現在，紹介されている数々のダイエット法はリバウンド現象まで確認していないものがほとんどである．したがって，「リバウンドがない」と謳っているダイエット法は信頼性を欠くのかもしれない．

　ダイエットを行う場合，ダイエット後に必ず起こるリバウンドを可能な限り小さくすることを考えて計画する必要がある．超低エネルギーダイエットの5年後の成功率は1％程度といわれている．

　減量前（体重が増えている時）の生活習慣では，エネルギー摂取量が過多であると考えられる．ダイエットを行い，効果が現れたとしても，生活習慣を元に戻せば，リバウンドが発生する．したがって，減量前の生活習慣を認識し，脂肪を蓄積しやすい生活習慣を改善する必要がある．

　減量はダイエット（摂取エネルギーの抑制）と運動（消費エネルギーの増加）によりエネルギーの合計をマイナスにすることで可能となる（500～1,000 kcal/日以下に設定する）．実はリバウンドを防ぐ際にもこの方法があてはまる．しかし，減量時のような厳しい管理ではなく，現状を維持するための，減量時に比べれば緩やかな管理となる．肝心なのは，減量時に実践していた生活パターンを減量終了後もうまく生活に取り入れることである．

　減量により体脂肪が減少するとともに，レプチンの量も減少する．この状態で脳の視床下部のセンサーを通過すると，通常より血中のレプチン濃度が低い状態をセンサーが感知し，体脂肪を適正値へ戻すよう司令が出される．この指示によってからだの生理機能を調整させて食欲増進，消費エネルギー抑制，摂取エネルギーの増

注1）セットポイント説：エネルギーの貯蔵状況は，中枢神経系（脳）によって感知されており，貯蔵されているエネルギーの増減に応じて，中枢神経系が，摂取エネルギーと消費エネルギーのバランスをコントロールする．この増減の基準は遺伝の影響が強いといわれている．つまり，あらかじめセットされた体重以下に減少したときは，摂食行動やエネルギー代謝が調節され，決められた体重に戻る．また，体重がセットされた体重以上となった場合も同様のメカニズムが作用し，もとの体重に戻るとする説である．しかし，すべての人が適正体重を保っていないことからもセットポイントは正常に働かないことがあると考えられる．

加，基礎代謝の減少などをもたらし，体脂肪の増加を促すことになる．これが一般にいわれるリバウンドとなる．

> ★コラム「脂肪になるのは脂身ばかりではない」
> 　脂肪を摂りすぎると太るとよくいわれる．それは確かに間違いない．脂肪は「リパーゼ」の働きで分解されて脂肪酸となり，中性脂肪として白色脂肪細胞に蓄積される．しかし，体脂肪になるのは，脂肪だけではない．炭水化物やタンパク質も余剰分は中性脂肪として白色脂肪細胞の中に蓄えられてしまう．ダイエットしている人の中で，食事の重量を気にする人がいるがそれは誤りである．体脂肪の蓄積は摂取エネルギーで決定する．コンビニやスーパーで食品を買う前に「どのくらいのカロリーなのか？」を成分表示からチェックする習慣をつけるとよい．意外な食品が高カロリーだったりするかも？

B 実　践

5．ダイエット計画の実践

1）ダイエット計画の概略

　ダイエットをはじめる前に「健康的なダイエットは，長期間にわたって少しずつ実施するものであり，楽に，短期間で成功するダイエットなどない」と固く心に誓うことが重要である．ダイエットは，食生活の見直しによって摂取エネルギーを減らすこと，運動によって消費エネルギーを増やすことの二本柱での実行を原則とする．両者には表8-4のような特徴があるので，いずれかの方法のみで実施することは避ける．また，ダイエットを始めると，最初は順調に減量しても，一定期間を経過すると減量しなくなる，またはリバウンドするといった時期が必ずくる．そのときにストレス管理をうまくしておかないとダイエットが続かない可能性が高い（表8-4）．正しい知識をもって，科学的な根拠のない情報には振り回されないようにすることが必要である（図8-3）．

表8-4　ダイエットにおける食事，運動，ストレス管理の役割

方法	役割	効果・特徴
食事	摂取エネルギー制限	運動よりも大きなエネルギーをマイナスにできる． 食事制限の依存度を高めるとリバウンド期の空腹感が強くなる．
運動	消費エネルギー増加	運動で消費した分はエネルギーがマイナスになる． 筋肉量が増加して基礎代謝量が高まったり，脂肪燃焼しやすい身体（太りにくい身体）を作る．
ストレス管理	ダイエットの継続	ダイエット自体がストレスとなると継続できない，またそのストレスが強いほどリバウンドも大きくなってしまう．

●現状の把握
1. 体脂肪率の測定
2. 生活習慣の見直し
3. 現在の消費エネルギー量と摂取エネルギー量の確認

⇒

●目標の設定
1. 目標体重，体脂肪率の決定
2. 1日のエネルギーバランス目標
3. 期間の設定

⇒

●ダイエットの実施
1. 安全な運動
2. 食生活の改善

⇒

●効果の確認
1. 定期的な体脂肪率測定
2. 停滞期と減少期の確認
3. リバウンドに備える
4. ダイエット計画の見直し

図8-3　ダイエット計画の概略

2）現状の把握

（1）体脂肪率（量）を測定する

自身の体脂肪量を知ることからスタートしなければならない．体脂肪率を計測し，本当にダイエットが必要か否かを判断する．ダイエットは，生活習慣病の予防や健康的な体型を維持するために行うものであり，単にやせたいというものではない．ダイエットの必要がない人が減量すると，かえって健康を損なう．

体脂肪率の評価方法として，近年，もっとも一般に普及した評価方法は**生体電気インピーダンス法**（本章6参照，p.145）である．体脂肪率測定は，ダイエットの効果を確認するためにも利用されるので，正しく測定することが重要である．

判定基準（表8-5）から肥満と判定されたのであれば，具体的に何％減らせばよいのか，つまり，脂肪を何g減少させればよいのかが明らかとなる．

表8-5 成人の肥満判定基準（体脂肪率）

	男性	女性
標準	15〜20％	20〜30％
軽度肥満	20〜25％	30〜35％
中等度肥満	25〜30％	35〜40％
極度肥満	30％以上	40％以上

（2）生活習慣の見直し

肥満者に多くみられる生活習慣を表8-6に示す．これらの生活習慣のうち，自分に当てはまるものをチェックし，生活習慣を見直す．間食をしていないという人でも1週間に食べたものをリストアップすると意外と摂取している場合が多い．また，食事量を減らしたのに体重が減らないという人も，エネルギー量を計算していない人が多い．冷静にみつめなおすと，日常生活において改善することができる生活習慣は以外に多いことに気づく．

表8-6 肥満者に多くみられる生活習慣

（1）不規則な時間に食事をする
（2）朝食を欠食する
（3）夕食が一日の摂取エネルギーの4割を超える
（4）まとめ食い
（5）早食いをする
（6）ながら食いをする
（7）夜食を摂る
（8）果物の摂取量が多い
（9）料理が一緒盛り（家族で大皿から取り分ける）
（10）コンビニをよく利用する
（11）お菓子など間食をよく摂る
（12）ファストフードに抵抗がない
（13）外食が多い（週2〜3回以上）
（14）揚げ物などが好き
（15）食事を残すことが嫌い
（16）野菜はあまり食べない
（17）満腹になるまで食べないと気がすまない
（18）週2〜3回以上飲みに出かける
（19）お茶はあまり飲まない
（20）コーヒーや紅茶にはミルク，砂糖を入れる
（21）何度もダイエットに挑戦した
（22）運動はあまりしていない
（23）丼物，麺類を好む
（24）ストレスを食べ物で発散する（代理摂食）
（25）濃い味を好む
（26）食品を必要量より多めに買ってしまう

（3）現在の消費・摂取エネルギーの確認

まず，現在体重が増加傾向，一定，減少傾向のいずれかを確認する．減少傾向であれば新たにダイエットを計画する必要はないのかもしれない．一定であれば，エネルギー摂取と消費の収支が±0であるから，現状から1日にどの程度消費エネルギーを付加し，摂取エネルギーを抑えるかを考えればよい．これを**エネルギーバランス**と呼び，減量するのであればエネルギーバランスをマイナスにする．ただし，500〜1,000 kcal/日を超えないようにする．

1日の平均的なエネルギー消費量と摂取量を考えてみる．図8-4を利用して，生活動作（表8-7, 8の動作）

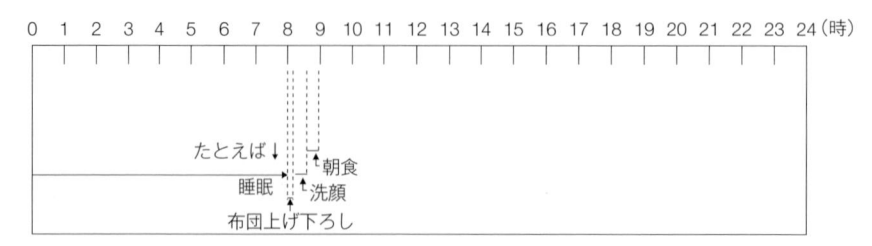

図8-4 1日の生活動作

表 8-7　日常生活動作によるエネルギー消費量

項　目	消費量（kcal）
睡　眠	0.0170
食　事	0.0269
身支度	0.0287
立ち話	0.0245
歩行（普通）	0.0570
散　歩	0.0464
階段（上り）	0.1349
階段（下り）	0.0658
乗り物（電車・バス）	0.0375
自転車（普通）	0.0658
自動車運転	0.0287
休息・談話	0.0233
入　浴	0.0606
炊事（準備，片付け）	0.0481
掃除（掃く，拭く）	0.0676
掃除（電気掃除機）	0.0499
洗濯（電気洗濯機）	0.0410
洗濯（手洗い）	0.0587
洗濯（干す，取り込み）	0.0587
洗濯（アイロンかけ）	0.0464
布団上げ下ろし	0.0818
裁　縫	0.0287
読書・視聴・勉強	0.0233
趣味・娯楽	0.0287
机上事務	0.0304
立ち仕事	0.0400
買い物	0.0481
草むしり	0.0552

注）体重1kg当たりの1分間の消費量

表 8-8　運動によるエネルギー消費量

項　目	消費量（kcal）
歩く（ゆっくり）	0.046
歩く（普通に）	0.057
歩く（急いで）	0.082
ジョギング（120m/分）	0.126
ジョギング（160m/分）	0.170
ジョギング（200m/分）	0.232
ストレッチ	0.045
水泳（平泳ぎ）	0.197
水泳（クロール）	0.374
エアロバイク	0.091
ラジオ・テレビ体操	0.082
腕立て伏せ	0.076
腹筋運動	0.154
筋力トレーニング	0.191
スキー/柔・剣道/テニス/バドミントン	0.126
野球（野手）	0.064
野球（投手）	0.091
バレーボール（6人制）	0.126
サッカー/バスケ/ラグビー	0.144

注）体重1kg当たりの1分間の消費量

表 8-9　食品のエネルギー量

品目	数量	kcal	備考	品目	数量	kcal	備考
苺ショートケーキ	1個	270	80g	ホットケーキ	1枚	300	シロップ含む
アップルパイ	1個	320		シュークリーム	1個	250	100g
食パン（6枚切り）	1枚	160	60g	ホットドック	1個	400	
白米ごはん	1杯	220	150g	おにぎり（具有）	1個	140	90g
鮭茶漬け	1杯	300	170g	カツ丼	1杯	930	ごはん250g
牛丼	1杯	580	ごはん250g	鉄火丼	1杯	450	ごはん250g
てんぷらうどん	1杯	470	めん250g	鍋焼きうどん	1杯	490	めん250g
てんぷらそば	1杯	480	めん250g	味噌汁（なめこ）	1杯	30	なめこ25g
あじ塩焼き	1尾	120	150g	ぶり照り焼き	1切	340	100g
冷奴	1人前	140	木綿175g	厚焼き卵	1人前	150	80g
ミートスパゲティ	1人前	750	パスタ100g	ハンバーグ	1人前	380	合挽肉100g
ビーフカレー	1人前	530	牛30g	鮭のムニエル	1人前	240	鮭80g
ゆで卵	1個	80		ハムエッグ	1人前	260	卵2，ハム40g
五目チャーハン	1人前	510	ごはん160g	みそラーメン	1人前	490	めん120g
チーズバーガー	1個	310		アイス（バニラ）	140mL	300	乳脂肪14%

と継続時間を区切ってみて，表 8-7, 8 を利用して1日の消費エネルギーを算出してみる．たとえば，8：00まで睡眠，8：00～8：05布団の上げ下ろし，などと記入する．

1日の動作をすべて記入したら，表 8-7, 8 の消費量を参考に消費エネルギー量を算出する．

摂取エネルギーは食品に記載されていることが多いが，表 8-9 に代表的な食品

表 8-10　基礎代謝基準値と基礎代謝量（厚生労働省：日本人の食事摂取基準 2005 年版）

年齢 (歳)	男性			女性（妊婦，授乳婦を除く）		
	基礎代謝 基準値 (kcal／kg／日)	基準体重 (kg)	基準体重での 基礎代謝量 (kcal／日)	基礎代謝 基準値 (kcal／kg／日)	基準体重 (kg)	基準体重での 基礎代謝量 (kcal／日)
1〜2	61.0	11.9	730	59.7	11.0	660
3〜5	54.8	16.7	920	52.2	16.0	840
6〜7	44.3	23.0	1,020	41.9	21.6	910
8〜9	40.8	28.0	1,140	38.3	27.2	1,040
10〜11	37.4	35.5	1,330	34.8	35.7	1,240
12〜14	31.0	50.0	1,550	29.6	45.6	1,350
15〜17	27.0	58.3	1,570	25.3	50.0	1,270
18〜29	24.0	63.5	1,520	23.6	50.0	1,180
30〜49	22.3	68.0	1,520	21.7	52.7	1,140
50〜69	21.5	64.0	1,380	20.7	53.2	1,100
70以上	21.5	57.2	1,230	20.7	49.7	1,030

表 8-11　身体活動レベル

活動レベル	身体活動レベル	生活パターン
低い	1.5	生活の大部分で座っており（＝座位），（デスクワークなど）静的な活動が中心の場合
普通	1.75	座位中心の生活だが，仕事で立ったりすることもあり，あるいは通勤，買い物，家事，軽いスポーツをすることが含まれる場合
高い	2.0	仕事で移動することや立っていることが多い場合．あるいは日常的にスポーツや活発な活動を行う習慣がある場合

のエネルギー量を示す．

　ただし，ダイエットを計画段階で無茶な食事制限を設定してはならない．ヒトは何もしなくても生命活動を続けるだけでエネルギーを消費する．これを基礎代謝（椅子に座った状態で消費するエネルギー量）といい，性別，年齢，または体重（筋肉量）などで個人差はあるが，各年代，性別の平均値は表 8-10 に示すとおりである．運動によって筋肉量を多くすれば基礎代謝が高くなり，太りにくい身体を作れる．これに表 8-11 に示す身体活動レベルの係数を乗じたものが一日に必要な摂取カロリーとなる．ダイエットの計画において食事制限は，これよりわずかに減らす（100〜500 kcal）程度に留めるべきである．

3) 目標の設定

　自分の現状に基づいて目標を設定する．ダイエットの基本としては，除脂肪体重（Lean Body Mass: LBM）は減少させないで，体脂肪のみを減量することが重要である．

(1) 体脂肪率を何％まで低下させるのかを考える

　表 8-5 を参照して，何％まで低下せるか決定する．現在の体脂肪率と目標値の差分の体脂肪量を算出する．

(2) 減量すべき体脂肪量から消費すべきエネルギー量を算出する

　脂肪は 1 g 当たり約 7.2 kcal（7 kcal と仮定してもよい）のエネルギーを有する．減量すべき体脂肪量から，消費すべきエネルギー量を算出することができる．

(3) 1 日のエネルギーバランスを設定する

　現状の把握から，いかにしてエネルギー摂取量と消費量の収支（エネルギーバランス）を負（エネルギー消費量が多い）の状態に持っていくかを考える．当然のこ

とながら，エネルギー摂取量を減少させ，消費量を増加させるように考える．ここで大切なことは，エネルギー摂取量は間食，夜食など無駄なところのみを削る．必ずPFC（タンパク質，脂質，炭水化物）のバランスがとれた3食を摂取し，栄養バランスを考えて摂取することが必要である．ここで，3食の摂取エネルギーを極端に落としたりすると，ダイエット後のリバウンドが大きくなる．1日のエネルギー収支は，−500〜1,000 kcal として 1,000 kcal 以上マイナスにならないように少しずつダイエットする計画をとる．あまり無理な計画をすると精神的ストレスが大きく，身体も急激な変化に対応できなくなる恐れがある．

（4）期間の設定

1日のエネルギーバランスから目標とする総エネルギー消費量を除算すれば，何日で目標が達成できるかが明確となる．およそ3〜6カ月という長期間が設定されることになると思われる．1日の収支を大きくして，1週間に1 kg 以上の体重減量のプログラムは大きなリバウンドを引き起こす可能性があるので注意する．また，1カ月で体重の5％以上の減量は，健康を損なう可能性が高い．女性の場合，無月経になったり月経不順となるので無理な計画は決して立てないようにする．

また，計画が長期間となるので，モチベーションを維持するために，ダイエットノートを作成し，1日の食生活や日常の行動，体重の変化とともに，その時々の気持ちも細かくノートに記載する．これは「行動療法」の応用であり，ノートに書くという作業を通して，肥満につながる行動を自分で再認識し，修正していく手助けとなる．具体的には，毎日だいたい決まった時刻に体重を測定し，口に入れたものをすべて書き出す．その上で，なぜそのとき食べたのか，ストレスは溜まっていないか，などを検証していく．ダイエット期間中ストレスをためないことがリバウンドを抑えるために大切である．

ダイエットを実践する上で，どのような運動が適切かは，第5章から第7章を参照のこと．

以下に，前述した現状の把握から期間の設定までのダイエット計画の一例を示す．

●例：体重 70 kg，身長 170 cm，体脂肪率 28.6 ％
- 身長から算出した適正体重は，1.7（m）×1.7（m）×22＝63.6 kg となるが，体脂肪率から適正体重を算出してみると，体脂肪率を適正範囲である 18 ％まで減少させたい．
- LBM から目標体重を算出
  LBM：70 kg ×（100 − 28.6）％＝50.0 kg
  目標体重を算出：50.0 kg ÷（100 − 18）％＝61.0
  減量すべき体脂肪量：70 kg − 61.0 ＝ 9.0 kg
  ∴ 9,000.0 g × 7.2 kcal ＝ 64,800 kcal

※食事と運動習慣を見直して，1日 300 kcal 減少させる計画を立てた場合
  64,800 ÷ 300 ＝ 216 日　つまり，約7カ月の継続が必要
  ただし，すべてのエネルギー消費が脂肪を燃焼して行われるわけではないので，さらに時間がかかるであろう．

6．体脂肪率を測定する

ダイエットを行うためには，現状を正しく把握する必要がある．肥満度の指標で

表 8-12 体脂肪率による肥満の判定基準

性別（年齢）	標準	軽度の肥満	中等度の肥満	極度の肥満
男性	15%	20%	25%	30%
女性（6〜14歳）	20%	25%	30%	35%
（15歳〜成人）	25%	30%	35%	40%

（長嶺晋吉：皮下脂肪厚からの肥満判定．日本医師会雑誌，68：919–924, 1972 より引用改変）

ある BMI は，身長と体重から求めた指標に過ぎず，体脂肪量はわからない．したがって，ダイエットを計画する場合は，何らかの方法で体脂肪率を測定しなければならない．とくにスポーツ競技者の場合，筋量が多いために，過体重となり BMI 値は高くなるが，脂肪量は少なく肥満ではない．一方，内臓脂肪が多く隠れ肥満の人も多く存在する．したがって，体脂肪率の測定は現状を把握するうえで必要不可欠である．

体脂肪率（量）を測定するもっとも妥当な方法は，水中体重秤量法と二重エネルギーX線吸収法（Dual Energy X-ray Absorptiometry: DEXA）である．しかし，この方法は特殊で高価な測定器を利用するため，簡便には測定できない．そこで，妥当性は劣るものの，簡便かつ安価な測定方法として，生体電気インピーダンス（Bioelectrical Impedance Analysis: BIA）測定法が普及している．BIA 測定器は，両足，両手，もしくは両手・両足を電極に接触させて抵抗値を測定する．最近では，多周波数の電流を用いることで測定精度を高めたり，部位別の脂肪量や筋肉量，内臓脂肪量筋肉量を推定する測定器もある．

BIA 法による体脂肪率測定は，人体に微弱電流を流したときの抵抗値が体水分量とある程度の負の相関関係が期待でき，体水分量の少ない脂肪が多いと抵抗値が高くなることにもとづいている．身体の体水分のほとんどは除脂肪体重部分（筋肉など）にある．したがって，インピーダンス（抵抗）値（BI）が大きければ相対的に体水分量が少ないと考えられ，除脂肪体重が小さく，体脂肪量が大きいことになる．この測定原理にしたがって，BI 値から体脂肪率を推定している．

非常に簡便で特別な測定技術も必要とされないが，前述した測定原理に従って BI 値から体脂肪率を推定しているため，以下の点を留意したうえで使用しなければならない．

①BI 値は一時的な体水分量の移動，変動に影響される．したがって，BIA 法による体脂肪率は，発汗による脱水，仰臥位（就寝）による体液移動によって増加し，飲水，摂食，体温上昇，起立姿勢による下肢への体液移動は低下する．

②個人間の体脂肪率の比較には適さず，あくまでも同じ測定条件，測定時刻による個人内変動を捉えるために利用する．

③BIA 法による体脂肪率の解釈は表 8-12 の判定基準を利用して行う．ただし，この計測値には 5% 程度の誤差を伴う．

④ペースメーカーなど，体内機器装着者は，これらの機器に影響を及ぼす可能性があるので，測定しない．なお，妊婦への測定は問題ない．

★コラム「力士の体脂肪量」
　力士の日常生活は，7時に起床し，朝食抜きで11時まで稽古し，12時に朝・昼を兼ねた食事を摂る．その後，1時間程度昼寝をして，自主トレーニングの後，午後6時半ごろから夕食をとる．1日の摂取エネルギー量は7,000～8,000 kcalといわれている．これを2食で摂るのであるから当然太る．しかし，力士は毎日トレーニングをして脂肪を燃焼させていることや，筋量を増やして基礎代謝を高い状態に維持している．体脂肪率が40％程度の力士も多く，極度の肥満と判定されるが，皮下脂肪量は多いものの，内臓脂肪はそれほど多くないともいわれ，力士の糖尿病の発症率は一般人よりも低いという報告もある．逆の見方をすれば，皮下脂肪を蓄積させることができる者のみが力士として残ったエリートとも考えられる．

まとめ

- 人々のダイエットに対する関心は高いために，ダイエットに関する情報は溢れている．しかし，その中には非科学的なものも含まれている．
- 短期間の減量や単品の食品を摂るようなダイエットは健康を害する可能性が高く，行うべきではない．
- 部分やせ（体脂肪量を減らすこと）は期待できない．
- ダイエットを行うと必ずリバウンドが生じる．そのリバウンドの量を小さくすることがダイエットにおいて重要である．
- ダイエットを計画する場合，自己の状態を正確に把握し，具体的で無理のない計画を立てる必要がある．
- ダイエットの計画は，運動と食事を両方組み合わせて立てる必要がある．
- 身体組成を測定する方法はさまざまあるが，もっとも普及したのはインピーダンス法である．

レポート課題

1. ダイエットを実践する上での注意点についてまとめよ．
2. リバウンドのしくみを説明せよ．
3. 自身の体脂肪率から，ダイエットが必要か否かを判断し，必要であればダイエット計画をたててみよう．
4. 自身の1日の消費エネルギーを図8-4を利用して推定し，自分の摂取エネルギーと比較してみよう．

文　献

Brownell KD et al.: The effects of repeated cycles of weight loss and regain in rats. Physiol Behav, 38：459-464, 1986.

深代泰子：ヘルス＆フィットネス情報ハンドブック．日本エアロビックフィットネス協会，2001．

小沢治夫，西端　泉編著：最新フィットネス基礎理論-健康運動指導者のためのUP-DATEテキスト-．日本エアロビックフィットネス協会，2004．

高橋和男，齋藤　康：なぜふとるのか？-肥満の本態-．保健の科学，44：408-412，2002．

[山次　俊介]

第Ⅲ部　スポーツの実践

第 9 章　運動と水分補給，熱中症
第10章　ウォーミングアップと
　　　　クーリングダウン
第11章　応急手当
第12章　スポーツと心理のかかわり

第9章 運動と水分補給，熱中症

A 理論

1．体温調節のしくみ

ヒトの体温は生涯をとおして37℃付近で維持されるが，これは体温調節機構の優れた働きによるものである．高温や寒冷の環境下で運動をする場合においても，体温の調節は生命の維持にとって重要な役割をはたしている．本章では，ヒトの体温調節のしくみについて取りあげる．

1）体温

ヒトの体温は体表面（外殻部）と体内（核心部）で異なる．前者は**体表体温**と呼ばれ，環境条件の影響を受けやすく絶えず変化している．たとえば，指先の温度（皮膚温）は寒いときには10℃前後まで低下し，暑いときには35℃以上になることもある．後者は**深部体温**と呼ばれ，鼓膜温・直腸温・食道温などに代表されるもので，ほぼ一定の温度に保たれている．脳・心臓・肝臓などは核心部に含まれ，これらの臓器の体温が40℃以上になると意識障害，心機能障害，代謝障害などが起こり生命の危機に陥るので，温度変化に弱い脳などの温度を一定に保つことは重要な防衛機能のひとつである．

2）体温調節のフィードバック制御

体温調節にはフィードバック制御が働いている．体温が上昇した場合，皮膚血流の増加と発汗によって身体から外部への熱放散が盛んになり体温は低下する．他方，体温が低下した場合には，皮膚血流は減少して熱放散を抑制し熱産生が増加して体温の低下を防ぐ．体温調節の感覚器は全身に分布しているが，中でも重要なのは皮膚と視床下部の温度受容器である．検出された温度情報は脳内の**体温調節中枢**に送られる．

体温調節機構の最上位に位置するのは視床下部であるが，視床下部の中でも視索前野・前視床下部がとくに重要である．また，体温調節は汗腺，血管，唾液腺，骨格筋など多くの効果器の活動によって維持される．一般に体温の恒常性ということが指摘されるが，このことは必ずしも体温が常に一定の温度に保たれていることを意味するものではない．たとえば，1日の中でも朝方の体温は夕方より低くなる周期性を持つことや，女性の体温は月経周期とともに変動することがよく知られているように，周期性をもって体温の恒常性が維持されている．

3）体温調節反応

ヒトは暑いと感じると薄着になり，エアコンの冷房を入れるなどの**行動性体温調節**をする．この調節が不十分である場合には，**皮膚血管の拡張**による熱放散が増加し，それでもなお体温が上昇すれば**発汗**による蒸散性熱放散を動員する（図9-1）．

行動性体温調節→皮膚血管拡張→発汗の順番で体温調節をすることは合目的的な調節反応である．また，寒いと感じると厚着をする，暖房を入れるなどの行動性体温調節を行い，それでも不十分であれば，ふるえ熱産生や非ふるえ熱産生が起こる．ふるえは骨格筋を効果器として使用する．寒冷に対して行われる行動性体温調節→非ふるえ熱産生→ふるえ熱産生の順での動員もまたエネルギー消費が少なく合目的的である．

4）放熱の機序

二重標識水法により測定した健康な日本人男女150名（20〜59歳）のエネルギー消費量は，男性では$2,576±399$ kcal/日，女性では$2,000±311$ kcal/日と報告されており，その大部分は熱として失われる．もし熱放散がまったく行われなければ，体重60 kgの人の体温を1日で50℃も上げてしまう計算になるが，そうならないのは熱の産生と放散のバランスが維持されているからである．

体温は熱産生と熱放散のバランスで決定される（図9-2）．したがって，熱産生＝熱放散であれば体熱量は変化しないので体温は変化しないが，熱産生＞熱放散であれば体温は上昇し，熱産生＜熱放散であれば下降する．身体からの熱放散は，物理的には輻射[注1]，対流（皮膚と隣接する空気の移動によって生じる熱移動），伝導（皮膚や粘膜が直接接触している面への熱伝達），蒸発（水分の蒸発による気化熱）の4つの機序によりなされるが，他方で生理的には皮膚の血管運動と発汗

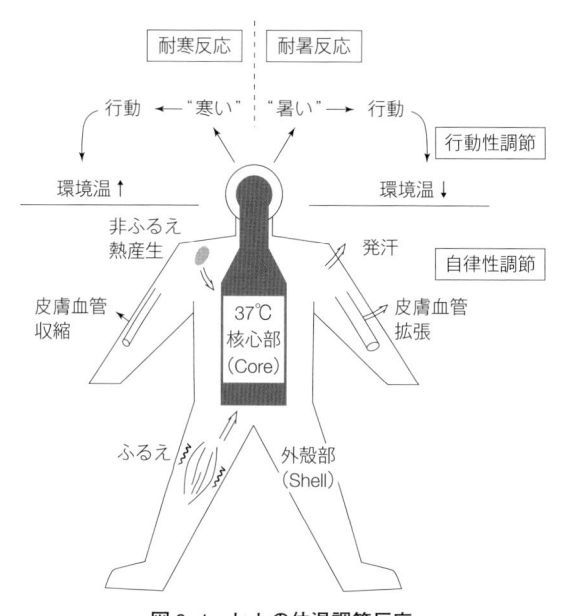

図9-1　ヒトの体温調節反応
（彼末一之ほか：体温調節のメカニズム．体育の科学，54：764，2004）

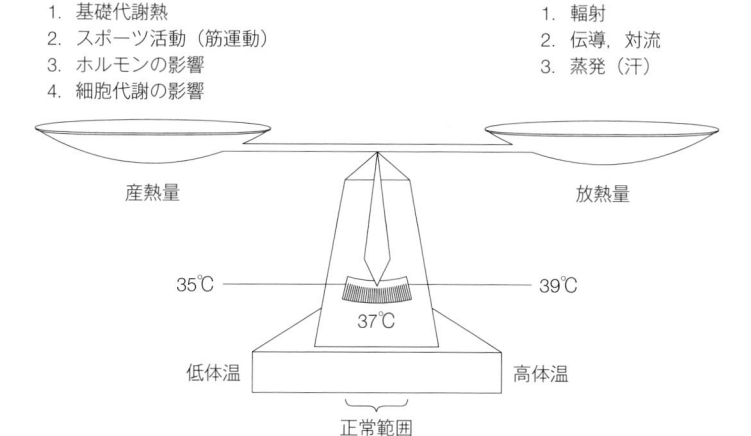

図9-2　産熱と放熱のバランス
（川原　貴，森本武利編：スポーツ活動中の熱中症予防ハンドブック．p20，日本体育協会，1999）

注1）輻射：皮膚から空気を通さずに周囲へ伝達する熱のことで，皮膚と外界の固体との温度差によって生じる．体熱が周囲の壁の温度よりも高いとき，壁に向かって赤外線の形で熱が逃げる．

表 9-1　放熱の物理的機序と生理的機序

物理的機序		生理的機序	
輻射 伝導 対流	⇔	血管調節（乾式調節）	体温調節機構
蒸発	⇔	発汗（湿式調節）	

（池上晴夫：スポーツ医学Ⅱ-健康と運動-. p60, 朝倉書店, 2000）

図 9-3　体熱収支
（彼末一之, 中島敏博：脳と体温-暑熱・寒冷環境との戦い-. p5, 共立出版, 2000）

表 9-2　環境温度と体温調節機序

環境温（℃）	体温調節機序	効果
33〜	発汗	湿性放熱増加
31〜32	血管の拡張	乾性放熱効果
29〜30	調節は不要	自然平衡
25〜28	血管の収縮	乾性放熱減少
〜24	非ふるえ・ふるえ産熱	産熱の増大

（池上晴夫：スポーツ医学Ⅱ-健康と運動-. p62, 朝倉書店, 2000）

の2つの機序によって調節されている（図9-3, 表9-1）.

乾式調節は水分の蒸発に依存しない非蒸散性熱放散で, 体表面の温度（皮膚温）と外界温（環境温）の差に依存している. 皮膚温は血流量に従って変化するので, 皮膚血管を拡張・収縮することで熱放散量を調節できるが, 環境温が体温に近づくか体温よりも高くなると, 体表面から水分を蒸発させて熱を逃がす蒸散性熱放散が行われる. 一方, 環境温が下がると熱放散量が大きくなるので皮膚血管を収縮するだけでは不十分で, 体温を維持するためには熱産生を増やす必要がある. 体温を維持できるような環境温の範囲を温熱的中性域（裸体の人では29〜31℃）, 熱産生の増加が起こる温度を下臨界温, 蒸散性熱放散の起こる温度を上臨界温という. 熱産生反応には, ふるえによるものと非ふるえ熱産生の2つがある. ふるえは体温維持のため骨格筋が不随意的に周期的に起こす収縮で, 振動の周波数は10Hz程度である. 非ふるえ熱産生は骨格筋の収縮によらない熱産生で, 褐色脂肪組織が主要な熱産生の場所と考えられている.

5）皮膚血管運動による体温調節

通常の室内条件では平均的な皮膚温は34℃前後で環境温よりも高い. そのため皮膚からは輻射や対流によって熱が放出され, また物体に接触すると伝導による熱放散が加わる（図9-3）. これらが乾性放熱である. 乾性放熱の量は皮膚の表面積や環境温と皮膚温の差によって影響を受ける. 皮膚温は皮膚血管を収縮・拡張することにより調節される. 皮膚血流量が増加すると皮膚温が上昇して温度差が増すため放熱量は増加する. 反対に, 皮膚血流量が減少すると皮膚温が低下して温度差が縮小するため放熱量は減少する. このような皮膚血管の収縮・拡張による体温調節が皮膚の血管運動性調節である.

環境温度と体温調節機序の関係を表9-2に示した. 積極的に体温調節を行わなくても産熱と放熱が平衡状態にあり, 水中では放熱が起こりやすいので中性温域は空気中より高い34℃前後である. 環境温が高くなると皮膚血管の拡張による体温調節を行う. しかし, その幅は小さく32℃を超えると発汗など他の調節機構を動

員するようになる．環境温が中性温域より低下すると，血管の収縮により皮膚温を下げて放熱を減少させる．環境温がそれ以下になると，他の調節機構を動員して産熱を図る．以上のことから，血管運動だけで深部体温を一定に保つことができるのは25～32℃の範囲であるといえる．

6）発汗による体温調節

発汗には精神的なプレッシャーを感じたときに起こる**精神性発汗**，辛いものや刺激の強いものを食べたときに頭や顔にかく**味覚性発汗**，暑いときや運動をしたときに体温をコントロールするために起こる**温熱性発汗**がある．精神性発汗では「手に汗握る」と表現されるように，手のひらや足底の指紋などから顕著な発汗がみられる．これは発汗によって摩擦を大きくするためで，ヒトが太古の時代に樹上生活をしていたころ，滑り止めとして機能していたことの名残であると考えられている．

体温調節に関係するのは温熱性発汗である．発汗は，ヒトでもっともよく発達した蒸散性熱放散のひとつの手段で，全身の皮膚に分布する汗腺から分泌される．汗には少量の塩分や代謝産物が含まれているが，成分の大部分は水で構成されており，汗が蒸発するときに身体から熱を奪い（気化熱）体温を下げる．1 mLの水が蒸発すると0.58 kcalの熱が奪われることから，100 mL程度の汗が蒸発した場合には58 kcalの熱が奪われる（水の比熱1，人体の比熱0.83）．体重70 kgの人で体温が1℃上がると58.1 kcalの熱を産生することになり，100 mLの汗をかくと体温を1℃下げることができる．風呂上がりやプールから上がった後にタオルでからだを拭くようにいわれるのは，身体についた水が汗と同じように蒸発して体温を下げるからである．発汗には育った環境による感受性や肥満が関係している．自分で汗かきと思っている人は，顔面の汗が他の部位より多い可能性があるが，顔面の汗は脳を冷却する働きがあるので重要である．運動をしている最中よりも，運動を終わったときの方が汗を多くかいていると感じることがある．しかし，実際には運動後の回復期の発汗は，深部体温や皮膚温よりも速やかに減少している．走っている最中は，風をうけて気流の影響で汗が蒸発しているが，止まると同じように汗をかいても蒸発しないので，いかにも汗をかいているように感じる．また，子どもの発汗能力は基本的に低く，体重あたりの体表面積が大きいため，熱されやすい．子どもは，乾性放熱の依存度が高く，32℃以上の暑熱環境下では体温調整が難しくなる．そのため，大人と同じ環境にいて大人の感覚で大丈夫だと思っていると，子どもにとって大きな熱ストレスになっている可能性があるので注意が必要である．

2．運動と水分補給

かつてはスポーツや運動中に水を飲んではいけないと指導されていた．水分を摂取すると腹痛を起こす，疲労を増加させるなどの理由からのようであるが非科学的である．競技に勝つためにも選手の安全確保のためにも運動中は適切な量の水分を積極的に摂るべきである．

1）給水方法

ヒトは普通の生活において毎日，約2.5 Lの水分を尿や汗，呼吸で体外に排出し，同量の水分を飲み物や食べ物などから摂取してバランスを維持している．しかし，気温が高いときにスポーツなどでからだの水分が大量に失われると，血液中の水分

表 9-3 競技者の飲料に関する指針

飲料の内容	：低張性（一定量の水当たりわずかの固形物），冷たい（8〜13℃），低い濃度の糖分（水100mL中2.5g以下），飲みやすい（100〜400mL）
競技前の摂取量	：開始前30分に400〜600mLの水，または上記の飲み物
競技中の摂取量	：活動期間中10〜15分間隔で100〜200mLずつ摂取
競技後の食事	：塩分を控えた食事と基本的無機質を含んだ飲み物の補給により，発汗で失われた電解質（ナトリウムとカリウム）を補給する
脱水症状の把握	：早朝の体重記録（起床後すぐ，排尿後，かつ食事前）
飲料の効果	：飲用は50〜60分以上継続する競技に重要な効果がある

(Fox EL, 朝比奈一男監訳：選手とコーチのためのスポーツ生理学. p283, 大修館書店, 1989より引用改変)

表 9-4 運動時の水分補給の目安

運動の種類	運動強度		水分摂取のめやす (mL)	
	運動強度（%）	持続時間	競技前	競技中
トラック競技 バスケット サッカー	75〜100	1時間以内	250〜500	500〜1,000
マラソン 野球	50〜90	1〜3時間	250〜500	500〜1,000／1時間ごと
ウルトラマラソン トライアスロン	30〜70	3時間以上	250〜500	500〜1,000／1時間ごと 必ず塩分を補給

(川原 貴，森本武利編：スポーツ活動中の熱中症予防ハンドブック. p17, 日本体育協会, 1999)

や塩分までもが減少して熱痙攣に陥り，体温の上昇に伴い熱疲労や熱射病などの熱中症を引き起こす．人体の約60％は水分で構成されているが，体重の2％の発汗で強い喉の渇きを感じるといわれ，6％で頭痛や熱性困憊が生じる．

水分補給の効果的な方法は，喉の渇きを感じる前にこまめに給水することである．運動開始前にコップ1杯程度の水分を補給するのもよい．たとえば，ウォーキングの前に300〜500mLの水を飲んでおき，歩いている最中も10〜20分に1回のペースでこまめに水分を補給する．これに対して，喉の渇きを感じた後で給水をする場合には，大量の水分を一度にがぶ飲みをする傾向がみられる．このような給水方法では胃液が薄まり，胃への不快感をもたらすだけでなく水分の吸収率の低下をまねく．なぜなら，ヒトの小腸や大腸で吸収できる水分の量には限界があるので，たとえ一度に多く摂取しても結局は体外に排出されることになる．

運動終了後には体重減少分の水分を補給する必要があるが，運動時には汗と同時にミネラルも損失するので，これらのミネラルを含むドリンク（表9-3）を選ぶようにすることも大切である．また，長時間にわたる運動を行った場合には糖分の補給も必要となる．水分が不足した場合，意識障害や痙攣などいわゆる熱中症症状に陥ることはすでに述べたが，体内の水分が不足すると血液が濃縮されて血流が滞るようになり，心筋梗塞や脳梗塞を引き起こす原因ともなる．熱障害予防のための液体摂取に関するガイドラインを表9-3に示した．また，日本体育協会では運動中の水分補給のしかたについて，競技時間を参考にした基準を定め目安として提言している（表9-4）．

ところで，水分の吸収で一番重要なことは水分を胃の中から小腸に送りだす速さ（Gastric Emptying Rate: GER）である．GERがもっとも速いのは水で，水温は低い方が胃から小腸まで素早く送ることができるので，5℃くらいに冷やした水を飲むことがよいとされている．1回の摂取量としては600mLくらいまではGERを速

表9-5 スポーツドリンクの種類

種類	特徴	おもな用途
アイソトニック系	等浸透圧	運動前の疲労予防，水分補給
ハイポトニック系	低浸透圧	運動中の水分補給
エネルギー系	デキストリン補充	運動後，試合の合間のエネルギー補給，疲労回復

めると考えられている．しかし，600 mLは一度に飲める量ではないので，およそ200 mLずつに小分けにして飲むことが推奨される．一気に飲むと横隔膜を押し上げて呼吸を困難にするので飲み方には注意が必要である．

通常の運動で失われた電解質は，運動中よりもむしろ，運動後の食事で摂取するほうがよい．ただし，選手は一人ひとりが異なるので，水分の調節度合いも個人により異なる．したがって，ドリンクの成分もその時の選手の体調，気温，湿度などの環境条件を考慮して決定したほうがよい．

2）スポーツドリンク

汗が出ると水分とともに塩分やミネラル類も失われる．そこで，これらを補う飲みものとして登場したのがスポーツドリンクである．

スポーツドリンクを摂取する目的は2つに大別される．ひとつは高温下の運動時における体温調節で，もうひとつは長時間にわたる競技中のエネルギーの補給である．マラソンのレース中に選手が水分を摂る姿は，今日ではあたり前の光景となり，コースには通常約5 kmおきに給水地点が設置され，主催者が用意したゼネラル（普通の水）と選手個人が用意したスペシャルの2種類の飲料が用意されている．トップ選手の多くは各自が調合したスペシャルを用意しており複数のスポーツドリンクを使い分けている．レース前には糖分が薄いものを飲み，レース中は糖度がやや高くアミノ酸が含まれているものを摂っているという．また，最近ではスポーツドリンクを薄めて飲むのが一般的で，時代とともにスポーツ飲料の中身も変わってきている．スポーツドリンクには，エネルギー源としての糖分，ビタミンB群やビタミンCなどが配合され，浸透圧を人間の体液に近づけてすみやかに体内に吸収されるよう工夫されている．近年ではアミノ酸などを活用して高機能を特徴とする製品の開発も進み，日常生活のさまざまな場面で飲用されるようになってきた．

スポーツドリンクには大きく分けて3つの種類がある（表9-5）．アイソトニック[注2]系ドリンクは体液と濃度が同じ等浸透圧飲料（糖分約6％）で体内への吸収が早い．汗を多くかく人ほど多く飲んでおくことがよいとされている．ハイポトニック[注2]系ドリンクはアイソトニック系ドリンクよりも濃度が薄い（糖分約2.5％）．運動時には体内の浸透圧が下がるのでハイポトニック系が低浸透圧となる．運動中に汗をかきはじめたら飲むとよい．エネルギー系ドリンクは運動で消費されたエネ

[注2] アイソトニックとハイポトニック：アイソトニックは浸透圧が血液や体液とほぼ同じもの，ハイポトニックは浸透圧の低いものをいう．アイソトニック飲料は運動前に摂るのがよく，運動中や運動後は浸透圧の低いハイポトニック飲料でないと身体が吸収できない．マラソン選手が給水ポイントで飲んでいるのはアイソトニック飲料を薄めたものである．運動後に水をがぶ飲みしたとき胃の中でタプタプするような感覚があるのは，水がアイソトニックなので吸収されずにいつまでも残ったような感じになるからである．アイソトニックとハイポトニックの違いは濃度の違いで，アイソトニックの糖質は約8％，ハイポトニックは2.5％以下に水で薄められている．風邪で発熱して汗をかいた時は血液の中の濃度が高まっているので，スポーツドリンク（ハイポトニック）を飲むのも効果がある．

表9-6 スポーツドリンクの栄養成分（100 mL あたり）

商品名	炭水化物(g)	エネルギー(kcal)
ポカリスエット	6.2	25
アクエリアス	4.7	19
エネルゲン	5.5	24
ゲータレード ラン	6.3	25

ルギー（炭水化物）の補給を目的としたドリンクで，ヒトのエネルギー補給能力は運動の直後がもっとも高いため，試合直後に飲むとよい（表9-6）．

スポーツドリンクにおもに含まれている成分の働きとして，ビタミンB群（ビタミンB_1，B_6，ナイアシン，パントテン酸など）はスポーツ活動にエネルギーを使う時のからだの重要な潤滑油として，ビタミンCは運動の持続力の維持，疲労回復，ナトリウム，カリウム，マグネシウム，リン酸，クロルなどは筋や神経の働きと密接な関係をもっている．カルシウムは骨の構成要素として不可欠である．また，ミネラルウォーターを利用するのもよい．ミネラル（無機質）は体液量や酸・アルカリ度の調整，筋や神経の働きの調節には不可欠で，ビタミンと同様に炭水化物やタンパク質，脂質などの代謝にも深くかかわっている．

ただし，スポーツドリンクは，糖質含有量が多いことに注意しなければならない（1L中に角砂糖約15個分）．激しい運動をしていないのに，水分補給としてスポーツドリンクを飲みすぎると，糖質の過剰摂取につながる．これをペットボトル症候群（ソフトドリンクケトーシス）といい，急激な血糖値の上昇を招く（糖尿病性ケトアシドーシス）．血糖値の上昇は，口渇感を覚え，さらに，スポーツドリンクを飲むという悪循環をもたらすこともある．激しい運動でなければスポーツドリンクを2倍程度に薄めるか，水やお茶もあわせて飲むとよい．

3）ルールの変更

運動中の水分補給の必要性が見直されるとともに，スポーツのルールにも変更が加えられている．サッカーでは1980年代後半，プレー中の給水（日本サッカー協会では「飲水」という）がルールで認められた．タッチラインから1m以上離れたところに飲みもの（水に限定）のボトルが置かれ，敵味方に関係なく選手はプレーの合間に手近なボトルで水分を摂ることができるようになった．

陸上競技でもルール変更が行われ，長距離種目のうち10km走以上は給水ができるように変更された．トラック競技の5,000m走以上でも，1990年代になって「主催者は気象状況に応じて水やスポンジを用意できる」ことがルールブックに書き加えられた．東京箱根間往復大学駅伝競走（箱根駅伝）でも，選手が脱水症状を起こして途中棄権する事態が何度か起きているので，1997年の大会から各区間の中間点あたりで審判から選手に水が手渡されている．

高校野球では夏の甲子園大会の地方予選において，大会本部が参加各チームや観客に積極的な水分補給を呼びかけている．具体的には，氷やタオル，スポーツ飲料を用意するように伝達したり，試合途中でも水分補給しているか確認し，ベンチに戻った際には氷水で冷たくしたタオルで首の後ろなどを冷やすように推奨している．

4）マラソンレース中の適切な水分補給

ランニング学会では,マラソンレース中の適切な水分補給について見解をまとめ,レース中の水分補給に関して3つの誤解があると指摘している.1つ目は,「レース中に水を飲むな」という誤解である.かつてのレース中では水分補給を制限した考え方に明確な科学的根拠はなく,過度の脱水はパフォーマンスを低下させ熱中症に陥る危険性さえある.2つ目は「レース中にはできるだけ多くの水を飲め」という誤解である.過度の水分摂取は胃の具合を悪くするだけではなく,最悪の場合には水中毒（低ナトリウム血症）になり,重篤な場合は死に至ることさえある.そして3つ目は「マラソンや駅伝での疲労困憊アクシデントの原因がすべて脱水」という誤解である.疲労困憊アクシデントは外見上の症状は同じでも,高体温症,低体温症,低血糖,水中毒などさまざまな疾患によって引き起こされる.

（1）発汗量を知る

個人の特性に応じたマラソンレース中の水分補給量を知るためには,発汗量を知る必要がある.マラソンのレースペースで1時間走を行い,その前後の体重差がおよその発汗量（1時間あたり）になる.

　　発汗量＝体重減少量＝走行前の体重－走行後の体重

途中で飲み物を摂取した場合には,その量を加える

　　発汗量＝体重減少量＋飲水料

走行時間が1時間ではない場合は,1時間あたりの量に補正する

　　発汗量＝（体重減少量＋飲水料）×走行時間（分）÷60（分）

発汗量は体格,走る速さ,気温などの要因によっても大きく異なる.フルマラソン（42.195 km）を例にとると,気温が28℃の時,体重90 kgの一般ランナーが4時間で完走した場合の発汗量は4.56 Lであるのに対して,体重60 kgのエリートランナーが2時間10分で完走した場合は3.19 Lと少ない.また,同じ体重（50 kg）のランナーが同じ時間（4時間）で完走した場合でも,気温が28℃のときの発汗量は2.28 Lであるのに対して14℃のときの発汗量は0.69 Lと少ない.

（2）脱水の程度を知る

脱水率は次の式で計算できるが,この場合飲水量は加えない.

　　脱水率(%)＝体重減少量÷走行前の体重×100

脱水率が2％程度に収まっていれば,水分補給量は適性だと判断できる.しかし脱水率が3％を超えるようであれば水分補給は不足している.このことは,脱水の程度とレース後の深部体温（直腸温）の関係から,脱水の大きいランナーほど直腸温が高いと報告されていることからも裏付けられている.また,脱水率がマイナスになった場合は水分を補給しすぎであり注意が必要である.

（3）自発的脱水

運動中,水を飲みたいという喉の渇きは,体液が失われると直ちに起こるのではなく,やや遅れて感じることが知られており,これを自発的脱水と呼んでいる.自発的に水分補給を行なわせると発汗量相当は補給されず,1〜2％の自発的脱水が生じると報告されている.したがって,自発的脱水によって水分補給が遅れがちになり脱水が起こりやすくなるといえる.

（4）水中毒

脱水とは反対に,水を飲みすぎると血中ナトリウム濃度が低下する低ナトリウム血症（水中毒）が起こる.水中毒は細胞の水が過剰になって起こるもので,不安感,めまい,頭痛などの症状が起こり,重篤な場合には肺や脳に水がたまり肺水腫や脳

表9-7 エリートランナーおよび市民ランナーの推定発汗量および水分補給による脱水率

体重 (kg)	飲水量 (L/h)	高温環境		低温環境	
		発汗量 (L/h)	脱水率 (%)	発汗量 (L/h)	脱水率 (%)
【エリートランナー：マラソンの記録＝2時間10分】					
60	0	1.470	−5.3	0.910	−3.3
	0.5	1.470	−3.4	0.910	−1.5
	1.0	1.470	−1.7	0.910	+0.3
【市民ランナー：マラソンの記録＝4時間】					
50	0	0.570	−4.6	0.172	−1.4
	0.5	0.570	−0.6	0.172	+2.6
	1.0	0.570	+3.4	0.172	+6.6
70	0	0.855	−4.9	0.391	−2.2
	0.5	0.855	−2.0	0.391	+0.6
	1.0	0.855	+0.8	0.391	+3.5
90	0	1.140	−5.1	0.625	−2.8
	0.5	1.140	−2.9	0.625	−0.6
	1.0	1.140	−0.6	0.625	+1.7

発汗量は，体型，走速度，環境条件から発汗量測定式（Cagge, 1996）に当てはめ計算．高温環境はオリンピックマラソンの平均的気温（28℃，湿度30%），低温環境はニューヨークシティマラソンの平均的気温（14℃，湿度70%）を当てはめる．
（Cheuvront SN et al.: Fluid replacement and performance during the marathon. Sports Med, 37: 353–357, 2007.）

浮腫を起こし，最悪の場合には死に至ることもある．水中毒はトップランナーにはほとんど見られないが，市民ランナー，なかでも体重が軽くてレース時間が長くなる初心者ランナーは水を多く飲みすぎる危険性があるので注意が必要である．

（5）水分補給に関するガイドライン

　おもな学会やスポーツ団体はマラソンレース中の水分補給に関するガイドラインを提唱している．そこでは水分補給の適量は，発汗量相当と2%程度の脱水を許容する2つに大別される．しかし，ランナーの発汗量は体型，競技レベル，代謝特性などの要因によって影響を受けるため，水分補給の必要量は個人によって異なる．総論として，水分補給の目的は過度の脱水予防と飲みすぎによる水中毒の予防といえる．

　発汗量は個人差が大きいことをすでに述べたが，おおよその目安を計算で求める方法が紹介されている．表9-7は，エリートランナーと市民ランナーについて発汗量推定値，水分補給量に応じた脱水率を表している．体重60 kgのエリートランナーがマラソンを2時間10分で走る場合，発汗量は高温環境下で毎時約1.5 Lと計算されることから，脱水率を2%に留めておくための水分補給量は毎時800 mLと推定される．低温環境下では発汗量が少なくなり水分補給量も少なくて済む．体重50～70 kgの市民ランナーが低温環境下で毎時1Lの水分を補給し続けると，レース後には体重が増加し水分を補給しすぎになることが予想されるので，飲みすぎに注意する必要がある．

表 9-8 熱中症の病型

熱失神	皮膚血管の拡張により血圧が低下,脳血流が減少して起こる.めまい,失神などがみられる.顔面蒼白となり脈は速くて弱くなる.
熱疲労	脱水による症状で,脱力感,倦怠感,めまい,頭痛,吐き気などがみられる.
熱痙攣	大量に汗をかき,水だけを補給して血液の塩分濃度が低下したときに,足,腕,腹部の筋に痛みを伴った痙攣が起こる.
熱射病	体温の上昇のため中枢機能に異常をきたした状態で,意識障害(応答が鈍い,言動がおかしい,意識がない)が起こり,死亡率が高い.

(川原 貴,森本武利編:スポーツ活動中の熱中症予防ハンドブック.p4,日本体育協会,1999より引用改変)

表 9-9 熱中症死亡事故発生時期(1975〜2015 年)

月	件数	備考
2	1	校内マラソン
4	1	校内マラソン
5	1	校内行事30km徒歩
6	4	陸上部ランニング,山岳部登山
7	65	上旬5件,中旬13件,下旬47件
8	82	上旬40件,中旬23件,下旬21件
9	8	
10	2	ラグビー,遠足
11	1	

(独立行政法人日本スポーツ振興センター HP＜http://www.jpnsport.go.jp/anzen/Portals/0/anzen/kenko/jyouhou/pdf/nettyuusyo/27nettyuusyo_p6_8.pdf＞)

B 実 践

3.熱中症の症状と予防方法

1)熱中症

熱中症とは,一般的に暑熱環境下で発生するさまざまな障害(表9-8)の総称である.症状として,全身倦怠感,脱力感,顔色が悪い,頭痛,吐き気,めまい,筋の痙攣や痛み,ふらつき,転倒,言動がおかしい,意識がなくなる,などがあげられる.熱中症の特徴として,症状の進行が早い,死に至る危険性が高いという点があげられる.スポーツでおもに問題となるのは熱疲労と熱射病である.

スポーツ活動中の死亡事故のおもな原因として,外傷を除くと突然死と熱中症があげられる.日本スポーツ振興センターの報告によると,学校管理下における熱中症死亡事故は,1975〜2015年の40年間で167例発生している.死亡事故の発生時期は7月と8月の夏に集中し,とくに7月下旬〜8月上旬に多い(表9-9).

運動種目はさまざまであるが,持久走やダッシュの繰り返しなど,継続してランニングを行うこと,炎天下や熱のこもりやすい場所での練習,練習時に全身を覆うようなウエアの着用,などが熱中症の理由としてあげられる.また,肥満も熱中症の重要なリスクファクターであることが明らかにされている.

一般に熱中症は暑い季節に発生するものと認識されているが,暑いとはいえない10月,11月や真冬の2月にも発生していることから,気温がそれほど高くなくても湿度が高いと熱中症が発生することを十分認識しておく必要がある.

また,熱中症による死亡数は1993年以前は年平均67人であったが,1994年以降,夏期の気温上昇と関連して年平均492人に増加している.男女別年齢階級別(図9-4)の死亡者数は,男性では0〜4歳,15〜19歳,60〜64歳および80〜84歳を中心として,また女性では0〜4歳および80〜84歳を中心とするピークが見られる.0〜4歳は45年間で288件,そのうち0歳が158件を占めている.男性の15〜19歳はスポーツ場面,30〜59歳は労働場面,65歳以上は日常生活での発生が多いと考えられている.65歳以上の発生数が熱中症死亡総数に占める割合は,1995年の54%から,2008年(72%),2010年(79%)と近年増加傾向にあることから,高齢者は加齢とともに体水分量が減少し,体温変化や口渇感を覚えにくく,さらに汗腺の機能低下により発汗量も少ないため,本人も気づかないうちに熱中症になる

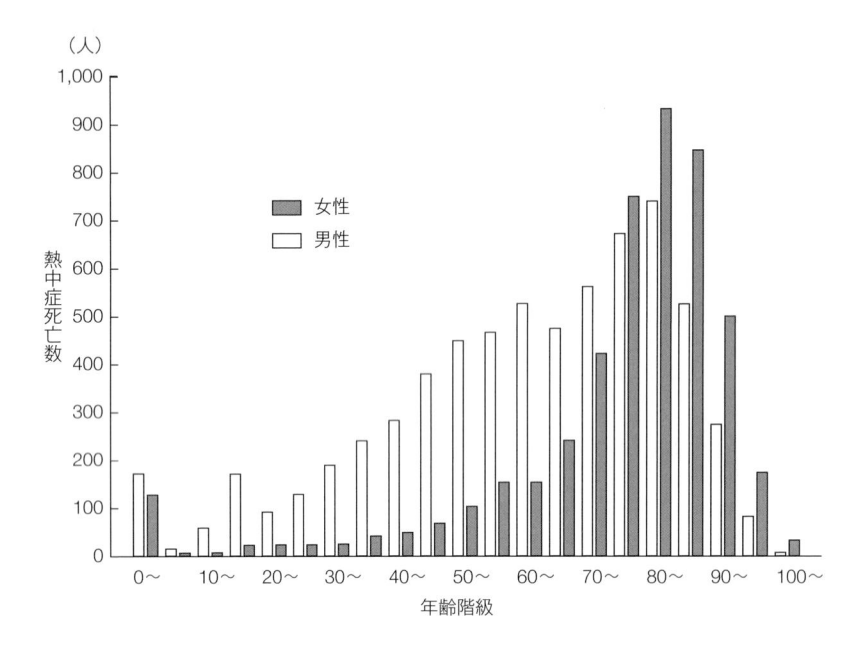

図9-4 熱中症死亡数の年齢階級別累積(1968〜2012年)
(環境省「熱中症環境保健マニュアル2014」より< http://www.wbgt.env.go.jp/pdf/envman/full.pdf >)

ケースが多い．高齢者に対する熱中症予防対策が重要である．

2）熱中症に対する保健指導のあり方

　　熱中症に対する初期の対応や措置が的確で迅速であれば，その多くは命が助かる．環境省では熱中症に対する保健指導における留意点について次のようにまとめている．熱中症の発生には，環境条件（暑熱下，ヒートアイランド現象，熱帯夜），生活活動，着衣状態（剣道や柔道などの防護具・衣）が大きく影響するので，高温環境下への理解が必要であること．また，熱中症患者が増加する梅雨前など予防の効果が期待できる時期から保健指導を開始すること．熱中症は身近におこるもので，とくに子どもや高齢者に多く発生すること．さらには，温度計や湿度計を備えておき暑熱環境を測定できるようにしておくこと，そしてできればその場ですぐに体温を測定できるように体温計を常備しておくことが重要である．

3）熱中症の予防法

　　わが国では1991年に日本体育協会に「スポーツ活動における熱中症事故予防に関する研究班」が設置され，スポーツによる熱中症事故の実態調査，スポーツ現場での測定，運動時の体温調節に関する基礎的な研究が進められてきた．1993年に熱中症予防の原則を「熱中症予防8ヶ条」にまとめ，2013年にはそれを5ヶ条に集約する改訂が加えられた．これらの具体的なガイドラインとして「熱中症予防のための運動指針」が提示されている．このように，熱中症予防の原則はすでに確立されているにもかかわらず，毎年死亡事故は発生している．スポーツ指導者や選手が熱中症予防の知識を必ずしも十分に身につけているとは限らないのが現状であるが，無知や無理によって引き起こされている熱中症は，適切な予防処置さえ講ずれば防ぐことができる．「熱中症予防5ヶ条」にしたがって熱中症の予防方法について簡略に説明する．

（1）暑いとき，無理な運動は事故のもと：熱中症事故の実態と環境温度
　　熱中症の発生には気温，湿度，風速，輻射熱（直射日光等）が関係し，これらを総合的に評価する指標として WBGT（湿球黒球温度）がある．
（2）急な暑さに要注意：暑熱順化と熱中症
　　暑熱環境での体温調節能力には暑さへの馴れ（暑熱順化）が関係する．夏のはじめや合宿の初日には事故が起こりやすいので注意が必要である．急に暑くなったら，暑さに慣れるまでの数日間は軽い短時間の運動から徐々に運動強度や運動量を増やすようにする．
（3）失われる水と塩分を取り戻そう：運動と水分，塩分の補給
　　汗からは水分と同時に塩分も失われる．水分の補給には，0.1～0.2％程度の塩分も補給するとよい．
（4）薄着スタイルでさわやかに：体温と衣服
　　暑い時には吸湿性や通気性に富む素材の衣服で軽装を心掛ける．帽子の着用も有効である．防具を着用するスポーツでは休憩中に衣服を緩めて熱を逃がす工夫も大切である．
（5）体調不良は事故のもと：熱中症と身体因子
　　疲労，睡眠不足，発熱，かぜ，下痢など体調の悪いときには体温調節能力が低下して熱中症につながりやすい．また，体力の低い人，肥満の人，暑さに慣れていない人，熱中症を起こしたことがある人などは暑さに弱いので注意が必要である．学校で起きた熱中症の死亡事故の 7 割が肥満の人であったことからも特に注意すべきである．

4）熱中症の応急処置

　　暑さの中で体調不良を感じたら無理をしないことが大切で，もしも熱中症であると思ったら早めに対処する必要がある．熱中症は症状の程度によって，軽症度，中等度，重症度に分類される．また，症状の内容によって熱失神，熱痙攣，熱疲労，熱射病に分類される．
（1）熱失神
　　熱失神は運動の終了直後に起こりやすい症状で，長時間暑い環境下で活動をしたために末梢血管が拡張し，全身への血流量が減少し血圧が低下することにより生じる．したがって，暑いからといって時間を惜しんでクーリングダウンを疎かにしないことが大切である．応急処置としては，涼しい場所に運び，衣服を緩めて寝かせ，水分を補給することで通常は回復する．足を心臓よりも高くして手足を末梢から中心部に向けてマッサージすることも効果的である．吐き気や嘔吐などで水分補給ができない場合は点滴を受ける必要がある．
（2）熱痙攣
　　熱痙攣は大量に汗をかいたときなどに塩分などの電解質が含まれない水だけを補給したために，血液の塩分濃度が低下することによって生じる．塩分濃度 0.9％ の水分（生理的食塩水と同じ）を補給して涼しい所で安静にしていると回復する．また，痙攣している部位をマッサージして対処するのもよい．
（3）熱疲労
　　熱疲労は大量の発汗や不十分な水分補給によって脱水症状に陥ったときに生じるもので，塩分などの電解質が失われて抹消の循環が悪くなり極度の脱力状態となる．放置して判断を誤ると重症化するので，この時点で異常に気づくことが重要である．

対処法は涼しい場所に運び，衣服を緩めて寝かせて，水分（塩分濃度0.2％程度）を補給すれば通常は回復する．足を心臓より高くして仰向けに寝かせて，水分摂取が可能であれば薄い食塩水またはスポーツドリンクを少量ずつ何回にも分けて補給させる．水分が補給できない場合は点滴を受ける必要がある．

(4) 熱射病

　熱射病は自己温度調節機能が破綻して体温が上昇することで，脳などの中枢機能に異常をきたした状態で，意識障害（応答が鈍い，言動がおかしい，意識がない）が起こり，死に至る危険性が高い．涼しい場所に運び，衣服を緩める．他の症状とは異なり，上半身を高くして座った状態に近い態勢で寝かせて身体を冷却する．とくに首，腋の下，足の付け根などの血管が皮膚表面に近いところを氷などで集中的に冷やす．氷がない場合は水を身体にふきかけて風を送って冷やす．アルコールを使って身体を拭いてもよい．ただし，身体の表面だけを冷やしてふるえを起こさせないようにすることが大切である．

4．運動実施の判断

1）湿度と気温の関係

　ヒトは気温が同じでも湿度が高いときには蒸し暑く感じ，低いときには過ごしやすく感じる．寒暖の刺激は皮膚の表面にある感覚器で感じとるが，その際には気温だけではなく湿度，日照，風などの要素を加味して判断している．この体感温度には個人差があるので，同じ冷房を効かせた室内にいても寒く感じる人もあれば，一方で冷房の効きめが弱いと感じる人もいる．

　これまでに体感温度を数量化する試みがなされてきている．ミスナールとリンケの体感温度を次式に表した．

ミスナールの体感温度＝$T - 1/2.3 (T-10)(0.8 - H/100)$（無風の時）　…　式9–2
リンケの体感温度＝$T - 4\sqrt{V}$（日射なしの時）………………………　式9–3

　ここで，T：気温（℃），H：相対湿度（％），V：風速（m/s），である．

　式9–2は気温と湿度の関係に着目したものである．気温が同じ30℃の場合でも，湿度が90％では体感温度は30.9℃，湿度が40％では26.5℃となる．湿度が高いと暑苦しく，乾燥しているとしのぎやすく感じる．式9–3は風速の体感温度への影響に着目したもので，風速が毎秒1m増すごとに体感温度は約1℃低くなることがわかる．

　熱中症の予防策として不快指数やWBGT指数が使用されているが，体感温度についても理解しておくことは大切である．ヒトが感じる暑さ寒さは単に気温の高低だけでは決まらず，風速，湿度や日射なども関係するが，これは身体から奪われる熱量が風や湿度によって異なるからである．

2）WBGTによる基準

　WBGT（Wet Bulb Globe Temperature：湿球黒球温度）とは，人体の熱収支に影響を及ぼす4つの環境因子（気温，湿度，輻射熱，気流）のうち，とくに影響の大きい気温，湿度，輻射熱の3つを取り入れた指標で，乾球温度，湿球温度，黒球温度の値を使って計算される（図9–5）．WBGTは熱中症予防の指標として有用な指標である．WBGTの算出方法は屋外と屋内では異なり，それぞれ次式で表される．

　屋外で日射のある場合

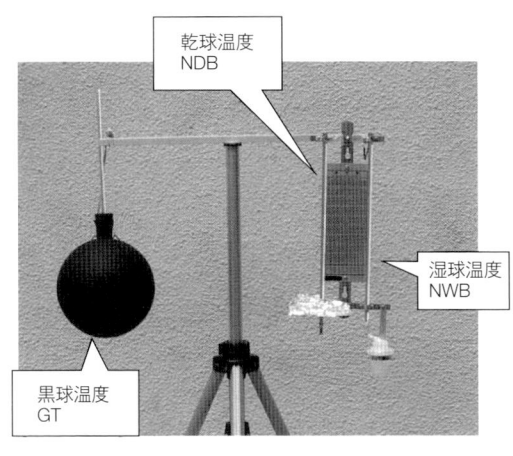

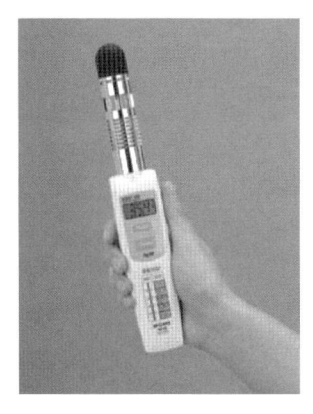

図9-5 WBGT測定装置 基本型(左)とハンディータイプ(右)

表9-10 熱中症予防のための運動指針

WBGT	湿球温度	乾球温度（℃）			
31	27	35	運動は原則中止	WBGT31℃以上では，皮膚温より気温が高くなる．特別な場合以外は運動を中止
28	24	31	厳重警戒（激しい運動中止）	WBGT28℃以上では，熱中症の危険大．熱負荷の大きい運動は避ける．積極的な水分補給．
25	21	28	警　戒（積極的休息）	WBGT25℃以上では，熱中症の危険が増す．積極的な休息（30分おきくらい）と水分補給．
21	18	24	注　意（積極的水分補給）	WBGT21℃以上では，熱中症による死亡事故発生の可能性あり．熱中症の兆候に注意．積極的に飲水．
			ほぼ安全（適宜水分補給）	WBGT21℃以下では，熱中症の危険性は小さいが，適宜水分の補給は必要．

（川原　貴，森本武利編：スポーツ活動中の熱中症予防ハンドブック．p13，日本体育協会，1999）

$$\text{WBGT} = 0.7 \times \text{湿球温度} + 0.2 \times \text{黒球温度} + 0.1 \times \text{乾球温度}$$

屋内で日射のない場合

$$\text{WBGT} = 0.7 \times \text{湿球温度} + 0.3 \times \text{黒球温度}$$

日本体育協会ではWBGT，湿球温度，乾球温度を参考に「運動は原則中止」「厳重警戒」「警戒」「注意」「ほぼ安全」の5段階で熱中症予防のための運動指針（表9-10）を定めており，環境条件の評価はWBGTによるのが望ましいとしている．

3）熱中症予防情報の提供

環境省では，生活環境の暑熱化への対策として，ホームページ上で熱中症の情報提供を行なっている．ホームページでは，熱中症に対する注意を促すことを目的として，熱環境の程度を表す指標であるWBGT（暑さ指数）の実況値（東京，大阪など6都市）と，温度，湿度などの気象予報から当日と翌日の2日分のWBGTを予測し，その値を提供しているので，利用するとよい．

環境省熱中症予防情報サイトから確認できる．

5. 高温多湿・寒冷環境下における運動

1）高温多湿環境における運動

高温多湿環境において運動やスポーツ活動を行うに際には，熱中症を引き起こしやすいのでとくに注意が必要である．

(1) 温度と湿度のチェック

一般に気温が35℃を越える環境下での運動は，人間の体温調節能力を超えるため禁忌とされている．また，30℃を超える環境での激しい運動も避けるべきである．日頃から十分にトレーニングを積んでいない人は，このような条件下では勇気をもってスポーツを中止することも大切である．気象データは原則として日陰で計測されるため，炎天下で行う場合には気象観測における気温を大きく上回ることがあるので注意が必要である．また，湿度が高いほど体温調節機能は働きが衰えるので，気象データを把握する習慣を身につけることも大切である．

(2) 直射日光をさける

直射日光は温熱のエネルギーが大きいことに加えて，体に有害な紫外線が多く含まれており体力と抵抗力を奪うので，できるだけ素肌を直射日光に当てないように気をつける．たとえば，高温多湿で直射日光が照りつける真夏のゴルフは，日射病や熱中症などに罹りやすく体調を崩す危険を伴う．そのため，暑熱環境の下でもゴルファーの身を守る「サマーゴルフギア」として，帽子やネックカバーが開発されている．これは特殊開発された繊維の中層の吸水機能が水を吸着膨張し，水を逃さず保水するもので，多量の水分が気化する際の吸熱作用で内部の熱を奪い，皮膚表面から温度上昇を抑える機能を持つ．直接皮膚に接する素材には吸汗性素材を用いているため，常に皮膚表面はサラッとしてベトつかないという．気化を促進し，ムレ感防止機能を加え，涼しさを追求した製品が開発されている．また，サングラスやゴーグルの着用は，白内障など眼の疾病の原因となる有害紫外線を遮断し，安全で快適な視界を提供する点において，スキーやスノーボードなどのウインタースポーツにおいても有効である．

(3) 体温調節の能力を高めておく

できれば競技や試合の予定される1～2週間前から，なるべく暑い環境にからだを慣らしておく（暑熱順化）．暑熱順化すると，発汗量が増えるがミネラルの放出量が減り，皮膚血流量が増大しやすくなり，体温上昇しにくくなる．また，疲労感も低減する．暑熱順化を促すためには，暑熱環境下で身体活動（運動）によって汗をかくことがポイントとなる．

(4) カフェインやアルコール飲料を控える

これらの飲料は利尿作用が強く，体内の水分を尿にして排泄する働きがあるため，水を飲んでもからだは脱水傾向になる．したがって，競技予定の1, 2日ほど前からは摂取を控えるようにする．カフェインの含まれる飲料には，コーヒー，紅茶，緑茶，コーラなどがある．

(5) 水分・塩分・糖分を摂取する

自覚症状の有無にかかわらず喉の渇きを感じる前に計画的に水分を補給することが推奨される．摂取する水分の種類は水道水で十分であるが，体力のない人ほど塩類の喪失が多くなるので，梅干し・漬け物・みそ汁などで塩分を補うことが大切である．また，運動による血糖の低下を防ぐために糖分の補給も効果的で，このよう

な理由からスポーツドリンクが用いられることが多い．ただし，スポーツに用いるときには前述（p. 155）したように，1/2〜2/3くらいの濃度に薄めた方が理想的である．人工甘味料を含むものは，かえって血糖を下げることがあるのでスポーツ時の飲料には適さない．これら以外の飲み物では，牛乳や100％果汁が推奨される．果汁飲料は糖分が濃すぎるので水で半分程度に薄めた方がよい．

　また，暑熱環境下では消化やエネルギー代謝の働きが弱まるので，消化しやすい糖分（バナナなどの炭水化物）をこまめにとって血糖値を維持することが大切である．ただし，甘みの強い糖分（砂糖やチョコレートなど）を一度にとると，かえって血糖値を下げる（反応性低血糖：糖質摂取による急激な血糖値の上昇に反応し，急激に血糖値が下がる）ことがあるので，甘みの弱い糖類（ごはん・パンなど）を摂るように心掛ける．

2）寒冷環境における運動
　（1）運動後の身体管理
　　冬は外気温と体温の差が大きいため運動後の身体の管理が重要になる．運動と喉の温度変化を調べた実験（室温20℃の部屋で20分間の運動後，汗を拭かずに喉元に何も当てない状態で上気道の温度を計測）では，空気の通り道である上気道の温度は運動後に10人の平均で約33℃まで低下したことが報告されている．呼吸で上気道が冷え，粘膜の血流が減少したために温度が低下し，元の温度に戻るまでに30分以上必要であった．風邪の代表的な原因として上気道の粘膜に感染するライノウイルスがあるが，このウイルスは34℃前後の温度で増殖しやすいことから，上気道の温度低下は増殖にとって都合のよい条件となる．風邪をひきやすい選手の上気道の温度は運動後で34〜35℃に対して，ひきにくい選手は36℃前後で体温とほぼ同じであったという．運動後は上気道がとくに冷えやすいので，汗を拭いて喉元を暖めて湿度と温度を保つことが大切である．冬の運動後はマスクをするのが一番で，見栄えを気にするならばマフラーで喉元を暖めるようにする．
　（2）寒冷下のスポーツ対策
　　運動によって上昇した体温を通常の温度に戻すためには，汗を蒸発させて身体から熱を奪う必要がある．しかし，冬場は外気温が極度に低いため汗が蒸発しないで体表面に残る．体表面付近には大量の血液が流れているが，この血液が外気で冷却された汗の影響で温度を下げて，体中心部の体温まで下げる恐れがあると指摘されている．したがって，運動中でも汗をかいたら面倒がらずに着替えて体温を下げないように注意する必要がある．

　また，汗を吸収する保温着の着用も有効である．近年，運動後の汗による冷えを防止するだけでなく，汗を吸収して，そのときに生じる吸収熱で保温効果を高める高機能ウエアが販売されている．細い繊維も開発され，肌着やアンダーウエアには薄手の衣類も見受けられる．ウエアの選択にも一工夫が必要である．

　寒い朝のジョギングの場合には，汗の管理とともに栄養の補給にも気をつけなければならない．起床直後のからだは寝汗・呼吸・蒸発・排尿などで水分がかなり少なくなっているので，何も食べずに運動をすると脂肪の分解が進み，血中に大量の遊離脂肪酸が出る．高度の遊離脂肪酸は不整脈を引き起こしやすくなり危険度が増す．そこで，朝起きたら，まず水を飲み，からだを暖かくして軽い食事をとってから運動を開始することが安全につながる．もちろん，冷えた筋をウォーミングアップで暖めておくことは大切である．

6．夏ばてと冷え性

1）夏ばて

日本のような高温多湿な環境下においては，気温や湿度の急激な変化に対してからだのリズムがついて行かず，自律神経の働きが鈍くなりいくつかの適応障害，いわゆる夏ばてを起こすことが多い．湿度の高い梅雨時期から初夏にかけて，また蒸し暑い真夏から残暑の時期にかけて起こりやすいので，この時期に発生する障害を総称して夏ばてと呼んでいる．具体的な症状として，全身の疲労感・脱力感，食欲減退・偏食，思考力の低下，下痢・便秘，朝起きるのがつらい，などがあげられる．

(1) 夏ばての原因

夏ばての原因として，暑さそのものがもたらすストレスがあげられる．このストレスが自律神経のバランスを崩して気力の低下をまねくと考えられる．また，エアコン（冷房）が各家庭に普及した現在，室内と室外との温度差が大きくなったこともあげられる．温度差が5℃以上あると，暑いときに働く副交感神経と冷えたときに働く交感神経のバランスが崩れて，不眠・だるさ・肩こり・下痢などを引き起こし，夏風邪の原因にもなる．多くの研究から室温28℃が推奨されている．

(2) 夏ばての予防法

夏になると食欲不振から冷たいもの，あっさりしたものを食べる傾向が強くなる．しかし，偏食による栄養の偏りを避けて栄養価の高い食事を心掛けることが大切である．タンパク質やビタミンBを含む食品（豆腐，枝豆，鰻の蒲焼など），油で調理したもの，香辛料の効いた香りの強い野菜を摂ることで食欲を増進させることもできる．水分を補給する場合は，一度に多量に飲むと胃ばかりが膨満して胃酸が薄まり食欲を低下させることになるので，こまめに適量を飲むことを心掛ける．炭酸飲料やアルコールは控えめにして，ときには温かい飲料を摂ることも大切である．温かい飲料はからだから放熱される気化熱でかえって涼しく感じることができる．

2）冷え症

冷え症とは，医学的には末梢血管（毛細血管）の血行障害と説明される．つまり，手や足などからだの末端部分の血行が悪くなっている状態のことをさしている．ヒトは，寒さを感じると体表面の毛細血管を収縮させて体温が外部環境へ逃げないようにし，ある程度時間が経過すれば血液を送り込んで体表面の温度が下がりすぎないように調節するしくみを働かせる．ところが，うまく調節されずにいつまでも血管が収縮しているために冷たくなってしまうのが冷え症である．冷え症の場合，周囲が暖かくなってもなかなか血管が拡張しないので回復するのに時間がかかる．

(1) 冷え症の原因

冷え症のおもな原因として，循環器系障害や自律神経機能の失調，貧血，低血圧，ホルモン分泌障害などがあげられる．手足が冷たい，腰が冷えるなどの症状の他に，頭痛，めまい，のぼせ，肩こり，腰痛，月経痛，イライラなど，さまざまな症状を伴うことが多い（表9-11）．

冷え症の中でもっとも多くみられるのは自律神経失調型である．ホルモンアンバランス型は思春期，妊娠，出産，更年期などホルモン分泌の大きな転換期と関係するもので，冷え症とほてりの両方が表れる．低血圧型は心臓のポンプ力が弱いため手足の先まで十分に血液が届きにくくなり冷えてしまう．貧血型の代表的なものは

表 9-11　冷え症の型とおもな症状

型	症　状
・自律神経失調型	不安，イライラ，無気力，動悸，頭痛，肩こり
・ホルモンアンバランス型	生理不順，顔面のほてり
・低血圧型	立ちくらみ，めまい
・貧血型（鉄欠乏型）	疲れやすい，食欲不振，息切れ

鉄欠乏型貧血で，血液中のヘモグロビンの量が減少して不足した状態である．欠食，偏食，節食などが原因としてあげられる．各器官に送られる血液中の酸素の量が不足するため十分に栄養が燃焼されないので，手足はもとより全身が冷えてしまう．このように症状と原因の関係が示されてはいるものの，まだ十分に原因を特定できないのも冷え症の特徴である．

ところで，冷え症は一般的に男性と比べて女性に多くみられる症状である．女性ホルモンの変動やアンバランスが自律神経の調節を狂わせる原因になっているといえる．また，女性は男性に比べて筋量が少なく筋力が弱いことも一因と考えられる．心臓から全身に送りだされた血液は**筋ポンプ作用**によって末梢から心臓へと循環を繰り返しているので，筋量や筋力が関係するのであろう．さらには，男性と比べて女性に低血圧者が多いことも冷え症になりやすい要因のひとつと考えられる．また，エアコン（冷房）の使用による体温調節機能の低下も一因と考えられる．

（2）冷え症の予防法

冷え症の予防法には，入浴方法の改善，運動による血行促進，睡眠・食事の工夫などがある．入浴方法の基本となるのは低温による長時間浴で，代表的な入浴法に**半身浴と温冷交代浴**がある．半身浴では湯船に下半身だけつけて，心臓から遠く血行が滞りがちな下半身を集中的に温めることにより，溜まっていた血液を全身にめぐらせる．温冷交代浴では熱い湯に半身浴でつかった後，湯船から出て手や足に冷水をかけることを数回繰り返し行う．高温と低温の相反する刺激を与えることで，血管の拡張と収縮を繰り返して血行を促進させる．

暖かく寝るための工夫として，靴下を着用する，就寝前に布団乾燥機などで布団を暖めておく，天然素材（綿，絹など）のパジャマを着用するなどがある．また，食事ではからだを温める**温熱食**を食べることも大切である．その他，指圧やお灸によるツボ療法を用いることにより，自律神経の働きを整えて血液の循環をよくすることも有用である．

まとめ

- ヒトが生命を維持するためには，脳を中心とする深部体温を一定に保つことが重要になる．
- 運動時には安静時と比べて体温が上昇するため体表体温のみならず深部体温も影響を受ける．
- 体温の調節は，行動性体温調節，皮膚血管の拡張や縮小，発汗やふるえ・非ふるえという合目的的な反応により行われる．
- 運動時には体温上昇に伴う発汗作用により体内の水分や塩分が不足するため，これらの補給が重要になる．
- 水分は喉の渇きを感じる前にこまめに給水して補給する．塩分は運動後の食事において運動中に失われた電解質を摂取して補給する．

- 近年では運動中の水分補給の必要性が見直され，給水がスポーツのルールにも反映されている．
- 運動中に水分を補給しすぎると低ナトリウム血症（水中毒）を引き起こすこともあるので，水分の摂り過ぎに注意が必要である．
- 暑熱環境下での運動時には熱中症を引き起こす危険性がある．しかし，十分な知識を身につけていれば熱中症は防ぐことができる．
- 環境省から提供される熱中症予防情報を積極的に活用することも大切である．
- 暑熱下での運動実施の判断には，気温だけではなく湿度やWBGTによる判断も必要となる．
- 生活が便利で快適になる一方で，本来備わっているはずの身体機能が失われつつあり，日頃の生活リズムを崩す人が増加している．
- 夏ばてや冷え症などの症状は，日頃からの積極的な身体運動，十分な休息，そして栄養に配慮した食事を心掛けることで予防可能である．

レポート課題

1. 体温の調節反応の過程をあげ，それぞれの特徴を比較せよ．
2. 発汗とは何か．またその生理学的意義について述べよ．
3. 運動中の給水における留意点について，スポーツの具体例をあげて説明せよ．
4. 熱中症の予防方法について説明せよ．
5. WBGTとは何か．また，熱中症予防とWBGTの関係について説明せよ．
6. 高温，寒冷環境下において運動を実施する際の留意点について説明せよ．

文　献

池上晴夫：スポーツ医学 II–健康と運動–．朝倉書店，2000．

Ishikawa K et al.: Physical activity level in healthy free-living Japanese estimated by doubly labelled water method and International Physical Activity Questionnaire. Eur J Clin Nutr, 62（7）：885–891, 2007.

伊藤静夫ほか：ランニング学会の見解　マラソンレース中の適切な水分補給について．ランニング学研究，22：1–12, 2010．(Cheuvront SN et al.: Fluid replacement and performance during the marathon. Sports Med, 37: 353–357, 2007.)

川原　貴，森本武利編：スポーツ活動中の熱中症予防ハンドブック．日本体育協会，1999．

彼末一之，中島敏博：脳と体温–暑熱・寒冷環境との戦い–．共立出版，2000

日本体育協会< http://www.japan-sports.or.jp/medicine/guidebook1.html >

大貫義人ほか：野球の夏季練習時におけるジュニア期年代別の温熱生理学的実態．平成13年度日本体育協会スポーツ医・科学研究報告　ジュニア期の夏期スポーツ活動に関する研究，2002．

［野田　政弘］

第10章 ウォーミングアップとクーリングダウン

A 理論

1. ウォーミングアップ

ウォーミングアップは，運動やスポーツなどの身体活動を行う前にからだのコンディションを調整し，安全を確保するために行う．安静状態から急に運動をはじめると，からだのさまざまな機能が急激に変化する．たとえば，心拍数，血圧，呼吸数は上昇し，血液の流れる量は筋内では増加する一方，腹部などの内臓では減少する．このような呼吸・循環器系の急激な変化は，心臓や血管に多くの負担がかかり，さまざまな障害の誘因となることがあるため，スポーツなどの身体活動を行う前には誰でもウォーミングアップが必要となる．とくに中高年者の場合は，十分なウォーミングアップが要求される．

以下にウォーミングアップに関する具体的な効果や実施方法について述べる．

1）ウォーミングアップの効果

（1）筋温・体温を上げる

筋温が上昇することで筋はエネルギーを利用しやすい状態になるとともに筋の粘性が低下し，動きやすくなりパワーが発揮しやすくなる（図10–1）．

（2）関節の滑液の分泌を促進する

関節の動きを滑らかにする滑液は体温が一定温度以上にならないと分泌されない．ウォーミングアップによって体温が上昇することにより滑液の分泌が促進される．

（3）酸素運搬効率を上げる

軽い運動を事前に行うことによって活動する筋への血流量が多くなる．心拍出量の増加が速やかになり，体内に酸素を運ぶ役割を果たす血中ヘモグロビンが，体温の上昇とともに酸素を筋に渡しやすくなる．その結果，有酸素性運動時には筋が疲労物質である乳酸をあまり出さずに多くの酸素を使えるため，パフォーマンスが向上する．無酸素性運動時では，乳酸の酸化が効率よく進むために，運動後の乳酸性疲労からの回復が早くなる．

（4）神経の伝達速度を高める

筋温や体温が上昇することで神経伝達速度が高まる．とくに，自分の専門種目の専門的な動きをあらかじめ実施することで，競技中に使用

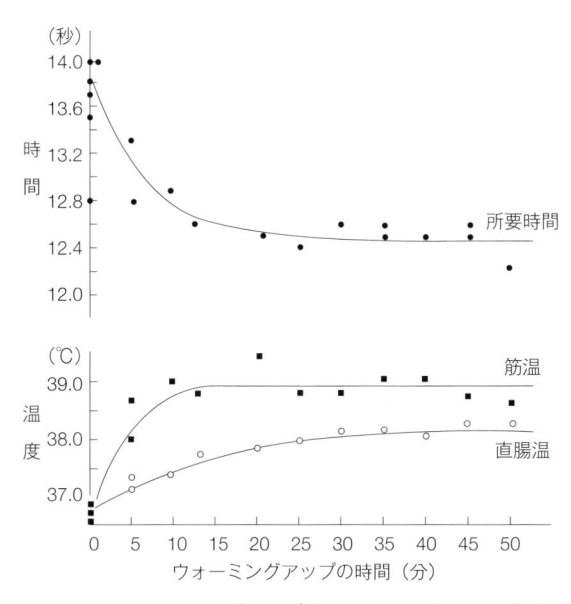

図10–1 ウォーミングアップ時間と筋温，直腸温の変化
（Asmussen E and Bøje O: Body temperature in muscular work. Acta Physiol Scand, 10: 1, 1945）

される運動機能へ事前情報を伝達し，主運動のパフォーマンス発揮に役立つ．神経伝達速度が向上することで，身体の動きが円滑になり，さらに専門的な動作をウォーミングアップに組み込むことによって主運動時によりスムーズな動きが可能となる．

（5）心的準備

いきなり主運動に入るのではなく，ウォーミングアップを行うことで精神的興奮水準を徐々に高めていき，精神的に「身体活動ができる状態」になる．また，過緊張を防ぐ効果も期待できる．

2）ウォーミングアップの方法

（1）種　目

体温が1℃上昇すると細胞の代謝率は，13％増大する．体温が上昇すると細胞内の物質の交換が速い速度で進む．高温では，血液から組織への酸素の交換が速くなり，神経の情報伝達も速くなる．重要なことは，筋の温度を高めることである．筋作業による熱生産は，安静時の10～20倍ともいわれている．一般的な運動前のウォーミングアップでは，ランニングなどの全身運動によって筋温を高めるとともに，おもに使用する筋や腱を中心に全身に渡ってストレッチすることが望ましい．また，競技スポーツなどの場合は，専門種目の技術的な特性に合わせたウォーミングアップを追加する必要がある（野球の場合のキャッチボールやトスバッティングなど）．

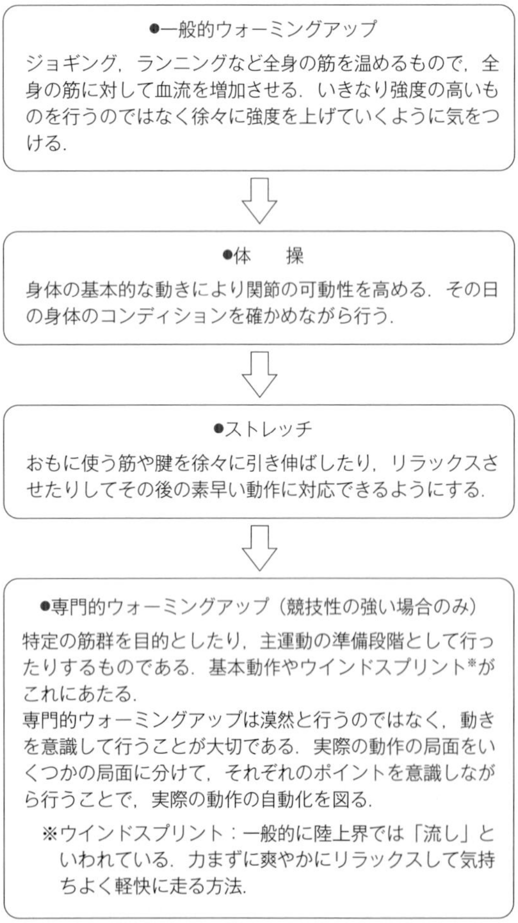

（2）時　間

身体能力を十分に発揮するためには，ある程度の準備時間が必要である．とくに筋の温度は，ジョギングなどの軽運動を10～15分することで，定常状態にまで高められることが知られており，実際の実験データでは，筋の温度を36.6℃から39.3℃まで上げることで，筋の最大ピークパワーが約16％増加することが報告されている（45分以上時間が経つと筋温が戻る）．また，筋の反応時間が，ウォーミングアップの15分後にもっともよくなることがわかっている．10～15分程度のウォーミングアップが理想的な時間といえる．しかし，ウォーミングアップの種目同様，スポーツ種目独自の特性を考慮する必要がある．

（3）順　序

ウォーミングアップの順序としては図10-2に示す順で取り入れていくことが望ましい．

3）サイキングアップ

競技スポーツなどの場合，試合前に気持ちを徐々に高め，よりよい心の状態に持っていくことが必要である．近年のオリンピック選手が試合前にリズミカルな音楽などを聴いているのもその代

●一般的ウォーミングアップ
ジョギング，ランニングなど全身の筋を温めるもので，全身の筋に対して血流を増加させる．いきなり強度の高いものを行うのではなく徐々に強度を上げていくように気をつける．

↓

●体　操
身体の基本的な動きにより関節の可動性を高める．その日の身体のコンディションを確かめながら行う．

↓

●ストレッチ
おもに使う筋や腱を徐々に引き伸ばしたり，リラックスさせたりしてその後の素早い動作に対応できるようにする．

↓

●専門的ウォーミングアップ（競技性の強い場合のみ）
特定の筋群を目的としたり，主運動の準備段階として行ったりするものである．基本動作やウインドスプリント※がこれにあたる．
専門的ウォーミングアップは漠然と行うのではなく，動きを意識して行うことが大切である．実際の動作の局面をいくつかの局面に分けて，それぞれのポイントを意識しながら行うことで，実際の動作の自動化を図る．
※ウインドスプリント：一般的に陸上界では「流し」といわれている．力まずに爽やかにリラックスして気持ちよく軽快に走る方法．

図10-2　ウォーミングアップの手順と留意点

表的な例であるように，最近ではこの心のウォーミングアップといえるサイキングアップをメンタルトレーニングのひとつとして取り入れている選手やチームが多くなった．

2．クーリングダウン

基本的には低強度の運動による動的回復法であり，主運動により高められた身体機能を素早く，かつ効率的に安静状態に回復させることがクーリングダウンのねらいである．

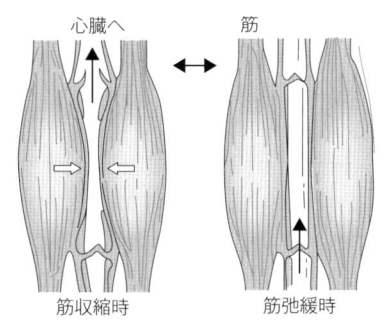

図10-3 筋ポンプ作用
（小沢治夫，西端　泉編：最新フィットネス基礎理論-健康運動指導者のためのUP-DATEテキスト-．p271．日本エアロビックフィットネス協会，2004）

1）筋ポンプ作用

血管には，心臓から送り出された血液を全身に届ける動脈と，全身に送られた血液を心臓に戻すための静脈がある．通常，脚では心臓のポンプ作用によって押し出された血液が動脈を通って脚のすみずみに送り出され，皮膚や筋などを通ってから静脈に戻ってくる．その場合，脚の静脈に入った血液は重力に逆らいながら心臓に向かって昇らなければならない．その際，重要な役割を果たすのが静脈弁と脚の筋である．

脚の静脈弁は血液の逆流を防ぎ，血液を常に上の方向に流す役割を持っている．しかし，静脈弁自身には積極的に血液を流す力はなく，血液を上の方向に押し出すのはおもに脚のふくらはぎの筋の役目である．そのため，ふくらはぎの筋は第2の心臓とも呼ばれ，筋が収縮する時に，脚の静脈を圧迫して血液を押し上げる．この現象を筋ポンプ作用という（図10-3）．

2）クーリングダウンの効果

（1）筋ポンプ作用で乳酸を除去

高強度の運動や長時間の運動を行うと筋中では乳酸が生成される．この乳酸が過剰に蓄積することで筋の収縮が阻害され，筋疲労の原因となる．この乳酸が筋中から除去されなければ疲労感が残ることになる．運動終了後，安静にしていた場合と10～15分のクーリングダウンを行った場合の血液中の乳酸の除去率を調査した研究によると，クーリングダウンをした方が乳酸の半減時間が2倍ほど速くなった（図10-4）．

その乳酸を除去するためには，主運動後に軽い運動をする方法が効果的である．乳酸は以前は「疲労物質」として考えられてきたが，実際は**有酸素性エネルギー供給機構（有酸素系）**で筋収縮をするためのエネルギー源として再利用されている（第4章参照，p.61）．そのため，有酸素系を用いる低強度の運動を実施することで筋中の乳酸をエネルギー源として消費し，乳酸の除去がスムーズに行われる．有酸素性運動をすることで筋ポンプ作用が働き，血流が豊富に流れ，乳酸の拡散が高まるとともに乳酸をエネルギー源として利用する骨格筋や心筋に乳酸を渡すことができる．

（2）呼吸を整え，過換気を防ぐ

運動直後の早く深い呼吸を繰り返すと肺から多量の二酸化炭素が排出され，動脈血中の二酸化炭素濃度が低下し，血液がアルカリ性に傾いてしまうため，筋の痙攣

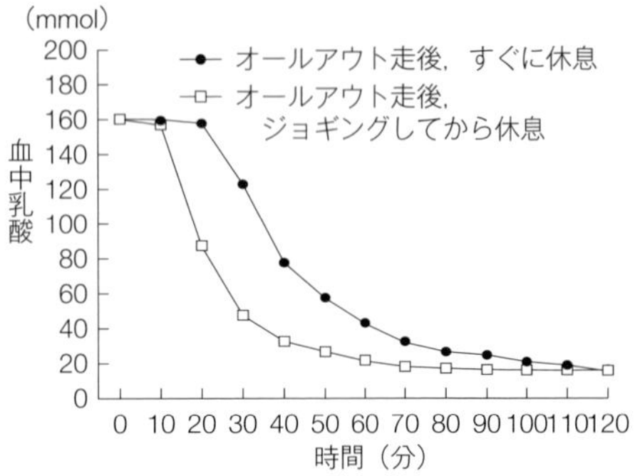

図10-4　クーリングダウンによる乳酸除去
（小沢治夫，西端　泉編：最新フィットネス基礎理論-健康運動指導者のための UP-DATE テキスト-. p271，日本エアロビックフィットネス協会，2004）

や血液低下を引き起こす原因となる．そこでクーリングダウンにより徐々に呼吸を整えていくことで，血液中の二酸化炭素濃度をコントロールし過喚起を防ぐことができる．

また，時には急に身体活動を中止すると，めまいや立ちくらみ，ひどいときには意識障害を起こすことがある．これは運動を急にやめたことによって，筋のポンプ作用が弱くなり，血流の流れる量が減少し，血圧の低下が生じるにもかかわらず，呼吸数がすぐには減少しないことによるアンバランスが生じるためである．これを防ぐのもクーリングダウンである．

3）クーリングダウンの方法

筋ポンプを働かせるような軽い有酸素性運動（ジョギングや歩行）と，主運動により負担がかかって緊張している筋をリラックスさせるためのストレッチを合わせて行うことが基本のクーリングダウンである．また，クーリングダウンにおける有酸素性運動の目安としては「トレーニング開始前の心拍数＋10拍」程度までゆっくりと下げることが望ましい．さらに，駆使した筋や関節の炎症や充血を抑えるためにはアイシングを積極的に行うことも有効である．方法は氷のうやビニール袋に氷を入れ，患部に密着させるようにする．また，アイスパックを利用してもよいが0℃以下に冷やされている場合が多いため，アイスパックを使用する場合は，凍傷を防ぐために患部との間に薄いタオルなどを挟むとよい．

3．ストレッチの考え方

1）ストレッチとは

ストレッチ（ストレッチング）とは，関節可動域を広げる目的で，筋などの組織を伸ばす運動のことをいう．関節可動域とは，対象となる関節が動く範囲である．この可動域を制限する因子として「骨の構造」と「軟部組織（筋組織，筋膜，腱，靱帯，関節包など）」があげられる．なかでも努力によって変化させることが可能な軟部組織がストレッチのターゲットとなるが，靱帯や関節包については，伸びてしまうことにより関節の不安定性を招くことになるため，ターゲットとすべきではないであろう．

2）ストレッチの分類

ゆっくり少しずつ筋を伸ばすイメージで代表されるようなストレッチが一般的であるが，実際にはさまざまな方法があり，それらは動作速度や時間，運動の方法によって分類される．以下にその代表的なストレッチを紹介する．

（1）スタティックストレッチ（Static Stretching）

持続的に長い時間静止したまま伸ばす方法である．1975年にボブ・アンダーソンが著した"STRETCHING"で一躍世界的に有名になった．

現在，一般的にストレッチというと，このスタティックストレッチを指すようにまでなっている．しかし，スタティックであるからといって，強く伸ばしすぎては

筋に細かい傷を作ってしまうことになるため，安全であると過信するのではなく，適度に行うことを心掛ける必要がある．

また，近年ではただ単にスタティックストレッチによって筋を伸ばすだけであると，その直後その筋によって発揮される筋力レベルは，ストレッチをしなかった場合に比べ，わずかではあるが低下するといった報告もある．

(2) ダイナミックストレッチ（Dynamic Stretching）

十分な静的柔軟性を基礎として，動的柔軟性を高めるためのストレッチである．おもに，競技パフォーマンスの向上がねらいであるため，目的とする競技の動きに類似した動作が行われ，ウォーミングアップに組み込まれることが多い．ダイナミックストレッチは動きの中で腕や足などをいろいろな方向に回すことで関節の可動域を広げる方法である．

また，ダイナミックストレッチの一種で，弾みをつけ，1回の動作を短時間に，リズミカルに繰り返す方法がバリスティックストレッチ（Ballistic Stretching）である．日本でも「柔軟体操」などと呼ばれ，古くから行われてきたが，弾みをつけることから筋を損傷する可能性が高く，筋肉痛の原因になったり，あるいはスポーツ傷害の原因にもなる場合があるとされている．

しかし，実際のスポーツや運動では常に「動的柔軟性（動作の中で発揮できる柔軟性）」が求められるため，実際に動的に筋を伸ばすこの方法は無価値ではない．

安全に実施するためには，反動は最初小さく，徐々にその動きの範囲を広げていき，最終的には痛みのない範囲で可動域限界まで達するようにする．

ダイナミックストレッチを単独で行うよりも，スタティックストレッチと組み合わせて，その直後に実施した方がより安全で効果的である．

(3) PNFストレッチ（PNF Stretching）

主働筋と拮抗筋のどちらか，あるいは両方において，収縮と弛緩を交互に繰り返すストレッチの方法で，伸ばされている筋の伸長時における抵抗が低下し，より効果的に行うことができる（自動性抑制：筋が収縮した後に弛緩しやすくなる性質）．PNFストレッチ（Proprioceptive Nueromuscular Facilitating Stretching：固有受容神経筋即通法）は，主働筋のアイソメトリックまたはコンセントリックな収縮によって筋力も強化されるといった副次的な効果ももたらす．

また，筋線維の動員能力を増し，より生理学的限界に近い筋力発揮をさせることができる可能性があるといった研究報告がなされている．つまり，ウォーミングアップの一環として行うのに，より適したストレッチであるといえるが，実施には，安全に行うための正しいテクニックを習得しなくてはならない．

3) 伸張反射と相反性神経支配

(1) 伸張反射

反射はひとつの刺激に対する自動的，不随意的な反応である．伸張反射はストレッチに対する反応として起こるもので，オーバーストレッチや過度の引っ張りによる傷害から筋と関節を守る働きがある．

筋伸張反射は筋が強引に伸ばされたり，急激に伸ばされることから筋を守るために働いており，そのことが関節を傷害から守る．たとえば，小さいハンマーで上腕二頭筋の腱を叩くと，肘が自動的に曲がる．上腕二頭筋の固有受容器は，「**筋紡錘細胞**」と呼ばれ，筋の長さと緊張度を監視する．筋が急激に長くなると（ハンマーで腱を叩いたとき），筋紡錘細胞は刺激されて反射的に筋を収縮させ，それによっ

表10-1 定期的にストレッチを実施した時のおもな効果

- 関節可動域が大きくなり，柔軟性が向上する
- 肉離れのような傷害の予防に役立つ
- 筋の緊張が減少し，身体がよりリラックスする
- 筋力と筋持久力の低下を抑えることができる
- 動きがより自由に，かつ容易になり協応性が向上する
- 筋を伸ばすことにより脳の興奮や緊張を緩和させ，精神を落ち着かせることができる
- 神経系の興奮を抑えて，筋と脳のストレスを排除することができる
- 身体のさまざまな部位をストレッチすることにより，自分自身の身体の状態を知ることができる

て腕が曲がる．

ストレッチを行うときは，この伸張反射が起こらないようにすることが大切であり，とくに弾みや反動をつけて行うダイナミックストレッチのときにそのリスクは高い．

(2) 相反性神経支配

ある筋が緊張（収縮）しているとき，それと反対の働きをする筋（拮抗筋）はリラックスするように神経支配を受ける作用をいう．たとえば，大腿四頭筋が収縮すると，大腿二頭筋は相反的に抑制され，それにより膝をまっすぐに伸ばすことができる．これを利用して，たとえば腰部および背部の筋群を弛緩させたい場合は，等尺性での腹筋運動を行う．

4）ストレッチの効果

基本的にストレッチの効果には急性（一時的な伸張）のものと慢性（恒久的な伸張）のものがある．前者は運動を継続している期間中の柔軟性向上に役立つ効果であり，結合組織の弾性，伸張反射の変化の結果出現する効果であると考えられている．また，後者は一定期間正しく行われたストレッチプログラムの結果得られる効果で，その効果が持続するものである．結合組織がストレッチに適応し，変形することが原因と考えられている．

一方，運動やスポーツの場面だけでなくストレッチには表10-1に示すような効果もあるため，日常生活の中でも可能な限り定期的に実施し，毎日の生活の一部とするとよい．

B 実　践

4．日常生活で行うストレッチ

1）ストレッチを行う際の注意点

これから使おうとする筋について，息をゆっくり吐きながら伸ばし，そのままの位置でキープするのが一般的なスタティックストレッチの基本である．それらをさらに効果的かつ安全に行うためには以下の点に注意する必要がある．

(1) 無理をしない

無理に筋肉をのばそうとすると筋肉や腱を痛める恐れがある．ともすれば他人と比較しがちであるが柔軟性には個人差があり，また男女の差もある．段階を踏みながら自分に合ったことを継続し，毎日続けることが重要である．

(2) 温まった状態で行う

筋肉は温度によって柔軟性が異なる．冷えた状態では硬く，適度に温まった状態のほうが柔らかい．筋肉が適度に温まった状態でストレッチを行うことが好ましい．たとえば，前もって軽い運動をしておくとよい．また，入浴後のストレッチを日常的に行うとよいともいわれる．

(3) リラックスして行う

精神的な緊張は筋肉も緊張させる．また，呼吸を止めると筋肉が緊張する．ストレッチはリラックスして呼吸を続けながら行う．

（4）ケガをしたときは行わない

　　たとえば捻挫や骨折をしたときは損傷した筋や神経等の組織の炎症を広げる可能性が高いため，当該部位のストレッチを避ける．

2）代表的なストレッチ

　　運動・スポーツ実施前後や日常生活で用いられるストレッチの中でも，とくに1人で行えるスタティックストレッチの代表的なものおよびその実施方法を以下に紹介する．これらのストレッチを毎日取り入れるとストレッチの効果を得るのに非常によいので，ストレッチ1～16の順で継続して実施することをお勧めしたい．

ストレッチ1：前腕で支持面（壁など）に寄りかかり，頭を手の上にのせて支える．前になる脚を曲げ，足の裏を床につけ，後ろ脚はまっすぐ伸ばす．ゆっくりと股関節を前方に動かし，腰背部を平らに保つ．伸ばした脚の踵が床につき，つま先が前方もしくは少し内側を向いていることを確認する．
【ターゲット：ふくらはぎ・アキレス腱】
【保持時間：各脚10～15秒間】

ストレッチ2：踵を床につけ，つま先をまっすぐ前にして肩幅に足を開き，両膝を曲げて立つ．これはPNFの概念を用いた手法で，大腿四頭筋が収縮し，ハムストリングがリラックスする．
【ターゲット：ハムストリング】【保持時間：30秒間】

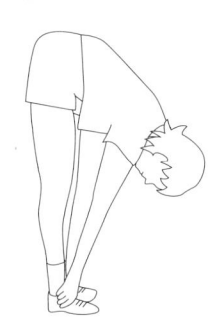

ストレッチ3：肩幅に足を開き，つま先を前に向けて立つ．腰背部にストレスをかけないように腰から身体をゆっくり前に曲げ，膝を軽く（2～3cm）曲げたままにしておく．首と肩は力を抜きリラックスさせる．
【ターゲット：ハムストリング・臀部・腰部】
【保持時間：10～15秒】

ストレッチ4：右足のつま先を左手で持ち，臀部に向かって踵をやさしく引きつけるようにする．足と逆の手でつま先を持つと，自然な角度で膝を屈曲させることができる．
【ターゲット：大腿部前面・膝関節・下腿部前面】
【保持時間：各脚10～15秒】

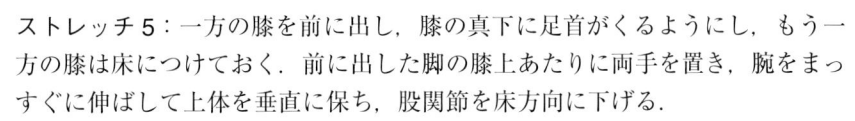

ストレッチ5：一方の膝を前に出し，膝の真下に足首がくるようにし，もう一方の膝は床につけておく．前に出した脚の膝上あたりに両手を置き，腕をまっすぐに伸ばして上体を垂直に保ち，股関節を床方向に下げる．
【ターゲット：股関節前面・大腿部前面・ハムストリング】
【保持時間：10～15秒】

ストレッチ6：足の裏を合わせ，つま先をつかむ．頭と肩が先行して背中が丸くならないように注意しながら腰背部をまっすぐに保持したまま股関節から上体を前方に倒す．
【ターゲット：大腿部内側・股関節・腰部】
【保持時間：20秒】

ストレッチ7：左脚を曲げて右脚の上で交差させ，足を右膝の外側にもっていく．左大腿部の外側，膝上のあたりに右肘を曲げて当て，この肘を使って脚に内側方向へ圧を与え，左脚が動かないよう固定する．次に左手を身体の後ろに置き，ゆっくり息を吐きながら頭を回し，左肩越しに後ろを見ると同時に上体を左手の方向へ回旋させる．
【ターゲット：腰部・背部・胸部】
【保持時間：両側各10〜15秒】

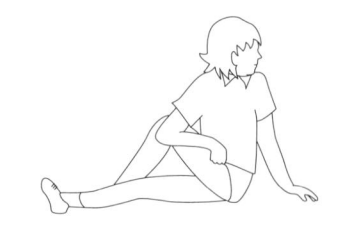

ストレッチ8：両手の指を後頭部で組み合わせ，上背部の筋に緊張感を感じるように両肩甲骨を引き寄せ，5秒保持した後リラックスさせ，この動作を3〜4回繰り返す．
【ターゲット：胸部・上背部】
【保持時間：毎回5秒】

ストレッチ9：仰臥姿勢で，頭の後ろで指を組み，首の後面にわずかなストレッチ感が得られるところまで頭を前方にゆっくりと引き寄せ，3〜5秒保持し，ゆっくりと戻す．この動作を3〜4回繰り返す．
【ターゲット：頚部・上背部】
【保持時間：毎回3〜5秒】

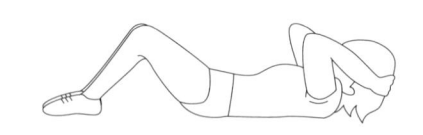

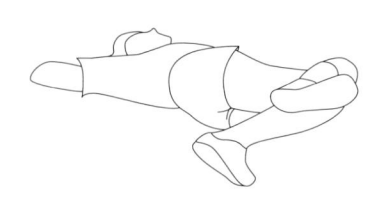

ストレッチ10：仰臥姿勢で頭の後ろで指を組み，右脚の上に左脚をのせる．そこから股関節外側や腰部に心地よいストレッチ感が得られるところまで左脚を使って右脚が床に近づくように押し下げる．この時，上背部，頭の後面，肩は床につけた状態を保つ．
【ターゲット：股関節側部・腰部】
【保持時間：両脚各10〜20秒】

ストレッチ11：両腕を頭上に，両脚をまっすぐに伸ばした仰臥姿勢をとる．次に，心地よく感じられるところまで両腕と両脚を反対方向に背伸びをするように伸ばしていき5秒間保持した後，リラックスする．この動作を3回繰り返す．
【ターゲット：胸郭・腹部・肩・足首】
【保持時間：毎回5秒】

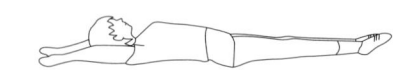

ストレッチ 12：両手両膝で身体を支えて四つ這いの姿勢をとる．親指は外側に向け，他の指は膝の方へ向ける．前腕の前面をストレッチするために，手のひら全体を床につけたまま身体を後ろに引く．この動作を 2 回行う．
【ターゲット：前腕・上腕・手首】
【保持時間：毎回 10〜20 秒】

ストレッチ 13：頭の上で両手の指を組み，手のひらを上に向け，両腕を少し後ろ上方に向かって押し上げ，15 秒間保持する．
【ターゲット：腕・肩・胸部】
【保持時間：15 秒】

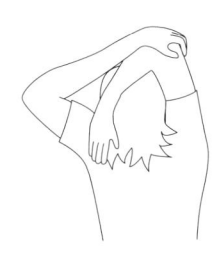

ストレッチ 14：両腕を頭上に持っていき，一方の肘を反対の手でつかむ．頭の後ろで肘を逆の肩に向かって静かに引き，ストレッチさせる．左右の柔軟性の違いが確認できる．
【ターゲット：腋下部・上腕・肩】
【保持時間：両腕各 15 秒】

ストレッチ 15：立位でストレッチ 14 の姿勢をとり，頭の後ろで肘をゆっくり引きながら，身体をウエストから横に曲げる．バランスを取りやすくするために膝を軽く曲げておくとよい．
【ターゲット：上体側部】
【保持時間：両側各 10 秒】

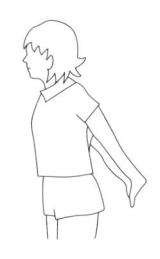

ストレッチ 16：身体の後ろで両腕をまっすぐに伸ばしながら肘をゆっくり内側に絞り込む．
【ターゲット：肩・腕・胸部】
【保持時間：5〜10 秒】

★コラム「トレーナーの役割」

　マッサージによってスポーツ選手の肉体的な疲労を解消し，テーピングを施して負傷の予防や拡大を防ぐのがトレーナーのおもな仕事である．選手の肉体はサイボーグではないので，負傷すれば心に不安が生まれ，回復を心待ちにする．とりわけ，プロスポーツ選手は，熾烈な戦いを繰り広げ，観客やチーム関係者の期待も大きいし，自身の生活もかかっている．このようにさまざまなプレッシャーを超越して，ベストコンディションを維持していくが，ハイレベルの選手も 1 人の人間であるため，時には次のゲームへの期待，負傷の回復への不安，ゲームの勝敗結果などによっても気持ちが揺らぎ，精神的に不安定になる．つまり，プロ選手は，外からみている以上に気持ちが日々揺れ動いているのである．

　選手一人ひとりの性格はもちろん，コンディショニングの考え方や，疲労回復の度合い，食事や睡眠を含めた生活習慣は個々の選手によって違う．トレーナーは,その違いを頭に入れ，身体を通して，選手が発信しているさまざまな情報をキャッチしなければならない．

　マッサージを受け，リラックスした状態で不安や動揺，相談事を口にする選手もいるが，黙っていてもトレーナーが察知して，彼らの気持ちを理解した言葉がけをすることも必要である．

　つまり，トレーナーは選手がスポーツをする上での父親や母親，友人，先輩などの役割も担っているのである．マッサージやテーピングの技術以上に，選手のメンタルな部分，つまり"心のしこり"を揉みほぐすことが重要な仕事でもある．

まとめ

- スポーツにはレクリエーション，健康維持，競技などさまざまな場面があるが，いかなる場合においても適切なウォーミングアップとクーリングダウンが必要である．
- ストレッチには実施方法および効果の異なるスタティック，バリスティック，ダイナミック，PNF といった種類がある．
- ストレッチの効果を得るためには，日々の生活の中で継続しながら正確に実施することが重要である．

レポート課題

1. 自分が運動をする場合の簡単なウォーミングアップとクーリングダウンのメニューを考えよ．
2. 一流選手が実際に取り入れているウォーミングアップについて競技種目別に調べよ．
3. 各種のストレッチを実際に体験してみてそれぞれの特性を体感せよ．

文献

Anderson B，小室史恵，杉山ちなみ監訳：ストレッチング．NAP，2002．
出村慎一ほか：テキスト保健体育．大修館書店，2002．
McAtee RE and Charland J，魚住廣信訳：ファシリテート・ストレッチング．医道の日本社，2003．
NSCA ジャパン編：ストレングス & コンディショニング〈1〉理論編．大修館書店，2003．
NSCA ジャパン編：ストレングス & コンディショニング〈2〉エクササイズ編．大修館書店，2003．
佐田正二郎：親子で学ぶ子どものスポーツ障害．現代書林，2001．

［春日　晃章］

第11章 応急手当

A 理論

1．医療機関搬送までの手順

　　　　応急手当は，不慮の事故やスポーツ活動中の負傷，疾病治療経過中での様態の急変時に応急的・一時的に処置するもので，医師が行う医療行為と，一般人が行う応急処置がある．応急処置を必要とする時には，その場に医師がいるとは限らず，一般人が処置しなければならないことが多い．とくに深刻な生命の危機に遭遇した時などは，応急処置の重要性も高くなる．2000年に発表された消防庁の統計では，心肺停止状態の人が救急車で病院に搬送された場合の1カ月後の生存率は，救急車を通報した家族らの身の回りの人によって応急手当が施された場合5.2％で，施されなかった場合（2.7％）の約2倍となっている．このことからも救急現場での一人ひとりの対応の重要さがうかがえる．
　　図11-1に，傷病者を発見し，医療機関へ搬送するまでの手順を示した．
　　また，一般人が応急処置を行う場合には，下記の一般的注意点に留意する必要がある．
（1）冷静沈着に対応する
　　応急処置は，状況をよく判断し，冷静沈着，的確かつ迅速に対応・処置する必要がある．また，自分ひとりでの処置に自信がない場合には，協力者を求めるようにする．
（2）緊急度の高い処置を優先する
　　原因により処置法が異なることから，緊急度の高いもの（呼吸停止，心停止，大出血，意識障害など）に対する処置を優先させる．
（3）一般状態，負傷の状態・程度を見落とさない
　　一般状態とは，血圧，脈拍，呼吸，体温，瞳孔などのことである．それらが正常かどうかをすみやかに観察し，負傷の状態や程度を見落とさないようにする．
（4）一刻も早く医療機関へ
　　前述の(1)〜(3)の注意点を正しく処置するとともに，ただちに救急車や医療機関に連絡する．

2．応急手当の基本

1）PRICE法

　　　　ケガの処置として覚えておくとよい便利な方法にPRICE（プライス）法がある．このPRICE法とは5つの処置の英語の頭文字をとったもので，次のことを意味している．
　　また，PRICE法の基本的な手順は表11-1に示すとおりである．
　　【P】PROTECTION（固定する，保護する）：安静だけでは不安定な部位を副子な

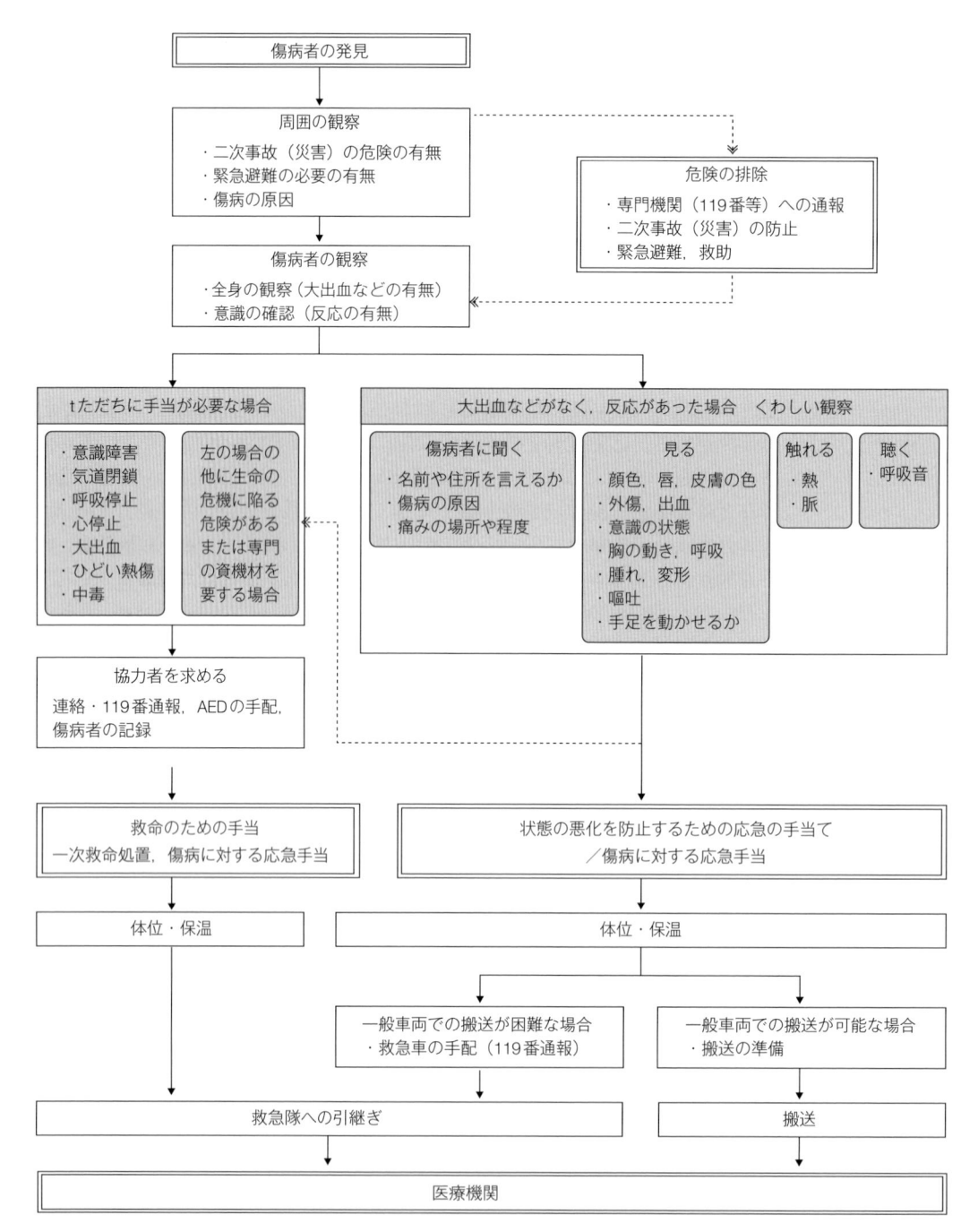

図11-1 傷害者を医療機関へ搬送するまでの手順
（日本赤十字社 HP より< http://sidmrwfs637j.origin.bakusoku.jp/study/safety/ambulance/ >）

どをあてたりして固定することで痛みを軽減させる．また，傷病者を安全な場所に移動し，保護するという意味を含める場合もある．

　　【R】REST（安静にする）：安静とは受傷部に力が加わらないようにすることをいう．

　　スポーツや運動をしているときはすぐに中止し，患部を動かさないようにする．安静は腫れや炎症を抑え，出血を最小限にくい止める効果がある．患部の安静には

表 11-1　PRICE 処置の基本的な手順

1. すみやかにスポーツや運動を中止する
2. 傷病者を安全な場所に移動する
3. 出血していれば患部をきれいにして止血し，安静にする
4. 患部や痛点など傷害部位を観察し傷害の程度を把握する
5. 多くの場合，まず患部を冷やし，弾力包帯でアイスパックを固定する
6. 患部を心臓より高い位置に持ち上げる
7. 20 分経過したらアイスパックをはずし，包帯圧迫し，冷却を継続する
8. できるだけ早く医師の診断と治療を受ける
9. 一般的には，就寝時は冷却を控える
10. 翌日も初期症状が治らなければ前日と同じ手順を続ける
11. PRICE 処置の手順にこだわらず医師の指示に従う

(中山明善，荻田剛志：実戦スポーツケア-スポーツ傷・障害の応急処置とリハビリの基本-. p8, 山海堂, 2003 より筆者改良)

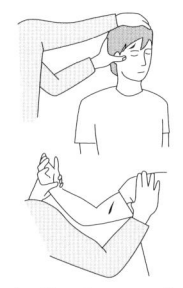

図 11-2　止血法

【間接圧迫止血の例】
（左上）額の出血は耳の前を押さえて止血
（左下）上腕の出血は脇の下を押さえて止血

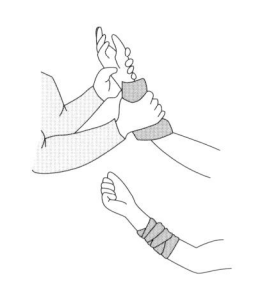

【直接圧迫止血の例】
（右上）前腕の傷口は直接押さえて止血
（右下）包帯を使用した場合の止血

(中山明善，荻田剛志：実戦スポーツケア-スポーツ傷・障害の応急処置とリハビリの基本-. p11, 山海堂, 2003)

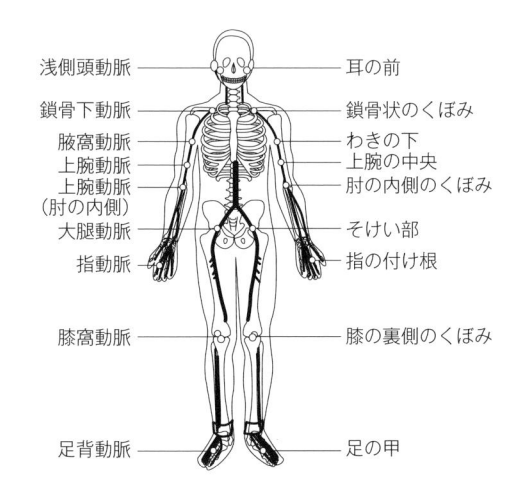

図 11-3　体のおもな止血点

浅側頭動脈／耳の前
鎖骨下動脈／鎖骨状のくぼみ
腋窩動脈／わきの下
上腕動脈／上腕の中央
上腕動脈（肘の内側）／肘の内側のくぼみ
大腿動脈／そけい部
指動脈／指の付け根
膝窩動脈／膝の裏側のくぼみ
足背動脈／足の甲

(中山明善，荻田剛志：実戦スポーツケア—スポーツ傷・障害の応急処置とリハビリの基本. p12, 山海堂, 2003)

副子固定，ギプス，松葉杖などを用いる．早く患部を動かしてしまうと内出血を助長したり，機能障害をまねいたりし回復を長引かせることになるため注意する．

【I】ICE（冷却する）：氷や水で患部を冷やすことにより血管を収縮させ，内出血を押さえる効果がある．冷却は，捻挫や打撲にはもっとも効果がある応急処置である．冷やすことによって痙攣や痛みが軽減し，組織内の破壊を減らし，腫れをおさえることができる．また，血液の粘性を増し，毛細血管の浸透性を少なくし，患部への血流を減少させる．1 回当たり 15〜20 分の冷却を傷害の程度や範囲に合わせ 1 時間か 1 時間半ごとに断続的に繰り返すとよい．

【C】COMPRESSION（圧迫する）：患部を圧迫することで出血をおさえ，内出血や体液の滲み出しによる腫脹をおさえることができる．圧迫にはさまざまな方法があるが，冷やした弾力包帯などを用いると冷却と圧迫を同時に行うことができる．

【E】ELEVATION（高くする）：心臓より高い位置に持ち上げることで患部の血圧を下げ，腫れを抑制すると同時に，拍動疼痛（ズキンズキンする痛み）を緩和できる．また，出血が軽減され，傷害部位への血液や体液による圧迫も避けられ，静脈の環流が助長されるため内出血やアザも軽減される．

2) 止血法

一般に，体内の血液の 20％が急速に失われると出血性ショックという重い状態になり，30％を失えば生命に危険を及ぼすといわれている．したがって，出血量が多いほど，また，出血が激しいほど止血を迅速に行い，一刻も早く専門医の処置を受けさせる必要がある．とくに子どもの場合，出血に本人が動揺するため，落ち着かせるための言葉がけに心掛けるとよい．

図 11-2 で示すように止血法には，出血部位に直接滅菌ガーゼなどを当て，その上から包帯を巻く直接圧迫法（圧迫包帯法）と，出血部位と心臓の間の動脈か止血点（図 11-3）を強く押さえて止血する間接圧迫法（指圧止

血法)がある．いずれの場合も強く圧迫しすぎると血液の循環が悪くなったり，神経が圧迫されることもあるので注意が必要である．また，止血するときは傷の上方（心臓に近い方）の健康な皮膚を3 cmくらい残した位置でしめるのが基本で，ゆっくりとしめていき止血した時点で保持し，それ以上しめることは避ける．いったん止血帯をかけたら，原則としてそのまま専門医に診てもらうようにする．止血開始からのおおよその時間を医師に伝えるとよい．

3．家庭でできる応急処置

　ケガや病気のとき，家庭で簡単，かつ適切な応急処置を行うだけでも，その後の医療機関での処置や経過が大きく異なってくる．もちろん大半の人は，応急処置が必要なときに思わず慌ててしまう．いつ，いかなる場所でも落ち着いて処置することができるようにするためには，応急処置の基礎知識を理解しておくことが必要不可欠である．

　以下に日常生活で比較的頻繁に必要とされる，ケガや病気への対処法および専門医療機関で処置される以前の必要な応急処置について説明する．

1）血がにじむ切り傷・すり傷の場合
　①処置1：傷口をきれいな水で洗う
　　細菌の感染を防ぐために，傷口の血や汚れを水道水で洗い流し，清潔に保つ．強くこすって傷を作った場合，傷が浅くても，細かい砂や汚れが落ちにくい場合は，傷口を指でなでるように軽くこすって洗い落とすとよい．
　②処置2：バンソウコウを貼る
　　傷口の潤いを保ち，傷口を乾燥させないために，防水タイプや傷を保湿しながら治す救急バンソウコウで傷口を覆う．以前は傷口を乾燥させた方がよいと考えられていたが，傷口を乾燥させると皮膚の細胞が死んでしまい治りにくい．

2）深く切った場合
　①処置1：傷口を止血し，医療機関へ
　　傷口にガーゼやハンカチなどをあて，強く圧迫して止血する．圧迫は止血するまで続け，できる限り早く医療機関へ搬送する（出血が多い場合は救急車を呼ぶ）．
　②処置2：止血帯を巻く
　　出血が多い場合や直接圧迫法が上手くいかない場合は，傷口より心臓に近い部分に止血帯を巻く．止血帯を巻くとき，幅の狭いひもで強く巻くと血液の流れを止めてしまい，組織が壊死する恐れがあるため，できるだけ幅広く巻くとよい．

3）刺し傷の場合
　①処置：刺さった物は抜かずに医療機関へ
　　刺さったままであれば傷口が押さえられているが，無理に抜いてしまうとそこから出血したり，刺さった物の一部が体内に残ってしまうことがあるため，治療に時間がかかる恐れもあるので，できる限り抜かずに受診するとよい．

4）頭を強く打った場合
　①処置1：頭の位置を高くして冷やす

意識があるときは，頭の中の圧力を下げるために，頭の位置を少し高くして安静にさせ，打った箇所を氷のう（氷で満たした耐水性バッグ）で冷やす．

②処置2：意識がはっきりしないときは救急車を要請

頭を打った後に，意識がはっきりしない，手足が麻痺して思うように動かない，痙攣やひきつけが起こる，激しい頭痛，嘔吐を繰り返すなどの症状がある場合は，脳内出血などしている可能性があるため，一刻も早く救急車を要請し，医療機関へ搬送する．意識がはっきりしている場合でも念のために受診するとよい．

③子どもの場合

子どもの場合は，具合が悪いことを上手く表現できないことが多いので，その様子には注意する必要がある．とくに名前を呼んでも反応しない，食欲がない，機嫌が悪いなど，通常と異なる様子がみられる場合はすぐに受診する．

5）捻挫をした場合

①処置1：PRICE法を迅速に実施

捻挫は，関節・靱帯やその周りの組織を損傷した状態であり，そのような場合，PRICE法に基づく処置が有効である．まず，痛めた患部をただちに氷のうなどで冷やし，安静に保つ．また，腫れや炎症を軽減するために伸縮包帯などで軽く巻いて患部を圧迫し，痛めた箇所を心臓より高くしておくとよい．

②処置2：患部を固定して受診を

PRICE処置を行ったら，痛めた関節をできるだけ動かさないように固定して整形外科で受診する．とくに足首の捻挫は剥離骨折をしている場合もあるため，必ず受診するとよい．

6）やけどをした場合

①処置1：ただちに冷やす

やけどの処置はとにかく素早く冷やすことであるが，深さの程度によって症状が異なり，その程度はⅠ〜Ⅲ度に分類される．また，程度によって処置法も異なるため表11-2を参考に対処するとよい．

②処置2：衣類は脱がさない

衣類の上からやけどを負った場合は，衣類の上から水をかけ，皮膚が冷たくなるまで十分に冷やす．やけどの時の冷やす時間の目安は20〜30分である．衣類を脱がせようとすると，一緒に皮膚まで剥がれてしまうので，絶対に脱がさない．

7）骨折をした場合

①処置1：骨折かどうか判断する

骨折しているかどうか判断する目安として，腫れている，変形がある，皮膚の変色がある，触れると激しい痛みがあるなどの症状がある．少しでも骨折の疑いがある場合は楽な姿勢を取らせ安静にする．

②処置2：骨折部を固定し医療機関へ搬送する

骨折部の安静のため，副子固定[注1]をしてできるだけ早く整形外科で受診する．

注1）副子固定：患部（骨折箇所）を固定し，安静にすることにより痛みを和らげたり，二次的な損傷を防ぐために行うものである．固定に用いる副子は特別な物を使う必要はなく，割り箸，木の枝，杖，定規，段ボール，パイプなど身近にある物を臨機応変に利用するとよい．

表 11-2 やけどの外見・症状と応急処置

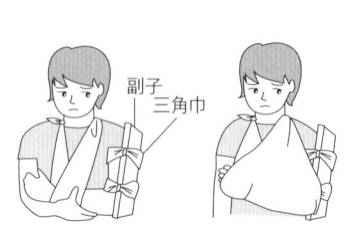

程　度	外　見	症　状	応急処置
Ⅰ度	皮膚の色が赤くなる	痛みとヒリヒリする感じ	冷たい水を注いで痛みがとれるまで冷やす.
Ⅱ度	皮膚が赤く腫れ，水ぶくれになる	強い痛みとやけるような感じ	Ⅱ度とⅢ度は見分けにくいが，医療機関へ搬送する.しかし，その前から冷水を注ぎ冷やす. 注1：乳幼児は体温が36℃以下になると危険であるため，体温計で計りながら冷やす. 注2：水ぶくれができても，つぶさない．水ぶくれが破れた場合は，水疱膜をそのまま患部に貼り付けておく． 注3：皮膚に焼け残った衣類などが着いていても，そのまま冷水をかける． 注4：消毒した布などで軽く覆い，その上から冷やしながら医療機関へ搬送する． 注5：消毒剤・軟膏・油などは用いてはいけない． 注6：手足のやけどの場合，患部を高くする．
Ⅲ度	皮膚は乾いて弾力性がなくなり，蒼白になり場所によっては焦げている	痛みはほとんどなく，皮膚に感覚がなくなる	

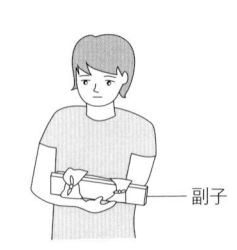

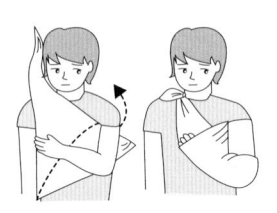

A：上腕骨骨折の固定　　B：前腕骨骨折の固定　　C：鎖骨骨折の三角巾固定

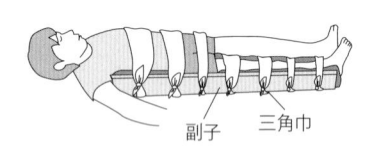

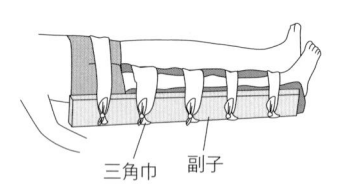

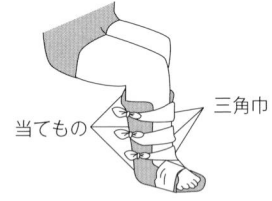

D：大腿骨骨折の固定　　E：下腿骨骨折の固定　　F：足首と足骨折の固定

図 11-4　骨折の固定法
（巷野悟郎ほか編：保育のための救急傷病看護ハンドブック．p19-20，同文書院，2000）

図 11-4 はおもな部位に関する固定法について示している．

8）食品以外の物を飲み込んだ場合

①処置 1：誤飲した物を確かめる

まず，何をどのくらい飲んだのかを確認することからはじめ慌てずに対処する．飲み込んだ物によっては吐かせてはいけない物（表 11-3）もあるので，あるべき物がなくなっていないか，近くに飲み込んだ物の形跡が残っていないかなどを調べてみる．

②処置 2：吐かせる場合

誤飲した物を即座に吐かせる必要がある場合は，指を口の中に入れ，舌の奥を押すように刺激して吐かせる．胃がからっぽのときは，簡単に吐かせることができないので，水を飲ませて吐きやすくする．

③処置 3：吐かせない場合

灯油やベンジンなど石油を含む物を飲んだ場合は，吐かせた時，気管から肺に入ると**出血性肺炎**を起こし，生命に危機を及ぼすことがあるので，絶対に吐かせない

表11-3　家庭で多い誤飲とその対処法

誤飲物	対処法
タバコ	吐かせる．飲み込んだ量が2cm以下くらいの少量なら，数時間様子をみる．それ以上の場合は，何も飲ませずに吐かせてから受診．
タバコの吸い殻入りの水	吐かせない．少量でも飲んでいれば，何も飲ませず受診．
ボタン電池	消化管に穴があいてしまうこともあるので，すぐに受診．
観葉植物	ポトスなどサトイモ科の植物に含まれるシュウ酸の針状結晶が喉に刺さり腫れる．水でよく口内をすすぐ．
芳香剤	固形・ゲル状のものは心配ない．液状のものは水を飲ませてから吐かせ，様子をみる．
ナフタリン	水（牛乳は禁物）を飲ませて，吐かせてから受診．
クレヨン	量にかかわらず，心配ない．
絵の具	水（牛乳は禁物）を飲ませて，吐かせずに受診．
灯油・ガソリン・ベンジン	何も飲ませず，吐かせずに受診．
肥料	水か牛乳を飲ませて，吐かせてから受診．
台所用洗剤	なめた程度なら牛乳（なければ水）を飲ませ，様子をみる．多量の場合は水を飲ませ，吐かせずに受診．
漂白剤	牛乳（なければ水）を飲ませて，吐かせずに受診．
調味料	醤油などを多量に飲んだ場合，吐かせてから受診．
化粧水	一口程度なら様子をみる．多量の場合は，水か牛乳を飲ませ，吐かせてから受診．
乳液・口紅	よほど多量でなければ心配ない．
香水・オーデコロン	なめた程度なら様子をみる．飲んだときには水か牛乳を飲ませて，吐かせてから受診．
石けん	多量でなければ心配ない．水を飲ませて様子をみる．
シャンプー	少量であれば，牛乳か水を飲ませて様子をみる．多量であれば牛乳（なければ水）を飲ませて，吐かせずに受診．
除光液	何も飲ませず，吐かせずに受診．
住宅用洗剤	牛乳（なければ水）を飲ませて，吐かせずに受診．
画びょう・針	吐かせずに受診．

こと．また，酸性やアルカリ性の強い洗剤を飲んだ場合も，吐かせることにより食道にひどいやけどを負わせることになりかねないので，吐かせずに受診させる．また，画びょうや釘など，先のとがった物を飲んだ場合も吐かせずに受診させる．

4．脳振盪

1）スポーツ場面

スポーツ場面でもっともよく起こる頭部外傷は脳振盪である．もっとも怖いのは一見，軽症で本人も何ともないといっていたが，時間の経過とともに症状が悪化するケースである．内部で血管が切れており，徐々に出血していくために起こる．実は**急性硬膜下血腫**であるにもかかわらず，気づかずに放っておけば，死に至ることもある．

スポーツ競技では，数年前までは脳振盪で一時的に意識を失っても，その場で回復すると競技を続けることが多かった．しかし現在では，少しでも意識を失った場合は，その後の意識状態の見極めが必要不可欠とされている．表11-4，図11-5に，米国神経学会の「10カ条の提言」を基に作成された競技復帰への目安と具体的な対処法を示した．

2）意識障害選手の処置と復帰の目処

意識消失の時間的長さによっても，その後の処置は異なるが，基本的に少しでも意識を失った選手は安全策をとり検査のため病院へ搬送することが望ましい．意識消失が長引く時は頸椎損傷に気を付けつつ神経の画像検査（CTやMRI）のできるもっとも近い病院へ運ぶ必要がある．

ゲームへの早すぎる復帰は，しばしば脳ヘルニアを起こし死に至らしめる2回目

脳振盪症候群になることがある．2回目衝撃症候群を引き起こすもっとも重大な要因としては，早すぎる試合復帰があげられるが，他の要因も考慮しなくてはならない．その他の要因として，繰り返す脳振盪は，たとえそれが数カ月または数年間隔があっても，集積する脳損傷を誘発する．また，早すぎる復帰は疲労，頭痛，平衡障害，集中力困難などの症状が何週間何カ月と続く脳振盪後症候群を引き起こす可能性があるため，注意が必要である．

表11-4 脳振盪後に競技へ復帰する目安

症　状	回　数	復帰までの期間
軽い脳振盪	1回目	症状がなければ試合復帰可能
（意識混乱15分以内）	複数回	1週間
意識混乱が15分以上続く脳振盪	1回目	1週間
	複数回	2週間
意識の消失（秒単位）	1回目	1週間
意識の消失（分単位）	1回目	2週間
意識の消失	複数回	1カ月以上

（共同通信社HPより
<http://kk.kyodo.co.jp/iryo/news/1130noushinto.html>）

3）子どもの場合

小さな子どもが遊具などから落ちてまたは転倒して頭部を打撲することはよくあることである．その場合，すぐに大声で泣き，落ち着いたらケロッとして遊ぶようならまず心配はないが，油断は禁物である．その場はよくても，後で異常が現れることがある．動作が鈍くなったり，不機嫌になったり，痙攣や吐き気がないか，周りの大人が2〜3日は注意深く観察する必要がある．

一方，頭部の打撲によって意識消失，呼吸が荒い，

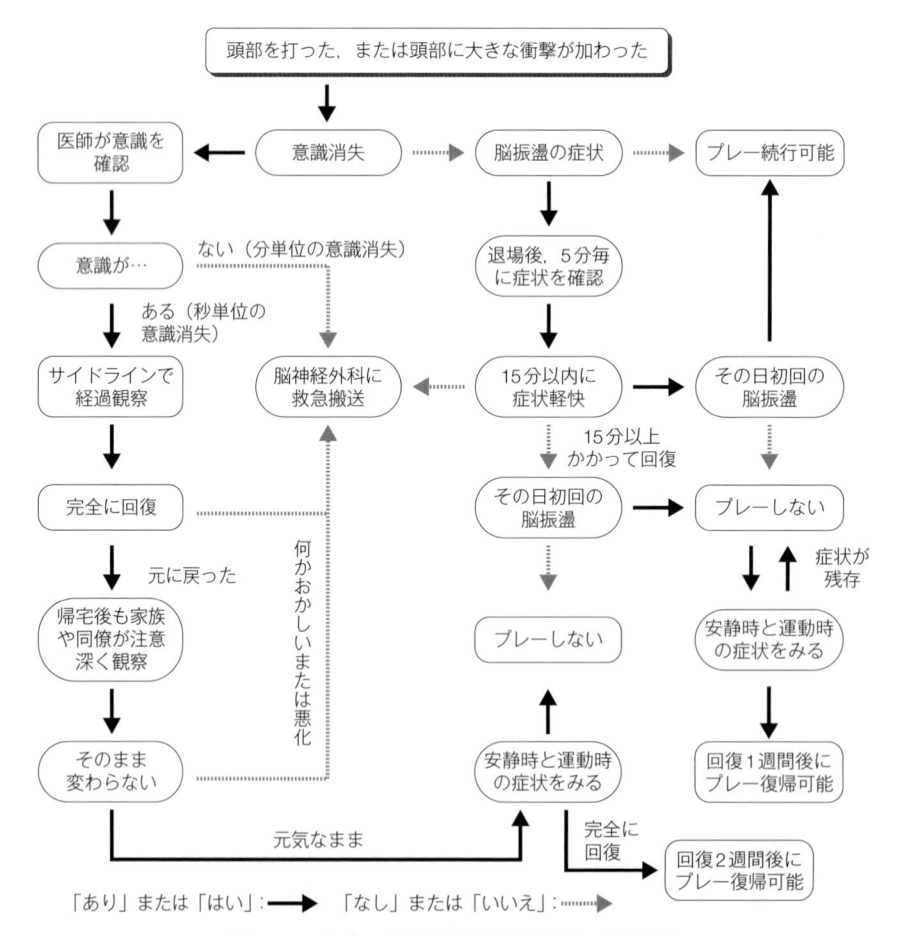

図11-5　スポーツ現場における脳振盪への対処法
（共同通信社HPより＜ http://kk.kyodo.co.jp/iryo/news/1130noushinto.html ＞）

顔色が悪い，嘔吐，いつもはかかないいびきをかく，ひきつけるなどの症状があるときは，至急病院へ搬送する．とくに意識がないときは，決して揺すったりせず，頭を高くして静かに寝かせ，救急車を待つ．

5．心臓震盪

　心臓震盪とは胸部に衝撃が加わることによって心臓が停止してしまう状態のことである．多くは小さな子どものスポーツ中に起こる．肋骨や胸骨が骨折するほどの強い衝撃ではなく，子どもが投げた野球のボールが当たった程度の比較的弱い衝撃で起こりやすい．その理由は，心臓震盪は決して衝撃によって心停止するのではなく，心臓の動きのあるタイミングで衝撃が加わったときに致死的不整脈が発生することが原因と考えられている．この致死的不整脈とは，心室細動と言い，心臓の筋肉が痙攣をしている状態となり，収縮困難となり血液が送り出されなくなる状態である．

　心臓震盪は心室細動による心停止であるため，治療方法は電気ショックによる除細動が唯一の治療方法となる．したがって，命を救うためには後述のAEDの速やかな使用が必要となる．

Ⓑ 実　践

6．心肺蘇生法

　意識が障害されたり，呼吸・循環機能が著しく低下または停止し，生命の危機に直面したときは，ただちに気道を確保し，人工呼吸や心臓マッサージを行わなくてはならない．図11-6に示すように呼吸停止後4分を経過すると，蘇生率すなわち救命できる確率は50％になる．5分以上経過すると蘇生率は25％くらいまで低下する．心臓が停止した場合には，脳への血流が3～4分間途絶えることにより，脳組織は不可逆性の障害を生じる．心臓が拍動を再開しても，意識回復は困難になる．したがって，心肺蘇生法は，時間が経てば経つほど，それだけ蘇生の確率が低くなるため，ただちに行う必要がある．また，その場合，冷静な判断と的確な処置が要求される．

1）気道確保

　意識障害がある場合や呼吸が停止している場合は，ただちに気道を確保しなくてはならない．その場合，まず仰向けの状態に寝かせ，片手を首の下に入れ，もう一方で額を抑えて頭をそらせる．このとき，嘔吐物など口の中の異物は事前に取り出しておく（図11-7）．

2）人工呼吸

　気道を確保しても傷病者が呼吸をしていないときには人工呼吸をする．呼吸停止から3～4分で心臓停止が起こり，救命の可能性が低くなるため，冷静で素早い処置を必要とする（図11-8）．

　口移しで空気を吹き込む口対口（mouth to mouth）法が原則

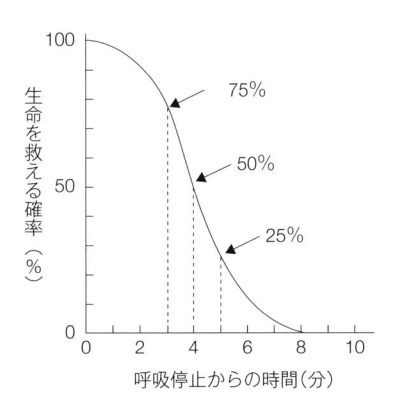

図11-6　呼吸停止後の蘇生率
（Drinker P: WHO報告．1966）

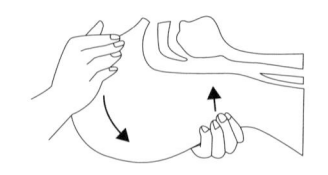

図 11-7　気道確保
(巷野悟郎ほか編：保育のための救急傷病看護ハンドブック．p2，同文書院，2000)

図 11-8　人工呼吸
(巷野悟郎ほか編：保育のための救急傷病看護ハンドブック．p2，同文書院，2000)

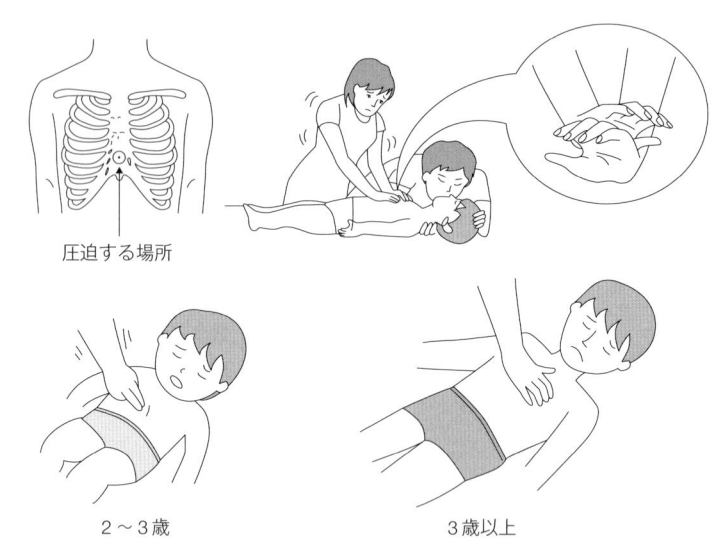

圧迫する場所

2～3歳　　　　3歳以上

図 11-9　心臓マッサージ
(巷野悟郎ほか編：保育のための救急傷病看護ハンドブック．p3，同文書院，2000)

であるが，ハンカチを1枚間に挟んでもよい．順序は，まず傷病者の気道を確保した状態で額を押さえ，押さえている手の指で鼻をつまみ口から息を吹き込む．このとき，傷病者の胸が軽くふくらむ程度に息を吹き込むとよい．次に口を離し，自分の頰や耳を傷病者の口元に近づけて呼気を確かめる．人工呼吸のみ行う場合は，5秒に1回のリズムで自発呼吸がはじまるまで繰り返す．

ただし，人工呼吸に自信がなく，対象が成人であれば心臓マッサージのみでもよいといわれている（Hands only CPR）．

幼児や乳児を対象とした場合は，口と鼻が小さいことから，その両方を口で包み込みながら，息を吹き込む口対口と鼻（mouth to mouth and nose）法を用いるとよい．幼児や乳児への蘇生では，人工呼吸の役割が成人の場合より重要となることが多い．

3）心臓マッサージ

心臓マッサージには，医療設備のある所で医師が行う**開胸式心臓マッサージ**と，一般の人が救急処置として行う**閉胸式の胸骨圧迫心臓マッサージ**がある．ここでは，胸骨圧迫心臓マッサージについて解説する（図11-9）．

まず，心停止者を硬い床の上か板の上に横たえ，手を組み，胸骨上に手を置き，真上から脊柱に向けて圧迫し（胸部が3～5cm沈む程度），続いて胸に手のひらをつけたまま力を抜く．これを1分間に100回（100回以下にはしない）程度のペースで続ける．

傷病者が2～3歳までの幼児の場合には，2本指で，3歳以上の幼児には，片手のひらの下半分で圧迫する（胸部が2～3cm沈む程度）．

4）人工呼吸と心臓マッサージの併用

心臓が停止している場合には，呼吸も停止しており，気道の確保をした後に，人工呼吸と心臓マッサージを同時に行う必要がある．この方法は心肺蘇生法というが，

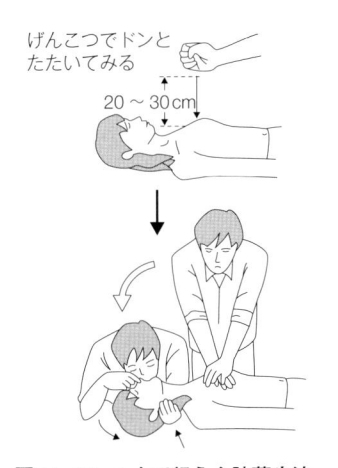

図 11-10　1人で行う心肺蘇生法
（前田如矢，田中喜代次編：健康の科学．p246，金芳堂，1999）

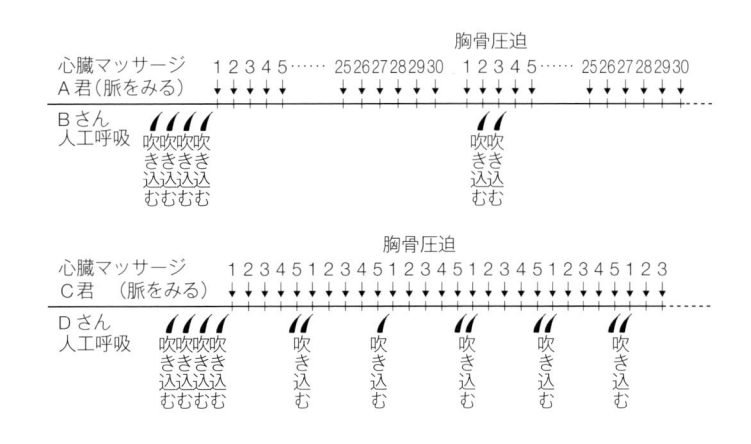

図 11-11　2人で行う心肺蘇生法
（前田如矢，田中喜代次編：健康の科学．p246，金芳堂，1999）

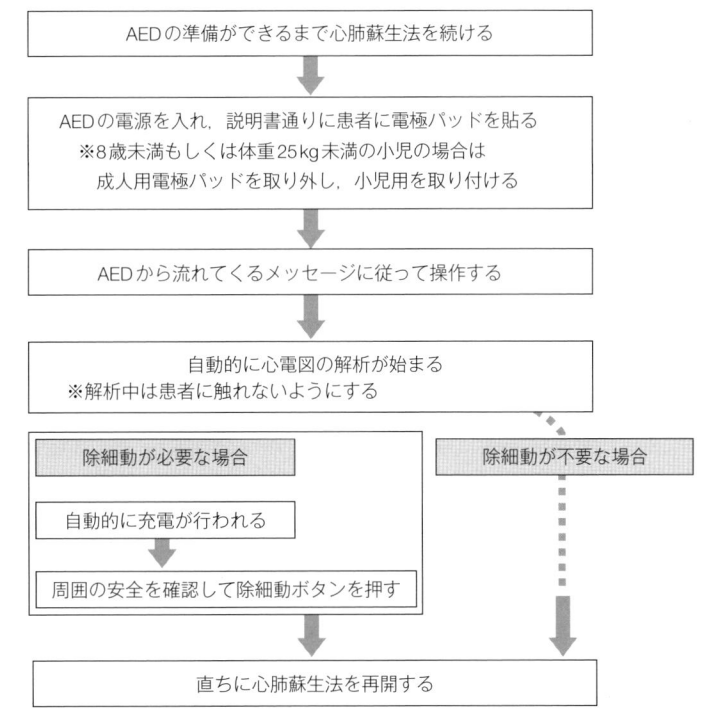

図 11-12　AEDの基本的な使用手順

図 11-10に示す1人で行う方法と，図 11-11に示す2人で行う方法がある．

　30回の心臓マッサージと，2回の人工呼吸のサイクル（30：2）を繰り返す．人工呼吸は1回の吹き込み時間に1秒かけて行う．救助者が2人以上いる場合は，2分間（5サイクル）程度を目安に交代して，絶え間なく続けることが大切である．

　心肺蘇生中に救急隊員や医師が到着しても，あわてて心肺蘇生を中止せず，その指示に従って引き継ぐようにする．途中で傷病者が動きだしたり，うめき声を出す等，普段どおりの自活呼吸をしはじめた場合は，直ちに心肺蘇生を中止し，救急隊や医師の到着を待つ．もし呼吸が停止したら，心肺蘇生を再開する．

なお，近くに AED（自動体外式除細動器）がある場合は，優先して AED の使用手順に従って使用すると良い．

5）AED

AED（Automated External Defibrillator：自動体外式除細動器）とは，心室細動により心筋の動きがバラバラになり，心臓のポンプ機能が停止した際に，心臓に電気ショックを与え，正常な状態に戻す医療機器である．

2004 年から医療従事者でない一般市民でも使用できるようになり，操作は音声ガイダンスに従って，電極パットを傷病者の胸部へ貼り付け，ボタンを押すだけである．電気ショックを与える必要があるか否かについては，すべて機器が自動的に判断する．2006 年からは子どもへの使用も認められ，子ども用（8 歳未満もしくは体重 25 kg 未満の小児）の電極パット（電気エネルギー量が大人の 3 分の 1）が開発され，多数の小学校や幼稚園・保育園にも設置されるようになった．教育従事者はいざという時に正しく AED が取り扱えるように日頃から定期的に研修を受講する必要がある．図 11-12 は，AED の基本的な使用手順を示している．

まとめ

- どんな場合も冷静かつ正確に応急処置することがもっとも大切である．
- スポーツ場面でよく起こる脳振盪の手当およびその後の経過観察には十分な配慮と注意が必要である．
- 呼吸停止から 4 分以内に正確な心肺蘇生術を施せば，生命を救える確率は 50 % 以上である．

レポート課題

1. 2 人 1 組みになり，実際の応急処置を体験せよ．
2. 日常生活で起こりやすい事故とその予防策について説明せよ．
3. さまざまな疾病や傷害についてさらに調べ，その対処法および予防策について説明せよ．

文献

民秋 言，穐丸武臣編著：保育内容健康．北大路書房，2003．
巷野悟郎ほか編：保育のための救急傷病看護ハンドブック．同文書院，2000．
前田如矢，田中喜代次編：健康の科学．金芳堂，1999．
中山明善，荻田剛志：実戦スポーツケア-スポーツ傷・障害の応急処置とリハビリの基本-．山海堂，2003．

[春日　晃章]

第12章 スポーツと心理のかかわり

A 理論

1. スポーツ場面における心理

スポーツ場面においては，通常の安静状態とは異なり，過度の緊張や不安に見舞われることが多い．本章ではそのような場面で人の心，すなわち精神的な部分はいかなる状態にあるのか，いかなる対処法で安定する方向に向かわせているのかなどについて取り上げる．

1）あがり

人は試験や面接など日常生活のさまざまな場面において，重要度が増すに連れ，緊張する場合が多い．人によっては，緊張の度合いが高すぎて普段の実力を十分に発揮できないまま事を終える経験をすることもある．スポーツの場面では，自他との競争，記録への挑戦，勝敗が与える社会的影響などのさまざまな要因からストレスを受けるため，不安や緊張を感じることが多い．この場合，課題遂行にあたって過度の精神的，身体的緊張を生じ，精神的不安定状態あるいは不必要な生理的興奮をともなう状態となり，そのために遂行行動が混乱したり不能となるなど，行動の統合が失われる現象に陥る．つまり，予期したとおりにプレーできず記録が低下することがある．このような状態を一般に「あがり」と呼んでいる．

あがりの現象を動機づけの水準とパフォーマンスの水準の関係でみると，パフォーマンスの水準は動機づけ（緊張）の高さに対して逆U字型の変化を示し，逆U字の両端では成績が低下する（図12-1）．つまり，動機づけ水準が高過ぎても低過ぎてもパフォーマンスは低下する．しかし，心理的な状態は動機づけが不足の場合と過剰の場合では異なる．すなわち，動機づけが低過ぎる場合は，周囲の雰囲気にのまれて本来の動きができずに注意力も散漫になり競技に集中できない状態にあるが，動機づけが高過ぎる場合は，周囲の変化に過敏になりすぎて注意の集中ができなくなりイライラの状態に陥る．したがって，動機づけ水準が高過ぎる場合に，いわゆるあがりの状態になる．運動パフォーマンスに関しては，大きな力や持久力が要求される運動は比較的高い動機づけが最高の成績をもたらし，正確さや細かい運動の調節が求められる運動は比較的低い動機づけ水準が適しているといわれている．スポーツ種目に応じて動機づけ水準を設定することがあがりを回避するために重要である．

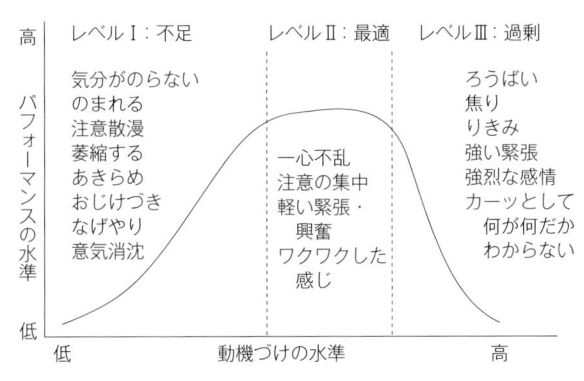

図12-1 動機づけの程度とパフォーマンスの水準，および心理状態
（松田岩男，杉原　隆編著：新版運動心理学入門．p65，大修館書店，1987）

あがりの兆候を示す精神的・身体的特性について研究した結果によれば，交感神経系の緊張，心的緊張力の低下，運動スキルの混乱，不安感情，劣等感情の5因子が抽出されている．他方，あがりの原因として選手の個人的特性に起因するものには，試合の場に慣れていない，神経質傾向が強い，主観的傾向が強い，内向的・不安傾向が強いことなどがあげられている．とくに，内向的な性格を示す人は最適な覚醒水準[注1)]が低いことも明らかにされている．

あがりを克服するための対策として次の4点があげられる．第1に，あがりは克服できるものであることを理解すること．第2に，自分がいかなる状況であがりの兆候を示すかに気づくこと．第3に，緊張を緩和する心の技術を習得すること．第4に，あがりを克服することを決意してそれを実行することが大切である．あがりやすい性格的な特徴をもっている人（神経質傾向が強い，内向的・不安傾向が強いなど）でも，一定のトレーニングを積むことであがりを克服することは可能である．あがりやすい性格だからといって諦めず，日頃から不安や心理的動揺を抑制し過ぎないよう配慮するとともに，リラクセーショントレーニングを取り入れるなどのメンタル面の強化対策を講じておくことが運動パフォーマンスを高めるのに大切である．

2）バーンアウト

バーンアウト（Burnout：燃えつき）症候群とは，長期間にわたる目標への努力が十分に報いられなかったときに生じる情緒的・身体的消耗と定義されている．スポーツ選手の場合，バーンアウトは図12-2に示すように，自己認知，競技環境，および対人関係などの要因からいくつかの過程を経て発生すると考えられている．すなわち，運動選手のバーンアウトとは「十分な準備期間を経て練習したにもかかわらず，競技（試合）で頑張っても期待するほどの成果が得られない，報われないといった経験を積み重ねていくうちに，選手が競技意欲の低下を引き起こし，さらに消耗や疲弊した状態に陥る．その結果，情緒的消耗感，達成感の低下，競技に対する集中力の低下，部内での人間関係の疲弊感といったような問題が観察されるようになる状態」と理解されている．また，トレーニングと休養とのバランスが崩れることでも発生する可能性がある．つまり，回復が十分でない時点で再度トレーニングを行うと，むしろ疲労や体力水準は低下し（オーバートレーニング），場合によってはバーンアウトを導くので注意が必要である．バーンアウトは，うつ病やノイローゼ，薬物・アルコール依存，自殺などの精神病理学的な問題に発展する危険性があるので，早期診断・早期治療が重要になる．また，バーンアウトは対人関係や精神衛生など，日常生活のさまざまな領域に波及するという指摘もあり，スポーツ選手の心理的な健康問題の予防や改善の観点からもトレーニングと休養に関して正しい理解が必要である．

3）プラトー

学習の本質は，同じ経験を繰り返すことにある．運動・スポーツの世界では，さ

注1）覚醒水準：覚醒とは，睡眠の対語であり，目が覚めること，迷いから覚めることをいう．あがりとの関係でいう覚醒水準は次のように説明できる．覚醒水準が低いと大脳皮質での情報伝達・処理は十分に行われず，逆に覚醒水準が高いと伝達があまりにもよすぎて非常に多くの細かい，不必要な刺激に対しても反応が生じてしまい，処理しきれなくなって混乱してしまう状況をさす．大脳皮質の機能は，中程度の（最適な）覚醒水準でもっともうまく発揮されるので，最大のパフォーマンスが得られると考えられている．

| 熱　　中 | 停　　滞 | 固　　執 | 消　　耗 |

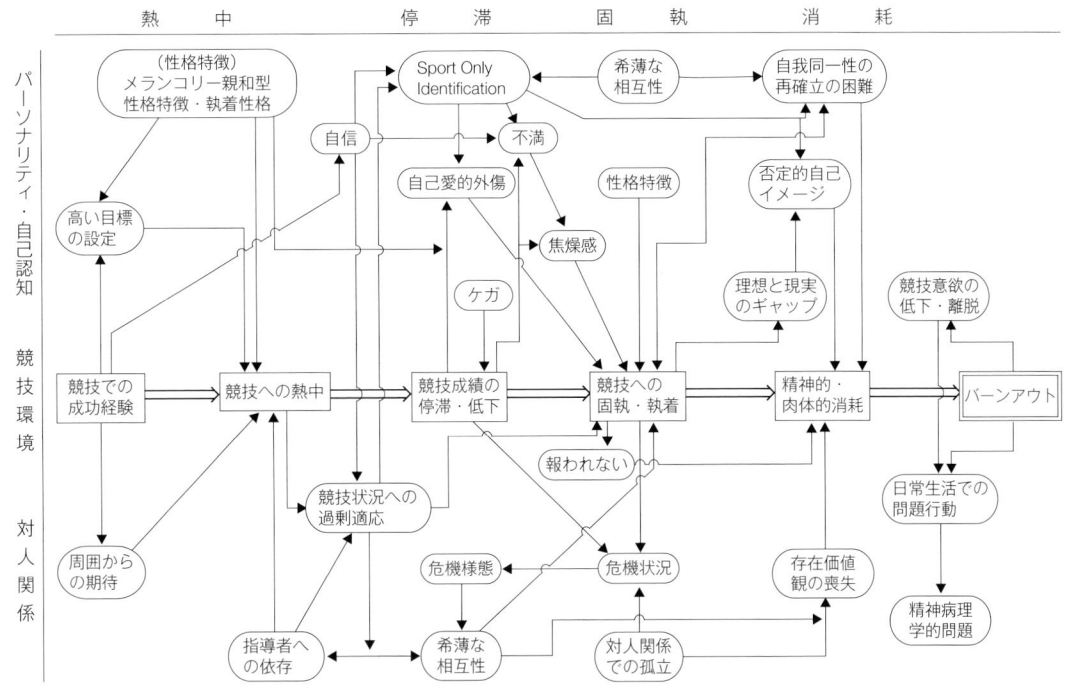

図12-2　運動選手におけるバーンアウトの発生機序
(中込四郎, 岸　順治：運動選手のバーンアウト発症機序に関する事例研究. 体育学研究, 35：313-323, 1991)

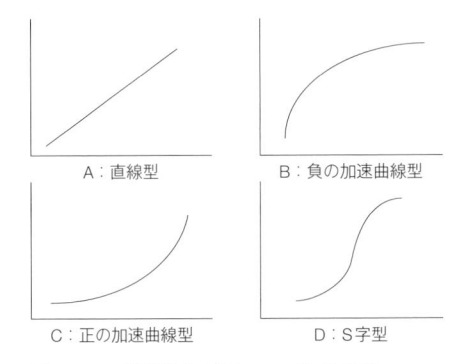

図12-3　典型的なパフォーマンス曲線
(松田岩男, 杉原　隆編著：新版運動心理学入門. p130, 大修館書店, 1987)

A：直線型
B：負の加速曲線型
C：正の加速曲線型
D：S字型

まざまな技能（スキル）[注2]を習得するために，日々何度も練習を繰り返し行っている．この練習によって技能を習得することを運動学習という．この技能を向上させる方法は科学的に十分解明されているわけではない．一般に，運動学習の過程は，用いる課題や実施者の性格，練習の条件などによって多様な変化を示すことが知られている．運動学習過程に伴うパフォーマンスの変化を表したものがパフォーマンス曲線（学習曲線）で，大きく直線型，負の加速曲線型，正の加速曲線型，S字型の4つのタイプに分類される（図12-3）．

ところで，運動学習の過程においては絶えず進歩し続けるという変化パターンが表れるとは限らず，ある時点ではどれだけ練習をしても進歩がみられず，停滞した状況を示すことがある．このような現象をプラトー（Plateau）という．プラトー現象を説明するおもな仮説の理由として，次の新しい習慣が得られるための準備期間に相当する，学習者の動機づけの低下（慣れや飽き），進歩を阻害する技術上の悪い癖を習得した，疲労が増大したなどがあげられる．つまり，プラトーとはまだ技能レベルの発達過程での停滞状態を表す用語である．

また，プラトーと類似した現象を示す言葉にスランプ（Slump）がある．スラン

注2）技能（スキル）：技能（Skill）とは，技術（Technique）という抽象的，普遍的概念（外的なもの）を，練習やトレーニングなどの学習過程を通して身につけた能力（内的なもの）であり，ある技術ができるかできないかにかかわる概念である．

プは一時的に元気がなくなり，技能が低下した不振状態を意味するもので，スポーツでは比較的技能水準が高い選手にみられる現象である．スランプの期間は数週間から数カ月に及ぶ場合があるといわれ，技能の悪化，心的動揺，焦燥感などをともなう特徴がみられる．スランプに陥った場合の対策としては，気分転換，基本の確認，徹底的練習，休養などがあげられる．スランプからの脱出方法にこれといった科学的方法はなく，焦らず取り組むことが肝要である．

4) メンタルトレーニング

スポーツの世界では，「心・技・体」を鍛えることが大切といわれる．実力を十分に発揮し，試合で好成績をおさめるためには，心理面を強化することが技術面・体力面の強化とともに大きな意味を持つ．このような心理面を強化して競技力の向上を図ることを目的に考案されてきた，身体的側面以外に関係するトレーニングをメンタルトレーニングという．メンタルトレーニングは，競技場面で最高のパフォーマンスを発揮するために必要な心理的側面を積極的にトレーニングし，やる気，自信，集中力などを喚起して，自分自身で己の精神を統制することができるようになることを目指して行われるものである．メンタルトレーニングに期待される効果としては，第1に運動スキルを獲得するための重要な方法論を身につける，第2に運動スキルの実行プランや戦術面への応用が可能になる，第3に競技場面での実力発揮を妨げる不安や過度の緊張緩和，あがりやストレスへの対策を講じる，第4に競技場面に限らず日常的・継続的に思考習慣や生活習慣の改善を目指すなどがあげられる．

運動イメージの想起には，運動スキルの実行に不可欠な運動野など脳部位が重要な役割を果たす．近年の研究によれば，脳に障害を受けた患者においても，運動イメージと実際の運動との間には障害が影響しないことが明らかにされている．つまり，脳障害により運動機能が麻痺した患者においても，健常者と同様，運動をイメージすることで障害を受けた部位が活性化する可能性も示唆されており，運動イメージの想起が機能回復の手段に有効なものとして利用される日も近いといえる．現在は，適正・目的に応じてさまざまなメンタルトレーニングプログラムが開発され，利用されている．図12-4にメンタルトレーニングの基礎から応用に発展するまでの大まかな流れを示す．

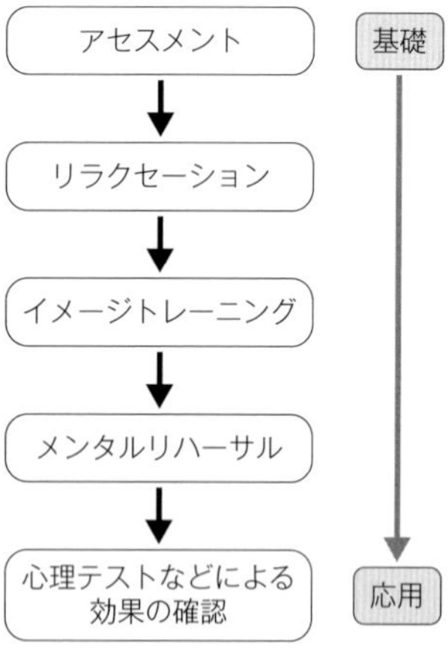

(1) アセスメント

アセスメントとは，心理テスト，観察，面接などによって自己分析を行い，パーソナリティ，行動傾向，心理的課題などの問題点を整理させ，その後のメンタルトレーニングの内容を決定する．

(2) リラクセーション

リラクセーションは，リラックス状態の確認，自己コントロール能力の向上などを目的として用いられる．リラクセーション技法には，呼吸法（腹式呼吸），筋弛緩法（筋の緊張と弛緩を繰り返しながらリラックス状態を作る），自律訓練法（暗示の言葉を段階的に頭の中で繰り返し，リラックス状態を作る），バイオフィードバック法（リラックス状態を音，色，形などの電気的信号に変換することでリラックス状態を把握しやすくする）がある．

図12-4 メンタルトレーニングの流れ
(中込四郎：ピークパフォーマンスとメンタルトレーニング-「運動学」の可能性と限界-. 体育の科学, 45：123-128, 1995 より引用改変)

(3) イメージトレーニング

イメージトレーニングは，予行演習，技術や動作パターンの習得，フォームの矯正・改善，心理面の問題（あがりなど）の改善に用いられる．イメージトレーニングの効果をあげるためには質の高いイメージを描くことが重要である．

(4) メンタルリハーサル

メンタルリハーサルとは，目標となる場面（予想される試合状況など）に向けての身体と心の予行演習のことである．上達のためというよりは，ある獲得された技能を低下させないためにおさらいをする意味である．

(5) メンタルトレーニング効果のテスト

メンタルトレーニングの効果は，心理テスト（心理的競技能力診断検査）などを用いて，定期的に確認することが重要である．

> ★コラム「イップスとは？」
>
> イップス（yips）とは，スポーツ競技者が精神を集中して競技に入るときの極度の緊張，それによって生起する震えをさす．つまり，あがりのひとつと考えられる．元々の語源は，キャンキャンという子犬の鳴き声のことといわれている．イップス病は，今やゴルフ用語の一部として浸透しており，とくに練習では何でもない短いパットの距離感，方向性が信じられないほど悪くなり，緊張のあまり震えて打てなくなる，あるいは筋が痙攣して強く打ってしまい，ボールがカップをはるかにオーバーしてしまう現象が多くなる．とくに競技レベルの高い人が実際のパッティングが困難になる症状をさす．名手といわれるほどパットが入っていた人（プロゴルファー）が予期したとおりにプレーできず記録が低下する現象をいう．その他，アプローチ，バンカーショット，アイアン，ドライバーにいたるまで，緊張のあまり身体が固くなってうまく打てなくなることを含める場合もある．野球のスローイングやピッチングにも似た症状がみられる．
>
> イップスは，技能レベルの高い水準の人がかかるものであり，初心者や技能レベルの高くない人が「イップスになった」などということはあり得ず，その場合は悪くいえば，ただ単に"下手"なだけである．

Ⓑ 実　践

2．練習方法

「試合に勝ちたい」「うまくなりたい」という欲求を満たす場合に，われわれは体力を向上させたり，運動技能を向上させるために，反復練習を繰り返し行う．運動学習のねらいは，意識してぎくしゃくした動きではなく，スムーズかつ巧みにパフォーマンスを発揮することが可能になることにある．スポーツの運動学習（運動技能を向上させる方法）や，練習方法には心理学の局所運動の研究成果が大いに参考になる．局所運動の脳・神経系への効果を取り上げ説明するが，全身運動である運動・スポーツへの応用となると未知数のことが多いのも事実である．

1）運動技能を向上させる心理学的方法

運動学習は，練習によって技能を習得することであるが，その習得が一時的なものではなく，さらにあらゆる場面において応用可能となることをねらいとする．練習成果が一定期間維持されることを**保持**といい，その練習成果が他の場面に波及することを**転移**という．練習で向上した運動パフォーマンスが保持され，転移して，はじめてその運動技能を学習したといえる．

2）反復練習

運動技能を向上させるには，疲労しすぎない程度で繰り返し同じ動作を行うことが大切である．反復練習は，練習のはじめに多く行う方がよい．とくに，クローズドスキル（変化が小さく，予測可能な環境下で発揮されるスキル）は，自分がどういう動きをすべきであるかを前もって計画しうるスキルであることから，一定して安定した典型的な運動パターンの形式を要求することになる．したがって，クローズドスキルの向上には，反復練習によって，その運動を固定化・習慣化させることが有効である．スポーツ場面では，アーチェリー，ボウリングなどの標的競技あるいは，テニスのサービス，ゴルフのティーショットなどがこれに該当する．これらの競技成績を高めるためには，同じ運動を何百回となく反復練習することが不可欠である．一方，オープンスキルは，絶えず変化し，不安定で予測不可能な環境で遂行されるスキルであることから，流動的な状況への時間的・空間的適応と予測行為を兼ね備えた運動形式を要求することになる．したがって，オープンスキルの向上には，時々刻々と変化する事態で，先を見越した反応を選択し，さらにその状況に適した動きができるようにすることが有効である．スポーツ場面では，バレーボール，サッカーなどの球技系の種目，フェンシングやレスリングなどがこれに該当する．これらの競技成績を高めるためには，ゲーム中の場面を想定し，その場面での攻撃および防御パターンを反復練習すること，周囲の状況から適切な動きを選択するための手がかりを得ることに加え，ゲーム分析を通して相手の動きを研究することから予測力を高めることが不可欠である．

3）目的意識

動作を習得する際，明確な目的意識をもって練習を行うと，漫然と動作を繰り返すよりも練習効果が大きい．これは，随意運動が，まず周囲の状況を感覚受容器によって感知し，どのような運動をすべきか判断して行われることに基づいている．

4）レミニッセンス効果

練習を休止したあと再開すると，練習していないにもかかわらず休止直前より成績が向上していることがある．この現象をレミニッセンス効果といい，とくに集中的に練習をしたあとの休息後に顕著に起こる．同じ練習を続けていると，練習効果があがらなくなること（プラトー，p.192参照）があるが，そのような場合には思い切って練習を休み，気分転換を図ればレミニッセンス効果が起こり，記録の向上が得られる可能性がある．

5）オーバーラーニング

ある目標を達成できたからといって，すぐにトレーニングを休止しては効果があがらない（反復性の原則）．ある課題を練習している場合に，はじめて合格基準に達成した後もさらに続けて練習を行うことが大切であり，これをオーバーラーニングという．うまくできたところですぐ練習をやめてしまわない習慣をつけることが大切である．

6）メンタルプラクティス：イメージトレーニング

実際にからだを動かさず，習得しようとする動作を，自分があたかもそれを行っているつもりになって頭の中でイメージを描く．運動技能学習では，このようにイ

メージを想起して練習する方法について用いる場合は，メンタルプラクティスという用語が最適である．メンタルプラクティスは，まったくの初心者よりも若干の経験がある人に対して有効であり，実際にからだを動かす練習と併用する（たとえば，1回動作を行った後，それについて頭の中で復唱する）と効果が増す．バスケットボールのフリースローなどのように自分の責任だけで実行できる動作（クローズドスキル）には有効であるが，サッカーのフェイントなどのように相手の動きが予測しにくい環境において発揮される動作（オープンスキル）には効果が小さい．

7）転　　移

あるひとつの技能を習得することによって，その後に行われる別の技能の学習に影響を与えることを**転移**という．先の学習が後の学習によい影響を与えるような転移を「正の転移」，逆に先の学習が後の学習を阻害するような転移を「負の転移」という．運動学習においては，先の練習が後の練習に役立つように，つまり，正の転移が連続して生じるようにプログラムを組み立てることが重要である．

8）フィードバック

自分の現在行っている動作やビデオなどから得られた動作の結果に関する情報をもとに，自分が正しい動作を行っているかどうかを確認することは，練習効果を上げるために非常に重要である．動作者に対して動作の結果に関する情報を知らせることをフィードバックという．とくに，動きの高い再現性を必要とする運動ではフィードバックは有効である．また，フィードバックの情報量を多くすることによって，内発的動機づけ（自発的なやる気）を高めることが明らかにされている．フィードバックの種類をいくつかあげてみる．

（1）外的フィードバックと内的フィードバック

この分類は，フィードバックを受容する感覚様式の違いによるものである．視覚や聴覚などの外受容器へ入るフィードバックを**外的フィードバック**，筋運動感覚や平衡感覚など，内(固有)受容器へ入るフィードバックを**内的フィードバック**と呼ぶ．

（2）内在的フィードバックと付加的フィードバック

この分類は，フィードバックの源がどこにあるかによって分けている．**内在的フィードバック**は，実行した運動そのものに備わっているフィードバックであり，反応の結果それ自体から生じたものである．つまり，運動遂行中や遂行後の感覚刺激から生じるものであり，環境からの外的な情報に依存していないものである．**付加的フィードバック**は，学習の目的に応じて特別に付加された情報であり，運動それ自体に本質的に備わっているものではない．具体的には，教師やコーチの言語情報や機械を通した人工的なフィードバック情報の形式をとる．

（3）同時的フィードバックと最終的フィードバック

この分類は，フィードバックが与えられる時間的関係によるものである．**同時的フィードバック**は，運動をしている間中，時々刻々と提示されている情報である．たとえば，鏡をみながら運動を修正している場合がそれにあたる．**最終的フィードバック**は，終了した運動の結果として生じる情報である．たとえば，ビデオに録画した自分のフォームをみたり，ゴルフのパットでボールがカップに入ったか否かという運動の結果に関する情報などである．

9）全習法と分習法

運動技能はいくつかの基礎的技能の組み合わせによって成り立っている．**全習法**は，それら習得すべき技能課題をひとまとめにして提示し，繰り返して練習する方法である．基本的には全習法の中で試行錯誤を繰り返し運動技能が向上していく．しかし，技能レベルが高くなるにつれて，技能向上が停滞することもある．このことを避けるには，何らかの補助を利用したり，技能を単純化したり，分習法を導入したりすることが考えられる．分習法とは，課題全体をいくつかの部分に分けて指導し，各部分をひとつずつ習得し，最終的に全体としてのまとまりを作っていく方法である．分習法は，全体技能を構成する部分技能の組織化の程度が低い技能，つまり，技能課題全体をいくつかの部分技能に分類したときに，それら相互の関連の程度が低い技能ほど，適しているといわれている．運動技能を向上させるには，それぞれの利点を引き出し，自分の身体能力に見合った方法を取り入れるのが望ましい．

10）集中的練習法と分散的練習法

先にも述べたように，運動技術を習得するためには運動試行を反復練習することが必要である．この際，練習効果を上げるための方法として，練習の量や時間をいかに配分するかということが能率と関係し，運動の指導においてきわめて大切である．**集中的練習法**（集中法）とは，練習の間に休憩や休息をほとんど入れないで連続的に練習する方法である．これに対して，**分散的練習法**（分散法）とは，練習の間に休憩や休息を適当に入れて練習する方法である．この分散の条件には，各回の練習量の多少，休憩時間の長短，分散を行う時期などの要因が関係する．

以上述べた練習方法に，正しい選択というものは存在しない．運動・スポーツの目的や種類，運動の強度，頻度，量などにより適切な練習方法を選択し，最適な組み合わせを試行錯誤しながら確立していくことが大切である．

3．スポーツの心理的効果

スポーツの心理的効果は，運動のしかた（目的，個人的・集団的，軽度・強度，短期的・長期的など）によって異なる．ここでは運動やスポーツをすることが人間の心にどのような影響を与えるか，その効果について考えてみる．

1）感情コントロールの向上

運動・スポーツを実施した人は誰でも爽快感や悔しい思いなど，感情の起伏を経験している．その場合，心拍数が上昇し，発汗などの症状が身体にあらわれる．一般的に，ストレス状態では交感神経は興奮し，筋の緊張，皮膚温の低下が起こる．しかし，リラックスした状態では，逆に筋は弛緩し，末梢皮膚温は上昇する．適度な運動は筋の緊張と弛緩の連続作業であり，運動が筋のマッサージ効果となってその緊張水準の低下を促す．筋がリラックスすると，交感神経の興奮は和らぎ，大脳皮質の興奮水準が低下する．その結果，感情の安定がもたらされると考えられる．また，適度な運動は，心拍数の増加，血圧の上昇，毛細血管の拡張などを伴い，体温，皮膚温の上昇をもたらす．運動に伴う気分や感情の変化・改善の仮説のひとつとして「温熱仮説」がある．サウナや入浴時に経験するように，からだが温まると

リラックスし気分が落ち着く．これらのことを応用して，自律訓練法には「（腹部）温感練習」注3) が取り入れられている．さらに，長期的に運動を継続すると，運動と感情状態との関係を意識することが可能となり，感情をコントロールするスキルを身につけることもできる．

　現在は，過度のストレス社会といわれている．からだを動かすことによって気分転換をはかり，感情を安定させ，活性化させることは，今後ますますストレス社会を生き抜くために重要なことになろう．

2）目標達成意欲の向上

　運動やスポーツにおいて目標を設定し，それを達成しようとする過程で，程度の差こそあれ，苦しいあるいはつらい練習を体験する．つらく苦しい練習に耐えるための身体的ストレス耐性や集団活動の中での精神的ストレス耐性は，苦痛への耐性，すなわち「忍耐力」として高められる．また，身体的接触のある競技者は，接触のない競技者や競技をしていない人よりも苦痛への耐性が高いことも報告されている．さらに，自己の能力や限界に挑戦する過程で養われる忍耐力，闘争心，勝利意欲，自己実現意欲といった目標達成に必要な能力は，競技レベルの高い選手ほど優れていることが報告されている．こうした運動・スポーツの体験を通して養われる目標達成意欲の向上は運動の重要な心理的効果である．

3）自信の高揚

　運動・スポーツでは練習と試合が繰り返される．そして競争場面は「勝ち－負け」「成功－失敗」が体験される．相手に勝ち，あるいは成功をおさめると，はかり知れない自信が生まれる．したがって，競争で「勝つこと」「成功」をどのように位置づけるかは重要な問題となる．危機的状況に陥ったときにも慌てること，臆することなく能力を発揮することができる自信や，努力すれば報われるといった成功への自信は，さらなる積極性や自主性を生み，新たな価値ある目標の設定へと発展する．また，身体障害者，軽度の疾病者，高齢者などの運動参加が健康・体力の向上に伴い，身体的能力への自信が高まることは数多く報告されている．自信とは，効力期待感と結果期待感に分けて考えられる．効力期待感は一定の結果を生み出すのに必要な行動をうまく行うことができるという確信である．そして，結果期待感は一定の行動は一定の結果を導くであろうという個人の見積りである．この効力期待感を自己効力感と呼び，行動変容の重要な要因であることが指摘されている．スポーツ場面では，スポーツマンの自己効力感はパフォーマンスを高めることが多くの研究で報告されている．運動・スポーツの体験によって養われる自信（自己効力感）は，自己概念を高めることに繋がる．

4）判断力や予測力の向上

　練習（技術習得）や試合（競争場面）では，種々の状況に対して冷静で的確な判

注3）（腹部）温感練習：ドイツの精神医学者 J. H. Schultz（シュルツ）によって開発された自律訓練法で行われる公式のひとつである．以下に述べる①～⑦の公式はいずれも心の中で段階的に唱えていくようプログラムされている．①背景公式（安静練習）：「気持ちが（とても）落ち着いている」，②第1公式（重感練習）：「両腕両足が重たい」，③第2公式（温感練習）：「両腕両足が温かい」，④第3公式（心臓調整）：「心臓が静かに規則正しく打っている」，⑤第4公式（呼吸調整）：「楽に呼吸している」，⑥第5公式（腹部温感公式）：「お腹が温かい」，⑦第6公式（額涼感練習）：「額が涼しい」である．

断力が必要とされる．また，対戦相手に対して的中率の高い予測（作戦）を立て，それを遂行しなければならない．さらに，危機的場面では素早い判断，失敗を恐れない判断をしなければならない．自己の体力，スキルに応じて勝利や成功をおさめるための戦略である．こうした経験の積み重ねは，行動に対する判断力や予測力といった認知的能力の向上につながる．競技レベルの高い選手ほど判断力や予測力が高いことが報告されている．一方，適度な運動後には精神的能力が高まることも報告されている．運動・スポーツには，このような行動に対する判断力や予測力といった認知的能力や精神的能力の向上もみられる．

5）適応性の向上

スポーツ集団への参加は集団所属への欲求を充足する．集団に所属していること自体が仲間とのつながりやコミュニケーション能力を高めることから，ある意味，ストレス社会での心の安定につながる．また，集団内での対人関係や集団への適応性（チームワーク，協調性，規範の遵守，そしてリーダーシップやフォロアーシップ，メンバーシップの発揮など）は，集団活動を継続する上でまず体験しなければならない試練であり，欠かせない能力である．集団の構造や機能が高められていく過程で個人や集団への適応性が養われていく．

以上，スポーツの心理的効果について述べてきたが，この他に，「みるスポーツ」にも，スポーツ選手のひたむきな活躍が人々に感動や感銘を与え，勇気や自信となり，やる気を高めるといった効果もみられる．また，運動やスポーツで得られる心理的効果は，単にスポーツの場だけで発揮されるのではなく，自己概念の形成に貢献し，社会生活の場で有効に発揮されるよう努めなければならない．

✓ まとめ

- 課題遂行にあたって過度の精神的，身体的緊張を生じ，精神的不安定状態あるいは不必要な生理的興奮を伴う状態となり，そのために遂行行動が混乱したり不能となるなど，行動の統合が失われる現象を「あがり」という．
- バーンアウト症候群とは，長期間にわたる目標への努力が十分に報いられなかった時に生じる情緒的・身体的消耗と定義される．
- 運動学習の過程において，ある時点ではどれだけ練習をしても進歩がみられず，停滞した状況を示すことがある．このような現象をプラトーという．一方，スランプは一時的に元気がなくなり，技能が低下した不振状態を意味するもので，スポーツでは比較的技能水準が高い選手にみられる現象である．
- メンタルトレーニングは，競技場面で最高のパフォーマンスを発揮するために必要な心理的側面を積極的にトレーニングし，やる気，自信，集中力などを喚起して，自分自身で己の精神を統制することができるようになることを目指して行われる．
- 練習成果が一定期間維持されることを保持といい，その練習成果が他の場面に波及することを転移という．
- 運動技能を向上させるには，同じ運動を何百回となく反復練習することが不可欠である．
- 動作を習得する際，明確な目的意識をもって練習を行うと，漫然と動作を繰り

返すよりも練習効果が大きい．
- 練習を休止し再開すると，練習していないにもかかわらず休止直前より成績が向上する現象をレミニッセンス効果という．
- ある目標を達成できたからといってすぐトレーニングを休止しては効果があがらない．
- 実際にからだを動かさず，習得しようとする動作を，自分があたかもそれを行っているつもりになって頭の中でイメージを描くことをメンタルプラクティスという．
- 動作者に対して動作の結果に関する情報を知らせることをフィードバックという．フィードバックにはいくつか種類がある．
- 全習法は，それら習得すべき技能課題をひとまとめにして提示し，繰り返して練習する方法である．分習法とは，課題全体をいくつかの部分に分けて指導し，各部分をひとつずつ習得し，最終的に全体としてのまとまりを作っていく方法である．
- スポーツの心理的効果として，感情コントロールの向上，目標達成意欲の向上，自信の高揚，判断力や予測力の向上，適応性の向上があげられる．

レポート課題

1. あがりとは何か，また，あがりを克服するための対処法は何か，説明せよ．
2. メンタルトレーニングとは何か，説明せよ．
3. フィードバックとは何か，また，その種類について，整理せよ．
4. スポーツの心理的効果について，代表的なものを3つあげ，簡単に説明せよ．

文献

安部　孝，琉子友男編：これからの健康とスポーツの科学．講談社，2000．
出村慎一ほか編：テキスト保健体育．大修館書店，2002．
出村慎一，村瀬智彦：健康・スポーツ科学入門．大修館書店，2000．
岸　恭一，上田信男編：栄養科学シリーズ NEXT 運動生理学．講談社，1999．
松田岩男，杉原　隆編著：新版運動心理学入門．大修館書店，1987．
宮下充正ほか編：フィットネス Q&A 改訂第2版．南江堂，2001．
中込四郎，岸　順治：運動選手のバーンアウト発症機序に関する事例研究．体育学研究，35：313-323，1991．
中込四郎：ピークパフォーマンスとメンタルトレーニング-「運動学」の可能性と限界-．体育の科学，45：123-128，1995．
酒井邦嘉：心にいどむ認知脳科学-記憶と意識の統一論-．岩波書店，1997．
田辺規充：イップスの科学．星和書店，2001．
東京大学身体運動科学研究室編：教養としてのスポーツ・身体運動．東京大学出版会，2000．

［長澤　吉則］

第Ⅳ部　健康・スポーツと社会

第13章　今日の学校保健の問題
第14章　欲求，ストレスと疲労への対処法
第15章　地域とスポーツのかかわり
第16章　社会におけるスポーツの役割

第13章 今日の学校保健の問題

A 理 論

1. 薬物乱用と健康

　　　　　　　　　　薬物乱用とは，医薬品を本来の目的や方法から逸脱して使用すること，医療目的にない薬物を不正に使用することをいう．
　　　　　　　　　　覚せい剤，麻薬（ヘロイン，コカイン，MDMA，LSDなど），大麻（マリファナ）などは，使用，所持，売買を法律により規制している．したがって，それらを使用すれば，乱用になる．また，有機溶剤（シンナーなど）や各種ガス類は，それぞれの用途のために販売されているため，これらの目的を逸脱し吸引することは乱用となる．そして，医薬品を自己判断で多量に服用することや「遊び」や「快楽」目的で使うことなども，目的や方法の逸脱であり，乱用にあたる．

1) 乱用されている薬物の種類と特徴

　　　　　　　　　　乱用されている薬物は，その作用により，表13-1に示すように3つに分類できる．また，これらの作用を併せ持つものもある．現在，乱用されている薬物は，覚せい剤，麻薬，向精神薬，大麻，有機溶剤などであり，その特徴を表13-2に示した．これらの薬物には，いずれも依存性を有している．依存とは，止めようと決心しても，自分の意志ではやめられなくなる状態である．

2) 薬物依存の種類と特徴

(1) 身体的依存と精神的依存

　　　　　　　　　　薬物の乱用を繰り返すと，依存に陥る．依存は身体的依存と精神的依存に分けられる．
　　　　　　　　　　アルコールを例にすると，初めて飲酒した時には，すぐに顔が真っ赤になり，少量でも酔いを体験するが，飲酒を繰り返すうちに，飲酒量を増やすことができるように，慣れが生じる．この慣れのことを耐性という．その結果，同じ効果を得るためには摂取量を増やす必要が出てくる．「お酒に強くなった」と錯覚するかもしれないが，これはアルコール分解能が高まったのではなく，あくまでも中枢神経がア

表13-1 薬物の作用

作用の種類	概　要	引き起こす薬物の例
興　奮	脳の働きが活発になり，外部からの刺激に鋭敏になる 例：活発に動き回る，気持ちが大きくなる	覚せい剤，コカイン等
抑　制	脳の働きが低下し，外部からの刺激に反応が弱くなる 例：やる気がなくなる，気持ちが落ち着く	モルヒネ，ヘロイン等
幻　覚	現実に存在しないものが，存在しているように知覚すること 例：幻視，幻聴，幻臭	LSD等

表13-2 乱用されている薬物の種類と特徴

薬物			中枢神経作用			精神依存	身体依存	耐性	規制する法律
			興奮	抑制	幻覚				
覚せい剤		アンフェタミン メタンフェタミン	＋			＋＋＋		＋	覚せい剤取締法
麻薬		あへん モルヒネ ヘロイン		＋		＋＋＋	＋＋＋	＋＋＋	麻薬及び向精神薬取締法 （あへんはあへん法）
		コカイン	＋			＋＋＋			
		MDMA	＋		＋	＋		＋	
		LSD			＋	＋		＋	
		マジックマッシュルーム			＋	＋			
向精神薬		バルビツール酸系（鎮静剤）, ベンゾジアゼピン系 （睡眠薬，抗不安薬）		＋		＋＋	＋＋	＋＋	
		メチルフェニデート （中枢神経刺激薬）	＋			＋＋		＋＋	
大麻		カンナビノイド		＋	＋	＋＋		＋	大麻取締法
有機溶剤		シンナー，トルエン		＋	＋	＋＋			毒物及び劇物取締法
酒類		アルコール		＋		＋＋	＋＋	＋＋	未成年者飲酒禁止法
たばこ		ニコチン	＋			＋＋	＋	＋＋	未成年者喫煙禁止法

（和田 清：依存性薬物と乱用・依存・中毒−時代の狭間をみつめて−．p14, 星和書店, 2000を一部改変）
（写真：警視庁HP「薬物って何？」より＜http://www.keishicho.metro.tokyo.jp/seian/yakubutu/drug.htm＞）

ルコールに慣れただけである.

身体的依存は，薬物がきれてくるといろいろな身体症状が出てくる状態を指す.日常的に飲酒していた場合，それができなくなると，手の震えや振戦，せん妄（意識障害）等の**離脱症状**（退薬症状，禁断症状ともいう）が出てくる.禁断症状は，非常に苦しく，そのときにまた薬物を使用するとその症状は消えてしまうので，摂取を渇望することになる.アルコール依存の場合は，家族に隠れて自動販売機やコンビニに行くなどの行動が出る.これを**薬物探索行動**という.

精神的依存は，薬物を服用することで発現する多幸感などを繰り返し経験することにより，服用に対する強い欲求，すなわち渇望が生まれる状態を指す.

身体的依存も精神的依存も，必ず渇望に基づく薬物探索行動という形で表面化してくる.薬物依存の本態は精神的依存であり，身体的依存は必須ではない.それは，覚せい剤，コカイン，MDMA，LSDには身体依存はないとされているからである.精神的依存状態では，本人はやめたつもりでも，薬物が身近にあると，つい使用してしまうことになる.本人に依存状態にあるという自覚がないため，依存状態から回復することは困難である.

（2）薬物中毒

薬物中毒は**急性中毒**と**慢性中毒**の2種類に分けられる.

①急性中毒

急性中毒は，一度に大量の薬物を乱用したときに起こり，息苦しくなったり，動悸が激しくなったり，脳の血管が破裂して，死亡するケースもある.アルコールの「イッキ飲み」などによる急性アルコール中毒は死に至る可能性が高い危険な急性中毒である.依存状態の有無にかかわらず，乱用すれば，誰でもいつでも急性中毒に陥る危険性がある.

②慢性中毒による身体への影響

薬物を長期にわたって乱用すると，身体の主要な器官に深刻な悪影響を及ぼす.乱用される薬物の多くは，中枢神経，すなわち脳に深刻なダメージを与える.一度ダメージを受けた脳の再生・回復は非常に困難であり，一生苦しむことになる.また，未成年者の場合，神経細胞のネットワークが未完成な段階で薬物の影響を受けることになり，とくに危険である.

③慢性中毒による精神への影響

薬物の乱用により，比較的高率に幻視，幻聴，幻覚や妄想などの症状を引き起こす.正常な判断ができないために，殺人や強盗，放火などの凶暴な事件にもつながりやすい.

また，薬物の乱用をやめ，治療を受けて普通の生活に戻ったようでも，少量の薬物を再び摂取する，飲酒する，ストレスや不眠などによる疲労にさらされるなど，何かのきっかけによって，薬物使用時の症状が再び激しく再燃することがある.これを**フラッシュバック**（自然再燃）現象（図13-1）という.薬物の乱用でひとたび精神異常が生じると，治療によって表面上は回復しているようでも，精神異常が容易に再発する下地が確実に残っている.

3）最近の薬物乱用の傾向

2020年に薬物事犯（覚醒剤事犯，大麻事犯，麻薬及び向精神薬事犯及びあへん事犯をいう）で検挙された人数は14,567人で，前年度に比べて707人の増加となっている.そのうち，覚醒剤で検挙されたものは8,654人，大麻では5,260人と，こ

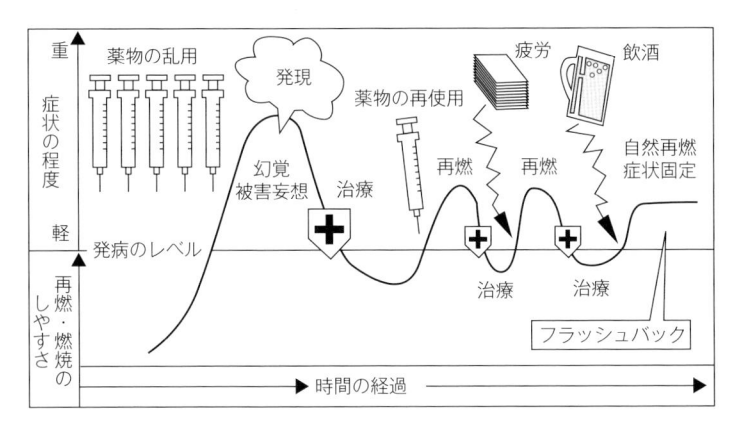

図 13-1 フラッシュバック（自然再燃）現象
（埼玉県 HP「恐ろしいフラッシュバック」より
< http://www.pref.saitama.lg.jp/site/dame-zettai/horrible-flashback.html >）

の2つで全薬物事犯の95％以上を占めている．大麻による検挙者数は，7年連続で増加し，2020年には5,260人の過去最多を更新した．薬物事犯全体での検挙者数は近年横ばいが続く中，大麻事犯の増加が薬物事犯検挙者数全体を押し上げており，特に若年層における乱用が問題となっている．危険ドラッグ[注1]事犯での検挙人員は，販売・流通ルートの壊滅に向けた取り組み，広報・啓発活動の強化などにより，159人（前年比－41人）と，2015年の1,276人をピークに5年連続で減少している．一方，危険ドラッグ乱用者の検挙人員のうち，インターネットを利用して危険ドラッグを入手した者の割合が50.7％を占めていることやデリバリー型販売も確認されていることなどから販売・流通ルートの巧妙化・潜在化がみられる．

このため政府は，国際化を見据えた水際を中心とした薬物対策，未規制物質・使用形態の変化した薬物への対応，関係機関との連携を通じた乱用防止対策の視点から薬物乱用の根絶を図る「第5次薬物乱用防止5か年戦略」（2018年）を策定し，薬物乱用の根絶に向けた総合的な対策を推進している．

Ⓑ 実　践

2．喫煙と健康

たばこの煙には，タール，ニコチン，一酸化炭素などの有害成分が含まれる．ニコチンは脳の働きを興奮させる作用を有する．たばこは服用のしかたによっては，精神的・身体的依存を生じる危険性がある．令和元年国民健康・栄養調査によると，現在習慣的に喫煙している者の割合は16.7％であり，男性で27.1％（前年比－1.9ポイント），女性で7.6％（前年比－0.5ポイント）である（図13-2）．喫煙率は年々減少傾向にあるとはいえ，年齢階級別にみると，30～60歳代男性ではその割合が高く，約3割が習慣的に喫煙している．

たばこ消費量は近年減少傾向にあるが，過去のたばこ消費による長期的な健康影響と急速な高齢化により，たばこ関連疾患による死亡数は年々増加している．喫煙による超過死亡数（肺がん，心筋梗塞など，喫煙が原因で死亡したと疫学的に推定

注1）合法ドラッグ，脱法ハーブ等と呼ばれる薬物は「違法（脱法）ドラッグ」と呼ばれていたが，厚生労働省と警察庁が新名称を「危険ドラッグ」に選定し，2014年7月から用いられている．

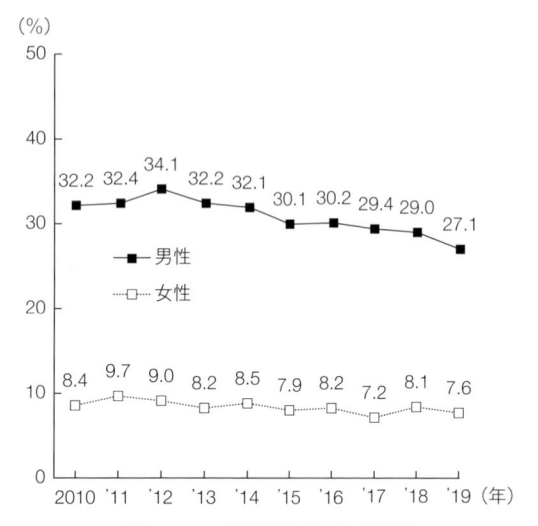

図13-2 喫煙習慣者の年次推移
（厚生労働省「国民健康・栄養調査」より＜ https://www.mhlw.go.jp/bunya/kenkou/kenkou_eiyou_chousa.html ＞）

男性: 32.2, 32.4, 34.1, 32.2, 32.1, 30.1, 30.2, 29.4, 29.0, 27.1
女性: 8.4, 9.7, 9.0, 8.2, 8.5, 7.9, 8.2, 7.2, 8.1, 7.6
（2010～'19年）

表13-3 たばこに含まれる有害物質

タール	さまざまな有害物質が混ざり合ったものの総称で，発がん物質，発がん促進物質が含まれている．ニトロソアミンとベンゾピレンは，DNAに損傷を与え，細胞をがん化させる
ニコチン	血管収縮作用があり，血流が悪化し，動脈硬化が促進される．また，強い依存性を有しているため，喫煙をやめようとしても困難となる
一酸化炭素	赤血球のヘモグロビンと結合して，酸素運搬を阻害するため，全身の細胞を酸欠状態にする
微細粒子	刺激によりせきやたんを引き起こす

される数）は1年間に約13万人であり，日本人の死亡原因として最大の原因であることが確認されている．

たばこは年間約2兆円を上回る規模の税収をもたらす一方で，これらの疾病により，多くの超過医療費（1.7兆円）や入院や死亡による労働力損失等（2.3兆円）の経済損失が生じている．

1）たばこの煙に含まれる有害成分

たばこの煙には，4,000種類以上の化学物質が含まれ，そのうちの200種類以上は有害物質であることが明らかになっている．したがって，喫煙により身体にさまざまな悪影響が引き起こされる．有害物質は，表13-3に示した，タール，ニコチン，一酸化炭素，微細粒子の4種類に大別される．

喫煙者が直接吸い込む煙を主流煙，喫煙者が吐き出す煙を呼出煙，たばこの点火部から出ている煙を副流煙という．呼出煙と副流煙をあわせたものを環境たばこ煙といい，この環境たばこ煙への曝露を受動喫煙という．副流煙の有害物質は主流煙よりも多く，受動喫煙を強いられる人にも健康上のリスクが生じる．たとえば，たばこを吸わない妻が肺がんになるリスクは，夫が非喫煙者の場合と比べて，喫煙者の夫を持つ場合に高くなり，そのリスクは喫煙量が増えるほど高くなる．

2）健康への影響

喫煙は「喫煙病（依存症＋喫煙関連疾患）」という全身疾患であり，喫煙者は「患者」という認識がなされている（日本循環器学会など9学会の合同研究班）．喫煙者では，非喫煙者に比べて，肺がんをはじめとする各種のがんによって死亡するリスクが高くなるだけではなく，虚血性心疾患，脳血管疾患，気管支喘息，胃潰瘍，歯周病などの疾患のリスクが増大する．

また，妊娠中の喫煙は，流産，早産，低出生体重児（出生時体重2,500g未満）などへの影響があり見逃せない．乳幼児をもつ女性の喫煙は，たばこの煙と母乳の両方から乳幼児に悪影響を与えることになる．

未成年期に喫煙を開始した人は，成人になってから喫煙を開始した人に比べてたばこ関連疾患に罹るリスクが高い．また，有害物質の影響が，発育期の身体に強く影響を及ぼすと推測されている．

長期にわたる喫煙が引き起こすさまざまな健康障害を図13-3に示した．

5）喫煙に対する対策

WHOは，たばこの健康被害の拡大を防ぐために，WHO加盟国で共通した政策

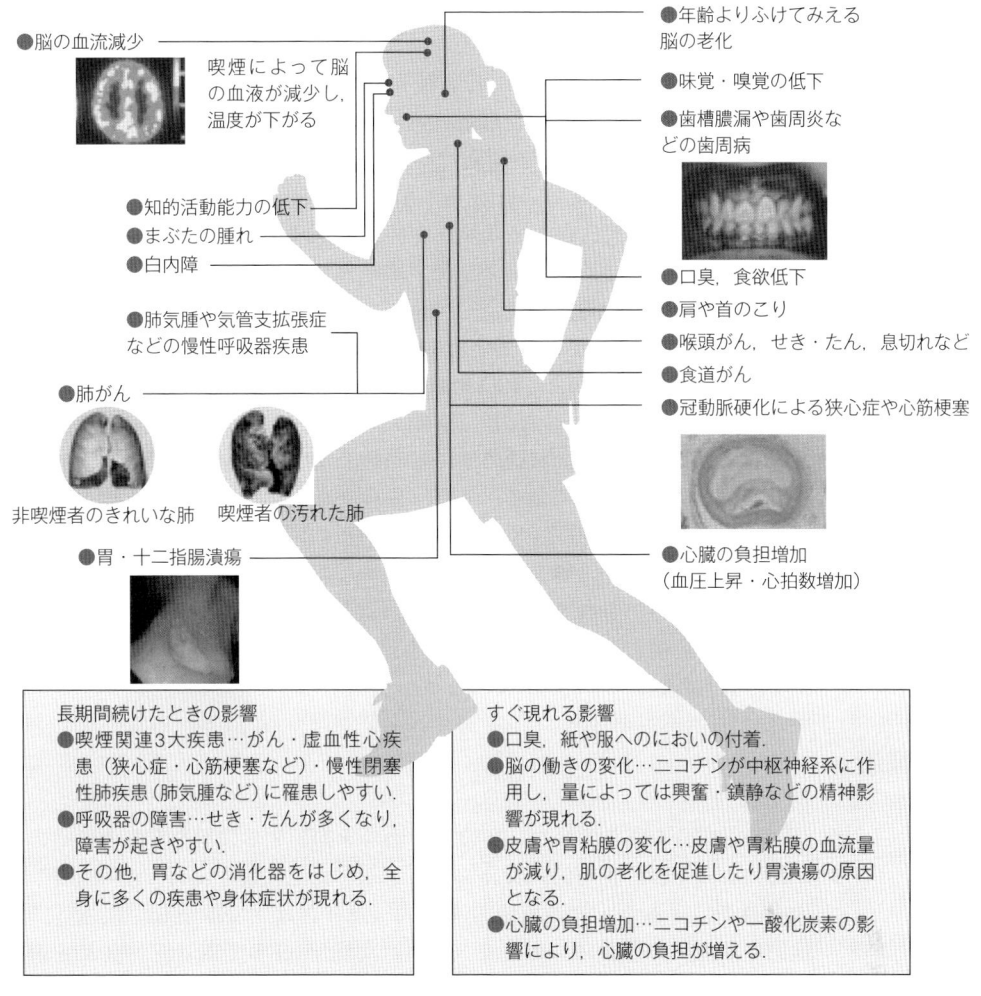

図13-3 喫煙による身体への悪影響

- ●脳の血流減少
  - 喫煙によって脳の血液が減少し、温度が下がる
- ●年齢よりふけてみえる脳の老化
- ●味覚・嗅覚の低下
- ●歯槽膿漏や歯周炎などの歯周病
- ●知的活動能力の低下
- ●まぶたの腫れ
- ●白内障
- ●口臭，食欲低下
- ●肩や首のこり
- ●肺気腫や気管支拡張症などの慢性呼吸器疾患
- ●喉頭がん，せき・たん，息切れなど
- ●食道がん
- ●肺がん
  - 非喫煙者のきれいな肺
  - 喫煙者の汚れた肺
- ●冠動脈硬化による狭心症や心筋梗塞
- ●胃・十二指腸潰瘍
- ●心臓の負担増加（血圧上昇・心拍数増加）

長期間続けたときの影響
- ●喫煙関連3大疾患…がん・虚血性心疾患（狭心症・心筋梗塞など）・慢性閉塞性肺疾患（肺気腫など）に罹患しやすい．
- ●呼吸器の障害…せき・たんが多くなり，障害が起きやすい．
- ●その他，胃などの消化器をはじめ，全身に多くの疾患や身体症状が現れる．

すぐ現れる影響
- ●口臭，紙や服へのにおいの付着．
- ●脳の働きの変化…ニコチンが中枢神経系に作用し，量によっては興奮・鎮静などの精神影響が現れる．
- ●皮膚や胃粘膜の変化…皮膚や胃粘膜の血流量が減り，肌の老化を促進したり胃潰瘍の原因となる．
- ●心臓の負担増加…ニコチンや一酸化炭素の影響により，心臓の負担が増える．

図13-3 喫煙による身体への悪影響
（文部科学省：健康な生活をおくるために．p7，文部科学省，2008）

をとることが不可欠であるとして，2005年2月に「たばこ規制枠組条約（日本正式名称：たばこの規制に関する世界保健機関枠組条約）」が，日本を含め65カ国の締約国で発効された．この条約は喫煙による健康被害の防止を目的とした公衆衛生分野でのはじめての国際条約であり，たばこの広告規制や密輸に対する国際協力を定める条約である．日本では，2005年7月よりたばこ事業法が改正され，8種類ある警告文のうち2種類をたばこ製品の包装の主要な2面へそれぞれ30%以上の面積を使って表示することが義務づけられた．また，未成年者による自動販売機でのたばこの購入を防ぐために，2008年7月以降，taspo[注2)]対応成人識別たばこ自動販売機を全国で可動させるなど，国際的に遅れながらも対策をとりつつある．

2003年に制定された健康増進法によって乗り物や公共の施設において，受動喫煙による健康被害を防ぐために，喫煙・禁煙場所の区別が行われている．たとえば，

注2) taspo：未成年者の喫煙防止に向けた取り組みのために開発された，成人識別ICカードの名称，および同カードを使用したシステムの総称．

列車や駅構内での喫煙の禁止や喫煙場所の制限（鉄道営業法），学校，病院など多数の者が利用する施設における喫煙の禁止や喫煙場所の制限（健康増進法第25条）などである．また，2002年の東京都千代田区をはじめとして，各地で路上喫煙禁止を盛り込んだ条例が制定されている．

平成20年国民健康・栄養調査では，全体の87.5％の人が喫煙すると肺がんに罹りやすくなると思っている．一方，脳卒中は50.9％，心臓病は50.7％，歯周病は40.4％であり，疾患によっては喫煙が健康に及ぼす影響についての認識が低い．したがって，国，都道府県，地域保健，職域保健，学校教育の各レベルにおいて，たばこのリスクに関する情報提供を強化していくことが必要である．たばこは依存性が強いためになかなか禁煙できないが，喫煙者の男性24.6％，女性39.0％が「やめたい」と考えている．「本数を減らしたい」と考えている人をあわせると男性56.7％，女性58.7％にものぼり（令和元年国民健康・栄養調査），禁煙支援に対するニーズは高い．病院の禁煙外来では喫煙しない生活を営んでいくためのセルフマネジメントを支援してくれる．血液，尿検査などでニコチン依存度を確認し，カウンセリングとレクチャー，ニコチンパッチとニコチンガムを利用した治療が行われる．ニコチンパッチは処方箋が必要なので，診療を受けないと処方されない．ニコチンパッチを処方された後は，2週間に一度程度来院して，禁煙まで治療を続ける．禁煙までの期間に個人差はあるが，月1回の通院を半年ほど継続することで終了したケースも多い．

3．飲酒と健康

酒の主成分であるアルコールは脳の働きを抑制する作用を有する．その摂取のしかたによっては，精神的・身体的依存を生じる危険性がある．令和元年国民健康・栄養調査によると，飲酒習慣のある人（週3日以上で飲酒し，飲酒日に1合以上飲酒する人）の割合は，男性で33.9％，女性で8.8％であり，男女とも増加傾向にある（図13-4）．飲酒習慣のある者のうち，1日あたり，生活習慣病のリスクを高める男性の飲酒量（清酒換算で2合（純アルコール40g）以上）を飲んでいる者の割合は14.9％，女性の飲酒量（清酒換算で1合（純アルコール20g）以上）を飲んでいる者の割合は9.1％であった．

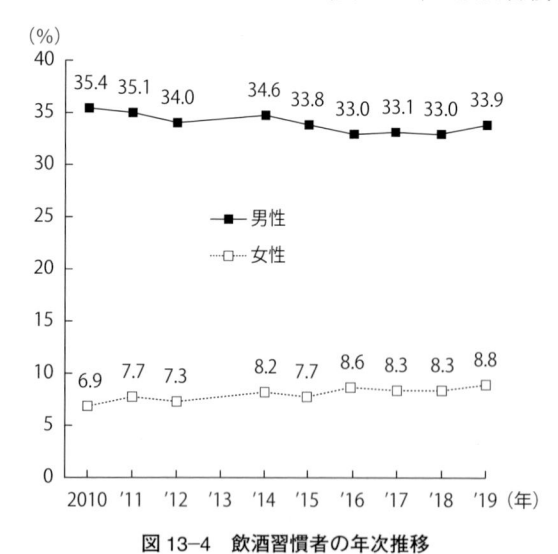

1）アルコールの代謝

口から入ったアルコールは胃から約20％，小腸から約80％が吸収され，血液に入った後，全身にいきわたる．アルコールの大部分は肝臓で分解される．肝臓で分解されるアルコールのうち約80％がアルコール脱水素酵素（ADH）によって，残りの約20％がミクロゾームエタノール酸化酵素（MEOS）により，アセトアルデヒドに代謝される．アセトアルデヒドには毒性作用があり，悪酔いや二日酔いの原因になる．アセトアルデヒドは，さらにアルデヒド脱水素酵素（ALDH）によって無害な酢酸に分解され，酢酸がTCAサイクルに入って二酸

図13-4　飲酒習慣者の年次推移
（厚生労働省「国民健康・栄養調査」より< https://www.mhlw.go.jp/bunya/kenkou/kenkou_eiyou_chousa.html >）
2013年は未実施

```
アルコール → アセトアルデヒド → 酢酸 → ⇒ ⇒ 二酸化炭素
         ↑                ↑              ↓
  アルコール脱水素酵素   2型アルデヒド脱水素酵素    熱エネルギー
  （ADH）              （ALDH2）
  ミクロゾームエタノール酸化酵素  1型アルデヒド脱水素酵素
  （MEOS）             （ALDH1）
```

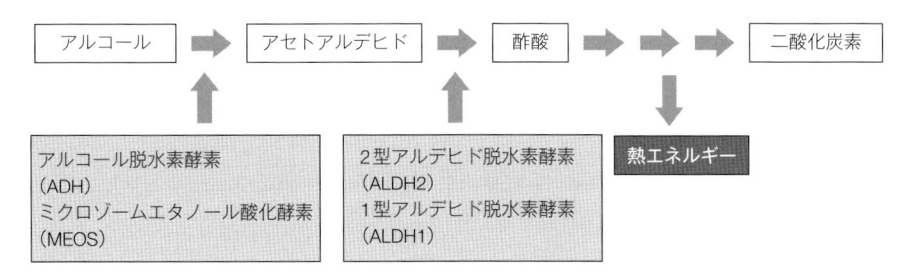

図 13-5 アルコールの代謝

化炭素と水になるという経路をとる（図 13-5）.

　ADH と ALDH の活性の高さは遺伝的に決まっており，その組み合わせでアルコールに強い体質か弱い体質かが決定される．たとえば，ALDH はアセトアルデヒドが高濃度にならないと活性しない ALDH1 型と低濃度でも活性する ALDH2 型の2種類がある．日本人などのモンゴロイド民族は ALDH2 型の働きが弱い人や完全に欠損している人もいる．日本人では約 40％が ALDH2 型の働きが弱く，約4％は ALDH2 型を持っていない．ちなみに，コーカソイド（白人），ネグロイド（黒人）は ALDH2 型を 100％持っている．ALDH2 型の活性が弱い人が飲酒すると顔が赤くなり，動悸が激しくなり，気持ち悪くなって嘔吐する（フラッシング反応）．これは体内に蓄積されたアセトアルデヒドの毒性の表れであり，アルコール耐性をつけたとしても改善できるものではない．日本人は ALDH2 型の働きが弱いものが多いことから，急性アルコール中毒になる確率が高い．

表 13-4　各国の1ドリンクに相当するアルコール量

国名	アルコール量（g）
アメリカ	14
オーストラリア	10
ニュージーランド	10
デンマーク	12
イギリス	8

2）基準飲酒量（ドリンク）

　飲酒量をアルコール量に換算して表示する方法が多くの国で用いられている．その基準となるのが「standard drink（基準飲酒量またはドリンク）」であり，各国で定められている（表 13-4）．日本では，従来，基準飲酒量として単位を使用してきた．1単位は日本酒1合，20 g のアルコール量に相当する．しかし，①基準飲酒量は飲酒の最小単位と捉えられることが多いこと，②1単位の飲酒はアルコール関連問題の予防には多すぎること，③世界と比較しても日本の単位は突出して高いこと，などを背景に，近年では，1ドリンク（10 g）という基準量が提案され，使用されている．

　基準飲酒量は，飲んだ真のアルコール量を把握できるため非常に便利である．1ドリンク，1単位に相当する酒の量を表 13-5 に示した．この量は飲んだアルコールの分解時間の推定などにも使うことができ，役に立つ．一般的に肝臓におけるアルコール代謝速度は，体重 1 kg あたり1時間に約 0.1～0.15 g といわれている．したがって，体重が 60 kg の成人であれば，1時間に 6～9 g のアルコールが代謝されることになる．アルコール含有量は以下の計算式により求めることができる．「酒量（mL）×［アルコール度数（％）/100］×アルコール比重 0.8」．たとえば，アルコール濃度が5％のビールの中びん1本（500 mL）飲んだ場合，アルコール含有量は，500×0.05×0.8＝20（g）となるので，3～4時間で代謝されることになる．これには個人差があるため，体質的にアルコールに弱い人や女性ではより長い時間がかかることもある．

表13-5 酒類の1ドリンク(アルコール含有量10g)量および1単位(同20g)量

種類（基準%）	ドリンク		単位	
	酒量量(mL)	だいたいの目安	酒量量(mL)	だいたいの目安
ビール・発泡酒・酎ハイ（5%）	250	中びん・ロング缶の半分	500	中びん・ロング缶の1本
濃いめのチューハイ（7%）	180	コップ1杯・350mL缶の半分	360	コップ2杯・350mL缶の1本
日本酒（15%）	80	0.5合	180	1合
焼酎（25%）	50	0.3合	100	0.6合
ウイスキー（40%）	30	シングル1杯	60	ダブル1杯
ワイン（12%）	100	ワイングラス1杯弱	200	ワイングラス2杯弱

3）健康への影響

適度な飲酒には，動脈硬化や虚血性心疾患の原因となる悪玉コレステロール（LDLコレステロール）を処理するために肝臓に運搬する善玉コレステロール（HDLコレステロール）を増加させる．アルコールに含まれるプロスタサイクリンが血小板の凝集を防ぎ，血液をサラサラにするなどの作用がある．

一方で，飲酒にかかわるさまざまな問題もある．アルコールは脳の働きを抑制する作用を有する．血中濃度の上昇とともに，①大脳新皮質，②小脳，③脳幹・延髄と抑制されていく．①の段階では，理性や知性の働きが抑制され，本能や感情の活動が活発になる．②では，運動を調節できずに，千鳥足になったり，転倒したりする．③の脳幹や延髄が抑制されると，意識障害を起こしたり，生命の危機に瀕することもある（表13-6）．

長期にわたる多量飲酒は，全身の器官でさまざまな健康障害を引き起こす（図13-6）．アルコール依存症は，酒がきれるとイライラしたり，リラックスできなかったり（精神的依存），酒をやめると手が震えたり，眠れなくなる禁断症状（身体的依存）が出現する．

このほか，未成年者のアルコール摂取は，発育・発達途上にある脳や生殖器に影響を及ぼしやすく，記憶力・判断力の低下，インポテンツなどの性機能障害などを起こす危険性がある．また，妊娠中の飲酒によって，胎盤を経由して胎児の体内にアルコールが届くことになる．飲酒していた母親から生まれた胎児に知能障害や発育障害，心臓の奇形などの症状がみられることがある（胎児性アルコール症候群）．これは少量の飲酒によっても認められた例もあり，注意が必要である．とくに，妊娠初期は「器官形成期」であるために，激しく細胞分裂を繰り返す．この時期のアルコール摂取の影響は大きいといわれる．

4）社会的な問題

アルコールは大脳新皮質の働きを抑制するため，理性が働かずに平常時とは異なる行為をおこすことがある．口論や暴力などにより人間関係を悪化させたり，重大な社会的ルール違反である飲酒運転を引き起こすことがある．

飲酒運転が原因で2006年8月に福岡県で幼児3人が死亡する事故が発生した．これを受け，2007年9月に飲酒運転に対する罰則が強化されるとともに，飲酒運転車両への同乗，酒類や車両の提供についても罰則が設けられた．

アルコール依存症の親がいる家庭で育ち，大人になった人々のことをアダルトチルドレン（Adult Children of Alcoholics：AC）という．最近では，アルコール依存

表13-6 アルコール血中濃度と酔いの状態

	血中濃度（％）	酒量	酔いの状態		脳への影響
爽快期	0.02～0.04	ビール中びん（～1本） 日本酒（～1合） ウイスキー・シングル（～2杯）	さわやかな気分になる 皮膚が赤くなる 陽気になる 判断力が少しにぶる	軽い酩酊	網様体が麻痺すると，理性をつかさどる大脳皮質の活動が低下し，抑えられていた大脳辺縁系（本能や感情をつかさどる）の活動が活発になる
ほろ酔い期	0.05～0.10	ビール中びん（1～2本） 日本酒（1～2合） ウイスキー・シングル（3杯）	ほろ酔い気分になる 手の動きが活発になる 抑制がとれる（理性が失われる） 体温が上がる 脈が速くなる		
酩酊初期	0.11～0.15	ビール中びん（3本） 日本酒（3合） ウイスキー・ダブル（3杯）	気が大きくなる 大声でがなりたてる 怒りっぽくなる 立てばふらつく		
酩酊期	0.16～0.30	ビール中びん（4～6本） 日本酒（4～6合） ウイスキー・ダブル（5杯）	千鳥足になる 何度も同じことをしゃべる 呼吸が速くなる 吐き気・おう吐がおこる	強い酩酊	小脳まで麻痺が広がると，運動失調（千鳥足）状態になる
泥酔期	0.31～0.40	ビール中びん（7～10本） 日本酒（7合～1升） ウイスキー・ボトル（1本）	まともに立てない 意識がはっきりしない 言語がめちゃめちゃになる	麻痺	海馬（記憶の中枢）が麻痺すると，今やっていること，起きていることを記憶できない（ブラックアウト）状態になる
昏睡期	0.41～0.50	ビール中びん（10本超） 日本酒（1升超） ウイスキー・ボトル（1本超）	ゆり動かしても起きない 大小便はたれ流しになる 呼吸はゆっくりと深い 死亡	死	麻痺が脳全体に広がると，呼吸中枢（延髄）も危ない状態となり，死にいたる

（社団法人アルコール健康医学協会HP「飲酒の基礎知識」より＜http://www.arukenkyo.or.jp/health/base/index.html＞）

症の家庭だけではなく，機能不全の家庭で育った人々のことをさす場合もある．たとえば，父親がアルコール依存症の場合，その影響は子どもに強くおよび，子どもは，周囲の期待に応えよう，自分を受け入れてもらうように振る舞おうとする．本来なら，子どもたちにとって安らぎの場となるはずの家庭が，反対に親の顔色をうかがって生活しなければいけないような窮屈な場になっていく．子どもは心に傷を負い，トラウマとして大人になったとき対人関係などに影響してくるといわれている．

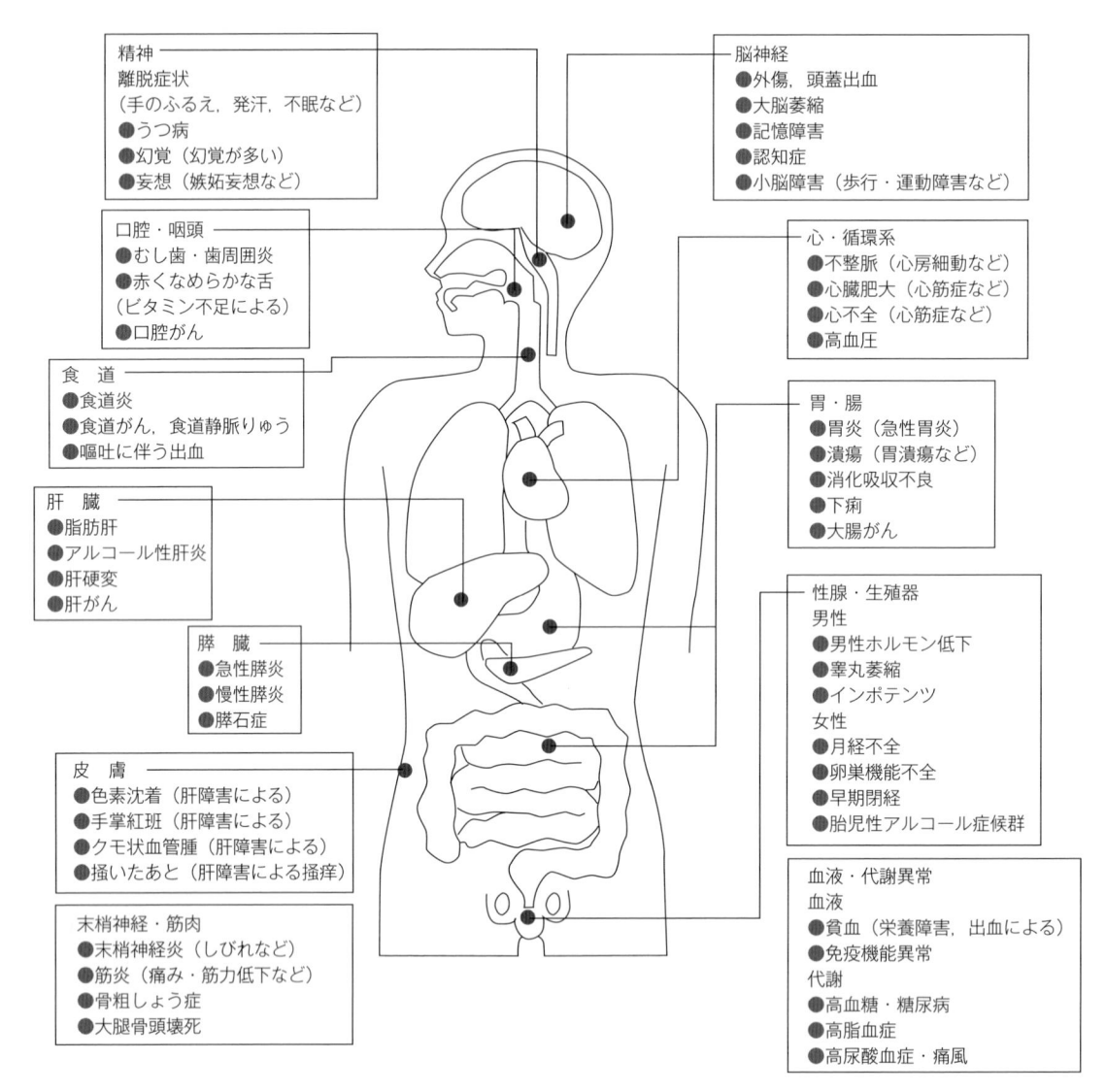

図13-6 長期にわたる多量飲酒が引き起こす病気
（文部科学省：健康な生活をおくるために．p14，文部科学省，2008）

精神
- 離脱症状（手のふるえ，発汗，不眠など）
- うつ病
- 幻覚（幻覚が多い）
- 妄想（嫉妬妄想など）

脳神経
- 外傷，頭蓋出血
- 大脳萎縮
- 記憶障害
- 認知症
- 小脳障害（歩行・運動障害など）

口腔・咽頭
- むし歯・歯周囲炎
- 赤くなめらかな舌（ビタミン不足による）
- 口腔がん

心・循環系
- 不整脈（心房細動など）
- 心臓肥大（心筋症など）
- 心不全（心筋症など）
- 高血圧

食道
- 食道炎
- 食道がん，食道静脈りゅう
- 嘔吐に伴う出血

胃・腸
- 胃炎（急性胃炎）
- 潰瘍（胃潰瘍など）
- 消化吸収不良
- 下痢
- 大腸がん

肝臓
- 脂肪肝
- アルコール性肝炎
- 肝硬変
- 肝がん

性腺・生殖器
男性
- 男性ホルモン低下
- 睾丸萎縮
- インポテンツ

女性
- 月経不全
- 卵巣機能不全
- 早期閉経
- 胎児性アルコール症候群

膵臓
- 急性膵炎
- 慢性膵炎
- 膵石症

皮膚
- 色素沈着（肝障害による）
- 手掌紅斑（肝障害による）
- クモ状血管腫（肝障害による）
- 掻いたあと（肝障害による掻痒）

血液・代謝異常
血液
- 貧血（栄養障害，出血による）
- 免疫機能異常

代謝
- 高血糖・糖尿病
- 高脂血症
- 高尿酸血症・痛風

末梢神経・筋肉
- 末梢神経炎（しびれなど）
- 筋炎（痛み・筋力低下など）
- 骨粗しょう症
- 大腿骨頭壊死

　場を盛り上げるために行われる「イッキ飲み」は血中アルコール濃度を急激に上昇させることになるので，行ってはならないし，強要してもいけない．アルコール薬物問題全国市民協会（ASK）は，飲酒の強要，イッキ飲みをさせる，意図的な酔いつぶし，飲めない人への配慮を欠くこと，酔った上での迷惑行為をアルコールハラスメントとして定義している．

　わが国の近年におけるアルコール関連問題として，妊婦の飲酒，キッチンドリンカー注3)，高齢者の飲酒などが生じてきている．アルコール関連問題には予防が重要であり，知識の普及や啓発などの対策が求められている．また，アルコール販売側の対策も重要であり，関係各方面で取り組んでいく姿勢が重要である．

注3）キッチンドリンカー：アルコール依存者のうち，主として家庭内で過度の飲酒をくり返す女性のことを指す．

4．性感染症

「性行為により感染する病気」を総称して性感染症といい，世界中でまん延している．日本では，10歳代，20歳代の若い世代での流行の拡がりがみられる．

1）性感染症とは

性感染症とは，主として性行為に伴う性的な接触が原因となって，直接ヒトからヒトへ，皮膚や粘膜を通して病原微生物（ウイルス，細菌，原虫など）が感染することによって生じる疾患の総称である．従来は性病（Venereal Diseases）と称していたが，性行為に伴って感染する新しい疾患が相次いで注目されるようになったことを背景に，1975年頃にはSTD（Sexually Transmitted Diseases）という概念が国際的に提唱されるようになった．日本でも1988年に性感染症学会が発足し，STDの日本語訳を「性感染症」と定めた．また，WHOは1998年に，状況・感染症（Infection）は必ずしも発病・病気（Disease）であることを意味しないので，STI（Sexually Transmitted Infection）という呼称を採用している．

日本で多くみられる性感染症は，性器クラミジア感染症，淋菌感染症，性器ヘルペスウイルス感染症，尖圭コンジローマであるが，その他にも梅毒，トリコモナス感染症，エイズ（後天性免疫不全症候群）などがある（図13-7）．

2）それぞれの病気の特徴

（1）性器クラミジア感染症

日本でも世界でももっとも多い性感染症であり，クラミジア トラコマチス（Chlamydia trachomatis）という細菌の感染により発症する．新生児は母親からの産道感染により感染し，結膜炎や肺炎を発症させることがある．男性では，排尿時に痛みがあったり，尿道から分泌物が出るなどの症状がある．女性は感染しても無症状のことが多く，パートナーや新生児に感染させることもある．放置すると男女ともに不妊症に至る可能性がある．

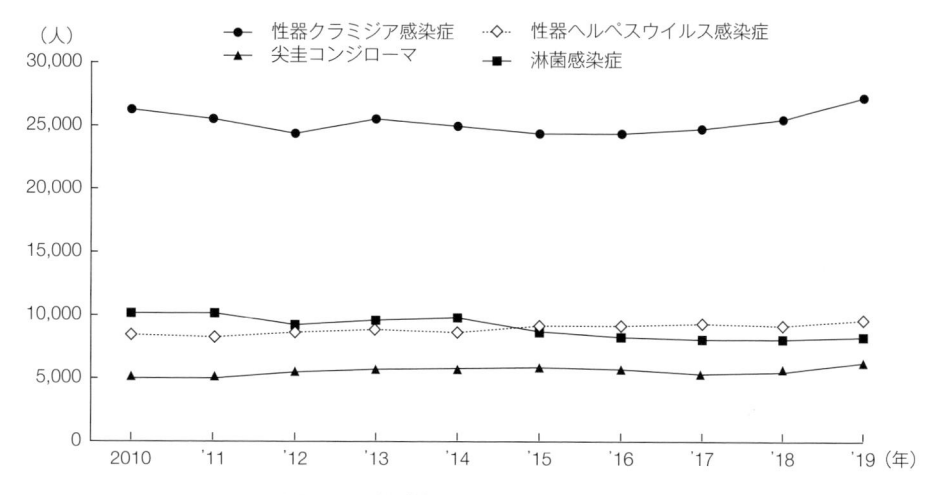

図13-7　性感染症の患者者数の年次推移
（国立感染症研究所「感染症発生動向調査」より＜ http://www.nih.go.jp/niid/ja/ ＞）

表 13-7　Safer Sex

No Sex：セックスしない
　多くの性感染症は，性行為により感染する．No Sexも予防のための大事な選択肢となる
Safe Sex：安全なセックス
　2人とも性感染症に感染していないことが確実で，お互いに他のセックスパートナーがいなければ，2人のセックスは安全である．信頼できるパートナーと1対1の関係を保ち続けることが大切
Safer Sex：より安全なセックス
　信頼できるパートナーが現れるまでNo Sexが理想であるが，そのような理想的状況が得られない場合，以下の点に注意し，リスクの低い性行為を心がける
　・パートナーを選ぶ（複数のパートナーを持つ人，売買春をする人などとは感染リスクが高い）
　・複数のパートナーを持たない
　・コンドームを適切に用いる

（2）性器ヘルペスウイルス感染症

　単純ヘルペスウイルス（Herpes Simplex Virus：HSV）の1型または2型の感染により発症する．母子感染もあり，母親が出産時に発症していると，新生児に致命的な感染を引き起こすことがある．罹患歴のある妊婦は，分娩方法について医師と相談する必要がある．初めて感染すると性器に水ぶくれや潰瘍ができるが，自然治癒する．初回感染で抗体ができるが，疲労や月経，性行為などで再発することがある．

（3）尖圭コンジローマ

　ヒト乳頭腫ウイルス（Human Papilloma Virus：HPV）の感染により発症し，性器周辺や肛門周囲などにイボ状の先の尖った小さい腫瘍ができる．一般的に自覚症状はないが，かゆみや痛みを伴うことがある．母子感染により，新生児に尖圭コンジローマや咽頭乳頭腫を発症させることがある．

（4）淋菌感染症

　性器クラミジア感染症の次に多い細菌性の性感染症で，淋菌の感染により発症する．男性では尿道から粘液や膿が出る．また，排尿時に痛みを伴うことが多い．放置すると精巣上体炎や不妊症に至ることもある．女性では，おりものが増え，尿道から膿が出るが，自覚症状がない場合も多い．進行すると子宮内膜炎や不妊症を引き起こすこともある．母子感染もあり，新生児が淋菌性結膜炎を起こし，失明に至ることもある．

（5）エイズ（後天性免疫不全症候群）

　ヒト免疫不全ウイルス（Human Immunodeficiency Virus：HIV）の感染により発症する病気である．初期は無症状で経過するが，免疫力低下症状が呈するようになると，発熱，下痢，倦怠感，体重減少などの症状が出てくる．進行するとニューモシスチス肺炎，HIV脳症，カポジ肉腫などの合併症が引き起こされる．

3）性感染症の予防

　生涯にわたり，性感染症の感染から身を守るためには，早くから予防に関する知識を身につけることと自分のからだを大切にする気持ちを持つことに加えて，Safer Sexの3つの行動（表13-7）が大切である．

　たとえば，ある男女がセックスをしたとする（性関係を持った人数＝2人）．それぞれの男女が過去に3人のセックスパートナーを持っていたと仮定すると3×2＝6（人），また，そのセックスパートナーがそれぞれ過去に3人とセックスを行っていたとすると3×2×3＝18（人），さらにそのセックスパートナーが…，2人の背景にはおどろくほど関係する人間がいる．パートナーの元カノ，元カレが性感染症にかかっていただけで，感染のリスクは十分にある．したがって，現在のパートナーとの間だけで感染が起きるわけではないことがわかる．

　性感染症の治療は早期発見，早期治療が原則であり，コンドームによる感染予防も有効であるが，口腔や咽頭，直腸などの性器以外の粘膜部位への感染もあるので注意が必要である．性感染症は，性行為によってうつし，うつされる感染症である．また，多くはいったん治癒したあとも，再び新たに感染することもあるので，パー

トナーと一緒に検査と治療を受け，相手にうつしあうピンポン感染を防止することが重要である．

まとめ

- 乱用される薬物のすべてが，精神的依存を有するが，身体的依存や耐性を起こすわけではない．
- 最近の薬物乱用は若年者にまで広がっており，その汚染スピードも速い．
- たばこの受動喫煙に対する取り組みとして，健康増進法や路上喫煙禁止条例などが制定されている．
- たばこによる生活習慣病のリスクについて「がん」以外の疾患はあまり認識されていない．
- アルコール分解能はアルデヒド脱水素酵素のタイプによって異なり，日本人の4割は分解能が弱い．
- 妊婦のアルコール摂取は生まれてくる子どもを胎児性アルコール症候群にするリスクが高い．
- 性感染症の予防には，正しい知識の獲得と Safer Sex の行動が重要である．
- 性感染症の治療は，口腔や咽頭，直腸などの性器以外の粘膜部位への感染もあり，注意が必要である．

レポート課題

1. 薬物依存の種類と特徴についてまとめよ．
2. たばこが健康に及ぼす影響についてまとめよ．
3. 飲酒が健康に及ぼす影響についてまとめよ．
4. 性感染症の予防についてまとめよ．

文　献

大学生の健康・スポーツ科学研究委員会編：大学生の健康・スポーツ科学三訂版．道和書院，2010．
茨城大学健康スポーツ教育専門部会編：健康スポーツの科学改訂版．大修館書店，2009．
石川哲也ほか編：薬物乱用防止の知識とその教育．薬事日報社，2000．
神戸大学大学院人間発達環境学研究科健康科学研究会編：基礎としての健康科学．大修館書店，2007．
厚生統計協会：国民衛生の動向 2010/2011．厚生統計協会，2010．
文部科学省：健康な生活をおくるために．文部科学省，2008．
佐藤祐造ほか編：テキスト健康科学．南江堂，2005．
白倉克之ほか編：アルコール・薬物関連障害の診断・治療ガイドライン．じほう，2002．
東海大学一般体育研究室編：健康・フィットネスと生涯スポーツ．大修館書店，2010．
東京都保健福祉局編：性感染症(STI)ってどんな病気？．東京都保健福祉局，2011．
和田　清：依存性薬物と乱用・依存・中毒−時代の狭間をみつめて−．星和書店，2000．

［石原　一成］

第14章 欲求，ストレスと疲労への対処法

A 理論

1．欲求と適応機制

われわれの健康は，心と身体の調和によって支えられている．しかし，さまざまな欲求やストレスが原因となり，これらの調和が乱れ，心身の健康が損なわれることがある．本章では，心の働きと健康のかかわりについて取りあげる．

1）心と大脳の働き

人間の心は，大脳の働きによってコントロールされている．大脳はいくつかの部位により構成されているが，心には**大脳辺縁系**と**大脳新皮質**の2つの領域が深くかかわっている．たとえば，食べたい，眠りたいなどの欲求は主として大脳辺縁系の働きにより生起する．また，これらの欲求や行動を理性や知性の働きによりコントロールするのは大脳新皮質による働きである．われわれ人間は何らかの欲求に従って行動するが，同時に自分の行動を確認したり修正したりして行動している．つまり，大脳辺縁系の働きと大脳新皮質の働きが相互に作用しながらバランスを保っている．心の健康にとって，この2つの脳領域のバランスを取りながら行動することが，非常に大切である．

2）人間の欲求

人間が生まれながらにしてもっている本能的な欲求で，個体の生命維持と生殖にかかわる根元的欲求のことを**一次的欲求**という．つまり，生きていく上で，なくてはならない基本的欲求である．一方，人間が成長し，社会生活を営む上で現れてくる欲求もある．たとえば，信頼できる友人を持ちたいなどの人間関係上の欲求，他人に認められたい，社会の中で活動したいという社会的欲求，さらに自分でしかできないことを達成したいなどの自我欲求もある．これらを**二次的欲求**という．このように人間はさまざまな欲求をもち，欲求も階層構造を成している（図14-1）．

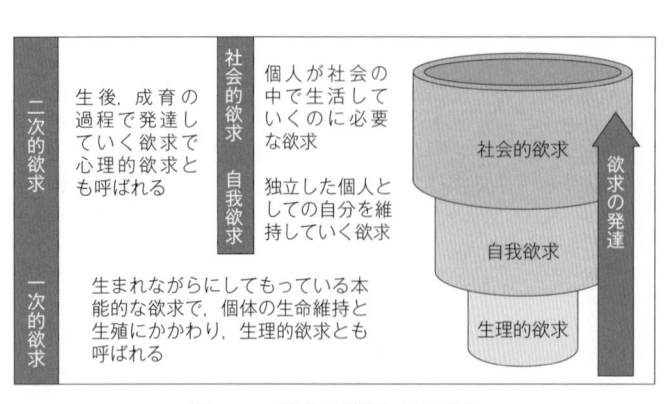

図14-1 欲求の種類とその発達
（加賀谷熈彦ほか編：新保健体育．p133，大修館書店，2003）

3）欲求不満に対する適応機制の働き

日常生活では，常に欲求が満たされるとは限らない．このように欲求が満たされない状態を欲求不満という．欲求不満は，不安や緊張，悩みなどの形で現れることが多い．そのような欲求不満の状態を緩和し，心の安定を保と

表 14-1 適応機制の例

1.	代　償	・事情があって好きな運動選手の試合を見に行きたいのに行けない人が，その運動選手のDVDを買って自らを慰めるように，ある欲求が満たされないとき，それと似通った別のものによって，一応の満足をはかろうとする機制である． ・代償の一種に「補償」と「昇華」がある． ・「補償」とは，肩を壊してプロ野球選手になれなかった人が，好きな野球の世界でトレーナー活動に情熱を燃やすように，自分の不得意な面を他の面で補おうとする機制である．「昇華」とは，高校生期の性的欲求のように，これをただちに実現することが認められないような欲求があるとき，これを学問・芸術・スポーツなどの社会的・文化的価値の高い活動に打ち込むことで代償させる機制である．
2.	同一化	・自分にない名声や権威に自分を近づけることによって，自らの価値を高めようとする機制である．たとえば，プロ選手の服装やしぐさを真似したり，有名人を知人であるかのように得意になって話したりすることをさす．
3.	合理化	・試合の成績が悪かったとき，自分の努力不足という本当の理由を棚に上げて，「あのときは体の調子がよくなかった」などと負け惜しみを言ったり，「コーチの教え方や気象条件が悪い」などと責任転嫁することがある．このように，一見もっともらしい理由をつけて，自分を正当化しようとする機制である．
4.	逃　避	・しなくてはならない部活動の練習があったのにさぼってしまってできず，次の部活動の練習へ行くのが苦痛で休んでしまうというように，直面している苦しくてつらい現実から逃れることによって，一時的な精神の安定を求める機制である．
5.	抑　圧	・ひそかに深い思いを寄せていた意中のチームに別の指名選手がいることを知ったとき，そのチームへの思いを努めて忘れようとするように，実現が困難な欲求や苦痛な体験などを心の中に押さえ込んでしまう機制である．
6.	退　行	・相手にやりこめられた場合などに，怒鳴り散らしたり泣いたりするなどの幼児的な行動をとることがある．このように，耐え難い事態に直面したとき，発達の未熟な段階に後戻りして，自分を守ろうとする機制である．
7.	攻　撃	・他人や物を傷つけたり規則を破ったりして，欲求不満を解消しようとする機制である．攻撃の仕方には，暴力や盗みなどのような直接的なものだけでなく，うわさ・皮肉・落書きなどのような間接的なものもある．

（宇土正彦ほか：新高等保健体育．pp106-107，大修館書店，1994より引用改変）

うとする働きを**適応機制**という．適応機制は，ある意味，心のホメオスタシスといえよう．たとえば，勝たなければならない試合において結果が出せずに負けたとする．そのことを「ケガが原因で十分な練習ができなかったので，試合に負けた」と考えて，自分を正当化するのは，**合理化**という適応機制のひとつである．この他にも，さまざまな日常生活における場面において，適応機制が働いている（表14-1）．これらのことから，われわれの日常生活においては，欲求のすべてが充足されているわけではなく，さまざまな適応機制をすることによって，ストレスから開放され，生活しているということに気づく．しかし，適応機制による心の安定をはかることは，一時的なものであり，常に効果的に作用するものではない．それは，単にその現状から回避しているにすぎず，その問題は本当に解決されていない場合が多い．

2．自己実現

1）自己実現と心の健康

「もっと上手になりたい」「オリンピックに出場したい」など，自分なりの目標を掲げてそれに近づこうとすることを**自己実現**という．つまり，自己実現とは，自分自身を高め，持っている能力を最大限に発揮したいという欲求であり，二次的欲求の中でも高次な欲求のひとつである．ただし，われわれの持っている能力は，一人ひとり異なる．また，能力の発揮の仕方，取り組み方などに個人差があり，一概に正しい方法というものは存在しない．つまり，目標に対してその能力を集中的に発揮する人もいれば，時間をかけて持続的に発揮する人もいる．また，極限の状態まで発揮する人もいれば，いつも余裕を持って対処する人もいる．様態はさまざまであれ，人間はその人なりに自己実現への過程を通して，自分らしさを形成していく．その過程の中で方法を工夫する喜び，充実感，達成感など，やり甲斐や生き甲斐を

表14-2　自己実現のために重要な事項

- 自分自身を客観的にみることができ，自分の好ましい面も好ましくない面もありのままに認め，受け入れることができること．
- 自分自身を信頼し，自分の性格や生き方にかかわるような大事な部分では，自分を偽ることなく尊厳を守ることができ，その選択に責任がとれること．
- 自分自身にとらわれすぎて，自己中心的にならないこと．
- 学業・仕事・趣味など，自分の人生に意味を見いだせるものに打ち込めること．

（宇土正彦ほか：新高等保健体育．p110，大修館書店，1994）

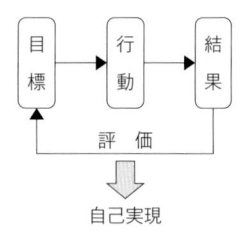

図14-2　自己実現の過程（宇土正彦ほか：新高等保健体育．p109，大修館書店，1994）

感じながら前向きに生活できれば心が健康であるといえる．注意しなければならないのは，自己実現は自己に関するものであり，決して他者との比較や競争ではないことを理解しておくことである（表14-2）．

2）自己実現を達成するための対処法

現在，もし自分が行っているスポーツ種目で自分の実力に応じた課題（テーマ）や目標を定めて練習しているとすれば，その達成（結果）が自己実現となる．社会には，スポーツ以外にも音楽活動で活躍する，小説を執筆するなど，自分の関心のあることに対して情熱を注いでいる人もいる．このような場合も，自分で設定した目標に少しでも近づいていくことができれば，自己実現の過程は成功しているといえる．スポーツや運動を定期的に続けていくには，「上手になりたい」「健康になりたい」など，運動実践の意義，自分なりの目標を持つことが大切である．つまり，目標の設定とは，自分が何をしようとするのかを明確にするもので動機づけに有効である．目標は，具体的，現実的で，一歩ずつ積み上げていくものがよいとされており，逆に容易に達成できる目標は動機づけを低下することが明らかにされている．自己実現の過程は，主として生涯を通して続くような長い道程である．よって，その過程の各段階で，目標，行動，結果を評価して，次の目標へとつなげて，自己実現を達成することが不可欠といえる．つまり，各到達点での自己評価が大切である（図14-2）．このサイクルが十分に機能することで，段階に応じた達成感や充実感，やり甲斐などが生まれる．また，その時点での課題や問題点なども明確になり，その後の具体的な達成目標も立てやすくなる．

また，自己実現のために大切なことは，他者への思いやりや社会性を重視し，常に自己満足の世界に陥ることがないように注意を払うことにある．つまり，自己実現の達成には，周囲の人々の自己実現への理解や尊重が不可欠である．各人が自分らしさを形成し，他者の個性を尊重し合う姿勢を大切にして，周囲の人々や社会との適切な関係を保ちながら，自己実現に向け努力することこそ真の心身ともに健康な生活が営まれるのである．

3．ストレスとは

科学の急速な発展は，人類に多大な恩恵を与えた一方，日々の生活はきわめてストレスの高いものとなっている．とくに時間に追われ，身の周りの状況も刻々と変化している現代社会では，さまざまな歪みが心身に大きな影響を及ぼしている．ここでは，心身の健康にとって非常に大きなストレスの問題について取り上げる．

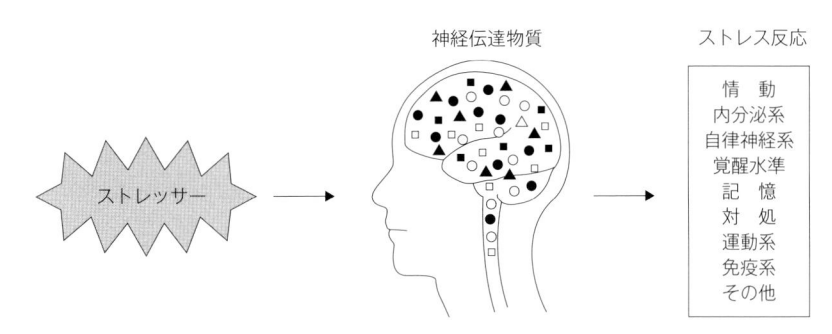

図14-3 ストレッサーとストレス反応
(竹宮 隆,下光輝一編:運動とストレス科学.p34,杏林書院,2003)

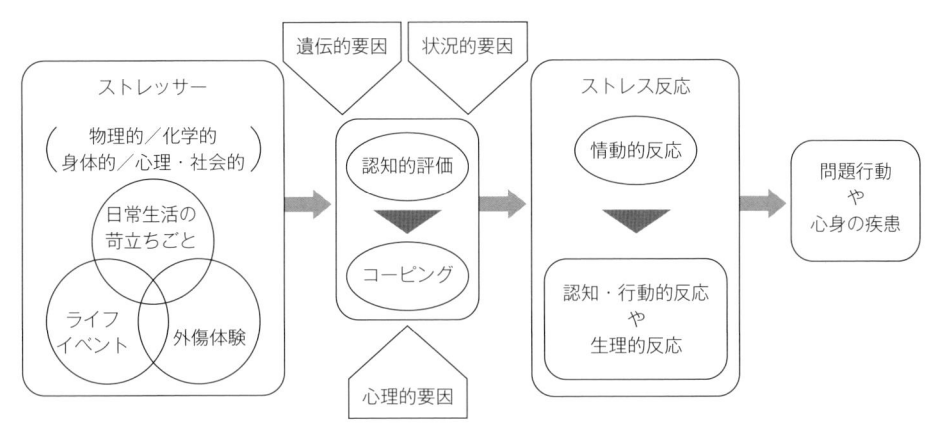

図14-4 ストレスのトランスアクショナル・モデル
(二木鋭雄編著:ストレスの科学と健康.p80,共立出版,2008)

1) ストレス

　　元来ストレスとは,外からの力(外力)に対するゆがみという物理的な意味で使われていたが,外力と生体の反応についても使われるようになった.ストレスとは,「何らかの刺激がからだに加えられた結果,からだが示したゆがみや変調のこと」をいう.そして,その原因となる刺激のことをストレッサーという(図14-3).たとえば,柔らかいソフトテニスボールを指で押すと,ボールはへこんだ状態になるが,このゆがみがストレスで,押さえた指がストレッサーである.医学領域におけるストレスの語は,1930年代のH. Selyeの学説による.彼はからだに何らかの障害が加わったとき,本質的に共通の反応が現れると考えた(汎適応症候群の概念).近年,心理学領域における研究が進み,LazarusとFolkmanはトランスアクショナルモデルを提唱している(図14-4).彼らは,個人のストレス応答が刺激に対する反応という単純な因果関係によらないことを強調した.このモデルによれば,ストレスはストレッサーに対する認知的評価とそれに基づくストレッサーへの対応(コーピング)という個人的要因を介して生じる.その他,遺伝的要因,ストレッサー負荷時の状況的要因や性格等の心理的要因も関与する.したがって,同じストレッサーであっても,ストレス反応の発現は人によって種々異なり,個人内でも状況により大きく異なる.

2）ストレッサーの分類

ヒトの日常生活におけるストレッサーは，①物理化学的ストレス（暑さ，寒さなど），②生物的ストレス（細菌，ウイルスなど）③生理的ストレス（過労，感染など），④社会的・心理的ストレス（人間関係，不満など），の4つに大きく分類される．これらは個人がストレスフルなものと認知する限り，あらゆるものがストレッサーとなる．この中でも現代社会において，大きな問題となっているものは社会的・心理的ストレスに位置づけられるライフイベント（日常生活のなかで体験されるさまざまな出来事）である．欧米や日本での調査結果によると，ストレス度がもっとも大きいのは**配偶者の死**である．身近な信頼できるパートナーを失うことは何よりも耐え難く，かつ精神的に与えるダメージはかなり大きいことが予想される．日本での調査結果によると，次いで離婚，子どもの非行，解雇，会社の倒産などが続く．その他，働き過ぎや家族の病気などの度重なる小さな緊張や自分は何をやってもダメだ，自分は何でもできるなどの自分で作り出すストレス（慢性的に毎日繰り返される，些細だが煩わしい苛立ちごと）もストレッサーになりうる．近年の研究では，ライフイベントよりもこのような日常生活の苛立ちごとの方が心身の健康に対して大きな影響力をもたらすといわれている．一方，個人的な成功や結婚などの望ましい出来事もそれまでの日常生活状況に大きな変化をもたらすという意味でストレッサーになりうる．大規模な自然災害，戦争や凶悪犯罪の被害などといった外傷的な体験は，ライフイベントや日常生活の苛立ちごととは異なり，生物的，社会的・心理的にみて破局的な出来事となり，甚大なストレッサーとなる．生命の危機にかかわる人災や大規模な自然災害などのストレッサーが外傷的な体験として認知されると，通常，急性のストレス反応が強く生じる．しかし，これらの事象が終結した後でも，感覚や感情の麻痺をきたしたり，恐怖や無力感を呈したり，反復的に苦痛を突然想起したりするようになる．このような状態を**外傷後ストレス障害（Posttraumatic Stress Disorder: PTSD）**という．欧米では，戦争からの帰還兵，日本では，1995年に発生したオウム真理教による地下鉄サリン事件と阪神淡路大震災後，大勢の被害者と被災者がこれらの後遺症に苦しむことでPTSDの治療と研究が進展した．2011年に発生した東北地方太平洋沖地震とそれに伴う津波は過去最大級で，大多数の被害者と被災者がPTSDのみならず前述したあらゆるストレッサーに苦しめられている．

3）ストレスに対する身体の反応

からだは外部環境が変化してもできるだけ内部環境を一定に保とうとする恒常性（ホメオスタシス）が作用する．心理的な恐怖や不安，不快感を脳が感じ取ると，これに抵抗して，からだを防衛するために，神経系，内分泌系，免疫系が密接に関連しあってからだを調節している．これら3つの系は，情報伝達の仕組みを共有して，総合的に生体調節系として働く．情報伝達因子には，ホルモン，サイトカイン（細胞から分泌され，情報伝達するタンパク），神経伝達物質などがある．心理的ストレスは，視覚，聴覚などの感覚系を介して中枢神経系に影響を及ぼす．そして，視床下部–下垂体–副腎皮質系あるいは自律神経系を介して免疫系に影響を及ぼす．ストレスに対する身体の反応として，心拍数の増加や血圧の上昇などの体内変化をもたらす（防衛体力，第3章参照，p.38）．神経系の中でからだの機能を調節している自律神経系の中枢は，脳の視床下部にある．視床下部は同時に内分泌系の中枢でもある．一方，内分泌系では視床下部，脳下垂体を介して**副腎皮質ホルモン**（ステ

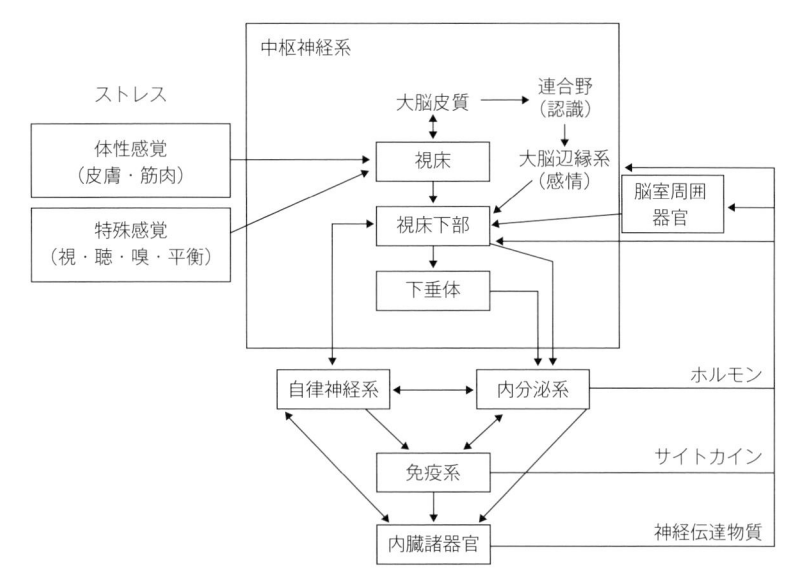

図14-5　ストレスと神経，内分泌，免疫系の相関
（二木鋭雄編著：ストレスの科学と健康．p66，共立出版，2008）

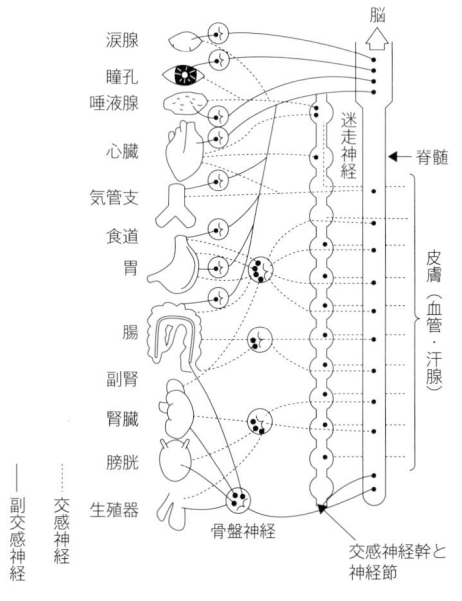

図14-6　自律神経系と臓器との関係
（津田謹輔：健康科学-知っておきたい予防医学-．p141，丸善，2003）

ロイドホルモン）が中心的役割を果たす．ストレス反応状態が長期間にわたって繰り返され，これらの系の対応能力を超えると適応できなくなる（図14-5）．食欲の低下，筋の緊張，疲労感，不眠，イライラ，憂うつなど，心身に兆候が出現し，さまざまな病気が生じる．自律神経は図14-6のようにからだのいろいろな臓器と関係が深く，ストレス疾患があらゆる臓器に起こる．

4）ストレス疾患（心身症）

日本心身医学会の新しい診療指針によると，心身症とは「身体疾患の中でその発症や経過に心理的・社会的因子が密接に関与し，器質的ないし機能的障害が認められる病態をいう．ただし，神経症やうつ病など，他の精神障害にともなう身体症状は除外する」と定義されている．日本心身医学会は心身症を表14-3のようにまとめている．1970年代までは，心身症といえば，胃潰瘍，気管支喘息，関節リウマチ，皮膚炎などの代表的な病態に限られていた．その後，がん，狭心症，糖尿病など，多くの疾患においても，その発症や経過に関してストレスの関与が証明されたことから，現在ではストレスがまったく関与しない病態は存在しないといえる．

代表的な例として胃潰瘍を取り上げる．過剰な仕事量をこなす人や人事異動などにより新しい環境で働くようになった人が胃潰瘍になり，病院を受診することが多くみられる．運動・スポーツ場面では，非常に緊迫した試合状況が続くと「胃が痛くなる試合だった」などとコメントする場合も多い．これらはストレス潰瘍といわれる．胃は自律神経やホルモンにより胃酸分泌が調節され，食べ物を消化するが，

表14-3 心身症の病名と種類

1. 循環器系……本態性高血圧症, 本態性低血圧症（低血圧症候群）, 神経性狭心症, 一部の不整脈, 心臓神経症
2. 呼吸器系……気管支喘息, 過呼吸症候群, 神経性咳嗽
3. 消化器系……消化性潰瘍, 潰瘍性大腸炎, 過敏性腸症候群, 神経性食欲不振症, 神経性嘔吐症, 腹部膨満症, 空気嚥下
4. 内分泌代謝系……肥満症, 糖尿病, 心因性多飲症, 甲状腺機能亢進症（バセドウ症）
5. 神経系……偏頭痛, 筋緊張性頭痛, 自律神経失調症[注1]
6. 泌尿器系……夜尿症, インポテンツ, 過敏性膀胱
7. 骨筋肉系……慢性関節リウマチ, 全身性筋痛症, 脊椎過敏症, 書痙, 痙性斜頚, 頚腕症候群, チック, 外傷性神経症
8. 皮膚系……神経性皮膚炎, 皮膚掻痒症, 円形脱毛症, 多汗症, 慢性蕁麻疹, 湿疹, 疣贅
9. 耳鼻咽喉科領域……メニエール症候群, 咽喉頭異物感症, 難聴, 耳鳴り, 乗り物酔い, 嗄声, 失声吃音
10. 眼科領域……原発性緑内障, 眼精疲労, 眼瞼痙攣, 眼ヒステリー
11. 産婦人科領域……月経困難症, 無月経, 月経異常, 機能性子宮出血, 更年期障害, 不感症, 不妊症
12. 小児科領域……起立性調節障害, 再発性臍疝痛, 心因性の発熱, 夜驚症
13. 手術前後の状態……腸管癒着症, ダンピング症候群, 頻回手術症（ポリサージャリー）, 形成手術後神経症
14. 口腔領域……突発性舌痛症, ある種の口内炎, 口臭症, 唾液分泌異常, 咬筋チック, 義歯神経症

※上記の疾患には心身症としての病態をもつものが多い.
（日本心身医学会教育研修委員会：心身医学の新しい診療指針. 心身医学, 31：537-576, 1991より引用改変）

それがストレスにより破綻を来した場合に潰瘍を誘発する.

　ストレスのない人生は, ないといっても過言ではない. 適度のストレスは, 人類の生活向上に役立つと考えられる. しかし, 現代社会はストレスが過度のものとなり, 前述したような実に多くの疾病につながっている. ストレスをどう受け止めるか, そしてどう対処するのかが今後重要な問題となろう. これには, 性格や心の持ち方が大きく関係している. また, 休養のあり方がストレス軽減に大きく影響を及ぼすと考えられる.

4．ストレスに対する対処行動の重要性

　ストレスという言葉はどちらかといえばマイナス的なイメージで捉えられることが多い. 果たしてストレスはすべて害になるのだろうか. 毎日の生活の中で, 周囲からの期待や脅威, 自分の欲求や感情にどのように対処すればストレスとうまく付き合うことができるかについて考える. ストレスは個人差が大きく, 個々人にとって常に自分をみつめ直すことが大切である.

1）最適ストレスの重要性

　われわれは, 仕事で問題が発生したとか, 遅刻したとかの自分の外部環境や内部環境から生じるさまざまな状況に対して, 前向きに行動する, あるいは気にせず無視するといった何らかの対処を行っている. このような事態は物事の大小にかかわらずストレスの原因になりうる. その中で, 実際のストレスになるのは, 個人の適応範囲を大きく越え, 不安や緊張を生じさせるものであったり, 個人の適応範囲を大きく下回り興味や関心が薄く退屈である気分にさせたりした場合にストレス反応を生じさせる. 一方, 個人の適応能力と釣り合いのとれたストレスは個人のやる気や意識を高揚させ, むしろ生活の活力剤となりうる. したがって, ストレスは必ず

注1）自律神経失調症：一般に種々の身体的自律神経性愁訴をもつが, これに見合うだけの器質的変化がなく, 原因も不明であり, 自律神経機能失調に基づく一連の症状をいう. 思春期から40歳代の間に好発し, 男性より女性に多い. 症状としては, 自覚的なものが多く, 頭痛, めまい, 疲労感, 不眠, 震え, 四肢冷感, 発汗異常, 動悸, 息切れ, 胸部圧迫感, 食欲不振, 胃部膨満感, 便秘, 下痢など多様である.

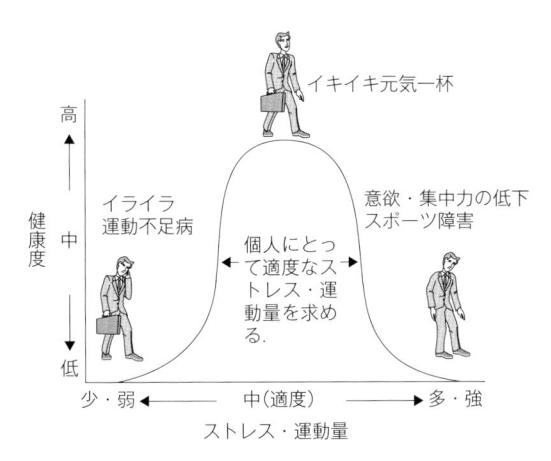

図14-7　健康度とストレス・運動量の関係
（九州大学健康科学センター編：新版 健康と運動の科学. p98, 大修館書店, 2001）

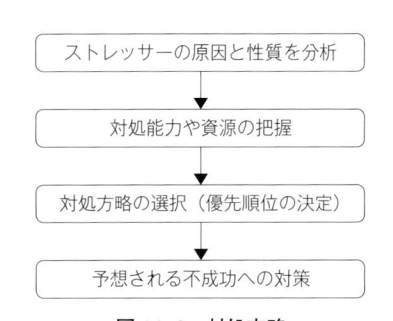

図14-8　対処方略
（九州大学健康科学センター編：新版 健康と運動の科学. p99, 大修館書店, 2001 より引用改変）

しも人に弊害をもたらすものではなく，適応能力によっては成長やその人の生活の向上にもつながる．健康度とストレスの関係をみると，ストレスが低い，もしくは少なすぎると目的や張りのないダラダラとした生活が続き，逆に過度のストレスにさらされると意欲・集中力の低下，悪化すれば健康障害が起こる．適度なストレスの場合は，意識・集中力が高まり，目的・目標に対して積極的に行動でき，心身ともに活力ある元気な状態を維持することができる（図14-7）．

2）最適ストレスにするための対処法

ストレス反応を軽減し，解消するための行動を**対処行動**という．ストレスへの対処（Stress Coping）は，どちらかといえばストレスの強弱よりは個々人にとって嫌悪的なストレス事態に対応することを目的とするものである．対処とは，あるものや情勢に対して，適当な処置をすることであり，ここではストレスに対する我慢，享受，無視などをさす．高い，あるいは低いストレスを最適にするよう制御する方法は3種類が考えられる．すなわち，ストレッサーを制御するか，自分自身を制御するか，あるいは両者を制御するかである．ストレスに対する対処の方略は図14-8のように4段階に分類でき，また，これらの方略は個人的対処と社会組織的対処に分類できる．これらの対処能力は，性差，年齢差，健康度，価値観などといった**個人特性**と自我の強さ，過去の経験，情報収集能力，あるいは友人・仲間の社会的サポートなどといった**資源管理能力**に影響する．

以上のことより，ストレス対処能力やスタイル，方法にはさまざまな違いはあるが，自分をよく見つめ直して適度なストレスとして受け止め，最適なストレスに制御することにより，積極的なライフスタイルを確立することができる．

5．ストレス解消法

ストレスを解消する方法は，大きく**問題焦点型対処**と**情動焦点型対処**の2種類がある．前者は，ストレスとなる問題を解決するための手段的な対処行動であり，認知的には「思い切って考え方を変えてみる」「問題解決の見通しなどの計画を立ててみる」といった対処がある．行動的には「そのための資料収集を行う」「問題解

決のために最大限努力する」などがある．後者は，ストレスによって生じる不安，緊張，恐れといった情動の変化を解消することが焦点となる対処行動であり，認知的には「心の状態を変えて身体の安定化をはかる」方法がある．行動的には「からだを適度に動かし，筋を弛緩させることによって，身体のリラックスをはかり，心を安定させる」方法がある．人間の心と身体には心身相関の原理があり，いずれのリラクセーション法を用いてもストレス解消には有効である．

1）思考を変える

意図したことをできないことや失敗することを恥じたり，恐れることなく，努力し続けること，自分にやれることを実行すること，物事は楽しんで行うことが大切であると考える．つまり，人間が元来有する強さやポジティブな感情によりストレスに対処する．最近の研究では，日常生活でポジティブな感情を多く自覚している人ほど実験的なストレス負荷後の脳・心臓血管系疾患のリスクとなる血中タンパク質の血液凝集素（フィブリノーゲン）上昇が少ないことが明らかにされている．また，目標を設定する場合，実現不可能な高い目標を設定しないことも重要である．

2）呼吸法

次のような方法で深く，ゆっくりと呼吸すると心が落ち着く．椅子に座ってお腹の上に両手をのせ，深い腹式呼吸をする．鼻から息を思い切り吸いながら，心の中で3秒間数える．吸い終わったら，息を止めて2秒間お腹の中に息をためる．15秒間かけて息を口から細くゆっくりと吐く．これを1セットとして，連続6セット繰り返す．ポイントは，息を吸うときに意識的に胸を張りだしてお腹を膨らませ，吐くときにはお腹をゆっくりとへこませるとよい．

3）自律訓練法

一種の自己暗示によって，心身の不調や変調を改善したり，不安が解消されて，精神が安定し，身体的にも快調となる．また，自分の状態について洞察を深め，潜在能力の発揮につながる．つまり，ストレスに負けない心身を作る療法である．椅子の上かベッドの上で楽な姿勢をとる．まず，腹式呼吸をしながら全身をゆるめる．方法は，ゆっくりとからだの力を抜いて，緊張を解く．腹式呼吸をしながら，目を閉じて，「気持ちがとても落ち着いている（安静練習）」と何度も自分に言い聞かせる．次に，手足に意識を集中させる．方法は，全身の力を抜き，まず利き手に意識を向ける．腕全体に意識を向け，「利き手が重たい，重たい（重感練習）」と心の中で繰り返す．次に反対の手に意識を移していく．同様に足にも暗示をかける．3つめとして，手足の温かさを感じる．方法は，利き手から「利き手が温かい，温かい（温感練習）」と心の中で繰り返す．次に，反対の手に同じように暗示をかける．足にも同じように暗示をかける．最後に，両手をふり，腕をゆっくりと曲げ伸ばし，次に大きく背伸びをして，息を吐く．けだるさがなくなったら終了する．

4）筋弛緩法

筋をリラックスさせれば大脳の興奮が抑制され，精神的な安静が得られて，ストレスが減るといわれている．これらを利用して，筋感覚によって筋の緊張を解き，精神的な安定をはかろうとする方法である．具体的には，こぶしと腕，顔面，頚，肩，胸部，腹部，背部，大腿部，足および全身の順に緊張と弛緩を繰り返すことにより，

リラックスの感じを習得する方法である．

5）イメージ法

　　心の中に広々とした風景や心が落ち着く風景といった鮮明な像を描く方法である．また，過去の成功体験や楽しい思い出をイメージしてリラックスしてもよい．

6）バイオフィードバック法

　　脳波，筋電図，皮膚温，心拍，血圧，呼吸，皮膚の電気抵抗などの生体情報を音信号や色・数字などに変換し，それを自己にフィードバックすることによって緊張や弛緩の状態を把握させる．そのときどきの音や色・数字などを手がかりにして，心身のコントロールをトレーニングする方法である．生体情報から筋の緊張や弛緩情報を客観的に評価する新しい方法である．

7）その他の方法

　　日常生活での運動・スポーツの実施，音楽・絵画鑑賞などの趣味的・文化的活動，コーヒーなどの嗜好品，花やハーブなどの天然精油によるアロマセラピー，入浴，睡眠，外食，旅行，ショッピングなどによっても心身をリラックスすることができる．

　　上記の事項を参考にストレスがたまらないことにこしたことはないが，もしストレスがたまって精神的にまいっている，職場あるいは学校での人間関係がうまくいかない，些細なことでイライラする，よく眠れない，家族が悩んでいる，気持ちの整理をしたい時には，各自治体や病院などで実施されている臨床心理士や精神科医を中心とした「ストレス相談」を利用するのも有効な方法のひとつである．

Ⓑ 実　践

6．運動・スポーツとストレス

　　定期的に実施する習慣的な運動はわれわれに精神的な安定感を与えてくれる．また，たとえ一過性の運動を行ったとしても適度なものであれば日頃の悩みや緊張感が軽減することを多くの人が経験しているといえよう．さらに，スポーツをしながら仲間とのコミュニケーションを交わすこともよい気分転換となる．このように，運動・スポーツの実施は，現代人の運動不足に起因する疾患の予防だけにとどまらず，現在では心理的な効果，すなわちストレスの軽減に効果的に作用することが期待されている．

1）不安・抑うつ気分への効果

　　不安とは，対象が明確でない漠然とした恐れのことをいう．抑うつとは，気分障害で抑うつ気分，焦燥感，悲哀感などが精神症状として現れるものである．長期的な運動を行うことによって不安が軽減すること，また，運動が抗うつ作用を与えることを確かめた研究は多い．運動は抗うつ薬と比較して副作用の危険性がきわめて少ないこと，低コストであることからも運動・スポーツの実施が不安・抑うつなどの感情障害治療に用いるメリットは高いと注目されている．

表14-4 ストレス軽減を目的とした運動処方の条件

- 有酸素性運動
- 競争しない運動
- 自己でペースを管理できる運動
- リズミカルな反復運動
- 規則的な頻度で実施できる運動
- 中程度の強度の運動
- 20～30分継続できる運動

（出村慎一ほか編：テキスト保健体育．p110，大修館書店，2002）

2）日常生活におけるストレスへの効果

日常生活において過度のストレスがかかった場合，体力の低い人は体力の高い人よりも病気に罹りやすいことが報告されている．つまり，運動・スポーツの実施による体力強化は，身体的な増強のみならず，日常生活において過度のストレスがかかった場合でも特異的に作用し，ストレスの影響を抑制する効果があることを意味している．

3）生理・心理的側面への効果

マラソンなどの長距離走を行っているときに気分が高揚すると（ランナーズハイ），血中に β エンドルフィンと呼ばれる麻薬に似た物質が増す．この物質には苦痛が軽減され，多幸感が増すといった抗ストレス作用があることが確かめられている．つまり，ランナーズハイを引き起こす運動・スポーツは生理学的側面へのストレス解消作用があると考えられる．

運動・スポーツには，神経症，うつ病，心身症などの精神的ストレスが原因となる病気を軽減させる効果がある．神経症については，運動・スポーツを実践した場合，不安や怒りが軽減し，気分が鎮静化することが報告されている．また，うつ病患者では脳内ホルモン（セロトニンやノルアドレナリン）が減少するが，身体活動によってこれらが増加することが明らかとなっている．これらのことから，運動・スポーツが心理的側面に対するストレス解消作用があることがわかる．

とくに，有酸素性運動，中でも全身持久的な運動・スポーツに生理・心理的側面への効果が認められる．

7．ストレス軽減を目的とした運動処方

運動・スポーツによるストレスからの回復や軽減にかかわるメカニズムを説明する場合には，恒常性に関する生理学的な反応効果と，迷走神経に支配される副交感神経で起こるストレス反応の抑制効果といった2つの要因が仮定されている．とくに，有酸素性作業能の増強は両者の要因を増強すると考えられている．

ストレスの軽減を目的として運動処方を行う場合，他者や自己との競争を行わないで自己のペースで管理できる，つまり，リラックスした気分でできる運動が推奨される．具体的には，中程度の強度で少なくとも20～30分の持続が可能で，仲間と楽しく会話を交わしながら時間の経過を気にせず行えるウォーキングのような有酸素性運動が推奨される（表14-4）．これらの運動方法の詳細は，第7章（p.125）を参照のこと．

8．疲労回復法

生体に対する刺激は，それがいかなる種類のものであっても多かれ少なかれストレスを引き起こすが，身体的ストレスと精神的ストレスのバランスをうまくとることで疲労回復も可能である．ここでは，疲労回復法について取り上げる．

1）疲労とは

　　疲労は日常生活において生起する現象であるが，その現象は多種多様であって，単一の現象として取り扱えず，不明な点も多い．疲労とは，「病気以外の原因によって精神的・身体的作業能力（心身機能）が一過性に低下した状態で，多くの場合に疲労感をともなう現象」と定義されている．つまり，疲労とは病的な状態ではないので，疲労回復には身体活動によるエネルギー消費を補う食事と同時に睡眠や休養をとることがポイントとなる．なお，原因不明の激しい疲労状態が続く慢性疲労症候群（Chronic Fatigue Syndrome: CFS）は回復しないのが特徴のひとつであり，病的な疲労に区別される．

2）疲労の原因

　　現時点で，疲労の原因として考えられている代表的な説は以下の3つがある．

（1）エネルギー源の枯渇説

　　筋作業や精神作業に必要なエネルギー源の消耗によって疲労は起こるという説である．筋を収縮させるためのエネルギー源はATP（アデノシン三リン酸）であるが，筋には少量しか蓄えられていない．それを補うエネルギー源として，筋や肝臓に蓄えられているグリコーゲンが利用され，血糖が低下する．さらに，活動を継続するとタンパク質がエネルギー源として使われるため，パフォーマンスが低下する．

（2）疲労物質の蓄積説

　　疲労を起こす特殊な物質が体内に蓄積されると疲労は起こるという説である．乳酸やピルビン酸（焦性ブドウ酸），クレアチンリン酸，二酸化炭素などの疲労物質が筋の収縮機構に影響するという説である．しかし，乳酸は代謝の過程で産出される物質にすぎず，酸素の供給が十分な状態では乳酸はグルコースに再合成され，エネルギーとして再利用されることが知られている．

（3）内部環境の失調説

　　生体の恒常性（ホメオスタシス）が維持されているところに，過度の精神的あるいは身体的刺激（ストレッサー）が加わると，適応の限界を超え，生体の維持・調節系のバランスが崩れ，疲労が起こるという説である．視床下部，下垂体，副腎皮質は，過度の運動や何らかの有害なストレッサーに反応し，抵抗性を示す．たとえば，スポーツや運動を高温・多湿下で行った場合，大量の発汗によって体水分やさまざまな代謝に働く電解質が著しく喪失し，疲労が生起しやすくなる．

3）疲労の評価法

　　労働者の疲労や身体的・精神的な疲労に関する評価の試みはこれまで多くなされてきた．前述した3つの原因によって生起する疲労の評価法には，**自覚症状調査**，**生理機能検査**（フリッカー検査，筋電図，脳波），**生化学検査**（ホルモン動態，アミノ酸代謝）などがあるが，客観的に疲労を評価する疲労バイオマーカーは未だ確立されていない．

　　近年では，社会環境の変化などにより，疲労は労働者だけでなく，子どもにおいても多く生起するようになり，疲労に対する考え方，捉え方が変化してきた．小林らの報告では，青年期の疲労の自覚症状を，「集中思考困難」「だるさ」「活力低下」「意欲低下」「ねむけ」「身体違和感」の6つに分類し，24項目から成る調査票を作成し，その調査票を用いて疲労を評価している（資料14-1）．

資料 14-1　青年用疲労自覚症状尺度

この調査はあなたたちの日常生活における心身の状態を把握することを目的としています．
調査内容はすべて数値に置き換えられますので，個人のプライバシーを侵害することはありません．
また，成績とはまったく関係ありません．
各質問項目では，ありのままを正確に自分のペースでまじめに記入してください．

健康調査

学生番号（必須）　　　　氏名（無記名可）　　　　　　男・女　　年　　歳
高校名　　　　　　　　　　　　　　検査日時　　月　　日　午前・午後　　時

次の項目について，朝起きてから現在まであなたの状態に，もっともよくあてはまると思われる番号に○印をつけてください．すべての質問に答えてください．

		まったくそうではない	そうではない	あまりそうではない	どちらでもない	ややそうである	そうである	非常にそうである
1	集中力がない	1	2	3	4	5	6	7
2	足がだるい	1	2	3	4	5	6	7
3	無口になっている	1	2	3	4	5	6	7
4	動くのが面倒である	1	2	3	4	5	6	7
5	あくびが出る	1	2	3	4	5	6	7
6	眼が疲れている	1	2	3	4	5	6	7
7	思考力が低下している	1	2	3	4	5	6	7
8	腕がだるい	1	2	3	4	5	6	7
9	話しをするのが嫌である	1	2	3	4	5	6	7
10	座りたい	1	2	3	4	5	6	7
11	ねむい	1	2	3	4	5	6	7
12	肩がこっている	1	2	3	4	5	6	7
13	考えがまとまらない	1	2	3	4	5	6	7
14	全身がだるい	1	2	3	4	5	6	7
15	元気がない	1	2	3	4	5	6	7
16	立っているのがつらい	1	2	3	4	5	6	7
17	気分転換がしたい	1	2	3	4	5	6	7
18	眼がしょぼしょぼしている	1	2	3	4	5	6	7
19	根気がなくなっている	1	2	3	4	5	6	7
20	体が重く感じる	1	2	3	4	5	6	7
21	ゆううつな気分がする	1	2	3	4	5	6	7
22	何もしたくない	1	2	3	4	5	6	7
23	横になりたい	1	2	3	4	5	6	7
24	首筋がはっている	1	2	3	4	5	6	7

次の4つの内容のうち，あてはまる内容を1つだけ選び○印をつけてください．

	けんたい感がなく平常の学校生活ができ，制限を受けることなく行動できる．
	通常の学校生活ができ，勉強も可能であるが，疲労感を感じることがしばしばある．
	通常の学校生活はでき，勉強も可能であるが，全身けんたい感のため，しばしば休息が必要である．
	全身けんたい感のため，月に数日は学校生活や勉強ができず，自宅にて休息が必要である．

（小林秀紹ほか：青年用疲労自覚症状尺度の作成．日本公衆衛生雑誌，47：638-646，2000）

4）運動と疲労の関係

疲労困憊の後で軽い運動を行ったとき（積極的休養）と安静にしているとき（消極的休養）の血中乳酸除去の様子を回復時間で分析した実験結果によると，歩行やジョギングなどの軽い運動を行う方が，安静状態のままでいるよりも乳酸除去のスピードが早いことが明らかにされている．つまり，疲労した後で軽い運動をすると，マッサージや入浴と同じように末梢循環の血行が促進され，疲労の回復が早まる．

疲労をまったく感じないような日常生活，すなわち消極的休養状態ばかりを続けていると，身体の諸機能は低下し，わずかな負荷でも疲れやすくなる．したがって，

身体諸機能を維持・向上するために，適度な疲労を伴う運動を実施することが必要となる．ただし，消極的休養は，体力のない人，中年を過ぎた人，病気の人に対してはとくに重要とされる．また，激しいトレーニングの後の消極的休養は，超回復を促し，筋力増強のためのもっとも効果的な手段となる．積極的休養はいくつかあげられるが，その柱となるのは運動・スポーツの実践である．運動と疲労の関係をまとめると以下のようになる．

① 筋疲労は運動負荷を伴い，運動による筋疲労は仕事量（パフォーマンス）の低下を生起する．
② 疲労は休息によって容易に回復し，元の元気な状態に戻る．
③ 疲労感を起こすことによって，オーバーワークにブレーキをかけ，病的状態にならないように事前に防止している．しかし，休息によって疲労が取れないと**慢性疲労**になる．
④ 「運動，疲労，休養，疲労回復」を繰り返すトレーニングは，体力増強と疲労が起こるまでの運動量（**余裕力**あるいは**予備力**）を増加させる．トレーニングは身体を一時的に疲労させた後，休息によって完全に回復することにより体力や運動能力を元の状態よりも高い水準，すなわち**超回復**（第5章参照，p.94）させることを目的とする．トレーニングでは疲労を恐れては十分な効果を得ることはできないが，個人の疲労度やコンディショニングに注意しながらオーバートレーニングとならないよう十分に配慮する必要がある．オーバートレーニングの生化学的指標としては，総テストステロン濃度の減少，テストステロンとコルチゾル比の減少，遊離テストステロンとコルチゾル比の減少などがある．

運動を疲労回復にあてる場合のポイントは，仕事や学業から離れて運動を楽しむことが大切である．自分は運動しているということを意識し，からだを動かしているということを感じながら汗を流す時間を作ることが望ましい．運動不足状態にある人は，はじめは1日のうちわずか15分程度でもよいからはじめるとよい．朝，起きたときに軽く体操したり，風呂上がりにヨガやストレッチを行うのもよい．早朝や夕方に犬を散歩させるのも立派な運動となる．15分というのは1日のわずか1/100であり，それを運動に割くのは決して不可能なことではない．それを365日続けることが運動を生活の中に取り入れる大切なポイントである．

表14-5　積極的休養法

- 7～8時間の睡眠時間を確保する
- 好きな音楽を聴いて，リラックスする
- ゆっくり入浴したり，熱いシャワーで刺激する
- 香りを活かしたアロマテラピー
- ゆっくりと深呼吸する
- 早起きして散歩する
- 夜空の星や夜景を鑑賞する
- 好きな本を読む日を設定する
- ペットと遊ぶ時間を確保する
- 観葉植物や草花を育てるガーデニング
- 海中散歩のダイビング
- お茶やコーヒーなどの嗜好品を楽しむ

（竹宮　隆・下光輝一編：運動とストレス科学．p299．杏林書院，2003より引用改変）

5）ライフスタイルの見直し

ストレスに対する適応力しだいで，ストレスは有害にも，活力にもなる．要は，ストレス刺激をよい方向に受け止め，生きるエネルギーにすることが大切である．そのための前提となるのは，活力ある人生を送る上で「1日24時間をどう過ごすか，過ごしているか」を見直すことが重要である．とくに，毎日の生活の中に，運動，労働（学業），睡眠，休養，食事の5つの要素をバランスよく取り込むことが大切である．中でも休養，運動，食事を24時間の中にどのように取り入れるかが，ストレスを緩和し，健康的なライフスタイルを築く上で重要である．ストレスや疲労を緩和する積極的休養は，気分転換に大きな効用がある．運動以外の積極的休養法には表14-5のようなさまざまな

ものがある．自分に合った積極的休養法をいくつか備え，ストレスや疲労への対処法を身につけておくことが重要である．

6）エネルギー源の補給

筋グリコーゲンの低下あるいは**血糖値**が減少すると疲労度は高まる．回復には高糖質食物の摂取が効果的である．筋グリコーゲンの回復はもっとも速やかに行われる．脂質とタンパク質だけの食事では，筋グリコーゲンの回復はきわめて不十分である．

7）睡眠と休養

最良の休養方法は**睡眠**であり，7～8時間の睡眠が必要とされる．夏は疲労しやすく，昼寝も効果的な疲労回復法である．一般に，睡眠のリズムは90分サイクルといわれている．覚醒状態から徐々に熟睡状態に入り，40～50分で眠りはもっとも深くなり，次いで少しの刺激で目覚める浅い眠りの状態が20分ほど現れる．覚醒状態に近づくに連れてこのサイクルの睡眠深達度は浅くなる．睡眠中に数回出現する眠りの浅い状態を**レム睡眠**（Rapid Eye Movement : REM）といい，眼球筋の筋電図を調べると，眼は閉じていても，瞼の下で眼球が活発に動いている（夢をみるのはレム睡眠時といわれている）．それ以外の部分を**ノンレム睡眠**といい，深いノンレム睡眠期では少々の刺激では目覚めない．したがって，ノンレム期に無理に起こすと睡眠が妨害され，強い疲労感が残り，目覚めの悪い状態になる．逆に，レム睡眠時に起こされる場合は，目覚めのよい状態で起きることが可能である．仕事や学業による疲労の対策として，合間に**休養**を十分取ることが重要である．

8）音楽鑑賞，入浴・マッサージ

好きな音楽や思い出に残る音楽を聴くことによりイライラを鎮め，気持ちを明るくさせることも大切である．休憩時にリラックスできる音楽をゆっくりと聴くことは効果がある．集中力を高めたり，安眠を誘うなど，好みや目的に合わせた**音楽鑑賞**で楽しむとよい．

入浴やマッサージは，身体に対する直接的効果とともに，心理的効果も期待できる．入浴によって温熱刺激が加わり，またマッサージによって物理的刺激が加わり，血行動態を促進させて疲労物質を除去し，筋の緊張を和らげる効果がある．

10）アロマテラピーやその他の五感を刺激する趣味活動

アロマテラピーは，好みに応じた香りを嗅ぐことで，心身のリラックス効果と同時に，免疫機能を整える働きもある．入浴やマッサージ時に使用する入浴剤やマッサージオイルの香りでも楽しめる．ハーブは，神経を刺激してリフレッシュ効果があり，老化防止にもなる．

お茶や料理を楽しむことやガーデニングで香りや色彩を楽しみながら育てるのもよい．夜景や観葉植物の鑑賞や読書に浸るのもよい．

その他，いろいろな方法があるが，大切なことはさまざまな対処法を経験しながら，自分にあった方法をみつけ，それを利用して楽しむことである．日々のストレス解消によりうまく気分転換を図ることが何よりも重要である．

9. アレルギーとストレス

　アレルギーとは，生体に不利な免疫反応を意味する言葉として，1906年 von Pirquet により提唱された．代表的なものに，アレルギー性鼻炎，気管支喘息，じんま疹，抗生物質によるショック症状などがある．各種ストレスでアレルギーの病態が悪化すること，あるいは抗体産生に必須であるヘルパーT細胞が末梢血で増加することを考えると，多大なトレーニングと肉体的・精神的ストレスを伴う競技スポーツは，アレルギーに不利な結果を招く可能性があると考えられている．

> ★コラム「ストレスによる免疫力低下から回復するには運動と笑顔?」
> 　免疫力が低下したときに生じる身体の自覚症状としては，疲れやすい，口内炎がよくできる，風邪をひきやすい，よく下痢をする，ニキビやケガが治りにくいなどがある．いずれの症状が現れても，防衛体力である免疫力の低下を疑う必要がある．健康に欠くことができない免疫力は，体に害を与える細菌やウイルスなどの侵入を防ぎ，さまざまな病気から体を守る，病気になったときに元通りの健康な体に戻すといった働きがある．免疫の働きを左右する一番の要因は年齢で，20歳前後をピークに，徐々に免疫力が低下し，45歳頃になるとピーク時の1/3程になるといわれている．また，日頃の生活環境も大きく影響し，中でも過度のストレスや疲労，食生活の乱れ，睡眠・運動不足などの慢性化によって免疫力が低下しやすい．免疫力を高めるためには，運動，睡眠，ストレスをためないなど，日頃からの生活態度が重要である．また，笑うことによって脳が刺激され，全身に免疫機能活性化ホルモンが分泌される．さらに，α波が出てリラックス効果が得られる上，人間関係も円滑になるのでストレス解消にもつながる．運動によって筋量の多い下半身を動かすことで，脳を刺激して活性化させることに加え，笑いを絶やさないことが免疫力強化には重要なようである．

まとめ

- 心には大脳辺縁系と大脳新皮質の2つの領域が深くかかわっている．
- 人間はさまざまな欲求をもち，欲求も階層構造を成している．
- 欲求不満の状態を緩和し，心の安定を保とうとする働きを適応機制という．人間は，さまざまな適応機制をすることによって，ストレスから開放され，生活している．
- 自分なりの目標を掲げてそれに近づこうとすることを自己実現という．
- 心身ともに健康な生活を営むためには，各人が自分らしさを形成し，他者の個性を尊重し合う姿勢を大切にして，周囲の人々や社会との適切な関係を保ちながら，自己実現に向け努力することが肝要である．
- ストレスとは，何らかの刺激がからだに加えられた結果，からだが示したゆがみや変調のことをいう．
- ストレスはストレッサーに対する認知的評価とそれに基づくストレッサーへの対応（コーピング）という個人的要因を介して生じる．
- ストレスを感じるとからだを防衛するために，神経系，内分泌系，免疫系が密接に関連しあってからだを調節する．とくに自律神経系の働きが重要である．
- 適度なストレスは，意識・集中力を高め，目的・目標に対して積極的に行動でき，心身ともに活力ある元気な状態を維持することができる．
- ストレス反応を軽減し，解消するための行動を対処行動という．
- ストレス解消法は，大きく問題焦点型対処と情動焦点型対処の2種類がある．

- 運動・スポーツの実施は，心理的な効果，すなわちストレスの軽減に効果的に作用する．
- ストレスの軽減を目的として運動処方を行う場合，有酸素性運動が推奨される．
- ストレスを緩和し，健康的なライフスタイルを築く上で休養，運動，食事を24時間の中にどのように取り入れるかが重要である．
- 疲労とは，病気以外の原因によって作業能力が一過性に低下した状態で，多くの場合に疲労感を伴う現象と定義される．
- 疲労の原因は，エネルギー源の枯渇，疲労物質の蓄積，内部環境の失調という3つの説が考えられる．
- 運動を疲労回復にあてる場合のポイントは，仕事や学業から離れて運動を楽しむことが大切であり，最低でも1日15分程度は確保する．
- 積極的な疲労回復法はさまざまな種類があるが，自分に合った方法を身につけ，気分転換を図ることが重要である．

レポート課題

1. 心と大脳の働きについて，整理せよ．
2. 欲求不満に対する適応機制の働きについて，整理せよ．
3. 自己実現を達成するための対処法にはどのような方法があるのか，整理せよ．
4. ストレスはどのようにして生じるのか，説明せよ．
5. ストレスからどのような健康障害が生起するのか，説明せよ．
6. 最適ストレスとは何か，説明せよ．
7. ストレス解消法にはどのような方法があるのか，整理せよ．
8. 疲労とは何か，また，その原因は何か，説明せよ．
9. 運動と疲労の関係について，整理せよ．
10. 積極的疲労回復法とは何か，また，代表的なものを3つあげよ．

文献

出村慎一ほか編：テキスト保健体育．大修館書店，2002．
加賀谷凞彦ほか編：新保健体育．大修館書店，2003．
小林秀紹ほか：青年用疲労自覚症状尺度の作成．日本公衆衛生雑誌，47: 638-646, 2000．
九州大学健康科学センター編：新版 健康と運動の科学．大修館書店，2001．
Lazarus RS & Folkman S: Stress, Appraisal, and Coping, Springer. 1984.（本明 寛，春木 豊，織田正美監訳：ストレスの心理学．実務教育出版，1991．）
日本心身医学会教育研修委員会：心身医学の新しい診療指針．心身医学，31：537-576, 1991．
二木鋭雄編著：ストレスの科学と健康．共立出版，2008．
竹宮 隆，下光輝一編：運動とストレス科学．杏林書院，2003．
津田謹輔：健康科学−知っておきたい予防医学−．丸善，2003．
宇土正彦ほか：新高等保健体育．大修館書店，1994．

［長澤 吉則］

第15章 地域とスポーツのかかわり

Ⓐ 理　論

1．地域におけるスポーツの意義と発展

　　　　　　　ヨーロッパでは，どの町にもスポーツクラブやレジャーセンターがあり，平日の昼間は，女性（専業主婦）やシニア世代の人々が集い，またお昼を過ぎると学校帰りの子どもたちが集まる．夜には，会社帰りの大人が集いスポーツを楽しんでいる光景がよく見られる．週末になると各種のスポーツ大会やイベントが開催され，町全体がスポーツクラブを中心にして地域のコミュニティを形成している．日本でも，地域におけるスポーツは，運動不足の解消のほかに，お互いがコミュニケーションを取り合う機会として，また，運動会などのイベントを開催することによって，住民が一体となって活動することにより団結力を深め，地域の連帯感を生み出すきっかけづくりとして利用されている．また，子どものスポーツ大会でも，親同士が協力し合って応援したり，そこで知り合った仲間で新たなイベント活動を企画・運営することを通して結束を強める役割も果たしてきた．
　　　　　　　近年では，地元プロチームを設立し地域のスポーツ活動を活性化したり，地域と学校との連携や融合を意図した取り組みも多くの地域で行われるようになっている．たとえば，行政や地域住民が公共スポーツ施設や学校開放施設を拠点とするスポーツ活動を推進したり，総合型地域スポーツクラブの設立など，地域におけるスポーツの組織化がはかられている．

2．地域とプロスポーツの連携

　　　　　　　地域密着を掲げさまざまな地域貢献活動を展開するプロスポーツチームの存在は地元を活性化させるうえで貴重な資源であり，プロスポーツチームと行政，住民等が地域づくりのパートナーとして連携することで地域にさまざまな効果をもたらしている．

1）地元企業スポーツチームの廃部と地元プロスポーツチームの誕生

　　　　　　　日本ではアマチュア・プロを問わずほとんどのスポーツ選手は，企業が抱えるスポーツクラブに所属している，あるいは，企業と契約を結んでスポーツ活動を実施しているケースがほとんどである．
　　　　　　　1つの企業がチームを抱えている場合，運動部の活動は，企業の都合が優先されることが多く，その企業の経営悪化や，企業の利益になるか否か（宣伝になるかどうか）と密接に関係する場合が多い．近年，とくにその傾向が顕著に表れており，不況に伴う企業経営の圧迫から，経費削減という理由で運動部を廃部にするケースが相次いでいる．
　　　　　　　このような企業スポーツの問題点を改善する，あるいは，廃部によって放出され

た現役選手の活動場所を確保するために地元プロスポーツが一役を担っている．地元プロスポーツとは，それぞれの地域にスポーツクラブチームを作り，それを地元企業，地元自治体，地元住民がみんなで支えるシステムである．さらに，地元プロスポーツの経営は商売目的ではなく，自治体に近い概念である．多くの企業や自治体が支えることにより，いくつかのメリットが生じる．まず，リスク回避の機能を持つことである．一企業が支える場合，その企業の経営悪化や，不祥事が発生した場合，チーム経営にダメージが直撃する．しかし，地元プロスポーツのように複数企業に支えられるなら，そういう危機が分散できる．当然，チームが遠くの都市へ売却されるということもない．また，多くの企業が地元住民に支えられているので，それら多くの人に利益になることが優先される．

しかしながら，地元プロスポーツの経営が現実的に実施されるにはさまざまな問題が山積みである．資金の問題は当然のこと，選手・指導者，練習場所の確保，地域住民や企業の理解・協力などである．実際，ある程度の活動が成り立つまでには，税金の投入など，国や自治体からの支援も必要になるであろう．

2）地元プロスポーツの実例（新潟県を例に）

新潟県では，スポーツを通じて地域に活力を，県民に夢と感動を与えることのできる，プロスポーツに代表される「みるスポーツ」を推進している．また，プロスポーツと連携したスポーツ施策も行っている（図15–1）．

①アルビレックス新潟：2003年にJ1昇格
②新潟アルビレックスBB：bjリーグに参戦中
③新潟アルビレックス・ベースボール・クラブ：BCリーグに参戦中
④チームアルビレックス新潟：スキー・スノーボードのトップアスリートチーム

その他にも，アルビレックスチアリーダースや，アルビレックスランニングクラ

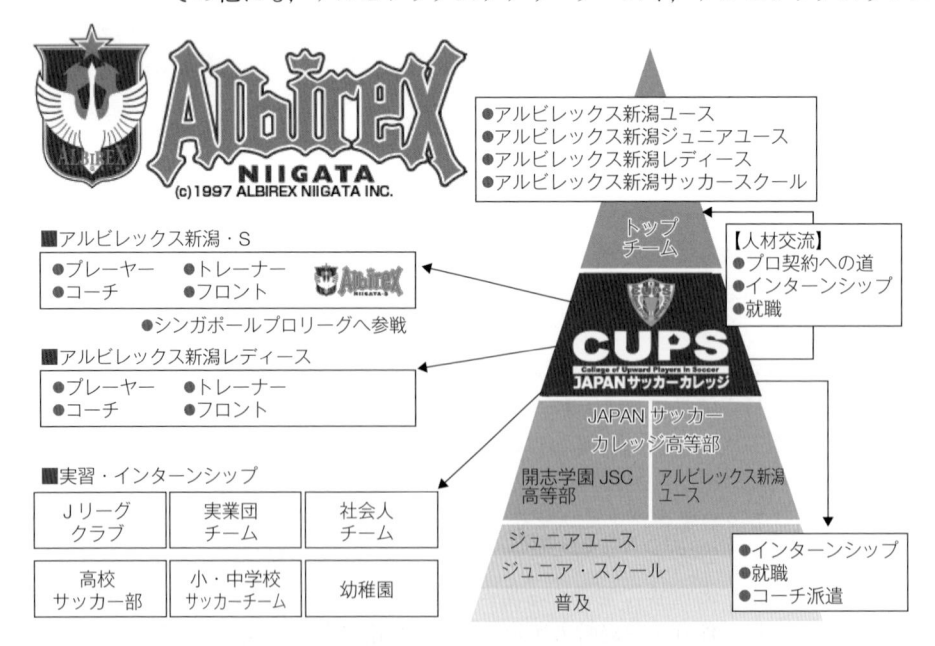

図15-1　地元プロスポーツの組織図（新潟アルビレックス）
（JAPANサッカーカレッジHPより＜ http://www.cupsnet.com/pro_albirex.html ＞）

ブなど，多岐にわたるチームが存在する．アルビレックスの経営の基本的理念は，これまでのプロスポーツに多くありがちであった，大手一社によるスポンサー制度ではなく，地域に密着した広くて薄い支援の輪を広げていく形態でのスポンサー制度である．各種目のチームの活動は，それぞれが株式会社のように独立採算の上に実行され，地域住民のボランティアや地元企業，後援会などの融資・協力によって経営が成り立っている．さらに，ベースボールクラブで行われているように，シーズンオフ時の就業斡旋を行うキャリアサポーター制度の構築など，選手たちの収入面と地域共生の場所の提供という両面から基盤の確立を図っている．

アルビレックスの最終目標は，ヨーロッパにみられるような，市民が資金を出し合って経営されているクラブ組織のスポーツ形態，いわゆる総合型地域スポーツクラブの上に成り立つプロチームである．日本のように企業スポーツがメインだった土壌に総合型地域スポーツクラブを定着させるのは非常に難題であるが，アルビレックスのような地元スポーツクラブの経営が成功すれば，地域のスポーツクラブを市民自らが支え，経営し，ゆくゆくはスター選手を輩出，あるいは町おこしの拠点としていくことで地元活性化の起爆剤になることが期待されている．そのためには，最大の問題である運営資金の問題をクリアしていく必要があり，地域住民や企業からの協力体制を得るための経営努力が不可欠である．

3）地域独立リーグの役割（野球を例に）

地域独立リーグの役割には，大きく分けて2つある．ひとつは，野球界の底辺拡大と選手の育成であり，もうひとつは，地域の活性化と地域貢献，地域における人材育成である．学校における部活動が中心となってスポーツ活動が行われてきた背景をもつ日本社会では，高校，あるいは大学を卒業後，スポーツを継続する環境が乏しく，多くの若い選手がその後の活躍の機会を失ってきた．プロ野球，あるいは社会人野球チームに入るまでの若年選手の育成期間として地域独立リーグが担う役割は大きい．また，地元にプロチームを持つことは，地域住民・企業が一丸となって応援するだけでなく，施設の整備充実や関連グッズ販売，観戦者の往来の発生など，さまざまな経済効果をも生み出すきっかけとなることが期待されている．

また，選手たちが地元の子どもたちに野球教室を開催したり，講演会を開いたりすることで，プロスポーツを身近に体験してもらうイベントもいろいろと開催されている．これらのイベントの開催は，将来の野球界を担う新たな人材を育成するきっかけとなっている．

3．総合型地域スポーツクラブとは

総合型地域スポーツクラブは，1995年に国が提唱し，2010年までに，全国の各市町村に少なくともひとつは総合型地域スポーツクラブを育成すること，および総合型地域スポーツクラブの運営や活動を支援する広域スポーツセンターを各都道府県に少なくともひとつは育成することが目標として示された．この基本計画の政策目標は以下の2つである．

①生涯スポーツ社会の実現．
②「成人の週1回以上のスポーツ実施率が2人に1人になる」ことを目指す．

実際に，2010年には全国で2,768のクラブが活動し，わが国の地域スポーツの中核を担うものに成長しつつある．

「総合型」とは，種目，世代や年齢，技術レベルなどの3つ以上の多様性を含んでいることを意味し，総合型地域スポーツクラブは以下のような特徴を有している．
　①単一のスポーツ種目だけでなく，複数の種目が用意されている．
　②地域住民の誰もが集い，それぞれが，年齢，興味・関心，体力，技能レベルなどに応じて活動できる．
　③活動拠点となるスポーツ施設を持ち，定期的・継続的にスポーツ活動ができる．
　④質の高い指導者がいて，個々のスポーツニーズに応じた指導が行われる．
　⑤スポーツ活動だけでなく，文化的活動も準備されている．

　総合型地域スポーツクラブの主役は「地域」の住民であり，「地域」住民が各地域でそれぞれ育み，発展させていくのが総合型地域スポーツクラブである．ここでの「地域」とは，一般的に拠点となる施設を中心として，会員が自転車などで無理なく日常的に集うことのできる範囲と考えられている．

　総合型地域スポーツクラブとは，誰もが行いたいスポーツを自由に選択できるとともに，各種のイベントなど，いろいろな形で楽しむことのできる身近な場である．言い換えると，内輪で楽しむ「私益」ではなく，地域住民に開かれた「公益」を目指した，経営意識を有する非営利的な組織である．総合型地域スポーツクラブは，地域住民が運営委員会を組織してクラブの運営を行う．それに対して，市町村教育委員会や市町村の体育協会が施設や指導者の派遣など，協力・支援して活動を展開する．総合型地域スポーツクラブを作るためには，スポーツを行うための施設用具はもちろん，そこに集まった地域の人々が交流するクラブハウスや指導者が必要である．総合型地域スポーツクラブは，スポーツを通じて仲間同士集まっていろいろな話をするという，人々の交流機能も有している．文部科学省では総合型地域スポーツクラブの概要を図15-2のように説明している．

　クラブ育成には，自主的な運営，自主財源を主とする運営，クラブとしての理念の共有という基本認識のもとに取り組まれる性質のものである．文部科学省では，このような総合型地域スポーツクラブが普及すると，以下のようなことが実現すると考えている．
　①メディカルチェックを受け，自分の体力や健康状態にあったスポーツプログラムを作ってもらうことができる．
　②スポーツを楽しんだ後は，交流の場になる．
　③親子でできるスポーツも盛りだくさんにある．
　④自分の体力や技能レベルに応じていろいろなスポーツにチャレンジできる．
　⑤学校部活動と連携した一環指導で，将来有望な選手を育成することができる．
　⑥クラブハウスに行けば，どんな活動を行っているか情報を入手できる．

　総合型地域スポーツクラブには，地域住民が自分たちの関心やレベルに合わせて継続的に行える種目を設定できるというメリットがある．たとえば，伝統的にサッカーが強い地域ではサッカー指導をメインにしたクラブができるかもしれないし，ウィンタースポーツが盛んな地域では，それらの施設を有効利用した形でのクラブを育成するなど，地域の特性や興味・関心に応じた特色あるクラブ育成を行うことができる．

　現在，文部科学省をはじめ，都道府県やスポーツ団体が地域のスポーツクラブを育成する事業に取り組んでいるが，それらのスポーツクラブの母体には以下に示すようなさまざまなパターンがある．つまり，地域の現状などを踏まえた上で，いろいろな型のスポーツクラブがあってよい．以下に例を示す．

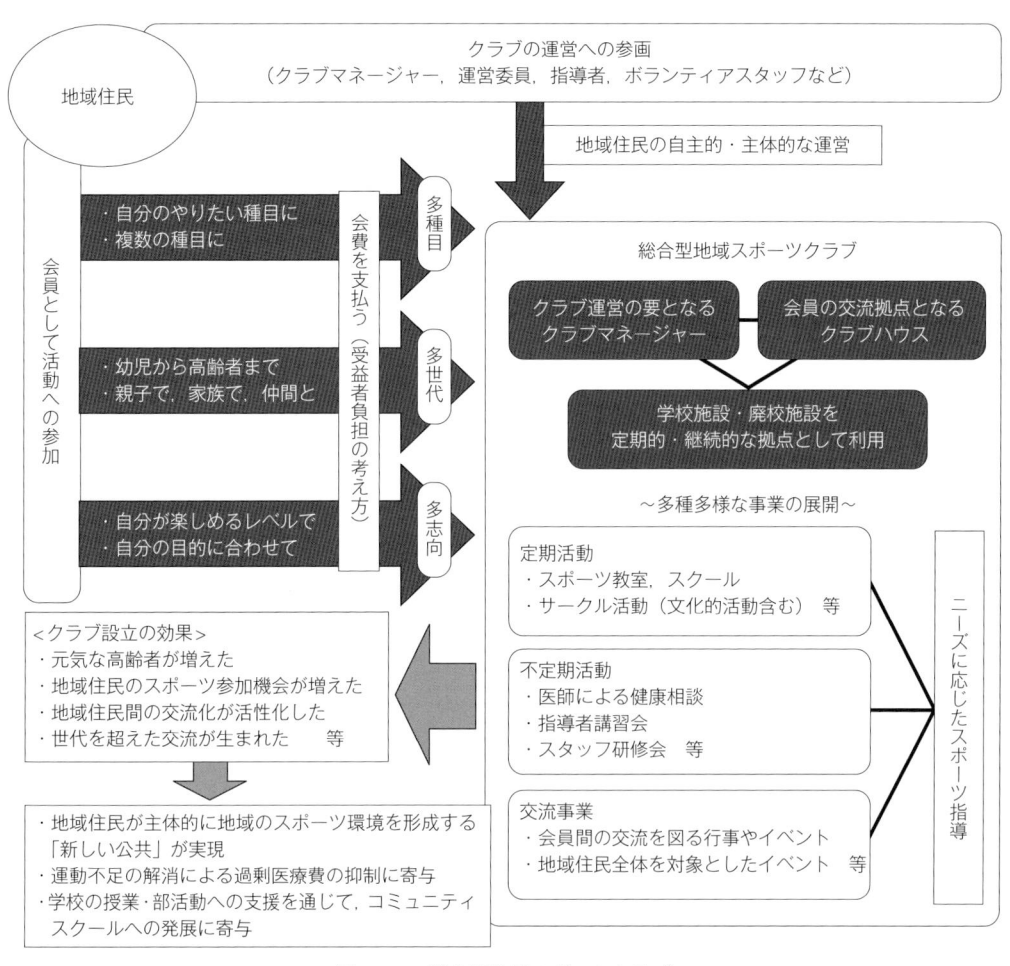

図15-2　総合型地域スポーツクラブ
(文部科学省「総合型地域スポーツクラブ」の概要< http://www.mext.go.jp/a_menu/sports/club/ >より一部改訂)

　　　　　　　①スポーツイベントの成功を契機に参画住民が中心となり生まれたクラブ
　　　　　　　②学校開放の運営組織が核となり生まれたクラブ
　　　　　　　③学校の運動部活動と地域との連携から生まれたクラブ
　　　　　　　④スポーツ少年団が核となり生まれたクラブ
　　　　　　　⑤既存の地域スポーツクラブの種目を核として，多種目型に発展したクラブ
　　　　　　　⑥既存の地域スポーツクラブが連合して生まれたクラブ
　　　　　　　⑦公共のスポーツ施設の有効活用を図る観点からスタートしたクラブ
　　　　　　　⑧既存の地域スポーツ振興組織の見直しや再構築を目指してスタートしたクラブ
　　　　　　　⑨地域の青少年健全育成や福祉の問題を検討する中から生まれたクラブ
　　　　　　　⑩地域のスポーツ教室参加者が集まって生まれたクラブ
　　　　　　　⑪大学の人的資源や物的資源を活用して生まれたクラブ
　　　　　　　⑫企業チームを母体に，地域のスポーツクラブに移行したクラブ

4．なぜ総合型地域スポーツクラブなのか

　わが国では，これまでの経済中心型の社会から成熟した市民社会への転換を図る

ため，従来から行政主導型システムを見直す動きが活発になっている．これはスポーツにおいても例外ではなく，学校，スポーツ団体，企業，行政に多くを依存してきたシステムを，住民一人ひとりがスポーツ文化をそれぞれの地域の中でどのように育て，日常生活の中に定着させていくかを支援するためのシステムに転換していくことが求められている．さらに，自由時間やゆとりを国民一人ひとりが主体的に活用し，文化としてのスポーツに理解を深め，それぞれのライフステージにおいて継続的にスポーツに親しむ主体性の確立が求められている．

5．総合型地域スポーツクラブ育成のメリットは

　総合型地域スポーツクラブの目指すものは，従来のチームづくりのためのクラブではなく，豊かなスポーツライフ創造のためのクラブ，ひいては地域の核としてのクラブである．その機能には，競技力向上のためのスポーツ活動だけでなく，交流志向などの多彩なものが含まれる．したがって，総合型地域スポーツクラブの育成は，スポーツ振興のみならず，社会環境が変化する中で，地域における住民意識や連帯感の高揚，世代間の交流，高齢社会への対応，地域住民の健康・体力の維持・増進，地域の教育力の回復，学校運動部活動と地域との連携など，21世紀における新たな地域社会の形成にも寄与することが期待されている．

　総合型地域スポーツクラブの育成による最大のメリットは，誰もが気軽にスポーツに親しめる生涯スポーツ社会の実現であるが，たとえば，「学校週5日制における子どもの遊び環境の提供」や「地域で子どもを育てることが地域づくりにつながる」といった地域生活へのさまざまなメリットが考えられる．その他にも以下のようなメリットも期待されている．

　①スポーツ文化の醸成（スポーツが生活の一部となる），②青少年の健全育成，
　③地域教育力の回復，④地域コミュニケーションの形成→地域の活性化
　⑤親子や家族の交流，⑥世代間交流の促進，⑦スポーツ施設の有効活用
　⑧地域の健康水準の改善→医療費の軽減，⑨高齢者の生きがいづくり

　図15-3は，「地域と学校が協働して子どもを育てる」という地域の課題を総合型地域スポーツクラブが共有した例である．重要な点は「総合型地域スポーツクラブは単なるスポーツ愛好者の集まり」ではなく，地域の生活課題を解決する糸口としての機能も期待できることである．

6．広域スポーツセンターとは

　広域スポーツセンターとは，各都道府県において広域市町村圏内の総合型地域スポーツクラブの創設や運営，活動とともに，圏内におけるスポーツ活動全般について，効率的な支援を行う役割を担うものである．総合型地域スポーツクラブ

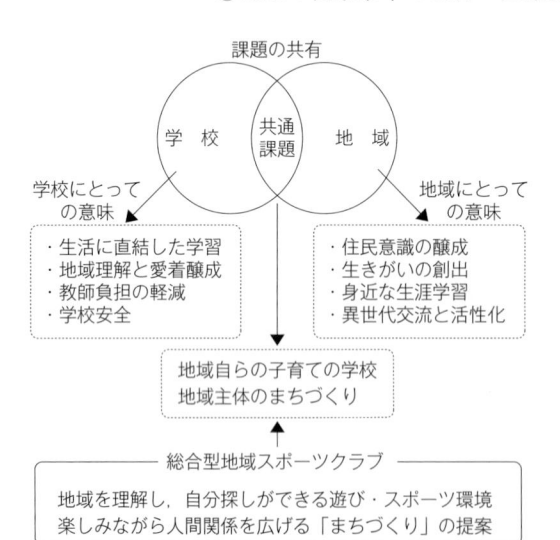

図15-3　課題の共有例「学校と地域が協働して子どもを育てる」
（柳沢和雄：総合型地域スポーツクラブの実像と虚像．p28．日本体育・スポーツ経営学会編，テキスト総合型地域スポーツクラブ，大修館書店，2004）

```
┌─────────────────────────────────────────────┐
│     県立総合スポーツセンターなど              │
│ (体育館，プール，多目的ホール，トレーニング室， │
│  スポーツ情報コーナーなどを有した地域の基幹的   │
│  スポーツ施設)                               │
│                                             │
│     ●企画運営委員会などの設置                 │
│     ●スタッフの配置                          │
│       ・クラブマネジャーや指導者の育成スタッフ   │
│       ・スポーツプログラマー，トレーナーなどの   │
│         指導スタッフ                         │
│     ●機　能                                  │
│       ・クラブの創設，育成に関する支援          │
│       ・クラブマネジャー・指導者育成に関する支援 │
│       ・スポーツ情報の整備・提供               │
│       ・スポーツ交流大会の開催                 │
│       ・トップレベルの競技者の育成に関する支援   │
│       ・スポーツ医・科学面からの支援           │
└─────────────────────────────────────────────┘
```

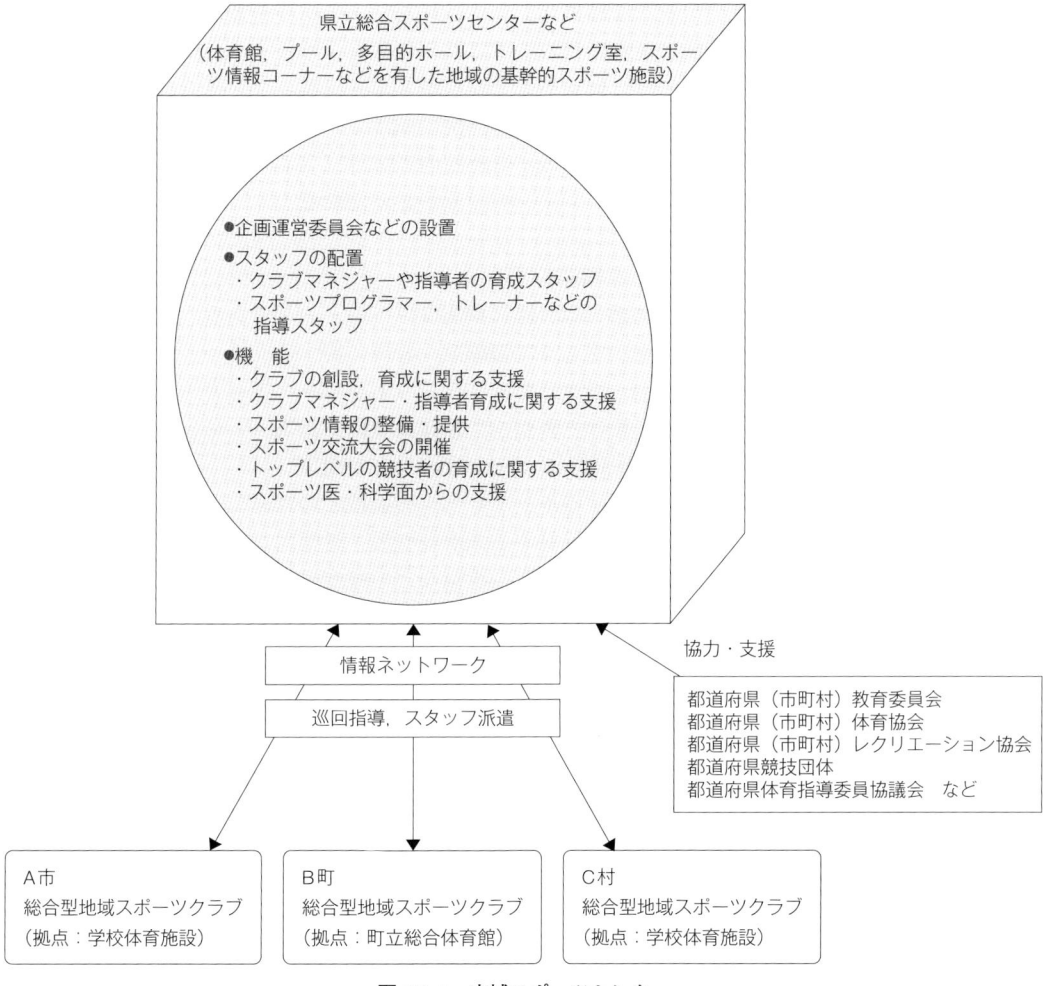

図15-4　広域スポーツセンター
(文部科学省「総合型地域スポーツクラブ育成マニュアル」より< http://www.mext.go.jp/a_menu/sports/club/main3_a7.htm >)

の創設，育成にかかわり，よきアドバイザーとして広域スポーツセンターを有効活用することが望まれる．広域スポーツセンターは，今後の各都道府県における広域市町村圏のスポーツ振興を担う中核的組織として期待されている．

1）広域スポーツセンターの必要性

これまでの育成モデル事業の実施状況から，総合型地域スポーツクラブが地域住民のニーズを踏まえて創設され，継続的かつ安定的に運営されるためには，以下のような課題が明らかになってきている．

①クラブを設立するためのノウハウの蓄積，人材育成の必要性
②クラブを円滑に運営する人材（クラブマネジャー）養成の必要性
③多様な技術レベルに対応可能なスポーツ指導者の養成・確保の必要性
④魅力的なスポーツイベント・教室の開発の必要性
⑤広域圏にまたがる適切なスポーツ情報の提供の必要性
⑥クラブ間の情報交換の場や交流大会の開催の必要性
⑦クラブを主体的に運営する意識（会費の負担，役務の提供）の啓発の必要性

地域住民のニーズを踏まえて創設された個々の総合型地域スポーツクラブが，継続的かつ安定的に運営されるにはこれらの課題を解決する必要がある．しかし，これらの課題の中には，個々の総合型地域スポーツクラブだけでは解決できないものある．このため，これらの課題の解決に向けて，総合型地域スポーツクラブの創設や運営，活動とともに，広域市町村圏内のスポーツ活動全般について，効率的に支援できる広域スポーツセンターの設置が必要となる．

2）広域スポーツセンターのおもな機能

広域スポーツセンターのおもな機能は以下のとおりである．
①総合型地域スポーツクラブの創設，育成に関する支援
②総合型地域スポーツクラブのクラブマネジャー・指導者の育成に関する支援
③広域市町村圏におけるスポーツ情報の整備・提供
④広域市町村圏におけるスポーツ交流大会の開催
⑤広域市町村圏におけるトップレベルの競技者の育成に関する支援
⑥地域のスポーツ活動に対するスポーツ医・科学面からの支援

広域スポーツセンターの組織や役割などの概要は図15-4のようになる．

Ⓑ 実　践

7．NPO法人ふくのスポーツクラブ

1）NPOふくのスポーツクラブ設立の経緯

「ふくのスポーツクラブ」は，単一種目型クラブを連合化し，さらにそれを母体とした総合型地域スポーツクラブである．クラブは2002年3月，NPO法人（特定非営利活動法人）[注1] として認証され，新たなスタートを切っている．

「ふくのスポーツクラブ」の設立の経緯やクラブの特徴，実施事業，財源などを表15-1に示した．福野町は富山県の西部の砺波平野のほぼ中心に位置する（2004年11月より市町村合併により南砺市福野に変更）．7つの地区があり，地元の人々は，地区に対する帰属意識が高い（図15-5）．福野町は1977年，住民の健康問題とスポーツ振興の必要性を背景として「健康都市」を宣言したのを契機に地域に根ざしたスポーツ振興を展開してきた．

その後，行政によるハード面，ソフト面，ヒューマン面の環境整備や，教室や地区行事の開催，クラブや同好会結成の奨励を積極的に推進し，1985年頃には全町に200を超えるクラブや同好会が活動するようになった．これらの事業に伴うクラブの増加と多様化は，スポーツ人口の拡大という点で一定の成果をあげたものの，新興クラブの多くは，実際にはごく少人数の閉鎖的なチームであり，活動内容においても資源（人的，物的，財務的，情報資源）調達の面でも貧弱な様相を呈していた．このようなクラブの乱立が地区レベルでのスポーツ振興の必要性に加え，地区を統括する新たな組織の設立を生み出した．これらを背景に，1988年「福野町地域スポーツクラブ連合」の設立，1998年「ふくのスポーツクラブ」の設立を経て，現在に至っている．図15-5，6には，「福野町地域スポーツクラブ連合」から「ふくのスポー

注1）NPO：非営利組織（Non Profit Organization）の略で，政府や私企業とは独立した存在として，市民・民間の支援のもとで社会的な公益活動を行う組織・団体をさす．

表15-1 NPO法人ふくのスポーツクラブの概要

1. 設立年
   1998年（2002年NPO法人格取得）

2. 所在地
   富山県東砺波郡福野町寺家321
   人口 14,939人
   （世帯数：4,048，高齢化率：22.5% 2001年現在）

3. 設立の経緯（クラブ創設の母体となった組織や個人）
   1988年，小規模クラブの乱立など地域のスポーツ問題を解決すべく，主に行政，体育指導員らが中心となって地区を基盤とする地域スポーツクラブ連合を設立．その後，クラブ連合のスタッフを中心として町体協など既存組織との連携体制を確立し，1998年に総合型の「ふくのスポーツクラブ」を発足．さらにこの組織を母体として，2002年「NPO法人ふくのスポーツクラブ」を設立．行政とは一定の距離を置きつつ，クラブは新たなスタートをきった．

4. 設立の目的
   町におけるスポーツの振興を図り，会員の健全な心身の育成に寄与する．「いつでも どこでも だれでも楽しいスポーツの町ふくの」をめざし，クラブが住民のより身近なものになるよう住民主体のスポーツ活動を展開する．また，クラブの活動を通して，健康で明るく活力に満ちたスポーツコミュニティづくりに寄与する．

5. クラブの特徴
   町全体に機能する総合型地域スポーツクラブ．スポーツ愛好者はもちろん，ふだんあまりスポーツをする機会のない人が，いつでもどこでも気軽にスポーツに親しむことができるような環境づくりをめざす．行政と地域住民とのパートナーシップ，関係組織・団体との連携などを通じて，町をあげてのスポーツ振興体制を確立し，そのメリットをフルに活かしながら，「オープンセミナー」など特色のある独自の事業を展開している．地域社会に広く認められる団体をめざしてNPO法人格を取得し，組織と事業のさらなる充実を図っている．

6. 会員数
   一　　般：1,796名（男性：803名，女性：993名）
   小・中学生：　843名（男子：429名，女子：414名）
   60歳以上：　428名（男性：152名，女性：276名）
   幼児・障害者：134名（男：79名，女：55名）
   合　　計：3,201名（2002年3月現在）

7. 実施事業
   ★教　室
   新体操，親子軽スポーツ，ちびっこスポーツ，トランポリン，さわやかアクア，レディースアクア，ソフトエアロビクス，社交ダンス，やさしいHip Hopなど 15教室
   ★セミナー
   ウォーキング・軽スポーツ，ジョギング，マラソン，フットサル，初級バスケットボール，初級バレーボール，フォークダンス，いきいきスポーツ，ビーチボール，ゲートボール，サッカー，剣道，フレッシュテニス，ソフトバレーボールなど，26セミナー
   ★体験会
   アウトドア，夏休みサッカーなど 4体験会
   ★ジュニアスポーツスクール
   バスケットボール，サッカー，バレーボール，バドミントン，卓球など9コース
   ★体力測定会，健康相談会
   ★指導者講習会
   ★フォトコンテスト
   ★広報誌「かがやき」の発行（年4回）

8. 活動施設
   拠点施設：町体育館
   連携施設：町民体育館，勤労者体育センター，地区体育館（6），小学校体育施設，中学校体育施設，高等学校体育施設，町民グラウンド，町民テニスコート，屋内ゲートボール場，B&G海洋センター など

9. 財源
   会費[年額]（法人正会員：1,000円），クラブ費[年額]（小・中学生：1,000円，一般：3,000円，60歳以上：1,500円，幼児・障害者：無料），事業収入（教室など），補助金，事業受託収入，寄付金・協賛金

10. 運営組織と指導者
    ★運営組織：正会員の中から選任された37名の理事によって理事会を構成．これに監事（2名）をあわせた39名がクラブ役員．組織代表者は理事から選ばれた理事長・クラブの日常的な事務は事務局長らが担当．
    ★指導者：指導者（町登録）は37種目，のべ269名．スポーツプログラマー1種2名，種目別指導者（公認審判員）11名，県生涯スポーツ指導員10名，県スポーツリーダーバンク登録者148名，スポーツ少年団登録指導者55名 など

（作野誠一：ケーススタディ①クラブづくりのプロセスに学ぶ［ふくのスポーツクラブ］，p92．日本体育・スポーツ経営学会編，テキスト総合型地域スポーツクラブ．大修館書店，2004より引用改変）

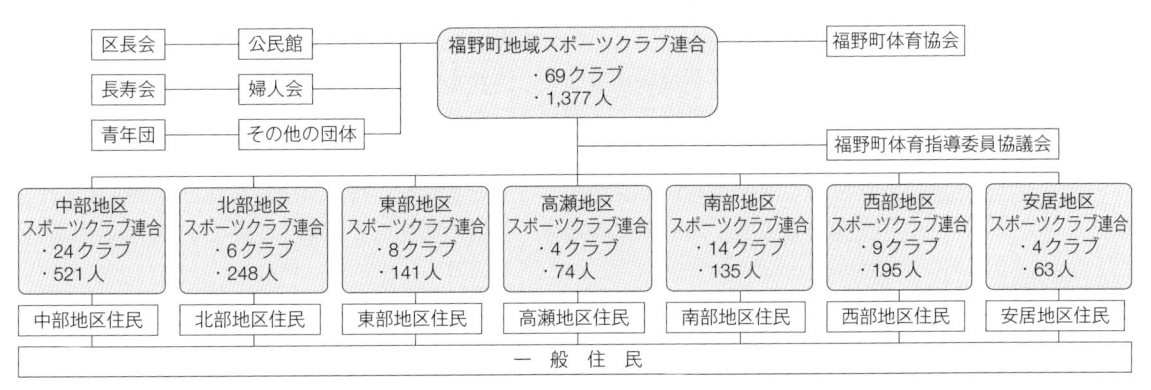

図15-5 クラブ連合設立時の組織図（昭和63年）

（作野誠一：ケーススタディ①クラブづくりのプロセスに学ぶ［ふくのスポーツクラブ］，p94．日本体育・スポーツ経営学会編，テキスト総合型地域スポーツクラブ．大修館書店，2004）

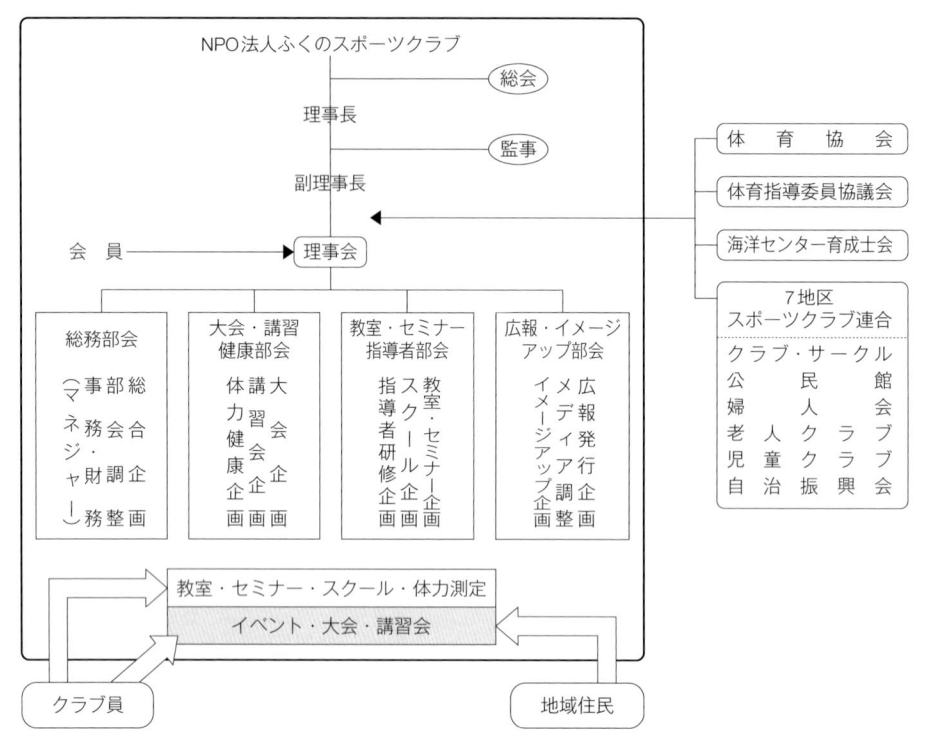

図15-6　NPO法人ふくのスポーツクラブの組織図（平成14年）
（作野誠一：ケーススタディ①クラブづくりのプロセスに学ぶ［ふくのスポーツクラブ］，p99．
日本体育・スポーツ経営学会編，テキスト総合型地域スポーツクラブ，大修館書店，2004）

ツクラブ」，そして「NPOふくのスポーツクラブ」までの組織図の変遷を示した．

2）総合型地域スポーツクラブ設立による成果

　　福野町における総合型地域スポーツクラブの設立による成果として，以下のような事柄があげられている．

　　①さまざまなスポーツ団体と連携を図ることができ，事業企画者・指導者間のコミュニケーションがとれ，運営に役立っている．
　　②クラブ会費を徴収することにより，受益者負担の原則を理解してもらい，会員としての自覚を促すことにつながっている．
　　③住民の潜在的なニーズに応える多彩なプログラムを提供できるようになった．
　　④初心者および新規参加者など，これまでスポーツに親しむことが少なかった住民に機会を提供することができ，クラブが交流やコミュニケーションづくりの場となっている．
　　⑤クラブとして行政と交渉することで施設使用料の減免や補助などが受けられるようになり，活動拠点の確保，会員の増加などに結びついている．

3）既存のクラブやスポーツ団体との関係

　　体育協会：理解と協力を得ているが，全面的に活動を支えるまでには至っていないため，教室・セミナーの指導者組織として位置づけられている．
　　体育指導委員協議会：クラブ発足前から住民への説明や入会勧誘などの啓発活動，事業の推進などに協力している．協議会の理事が，事業全体の企画・運営に携わっ

ている．

スポーツ少年団：団員全員がクラブ会員．各団の活動日以外は，教室やセミナーに自由に参加し，多種目のスポーツを体験している．

学校の運動部：教員の指導による部活動（第1ステージ）後の活動を第2ステージと位置づけ，クラブが主催する教室・セミナーやジュニアスポーツスクールに，児童・生徒が第2ステージの活動として自由参加することを試行している．

まとめ

- 地域におけるスポーツは，生涯スポーツの場としてだけではなく，地域の連帯感を生み出すきっかけや，地域が有する問題を解決する糸口としての役割を持つ．
- 総合型地域スポーツクラブは，このような地域スポーツに対する期待を担う拠点として位置づけられている．
- 総合型地域スポーツクラブには，①複数の種目が用意されている，②地域の誰もが年齢，興味・関心，技能レベルなどに応じて，いつでも，どこでも活動できる，③定期的・継続的なスポーツ活動を行うことができる，④個々のニーズに応じたスポーツ指導が受けられる，⑤地域住民が主体的に運営する，といった特徴がある．

レポート課題

1. 地域で活動している地元プロスポーツの実例をあげ，地域とどのようなかかわりをもって活動しているかを調べてまとめよ．
2. 総合型地域スポーツクラブとはどのようなものか説明せよ．
3. 総合型地域スポーツクラブを設立する必要やメリットは何か説明せよ．
4. あなたの住んでいる町（地域）の課題をあげ，その課題解決のために，総合型地域スポーツクラブがどのような役割を果たすことができるかを考えよ．
5. 現在，実際に取り組んでいる総合型地域スポーツクラブを調べ，その特徴や設立による効果，運営上の問題点などについてまとめよ．

文献

ふくのスポーツクラブインフォメーション＜ http://www.sportsnet.fukuno.toyama.jp/ ＞

文部科学省：総合型地域スポーツクラブ育成マニュアル＜ http://www.mext.go.jp/a_menu/sports/club/main3_a7.htm ＞．

日本スポーツクラブ協会編著：スポーツクラブ白書2000．厚有出版，2001．

日本体育・スポーツ経営学会編：テキスト総合型地域スポーツクラブ．大修館書店，2004．

[横谷　智久]

第16章 社会におけるスポーツの役割

Ⓐ 理 論

1. スポーツへのかかわり方の多様化

現代では，老若男女あるいは障害の有無を問わず，多くの人がスポーツにかかわり，スポーツを何かを達成するための手段としてだけではなく，それ自体が楽しく，意味のあることとして受け入れられている．つまり，個々の体力や年齢，欲求に応じたスポーツへの参加形態が生じるようになってきた．これは，自己または他者，自然との競い合いや克服といったスポーツのイメージから，未来のスポーツの概念，つまり「日常の真面目な生活（労働）から離れて行われる活動（遊び・気晴らし）」に合致する方向にスポーツを捉えるようになってきたからであろう．また，メディアスポーツの発展やさまざまなスポーツイベントの開催によって，人々のスポーツとのかかわりは多様になっている．つまり，スポーツとは実践して，楽しさを享受するものと考えられていたが，それ以外のスポーツとのかかわり方が確立されてきた（図16-1）．

1)「みる」スポーツ

現代スポーツはメディアスポーツ（スポーツの内容がいったん文字や音声あるいは映像などに媒介されて伝えられるスポーツ）の発展や多数のスポーツイベントが開催されることによって，世界中の多くの人に注目されるようになった（スペクテーター・スポーツ）．

2008年に開催された北京オリンピックのテレビ視聴者数は全世界で47億人を数えた．これは，2004年のアテネオリンピックが39億人，2000年のシドニーが36億人であったことと比較しても大幅に増加している．

また，日本で過去1年間に球場や競技場などのスポーツ施設で直接スポーツを観戦した者の割合を示すスポーツ観戦率は，年々微増し，2000年には32.4％，2004年には37.1％となり，その後ほぼ一定の水準を維持しているとされている．観戦種目はこれまで多かったプロ野球，マラソン・駅伝，格闘技やサッカーはもちろん，フィギュアスケートやゴルフの観戦率が急激に伸びている．スター選手の誕生が観戦者の動向にも影響を及ぼしていると推測される．また，女性のスポーツ観戦者が増加したことも近年の傾向としてあげられる．さらに，複数回観戦するリピーターが増加し，「みる」スポーツが成熟してきているといえる．

「みる」スポーツが成熟したことで，マスメディアもスポーツビジネスに大きくかかわるようになった．フランス・ワールドカップサッカーのピッチ周囲の広告板は1社30～50億円という値段で取り引きがされていた．また，水泳の世界大会などでも広告板がプールサイドに掲げられている．

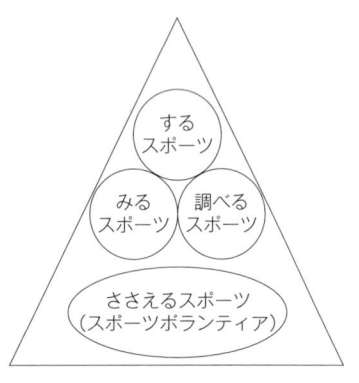

図16-1　文化としてのスポーツ

さらに，テレビによる「みる」スポーツを意識することから，テレビ放映に都合のよいように競技ルールが改正された競技もある．バレーボールでは，サーブ権制からラリーポイント制に変更したが，これは，①セット時間数の短縮により放映時間枠に収める，②得点のルールをわかりやすくして視聴者を獲得する，という目論見が背景にある．柔道では，視聴者が選手の区別をつけやすいようにカラー柔道着を導入したこともメディアに影響されている例である．さらに，映像技術の進化に伴い，一般視聴者がルールを理解し，楽しみやすくする工夫を画面上にコンピュータ・グラフィック（CG）を盛り込んで作成されている．たとえば，サッカーのオフサイドラインのように，一般人にはわかりにくいようなルールの際には，画面にオフサイドラインを提示する，あるいは競泳競技では，世界記録のペースを泳者と重ね合わせながら提示することにより，視聴者にわかりやすく，またその映像にあわせて興奮させる解説が行われている．

「みる」スポーツの成熟は，メディアとスポーツのつながりを密接にし，スポーツの商業化の前提条件であったともいえる．

また，パソコンの機能向上やインターネット技術の発達が，テレビ中継とは異なるスポーツの情報提供先として著しい成長を遂げている．かつても，地方大会や大学選手権，あるいはマイナー競技など，テレビ中継では視聴率が上がりにくいスポーツイベントの配信方法として活用されることが度々みうけられたが，もっとも大きな転機となったのは，2012年のロンドンオリンピックである．「ネット五輪」とも称されるように，各種競技のライブストリーミングやハイライト動画を充実させ，国内でもNHKが開設したインターネットサイトの視聴数が3億3,900万アクセスに達し，北京オリンピックと比較して10倍以上と飛躍的に増加．スポーツ配信の一手法としての地位を確立したといえる．他のメディアと異なり，ある程度の知識と装置さえ準備すれば気軽に配信できるため，さまざまな需要に対応できる可能性が高いことから，今後もさらにスポーツを楽しむツールとして普及していくことが予想される．

2）「調べる」スポーツ

近年，インターネットや地上デジタル放送，携帯・スマートフォン端末による情報発信など，さまざまな情報網が発達し，世界中の情報を瞬時に手に入れられるようになった．インターネットや携帯・スマートフォン端末においては，これまでのような文字や写真による試合「結果」についての情報提供だけではなく，動画配信やテキスト形式での試合実況中継など，リアルタイムでの情報提供が成されるようになった．デジタル放送の普及は，高画質でスポーツを楽しめるようになっただけではなく，出場している選手の大会順位や競技経歴，あるいは競技そのもののルールや見所の紹介などの文字情報をテレビ画面上で簡単に検索し，知ることができるようになった．誰もが個人の興味・関心を満たすためにスポーツについて調べられる環境にあることは，スポーツを文化としてさらに成熟させていくためには非常に好ましいことである．

3）「ささえる」スポーツ

スポーツを「ささえる」活動，すなわちスポーツにおける「ボランティア」活動が新たにその意義・価値を認められるようになってきた．長野オリンピック冬季競技大会（1998年）では，約44,000人のボランティアが大会の成功を支え，その活

図16-2　バーチャルゴルフ
(アルバトロスJapan公式ホームページより＜ http://www.albatross.co.jp/index.html ＞)

動が国際的にも高く評価された．また，地域のスポーツイベントや少年スポーツ活動においても，ボランティア指導者を含む住民ボランティアがその活動を支えている．スポーツの振興は，国民の健康増進や生活の質（QOL）を高めるだけでなく，地域社会の構築や心豊かな社会づくりに寄与することから，ますますその意義が高まっている（次節にて詳述）．

4）「バーチャル」スポーツ

　コンピュータ技術の急速な発展と並行するように，スポーツを題材とするバーチャル（コンピュータ）スポーツが広まりを見せてきた．家庭用ゲーム専用機では，実際に存在する選手の情報などをデータ化して能力差がつけられているものもあり，自分がファンのチームや選手を実際にコントロールする楽しみを味わうことができる．ゲームを通して，スポーツに対する興味や関心を促す効果や，スポーツ経営の一端を学習するきっかけになると考えられる．

　とくに近年，その発達がめざましいのは，バーチャルでスポーツを実体験できるゲーム機である．これまで，からだを動かすことと対極の存在であると考えられていたゲームを利用し，実際にからだを動かしながらフィットネスやスポーツを体験する家庭用，あるいは商業用の製品が多数開発されている．たとえば，家庭用ゲーム機で，専用の荷重センサー付きコントローラーを利用して，バランス測定や筋力測定などが実施でき，現在の状態を簡単に評価してくれるゲームや，コントローラーをテニスのラケットや野球のバット，ゴルフクラブなどの用具に見立てて動かすと，画面上のキャラクターに連動し，実際自分がスポーツをプレーしているような気分を味わうことができるゲームである．また，バーチャルゴルフのように，実際にコースに出なくても，クラブで打った打球がスクリーン状に映し出されたコース上を飛んでいくようなゲームも存在する（図16-2）．テニスやゴルフ未経験者がゲーム機で体験したスポーツに興味を持ち，実際に始めるきっかけになる二次的効果も期待できる．

　スポーツは実際にプレーしなければ本来の楽しみ方や効果がないという否定的な意見もあるかも知れないが，外で安全かつ自由に遊べる場所が少なくなってきた現在，子どもたちの最低限の運動量を確保するために，コンピュータによるバーチャルスポーツは室内でからだを動かすことができる重要なツールとなり得る．あるいは，リハビリテーションのツールや低体力の高齢者用の運動ツールとしての利用も期待されている．実際のスポーツとバーチャルスポーツの立場の違いを良く理解した上で，それぞれの持ち味（長所）を活かした活用方法の検討が今後望まれる．

2．スポーツボランティアに参加しよう

　スポーツは，もともと自発的な行為（Voluntary Action）によって生まれた人類固有の文化である．通常，スポーツ団体は「ボランタリー・アソシエーション（Voluntary Association）」と呼ばれており，その運営のほとんどは（専任コーチ，トレーナー，マネジャーを除く），クラブ会員やボランティアによって行われている．「ささえる」スポーツは，国際競技大会や地域スポーツイベントの運営の支援とな

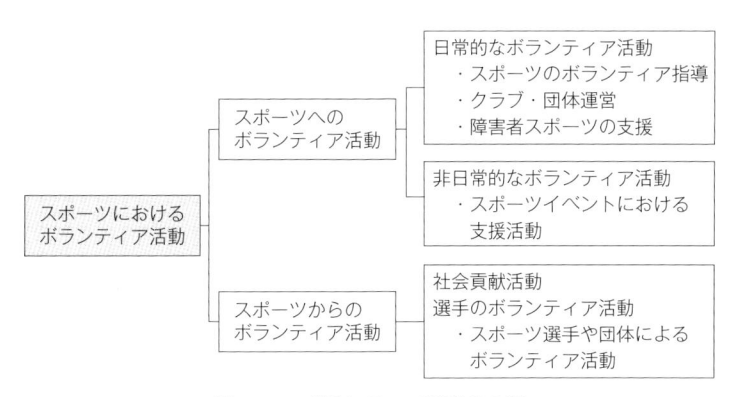

```
スポーツにおける      スポーツへの       日常的なボランティア活動
ボランティア活動 ─┬─ ボランティア活動 ─┬─ ・スポーツのボランティア指導
                 │                    │  ・クラブ・団体運営
                 │                    │  ・障害者スポーツの支援
                 │                    │
                 │                    └─ 非日常的なボランティア活動
                 │                       ・スポーツイベントにおける
                 │                         支援活動
                 │
                 └─ スポーツからの      社会貢献活動
                    ボランティア活動    選手のボランティア活動
                                       ・スポーツ選手や団体による
                                         ボランティア活動
```

図 16-3 ボランティア活動の分類

るだけでなく,地域における日常的なスポーツ活動の指導やクラブ運営においても,今やボランティアの活動なくしてその事業展開はあり得ない.言い換えれば,「する」スポーツと「みる」スポーツの活動をスポーツボランティアが基盤となってささえている(図 16-1).

1)ボランティア活動とは

　　生涯学習審議会は,ボランティア活動を「個人の自由意志に基づき,その技能や時間などを進んで提供し,社会に貢献すること」と定義している.さらに,ボランティア活動の特徴を,自発性(自由意志にもとづく),無償性(無給の活動),公共性(公益的活動),先駆性(発展的活動)としている.図 16-3 にスポーツのボランティア活動の分類を示した.スポーツにおける「日常的なボランティア活動」の典型的なものとしては,スポーツのボランティア指導があげられる.多くの少年スポーツや地域スポーツクラブ,障害者のスポーツ活動がボランティア指導者や役員・世話役としてのボランティアによって支えられている.「非日常的なボランティア活動」の典型的なものとしては,オリンピックやワールドカップなどの国際競技大会,および市民マラソン大会やウォーキングイベントなどの運営への地域住民のボランティア活動があげられる.国際競技大会や地域スポーツイベントの運営は,今やボランティアの協力なしに成功させることは難しい.「社会貢献活動」は,スポーツ選手やスポーツ団体によるボランティア活動を指している.地域スポーツや少年スポーツの世界においても,プロスポーツ選手や一流競技選手による社会貢献活動としてのボランティア指導が期待されている.また,プロスポーツ選手は,スポーツの分野に限らず,その知名度などを活かして,福祉や青少年の健全育成などの幅広い分野においても,ボランティア活動を行うことも期待されており,これらの活動がスポーツの発展につながっていくものである.

2)スポーツボランティアに参加する

　　スポーツボランティアは,「クラブ・団体ボランティア」と「イベントボランティア」に大別することができる(表 16-1).「クラブ・団体ボランティア」は,地域スポーツクラブやスポーツ団体におけるボランティアを指しており,日常的で定期的な活動といえる.具体的には,地域のスポーツ少年団やママさんバレーなどでの「ボランティア指導者」や,そこでの運営を担当する役員や世話役である「運営ボランティア」に分けることができる.「イベントボランティア」は,地域における

表16-1 スポーツボランティアのタイプ

- クラブ・団体ボランティア（クラブ，スポーツ団体）
  - ボランティア指導者（スポーツ指導者，指導アシスタントなど）
  - 運営ボランティア（クラブ役員，世話役，運転・運搬，競技団体役員など）
- イベントボランティア（地域スポーツ大会，全国，国際大会）
  - 専門ボランティア（審判員，通訳，医療・救護，データ処理など）
  - 一般ボランティア（受付・案内，給水・給食，記録・提示，交通整理など）

市民マラソン大会や運動会，さらには国民体育大会や国際競技大会において，大会を支えるボランティアを指しており，非日常的で不定期的な活動といえる．イベントボランティアには，審判員や通訳，医療・救護，データ処理などの「専門ボランティア」と「一般ボランティア」に分けることができる．

3）「ささえる」スポーツと生涯学習

「ささえる」スポーツ，すなわちスポーツにおけるボランティア活動は，生涯学習そのものと考えることができる．

ボランティア指導者や運営ボランティアはその活動過程において，生きがいや自己実現を見い出し，職場や家庭とは異なる「もう一人の自分」を発見する機会をもてる．また，地域スポーツにおいて，ボランティア指導者になるためには，スポーツに関するさまざまな技術や科学的知識を学習し，スポーツの教養を高めていく必要がある．それは，生涯学習活動そのものであり，自己開発（啓発）につながっていく．さらに，ボランティア活動を継続することによって，スポーツに関する教養が磨かれ，自分だけのものでなく，他者への支援につながっていく．すなわち，人々のスポーツ活動を支えるボランティア活動によって，地域や国際競技大会を含めスポーツの振興が一層図られるだけでなく，個々人の生涯学習活動のさらなる深まりへとつながっていくのであろう．

Ⓑ 実　践

3．現代スポーツの問題点

1）競技スポーツの現状

スポーツは現在，莫大な経済効果を生み出す商品としての価値（商業的価値）が注目されるようになってきた．その結果，「アマチュアリズム」が原則として掲げられていたオリンピック憲章[注1]を基軸とするオリンピック自体が，1984年のロサンゼルス大会以降，大きな商業イベントして利用されるようになった．オリンピックが大きな商業イベントとして位置づけられてからは，かつての国家の威信を示す，ある種のナショナリズムを提示する機会として利用されてきた側面は薄らいできた感がある一方，グローバルな商業主義を取り入れた結果，プロ選手の出場解禁と，それらの選手にかかわる企業，スタッフの数が膨大となった．

企業スポンサーと契約を結んだ競技選手が大会に出場し活躍することは，自社のイメージアップにつながり，製品の売り上げの増加を期待できる．また，選手自身

注1）オリンピック憲章：IOCが採択した基本原則，規則および細則を成文化したものであり，オリンピック・ムーブメントの組織および運営を統括し，オリンピック競技大会開催のための諸条件を規定するものである．根本原則として，「オリンピズムの目標は，あらゆる場でスポーツを人間の調和のとれた発育に役立てることにある．またその目的は，人間の尊厳を保つことに重きを置く平和な社会の確立を奨励することにある．この趣意において，オリンピック・ムーブメントは単独または他組織の協力により，その行使し得る手段の範囲内で平和を推進する活動に従事する」や「オリンピック・ムーブメントの目的は，いかなる差別をもともなうことなく，友情，連帯，フェア・プレーの精神をもって相互に理解しあうオリンピック精神に基づいて行われるスポーツを通して青少年を教育することにより，平和でよりよい世界をつくることに貢献することにある」などが示されている．

も才能と幸運，そして専門的なトレーニングの結果，大きな大会で勝利することによって莫大な金銭と名声を得ることができる．さらに，その競技種目の商業的価値が高い場合，勝利することで競技選手，それを取り巻くスタッフ，企業などが大きな利益を獲得できるという体勢ができてくる．つまり，スポーツ競技選手は，自身のパフォーマンスに見合った金銭的対価を得られる時代が到来した．第一線で活躍する選手は，年間に何億，何十億円もの大金を獲得することも夢ではない．しかし，そのためには常に第一線で活躍し続けなければならない，あるいは，第一線まで登り詰めなければならないというプレッシャーと戦い続ける必要性を余儀なくされ，勝利至上主義を招く結果となった．しかし，スポーツ競技選手にも，加齢による身体的，心理的衰えが必ず訪れる．あるいは，負傷などによって築いた所得や名声を失うリスクを持っている．オリンピックのように4年に1度しか開催されない大会でメダルを獲得する場合には，コンディションの調整が非常に困難であり，実力選手であっても成果を残すことは容易ではない．

このように勝利することが至上目標となってしまうことで，選手，企業，あるいは国家の一部において，スポーツ倫理観が崩壊したり，人間が持つ生理学的な限界を超えるための手段に手を出すといった問題が表出してくる．つまり，犯してはならない違反を犯すことで勝利を掴もうとする，非倫理的，非道徳的な活動をする選手やチーム，企業が誕生する結果を招いた．

2）ドーピング

（1）ドーピングの定義と現状

勝つことにこだわりすぎるあまり，フェアプレーの理念に反した行為を行ってでも勝利をおさめようとする選手や監督，団体，ともすれば国家が後を絶たない．その1つがドーピング問題である．本来，ドーピングとは，「スポーツ選手が競技成績を高めようとして，国際オリンピック委員会（IOC）や国際競技連盟が定めた禁止薬物などを用いること」をいい，①選手自身の健康を害する，②不誠実（アンフェア），③社会悪，④スポーツ固有の価値を損ねる，という理由から禁止されている．ドーピングはさまざまな副作用によって競技者の健康を害する可能性が高い．また，スポーツ精神の根本と固有価値（倫理観，フェア・プレー，誠意，健康，優れた競技能力，人格と教育，喜びと楽しみ，チームワーク，献身と真摯な取り組み，規則・法規への敬意，自他への敬意，勇敢さ，共同体・連帯意識）に反する行為といえ，青少年のモデルとしての役割が期待されるスポーツ競技選手がドーピングすることは，青少年の薬物乱用にも影響を与える．

国際オリンピック委員会（IOC）は，使用を禁止するドーピング物質や行為，監視を必要とする薬物のリストを定期的に改訂し公表している（表16-2）．ドーピングは，麻薬・興奮剤の使用に対して定義され厳しい行程に基づく使用検査が主要大会ごとに実施されてきた．しかし，現在では，ドーピング検査をすり抜けようとさまざまな方法や物質が開発されてきたために，ドーピングの定義が非常に広範になっている．ドーピングの定義が広範になり，禁止薬物リストが多くの物質を含むようになったことで，うっかり，総合感冒薬（かぜ薬）を飲んだために，エフェドリンが検出されるというケースもある．

ドーピングを意図的に行う側の手口は，年々巧妙化しており，アンチ・ドーピング機構（World Anti-Doping Agency: WADA）とイタチごっこが続いているのが現状である．巧妙化している手法としては，①化学的合成物質から天然ホルモンの使

表 16-2　禁止物質と行為，監視プログラムの一覧

I. 常に禁止される物質
　1) 蛋白同化薬（蛋白同化男性化ステロイド薬）
　　・外因性（体内で自然に作られない物質）
　　・内因性（体内で自然に作られる物質）⇒その物質あるいはその他関連物質との比率の正常範囲より判定
　2) ペプチドホルモン，成長因子および関連物質：エリスロポエチン，成長ホルモン，インスリン様成長因子，機械的成長因子，インスリンなど
　3) β2作用薬
　4) ホルモン拮抗薬と調節薬
　5) 利尿薬と隠蔽薬（ドーピングを隠蔽するための物質）
II. 常に禁止される方法
　1) 酸素運搬能の強化：血液ドーピング，酸素摂取や酸素運搬を人為的に促進すること
　2) 化学的・物理的操作：点滴静注，カテーテルの使用，尿のすり替えなどによって隠蔽したと疑われる操作
　3) 遺伝子ドーピング：治療目的以外で競技能力を高める可能性のある細胞，遺伝子，遺伝因子または遺伝子発現の調整
III. 競技会で禁止対象となる物質
　1) 興奮薬：エフェドリン（尿中濃度10μg／mL以上），アンフェタミン，コカインなど
　2) 麻薬：ヘロイン，モルヒネなど
　3) カンナビノイド：ハシシュ，マリファナなど
　4) 糖質コルチコイド
IV. 特定競技において禁止されている物質
　1) アルコール：アーチェリー，ビリヤード，空手，近代5種，スキー，自動車，航空スポーツなど
　2) β遮断薬：アーチェリー，ビリヤード，近代5種，スキー，自動車，航空スポーツ，水泳，レスリング，チェスなど
V. 監視プログラム
　1) 興奮薬：競技会検査のみ（カフェイン，シネフリンなど）
　2) 麻薬：競技会検査のみ（モルヒネ・コデイン比）

（日本アンチ・ドーピング機構「世界アンチ・ドーピング規定．2011年禁止リストに関する基準，2011年監視プログラム」より抜粋）

用，②不正な薬物使用を隠蔽する方法，物質の使用，③血液ドーピング，遺伝子ドーピングなどの薬物を使用しない方法などがあげられる．

　WADAは，2003年に世界アンチ・ドーピング規程（WADA規程）により共通ルールを作成した．しかし，体内に自然に作られる物質をドーピングすると，ドーピングの証拠をあげることが非常に難しく，また，それにあわせて，不正薬物を隠蔽する方法が多く開発されている．たとえば，利尿薬（ドーピング検査の材料となる尿の量を多くして，肝心の禁止薬物の濃度を薄めてしまう）や再吸収促進薬（禁止薬物が尿に出ていかないようにする），その他の隠蔽薬（禁止薬物が検出されるのを化学的に妨害する）などを用いる方法がある．そこで，禁止薬物の使用痕跡の発見によるドーピング判定以外にも，ドーピング検査を受けずに拒否する，あるいはドーピングに必要な薬品を所持すること自体や，証言によるドーピングの証明，検査妨害，選手・スタッフによる禁止物質・方法の不法取引も違反行為として取り締まっている．

　さらに，薬物以外のドーピング行為も開発されている．「血液ドーピング」は医療行為以外の目的で競技直前の輸血によって赤血球を意図的に増量するもので，持久力を高めることを狙いとしたドーピング行為のことである．また，理論的可能性として，欧米で議論されているのは，「遺伝子ドーピング」である．すでに，いくつかのホルモン欠損症に対する遺伝子治療が可能になっており，これを不正に用いて，身体能力を向上させる目的で遺伝子操作が行われる可能性がある．たとえば，難病である筋ジストロフィーの遺伝子治療を正常な選手が悪用すれば筋肉増強が可能なことは明らかである．また，エリスロポエチン（EPO）産生の指令を出す遺伝子情報を組み込んだ無毒化ウイルスをベクター（媒介者）として選手に感染させれば，赤血球の分化が大幅に促進されることがマウスを用いた実験によって報告されている．さらに，胚の発生過程で筋への分化を決定する因子が発見され，その

抑制因子（ミオスタチン）を抗体でブロックすることによって，筋量を増加することが可能であると報告されている．これにより，超人的な筋量を有した選手を人為的に作り出すことも可能であると議論されている．しかし，ドーピングの禁止理由でも述べたように，ドーピングはスポーツ精神に根本から反する行為である．遺伝子操作によって超人を人為的に作り出すこともスポーツ精神に反する行為といえ，ドーピングに含まれるべき行為である．

（2）ドーピングによる副作用

ドーピングは投与量が多く，投与期間も長いケースが多いので，健康を害する重大な副作用を伴う場合が多い．また，数種類の薬剤を同時に使用するので，想定できない薬剤相互作用が起こりやすい．

①蛋白同化薬（蛋白同化男性化ステロイド剤）

蛋白同化剤の中には蛋白同化作用をもつステロイド薬が含まれており，男性ホルモンであるテストステロンやその誘導体が代表的な薬物である．蛋白同化薬が身体に作用すると筋肉量が増加するため，「筋肉増強剤」という俗称でよばれることもある．効果が絶大なだけに副作用も劇的に生じることが報告されており，男性化作用に伴う不眠，精神神経系への影響（易興奮性，攻撃性，怒りっぽい），性的興奮（性衝動，勃起亢進），皮膚への影響（脱毛，皮膚の老化，爪の変形），動脈硬化（高血圧，脳・心筋梗塞），脂質異常症，声帯の肥大などのリスクが増大する．女性の場合は外性器の異常，月経不順・無月経，不妊，多毛（髭）などを起こす．さらに，投薬を終了したあとにもホルモンバランスが崩れ，女性化する現象や臓器肥大や血液の粘度が高まるなどの症状が現れ，ときには突然死を引き起こすこともある．他にも，発がん促進や肝機能障害などの副作用もみられる．

②興奮薬

興奮剤は中枢神経系（脳，脊髄）に作用し，とくに情動や食欲，性欲などに影響を及ぼす．依存性が形成されやすく，投与量も増えていく．たとえば，エフェドリンは咳止めとして使われ総合感冒薬や葛根湯に含まれる．カフェインも同じであるが常用により，精神神経系の異常興奮や自律神経系の失調を来しやすい．また，長期使用において薬効が低下するため服用量が増える．交感神経を介して心悸亢進（動悸，頻脈），不整脈の誘発などを起こしやすい．

③エリスロポエチン・血液ドーピング

いずれもヘモグロビンを増やし，酸素運搬能力を高めることを目的とする．しかし，赤血球濃度が高まったときに脱水も絡むと血栓形成が促進され脳梗塞や心筋梗塞などで突然死を起こすことがある．一種の多血症と同じ状態である．

④成長ホルモン・ソマトメジンC

これらは，遺伝子工学的に作成されるために，ドーピング・コントロール[注2]での検出は現段階では困難である．成長作用により，骨端線の閉じる前は巨人症，閉じた後は末端肥大症となる．すなわち，ごつごつした特徴的な顔貌，各身体部分が肥大し，内蔵も肥大する．また，悪性腫瘍も合併しやすい．血糖値も上昇し二次性の糖尿病となる．また，ソマトメジンCによって，血糖値は低下し低血糖で不用意な使い方で突然死することもある．

いずれにしても，ドーピング物質の多くは，競技を引退し，ドーピングを中止し

注2）ドーピングコントロール：ドーピングを世の中から排除し，健全な価値観，倫理観，健康を守り，スポーツの秩序を維持するために，実際にドーピングを監視し，違反を摘発すること．

てから副作用が強く現れる場合が多く，長い年月にわたって，苦しめられている人もいる．とくに，競技者自身がドーピングをしているという自覚がなく，コーチや医師が偽って投与していたという競技者の人権を無視した行為もあった．

> ★コラム 「酸素カプセルは"ドーピング"？」
> 　近年，ヨーロッパの有名サッカー選手が治療に利用したことや，甲子園優勝投手が試合期間中に疲労回復のために利用していたことで有名になった酸素カプセルを用いた高圧酸素療法について，北京オリンピック開催直前（2008年）に，「酸素摂取や酸素運搬，酸素供給を人為的に促進すること」にあたるとして，ドーピング行為に該当する可能性があると判断され，メーカー側と財団法人日本アンチ・ドーピング機構（JADA）や世界アンチ・ドーピング機構（WADA）が議論を交わすことがあった．WADAは当時，明確な違反規定は提示しなかったものの，議事録にはドーピングの対象として「禁止されるべき」と意見が述べられたことを公表し，実際，北京オリンピックでは使用禁止，高野連でも使用自粛を促した．これに対して，業界団体は強く反発しドーピング行為には当たらないと主張した．
> 　その後，1年近く「禁止」なのか「禁止ではない」のか，有耶無耶な状態が続いたが，結局「補足的な酸素の使用は禁止しない」とされ，酸素カプセルは，元どおり使用可能となった．しかし，今回の問題で重要なことは，選手や業界側が「効果がある」と安易に使用していた道具（あるいはサプリメントや漢方など）が，一歩間違えればドーピングの対象になり得るということである．「自然な状態以外の行為によって血液中に通常よりも多い酸素量を取り込もう」という発想自体が，ドーピングを利用しようとする行為ときわめて近い発想であり，安易に使用を許可することは，「もっと効果のある別のものを…」となる危険性をはらんでいる．ドーピング問題は，違反規定にある具体的な薬物を摂取したかどうかが本当の意味での問題ではなく，自身以外の力に頼ろうとする行為そのものが問題であるということを選手自らはもちろん，指導者や業界関係者も理解しておかなければならない．

3）女性競技スポーツ選手における運動性無月経

　激しいトレーニングを繰り返す女性競技者の中には，初経初来の遅延や続発性無月経などの月経異常を起こすものがいる．これらは総称して運動性無月経といわれる．運動性無月経のメカニズムは，①体重（体脂肪率）の減少，②精神的・身体的ストレス，③体内ホルモン環境の変動，といった要因が単発的，または複合的に作用することによって発生すると考えられている．とくに体重制限がある競技（柔道，レスリングなど），や容姿の美しさが問われる競技（体操，新体操など）の場合には，激しいトレーニング（身体的ストレス）とともに，体重のコントロール（減量）もあり，続発性無月経になりやすい．また，継続的なトレーニングによって体脂肪率が一定以下となると続発性無月経の危険性が高まると報告されている．また，無月経を放置すると卵巣機能の低下により，排卵期の障害をともなったり，排卵しなくなったりする．さらには，続発性無月経は骨塩量の増加を支えるエストロゲンが分泌されなくなるため，若年性骨粗鬆症や疲労骨折が発症することが危惧される（第4章参照，p.83）．

　スポーツ活動によって，「月経痛が悪化する」「月経周期，持続日数が不規則になる」「無月経になる」といった自覚症状が出た場合は，トレーニング量を調節したり，専門医で受診することが必要であるが，競技レベルが上がるにつれ，それらを無視してしまうケースが多いことは問題である．

4）スポーツ用品の開発技術の発展と功罪（水着問題を例に）

（1）スポーツと用具

　スポーツにおいて，なくてはならないものに，「用具」があげられる．現代スポー

資料 16-1　2010 年度に制定された水着に関する規定（2010 年 4 月 1 日より）

『日本水泳連盟ならびに加盟団体が主催する競技会（公式競技会）と公認された競技会（公認競技会）において着用する水着は下記の通りとする．』

(1) 水着の形状（身体を覆う範囲）は次の通り．
　イ）男子はへそを超えず，膝までとする．
　ロ）女子は肩から膝までとする．ただし首，肩を覆うことはできない．
(2) 重ね着は，禁止．着用できる水着は一枚のみとする．
(3) 水着あるいは身体へのテーピングは禁止とする．
(4) 素材は繊維のみとする．（ラバーおよびパネルを貼ったものは不可）

※国際水泳連盟（FINA）の承認を受けていないものでも構わない．（ただし形状・素材は守ること）
※但し，世界新記録，日本新記録（高校〜学童新記録を含む）の公認は，すべて国際水泳連盟（FINA）に承認された水着であることを条件とする．

（理由）
国際水泳連盟（FINA）に承認された水着が，すべての競技者に直ちに供給されることは，難しいと考え，暫定的に国内規則を設ける．2009 年以前に販売された水着でも使用可能とする．
本規則の適用期間は平成 22 年 4 月 1 日より平成 23 年（2011 年）3 月末までとする．
（参考資料）
国際水泳連盟（FINA）の水着に関する決定事項は下記の通り（2009 年 7 月 24 日）
(1) 水着の形状（身体を覆う範囲）は次の通り
　イ）男子はへそを超えず，膝までとする．
　ロ）女子は肩から膝までとする．ただし首，肩を覆うことはできない．
(2) 重ね着は，禁止．着用できる水着は一枚のみとする．
(3) 水着あるいは身体へのテーピングは禁止とする．
(4) 素材は繊維のみとする．
　イ）素材の厚さを最大 0.8 ミリとする．
　ロ）浮力の効果を 0.5 ニュートン（N）以下とする．
　ハ）透過性最小値は 80l/m^2/秒とする．尚，計測は素材を上下左右に 25% 伸ばした状態で行われる．
　ニ）テストは必ず科学者チームにより，科学的方法で行われる．
　ホ）認可テストの後の修正・改造は禁止する．

ツでは，ほとんどの場合，スポーツ関連企業が製造した用具を選手が購入，あるいは配給を受けて使用している．企業は選手のパフォーマンスの向上により有利な製品を作り上げることでスポーツの発展に貢献し，また，自社の利益を伸ばしている．一見，このサイクルはスポーツにとってプラスの影響のように感じられるが，時々，企業の競争の過熱化により，スポーツ倫理を犯す場合が発生する．

（2）高速水着問題

2008 年に開催された北京五輪以来，各メーカーの"高速水着の開発競争"が激化した．その始まりはスピード社製競泳用水着「LZR RACER（レーザー・レーサー）」の登場である．この水着により，北京五輪では世界記録がこれまでの大会よりもはるかに多く誕生し，選手からはこの水着を着なければ勝つことができないとまで言われ，大会直前までスピード社以外の企業スポンサーと契約を結んでいた選手たちがどちらの水着を着るかで協議を続けるという問題が発生するまでに至った．実際，北京五輪ではこれまでの大会以上の世界記録が誕生した．その後，各社の競争はさらに激化し，翌年行われた世界水泳では，世界新記録が前年度の五輪以上に乱立する状態となり，選手の実力以上に水着が記録に多大な影響を及ぼしているのではという疑惑を持たれるまでになった．

（3）高速水着の特徴

新高速水着は，これまでの水着が，より「水との抵抗が少ない素材」の開発に着眼点が置かれて開発されてきたのに対し，身体そのものの抵抗を少なくするために筋肉のぶれを抑制したり，姿勢を矯正したりするような形状に重点がおかれている．さらに，水を含まないように超極細線維で織り込んだものやラバー素材などを用いた製品の誕生により，浮力を生み出すような可能性のある水着が誕生するに至った．その結果，女子選手はもちろん，男子選手用の水着までもが，全身を覆うようなスタイルが定番になった．

（4）企業の競争と倫理観の見直し

　高速水着がメディアに取り上げられ，一般の人々にも製品の性能について紹介され始める頃には，水着メーカー各社は，自社製品の開発に必死になった．その結果，世界記録がこれまで以上のハイペースで誕生する異例の事態を招いた．そして，いつしか高速水着の開発競争の波にもまれ，選手たちが苦しいトレーニングによって得た泳力を最大限に発揮する競技という本来の競泳というイメージが弱まり，「高速水着を着用するから速く泳げる＝世界記録」が誕生するという誤解さえ与えた．企業も水着の性能や記録の向上を追求するあまり，選手のパフォーマンスを最大限に引き出すために製品を開発していたはずが，いつしか製品の性能を競い合うために選手が利用される状態を生み出してしまい，これまでタブーとされてきた「浮力」や繊維以外の「水を通さない素材」の使用，「体型の矯正（補正）」などの手段を利用し，「誰が世界記録を樹立したか」というよりも「何処のメーカーの水着が世界記録を樹立したか」という競争を導いた．さらに，「速くなるのであれば何を着用しても良い」という考え方は一歩間違えれば「速くなるためには何をしても良い」というドーピングを使用する考えとも近いものであり，選手たち，とくに心理的にも未成熟で，良くも悪くも影響を受けやすいジュニアの選手に対して，勝利至上主義という，スポーツに対する間違った倫理観を植え付けてしまいかねない．

　また，高速水着は上半身を極度に締め付けるため，レース後の選手の疲労が通常よりも大きいという意見や，長時間の着用により循環器系に異常を来すといったことが報告されるようになってきた．ドーピングと同様，選手の健康にも被害を及ぼす可能性が生じ，JOCももはやこの水着問題を無視し続けることはできなくなった．その結果，2010年4月より，新しい水着に関する規約が国際水泳連盟（FINA）より発表された（資料16-1）．

　企業の開発努力が過剰になるあまり，選手の健康や健全なスポーツの倫理観を歪めかねない状態を引き起こす自体になりかけた問題であった．しかし，このような問題は今回の競泳競技のみでなく，パラリンピックにおける義足などの装具などでも同様の問題が発生しており，ドーピング同様，今後，倫理問題を踏まえたうえで十分に検討していかなければならない．

✓ まとめ

- スポーツへのかかわり方が多様化して，「する」スポーツの他に，「みる」「調べる」「ささえる」スポーツが成熟しつつある．
- 「みる」スポーツが成熟し続けるためには，提供するスポーツに魅力があり続ける必要がある．すなわち，メディアバリューを意識する必要があるが，メディアがスポーツと密接に関与することによる弊害も生まれている．
- 勝利することで莫大な富と名声を得られることから，スポーツの倫理観がゆがみつつある
- ドーピングの定義は広範になり，禁止薬物リストは増加し続けている．すなわち，アンチ・ドーピング機構とドーピングする競技者とのイタチゴッコが繰り返されている．
- 規定に違反したかどうかではなく，自分自身の力以外の何かに頼ろうとすることが，すでにドーピング問題につながる行為である．
- 女性競技者は過度なトレーニング，体重制限によって月経異常を引き起こす．

・スポーツ用具が記録に多大な影響を及ぼす場合もあり，ドーピングと同様，スポーツ本来の目的を忘れ，用具に頼ることがないような，正しい倫理観が必要である．

レポート課題

1. スポーツのかかわり方がどのように多様化してきたかまとめよ．
2. 近くのスポーツボランティアの参加機会を探し，計画を立てよ．
3. ドーピングの禁止薬物とその副作用についてまとめよ．
4. スポーツ用具の開発と倫理観についてまとめなさい．

文献

JOC アンチ・ドーピング：http://www.joc.or.jp/anti_doping/index.html
加賀谷熈彦ほか編：新保健体育．大修館書店，2003．
メディア総合研究所編：スポーツ放送権ビジネス最前線．花伝社，2001．
文部科学省，スポーツにおけるボランティア活動の実態等に関する調査研究協力者会議：スポーツにおけるボランティア活動の実態等に関する調査研究報告書．2000．
日経トレンディネット：進化を続ける高速水着．世界新記録の公認騒動はなぜ起きた？：http://trendy.nikkeibp.co.jp/article/pickup/20090616/1027025/?ST = yahoo_headlines&P = 6
日本オリンピック委員会アンチドーピング委員会，日本体育協会アンチドーピング対策班翻訳：IOC 医事規程と JPN ドーピング・データベース．ぎょうせい，1997．
日本陸上競技連盟：クリーンアスリートをめざして．創文企画，2003．
日本体育協会アンチ・ドーピング：http://www.japan-sports.or.jp/doping/
寒川恒夫編：スポーツ文化論．杏林書院，1994．
Sportsmavi.com："高速水着"とは何なのか？ 競泳用水着に起こった革新的開発：http://sportsnavi.yahoo.co.jp/other/swim/finawc2009/text/200907270002-spnavi.html
征矢英昭ほか編：これでなっとく使えるスポーツサイエンス．講談社，2002．
The Nielsen Company：http://www.hk.nielsen.com/news/20080905.shtml
友添秀則，近藤良亨：スポーツ倫理を問う．大修館書店，2000．
上西康文編：現代日本のスポーツビジネス戦略．大修館書店，2000
早稲田大学スポーツ科学部編：教養としてのスポーツ科学．大修館書店，2003．
吉見俊哉：メディア論改訂版．日本放送出版協会，2001．
（財）日本アンチ・ドーピング機構（Japan Anti-Doping Agency：JADA）：http://www.anti-doping.or.jp/
（財）日本水泳連名ホームページ：http://www.swim.or.jp/

［野口　雄慶］

索　引

和　文

[あ]
アームエクステンション　116
アームカール　116
アイソトニック系ドリンク　155
アクアビクス　130
悪性新生物　5, 24
アクチンフィラメント　63
アクティブ80ヘルスプラン　9
足関節　109, 111
アジリティ　117
アセスメント　194
アセトアルデヒド　210
アダルトチルドレン　212
アディポサイトカイン　27, 28
アディポカイン　27
アディポネクチン　27
アデノシン三リン酸　60, 128, 229
アブクランチ　115
アマチュアリズム　250
アミノ酸　94, 155
アルコール
　――依存症　212
　――血中濃度　213
　――脱水素酵素　210
　――ハラスメント　214
アレルギー　232
アンジオテンシノーゲン　27
安静状態　169, 191
アンチ・ドーピング機構　251

胃潰瘍　223
育成モデル事業　241
移行期　102
意識障害　86, 150, 154, 162, 172, 206
意識消失　185
意識性の原則　91
異所性脂肪　27
　　　――蓄積　26
1型アルデヒド脱水素酵素　211
一次産業　9
一次的欲求　218
一次予防　5, 6, 9, 12, 24

一回拍出量　33, 72, 128
一般型　50
イップス　195
遺伝子
　――異常　32
　――操作　253
　――ドーピング　251
遺伝的要因　32, 98, 221
イベントボランティア　249
医療・保健サービス　2
医療制度改革　12
医療費　6, 47, 240
飲酒習慣者　210
インスリン　27, 30
　――感受性　27, 128
　――抵抗性　25, 27, 30
　――受容体　128
　――受容体遺伝子　32
　――分泌　31
インターバルスプリント　101
インパルス　68, 82, 98

ウェスト周囲径　25
ウォーキング　129, 131, 132, 228
　――フォーム　133, 134
ウォーミングアップ　116, 117, 121, 169, 173
羽状筋　62
後ろ向きコホート　52
運動
　――ガイドライン　126
　――学習　82, 195, 197
　――器　47
　――強度　35, 53, 71, 76, 77, 130, 133
　――経路　80, 82
　――習慣　5, 21, 24, 29, 136
　――障害　125, 129, 130
　――処方　125, 126
　――指令　80
　――神経　51, 69
　――神経線維　97
　――スキル　192, 194
　――成熟能力テスト　45, 47

　――性無月経　84, 254
　――前野　80
　――単位　80, 98
　――中枢　80, 82
　――ニューロン　67, 68, 70, 80
　――パフォーマンス　191, 195
　――不足　30, 83
　――負荷　85
　――野　68, 80, 194
　――連合野　69

エアロビクスダンス　130
エイコサペンタエン酸　14
エイズ　215, 216
映像技術　247
栄養
　――機能食品　18
　――表示基準　19
　――補給　35
　――補助食品　35, 94
エキセントリック　105
エクササイズ　20
エストロゲン　83, 84, 254
エネルギー
　――消費　21, 130
　――消費量　20, 31, 26, 143, 145, 151
　――需要量　73, 75
　――摂取適量　17
　――摂取量　145
　――代謝　165
エリスロポエチン　252, 253
遠心性神経　69

応急処置　179, 181, 182
横紋筋　62, 63
オーバーヘッドプレス　115
オーバーラーニング　196
オーバーロードの原理　89
オープンスキル　196, 197
オタワ憲章　8
ω-3系不飽和脂肪酸　14
オリンピック　249
　――憲章　250

―――・ムーブメント　250
温熱性発汗　153
温熱的中性域　152

[か]
カーボローディング　102
介護予防　13
外傷後ストレス障害　222
外的因子　132
　　―――フィードバック　197
解糖系　61
下肢動作能力　46
海馬　82
外部環境　7, 38
カウプ指数　41
可逆性の原理　90
学習曲線　193
覚せい剤　204, 205
覚醒水準　192
ガス交換　71
学校部活動　238
褐色脂肪細胞　26, 152
活性酸素　30
カプサイシン　139
カルシウム
　　―――摂取　85
　　―――濃度　83
加齢　47, 55, 83, 86
がん　12, 18, 24, 32, 223
　　―――予防　17
感覚
　　―――受容器　70
　　―――神経　70
　　―――ニューロン　80
肝機能
　　―――検査　34
　　―――障害　253
乾球温度　163
環境
　　―――因子　132
　　―――温度　161
　　―――要因　32
乾式調節　152
汗腺　160
乾性放熱　152
間接圧迫法　181
関節
　　―――可動域　121, 172, 174
　　―――機能　38, 43

―――支持能力　121
―――疾患　85
―――リウマチ　223
寒冷環境　165

気温　163
気化熱　153, 166
気管支喘息　208, 223
企業スポーツ　235, 237
基準飲酒量　211
樹状突起　68, 82
基礎代謝　26, 136, 144
　　―――量　31, 128, 144
　　―――基準値　144
喫煙　24
　　―――者率　3, 11, 208
拮抗筋　66, 173
キッチンドリンカー　214
気道確保　187, 188
機能障害　181
技能関連体力　40, 41
筋横断面積　53
救急処置　161
吸収熱　165
求心性神経　69
急性アルコール中毒　206, 211
急性硬膜下血腫　185
急性心不全　34
休養　94
協応性　38, 43
競技パフォーマンス　173
狭心症　223
共働筋　66
虚血性心疾患　12, 208
禁煙外来　210
筋温　169
筋機能　38, 43, 51, 52, 55
緊急度　179
筋グリコーゲン　103, 232
筋原線維　63, 64
筋弛緩法　194, 226
筋持久力　38, 43, 40, 44, 41, 90, 107
筋ジストロフィー　252
筋収縮　72, 171
　　―――様式　65, 66
筋節　63
筋線維　63, 97, 173
　　―――組成　67
　　―――タイプ　67

筋束　63
筋断面積　97
緊張　191
　　―――緩和　194
　　―――性頚反射　70
筋肉痛　173
筋バランス　95
筋肥大　97, 99, 101, 105, 107, 111
筋疲労　95, 171, 231
筋紡錘　70, 80, 173
筋ポンプ作用　129, 167, 171
筋量　54, 136
筋力　32, 38, 40, 41, 43, 44, 46, 49, 53, 90
　　―――増強　105

クーリングダウン　121, 171, 172
屈曲反射　70
クラブ・団体ボランティア　249
グリコーゲン　35, 61, 229
　　―――ローディング　102
クレアチンリン酸　60, 128 229
グレーディング　80
　　―――能力　79
クローズドスキル　196, 197
クロスブリッジ　63

頚椎損傷　185
傾眠　28, 29
　　日中―――　22
痙攣　64, 103, 154, 171, 181, 183
　　筋―――　28
　　熱―――　154, 159, 161
血液ドーピング　251, 252, 253
血管運動性調節　152
月経異常　254
　　―――不順　137
血行障害　166
　　―――動態　232
血中アルコール濃度　214
血糖　34
　　―――値　156, 165
下臨界温　152
健康
　　―――科学　13
　　―――関連体力　38, 39, 40, 41, 55
　　―――診断　34
　　―――寿命　3, 10, 13
　　―――障害　225

──食品　18
　　──診断　35
　　──施策　3
　　──増進法　10, 12
　　──阻害要因　40
　　──づくりのための運動指針
　　　20
　　──度調整平均余命　3
　　──都市　9, 242
　　──日本21　5, 6, 9, 10, 12, 13
　　──被害　209
　　──補助食品　18, 19
腱紡錘　70
倹約遺伝子　26

誤飲　185
広域スポーツセンター　237, 240,
　241, 242
抗うつ薬　227
公益　238
高エネルギーリン酸　60
高LDL血症　24, 25
高温環境　158
高温多湿環境　164
効果器　79
交感神経　27, 69, 166, 198
　　──系　192
　　副──　69, 166
高血圧　18, 24, 25, 31
　　──症　12, 26
抗酸化物質　31
恒常性　38, 150, 222, 228, 229
甲状腺ホルモン　52
抗ストレス作用　228
向精神薬　205
高体温症　157
巧緻性　38, 40, 43
後天性免疫不全症候群　216
高TG血症　24, 25
行動
　　──性体温調節　150
　　──体力　38, 39, 41
　　──療法　145
抗不安薬　207
興奮薬　253
高齢化　4
　　──速度　4
高齢期　55
高齢社会　240

コーピング　221
ゴールデンエイジ　50
股関節　109, 110, 111, 175
　　──伸筋群　108
呼吸器疾患　28
呼吸・循環機能　187
呼吸・循環器系　51, 71, 169
呼吸法　194, 226
国際オリンピック委員会　251
国際水泳連盟　256
国民医療費　4, 208
国民皆保険制度　2
呼出煙　208
個人的対処　225
5段階評価　44
骨塩量　254
骨格筋　60, 62, 64, 66, 91
骨芽細胞　82, 84
黒球温度　163
骨吸収　82, 83
骨形成　82, 83, 85
骨折　47, 84, 183, 184
　　上腕骨外顆頚──　84
　　脊椎・骨盤の──　84
　　大腿骨頚部・転子部──　84
　　橈骨遠位端──　84
骨粗鬆症　83, 84, 85, 98, 137
　　──による四大骨折　84
　　──予防　85
骨端線　51
骨密度　83, 86, 87, 98, 136
骨量　85
個別性の原則　91, 99
コホート研究　52
固有受容神経筋即通法　173
コンセントリック　117
コンディショニング　102
コントロール・テスト　119
コンピュータ・グラフィック
　247

[さ]

サーカディアンリズム　102
サイキングアップ　170
サイクリング　130
最終的フィードバック　197
最大挙上重量　101
最大筋力　95, 106, 107, 125
最大酸素摂取量　31, 33, 51, 54,
　72, 73, 75, 78, 98, 125
　　──予備　127
最大反復回数　106
最大疲労負荷　127
最大利用効率　73
サイトカイン　222
「ささえる」スポーツ　247, 250
サテライト細胞　97
サブプログラム　81
サプリメント　18, 94
サルコメア　63
三次予防　5
酸素運搬能力　253
酸素運搬効率　169
酸素借　74, 75
酸素負債　74, 75
酸素利用効率　72
産熱　151

試合期　101
シーテッドレッグカール　113
シーテッドレッグプレス　113
紫外線　164
自覚症状調査　229
自覚的運動強度　125, 126
自我欲求　218
子宮がん　11
持久的能力　54
持久力　49, 51, 101
軸索　67, 82
止血点　181
自己効力感　199
自己実現　219
　　──の過程　220
自己評価　220
思索前野　150
時差ぼけ　102
脂質異常症　12, 24, 25, 26, 27, 31,
　32
脂質検査　34
視床　68
　　──下部　68, 140, 150, 222
自然環境　7
湿球黒球温度　163
湿度　163
自動体外式除細動器　190
シナプス　68, 80
死の四重奏　24, 25
自発的脱水　157

索　引

脂肪　94, 128
　　——肝　27
　　——吸収阻害薬　139
　　——細胞　26, 28, 140
　　——組織　26
　　——燃焼　139
死亡率　2, 5, 24
　　主要死因別——　6
　　相対的——　21
　　年齢調整——　11
地元プロスポーツ　236
社会
　　——貢献活動　249
　　——組織的対処　225
　　——的環境　7
　　——的欲求　218
　　——保障制度　4
若年性骨粗鬆症　254
周育　41
集団への適応性　200
集中的練習法　198
柔軟性　32, 38, 40, 41, 44, 53, 89, 96, 109, 117, 130, 174
　　静的——　173
　　動的——　121, 173
手指動作能力　46
出生数　4
出生率　4
受動喫煙　208
　　——防止　10
主働筋　65, 173
寿命中位数　2
受容器　79
主流煙　208
循環器疾患　12, 14
瞬発力　38, 43, 47, 53
準備期　49, 101
傷害　53, 89, 97, 108, 132, 159
障害者のスポーツ　249
生涯スポーツ　240
障害調整余命　3
状況の要因　221
状況的把握能力　79
消極的休養　229
蒸散性熱放射　150, 152
少子高齢化　4
上肢動作能力　46
情動焦点型対処　225
消費エネルギー　132, 134, 136, 139, 140

静脈環流効率　130
上臨界温　152
ジョギング　129, 131, 132, 166
　　——フォーム　134
食育　10, 15
食塩摂取量　18
食事制限　136, 137, 138, 144
食事バランスガイド　15, 16, 18
食習慣　136
食事療法　136
食生活　10, 15, 18, 29, 141
　　——指針　15
食物繊維　17, 31
食欲抑制薬　139
除脂肪体重　144, 146
女性ホルモン　52, 83, 84, 167
暑熱環境　153, 160, 165
暑熱順化　161, 164
「調べる」スポーツ　247
自律訓練法　194, 226
自律神経　69, 166
　　——系　222
　　——機能　167
　　——失調型　167, 224
心機能障害　150
心筋梗塞　154, 208, 253
神経
　　——回路　82
　　——機能　38, 43, 50, 51, 53
　　——細胞　67
　　——線維　63
　　——伝達速度　169, 170
　　——系の構成　68
新健康フロンティア戦略　13, 15, 136
人工呼吸　187, 188, 189
人口置換水準　4
人口ピラミッド　4
心疾患　5, 85
心室細動　187
心身症　223, 224
心臓震盪　187
心臓病　24, 210
心臓マッサージ　188, 189
　　開胸式——　188
　　開胸式の胸骨圧迫——　188
身体運動の質　102
身体活動　10, 20, 40

　　——量　17, 21, 30, 48, 98
身体機能　49, 50, 95
　　——レベル　57
身体組成　40, 41, 43
身体的依存　204, 206, 212
身体的緊張　191
身体的ストレス耐性　199
伸張性　64
　　——収縮　65, 66
　　——運動　97
　　——動作　105
伸張−短縮サイクル　111
伸張反射　70, 173, 174
心的緊張力　192
浸透圧　155
心肺　38
　　——機能　43, 50, 51, 52, 53, 130
　　——蘇生法　187, 189
心拍出量　31, 72, 169
心拍数　72, 73, 130, 172, 198, 222
　　——予備　127
　　安静時——　133
　　最高——　125, 133
　　最大——　127
　　目標——　133
深部体温　150, 157
心理的競技能力診断検査　195
心理的効果　198
心理的要因　221

随意運動　69, 70, 79, 80, 81
錐体外路　80
　　——系　69
錐体路　80
　　——系　69
水中体重秤量法　146
水中毒　157
水分補給　154, 158
睡眠　22, 24, 94, 232
　　——時間　22
　　——時無呼吸症候群　22, 29
　　——ポリグラフ　29
　　——薬　207
スキャモンの発育曲線　49, 50, 82
スキル　79, 193
スクワット　96, 107, 108, 109
スタビライゼーション　121
ステロイドホルモン　222
ストリクトフォーム　111

ストレッサー　229
ストレス　6, 24, 30, 32, 33, 39, 109,
　　125, 130, 131, 198, 206, 220
　　──解消　226
　　──管理　136
　　──疾患　223
　　──反応　221, 223, 228
　　最適──　224
　　社会的・心理的──　222
　　身体的──　254
　　精神的──　39, 228
　　生物的──　39, 222
　　物理化学的──　39, 222
ストレッサー　221, 222, 225
ストレッチ　65, 119, 127, 129, 170,
　　172, 231
　　──ショートニングサイクル
　　　　65
　　スタティック──　172, 174, 175
　　ダイナミック──　173
　　バリスティック──　117, 173
　　フル──　96
ストレッチング　96, 172, 131
スピード　38, 40, 116
スプリットルーティン　95
スペーシング能力　79
スペクテーター・スポーツ　246
スポーツ
　　──イベント　238
　　──少年団　244
　　──振興　242
　　──心臓　72
　　──ボランティア　249
　　──倫理　255
　　──倫理観　251
スランプ　193

生活活動　20
　　──環境　30
生活空間　48, 56
　　──レベル　49
生活習慣　6, 8, 10, 24, 87, 136, 140,
　　142
　　──要因　32
　　──病　5, 6, 8, 13, 14, 24, 26, 29,
　　　　30, 31, 32, 40, 41, 126, 132, 142
　　──病予防　13, 20, 21
　　──病リスク　27
生活の質　7, 10, 47, 56, 247

生活リズム　22
性感染症　216, 215
性器クラミジア感染症　215
生殖型　50
精神的依存　204, 206, 212
精神的能力　200
精神性発汗　153
精神的不安定状態　191
成人病　24
生体電気インピーダンス　146
　　──法　142
成長期　17, 51, 96
成長ホルモン　52, 94, 113, 253
生物学的環境　7
性ホルモン　51
生理機能検査　229
生理的機能　89
生理的興奮　191
性器ヘルペスウイルス感染症
　　216
世界アンチ・ドーピング機構
　　254
世界がん基金　17
世界保健機関　3, 40
脊柱起立筋　108
積極的休養　229
　　──法　231
摂取エネルギー　136, 140
セットポイント説　140
セロトニン　33, 228
前運動野　68
尖圭コンジローマ　216
前視床下部　150
全習法　198
全身持久力　38, 40, 53
漸進性の原則　90
前頭葉　80
全面性の原則　91
せん妄　206
専門性の原則　92

総合型地域スポーツクラブ　235,
　　237, 244, 238, 239, 240
相互性神経支配　174
相対的筋力　96
壮年期死亡　10
続発性無月経　254
速筋線維　67, 112
ソマトメジンC　253

[た]
第一次国民健康づくり対策　9
ダイエット　128, 136
　　炭水化物抜き──　139
　　単品──　139
　　ヨーヨー──　137
体温調節　150, 155
　　──中枢　150
　　──機構　150
　　──能力　161, 164
　　──機能　167
体格指数　34
体感温度　162
　　ミスナールの──　162
　　リンケの──　162
体幹動作能力　46
対国民所得比　4
第三次国民健康づくり対策　9
胎児性アルコール症候群　212
体脂肪　41, 42, 136, 139
　　──分布　26
　　──率　27, 42, 43, 142, 145, 146,
　　　　254
　　低──率　84
　　──量　146
代謝障害　150
対処行動　225
体水分量　160
耐糖能異常　25, 26, 27
体内時計　102
ダイナミック・フレキシビリティ
　　117
第二次国民健康づくり対策　9
大脳
　　──新皮質　218
　　──皮質　68
　　──辺縁系　218
体表体温　150
体表面積　153
大麻　204, 205
タイミング　80
　　──能力　79
第四次健康づくり対策　10
体力
　　──水準　53, 56, 57, 98
　　──測定　41
　　──テスト　39
　　──の構造　39
　　──プロファイル　43

──・運動能力調査　53
　　　──・運動能力テスト　99
多価不飽和脂肪酸　14
脱水　103
　　　──傾向　165
　　　──症状　131, 156, 162
　　　──率　157, 158
たばこ　10
　　　──規制枠組条約　209
短縮性収縮　65, 66
短縮性運動　97
弾性エネルギー　117
男性ホルモン　51, 84
蛋白同化薬　253
蛋白同化男性化ステロイド剤　253
ダンベル　105
弾力性　64

地域
　　　──格差　2
　　　──活動　8
　　　──貢献活動　235
　　　──スポーツイベント　248
　　　──スポーツクラブ　249
　　　──独立リーグ　237
　　　──密着　235
チーティング　111
チェストプレス　115
知覚神経　69
遅筋線維　67
致死の不整脈　187
中央値　21
中心性肥満　24, 25
中枢神経　204
　　　──系　68, 69, 140, 222, 253
中性脂肪　26, 27, 34, 141
中和筋　66
長育　41
超回復　91, 94, 231
　　　──の原理　95
超最大運動強度　78
直接圧迫法　181
鎮静剤　207
沈黙の殺人者　24

痛風検査　34
使いすぎ症候群　132

低温環境　158
低血糖　157
低血圧　167
低出生体重児　208
定常状態　73, 170
低体温症　157
低ナトリウム血症　157
テーパリング　102, 103
適応機制　219
適応障害　166
適応性　38, 89
デザイナーズドラッグ　207
テストステロン　84
デッドリフト　107, 108, 109
臀筋　108
転倒　47, 56
　　　──後症候群　47
　　　──予防　49
　　　──リスク要因　48

動機づけ　119, 191, 220
糖質含有量　156
同時的フィードバック　197
等尺性収縮　65, 66
動静脈酸素較差　72, 98
等浸透圧飲料　155
等速性筋力発揮　130
等速性収縮　65
等張性収縮　65
動的回復法　171
糖尿病　12, 14, 25, 27, 31, 132, 223
　　　──検査　34
　　　──耐糖能異常　24
　　　──性ケトアシドーシス　156
　　　インスリン非依存型──　32
　　　2型──　32, 55
動物性脂肪　31
動脈硬化　25, 26, 28, 34, 128
ドーピング　251, 256
　　　──・コントロール　253
特異性の原理　89
特定非営利活動法人　242
特定保健用食品　18, 19
　　　条件付き──　18
特別用途食品　18, 19
ドコサヘキサエン酸　14
ドコサペンタエン酸　14
突然死　35
トレーニング

　　　──強度　100
　　　──計画　99
　　　──効果　90, 94, 95
　　　──の漸進性　35
　　　──の原理　89, 90
　　　──の原則　125
　　　イメージ──　195, 227
　　　ウェイト──　93, 96, 101, 105, 106
　　　オーバー──　91, 95, 231
　　　筋力──　51, 105, 111, 112, 138
　　　コア──　119
　　　自重──　113
　　　スピード──　101
　　　スロー──　112, 113
　　　ディ──　90, 98
　　　パワー──　101
　　　フリーウェイト──　105
　　　マシン──　105
　　　メディシンボール──　117, 118
　　　メンタル──　102, 171, 194
　　　ラダー──　117
　　　レジスタンス──　96, 97, 98, 105, 106, 125
　　　SAQ──　116, 117, 118

[な]
内在的フィードバック　197
内臓脂肪　26, 27, 139
　　　──型肥満　24, 25, 42
　　　──蓄積　28
内的因子　132
　　　──フィードバック　197
内発的動機づけ　197
内部環境　7, 38
内分泌系　222

2回目衝撃症候群　186
2回目脳震盪症候群　185
2型アルデヒド脱水素酵素　211
肉離れ　96, 131, 174
二酸化炭素分圧　71
二次的欲求　218
二重エネルギーX線吸収法　146
二重標識水法　151
二次予防　5
日常活動　38
日常生活活動　129

日常生活動作　3, 143
　　──能力　45
　　　手段的──　3
日射病　164
日本アンチ・ドーピング機構　254
日本人の食事摂取基準　15
乳がん　12
乳酸　35, 171, 229
　　──系　61, 62
　　──性エネルギー　61
　　──性パワー　92
　　──性疲労　169
ニューロン　80
　　──の構造　68
尿酸　34, 131
認知的能力　200

ネガティブ・ワーク　93
寝たきり　3, 56
　　──化　47
熱失神　159, 161
熱射病　154, 159, 161, 162
熱中症　154, 159, 161, 164
　　──死亡事故　159
　　──のための運動指針　160
　　──予防8ヶ条　160
　　──予防のための運動指針　163
　　──予防対策　160
熱疲労　154, 159, 161, 162
熱放散　150, 151
年間死亡者数　30
年間発達量　51
捻挫　183

脳血管疾患　5, 208
脳梗塞　154, 253
脳震盪　185
　　──後症候群　186
脳卒中　12, 18, 24, 210
脳内出血　183
ノルアドレナリン　228
ノンレム睡眠　232

[は]
「バーチャル」スポーツ　248
バーベル　105
バーンアウト　193
　　──症候群　192
バイオフィードバック法　194, 227
肺拡散能　71
ハイクリーン　107, 109, 111, 112
ハイポトニック系ドリンク　155
廃用性萎縮　98
廃用症候群　47
白色脂肪細胞　26, 141
拍動疼痛　181
破骨細胞　82, 83
発育・発達　49, 86, 91, 92, 212
発育期　50, 53
発育スパート　52
発育パターン　49
発汗量　157, 160
バックエクステンション　114
歯の健康　11
パフォーマンス　199, 251
　　──曲線　193
ハムストリングス　108, 175
パラリンピック　256
バランス能力　121, 117
パワー　40
　　──クリーン　109
半羽状筋　63
反射　70, 81
　　──運動　69
板状筋　62
判断力　200
反動動作　111
反応時間　40
反応性血糖値　165
反復性の原則　90, 196
反復練習　196

非アルコール性脂肪肝炎　27
ピーキング　102, 103
冷え性　166
皮下脂肪　28
　　──組織　26
膝関節　111
　　──伸筋群　108
非蒸散性熱放射　152
ビタミン　17, 18
ビッグスリー　107, 108, 109, 110
ヒップアダクション　114
ヒップアブダクション　114
ヒト免疫不全ウイルス　216

非乳酸性パワー　92
皮膚血流量　152, 164
肥満　14, 24, 25, 26, 30, 33, 34, 153, 159
　　──遺伝子　26
　　──度　42, 130
　　──判定基準　142
標準体重　30, 43
ピラティス　119
ピリオダイゼーション　100, 107
ピルビン酸　229
疲労　35, 131, 228
　　──回復時間　95
　　──困憊　76, 77, 78, 79, 129, 157, 229
　　──物質　229, 232
貧血　167
　　──検査　34
　　──型　167
敏捷性　38, 40, 43, 53, 55

不安　191, 227
　　──感情　192
フィードバック　70, 79, 197
　　──制御　150
フィラメント　63, 64
　　──の滑走説　63
フード・ガイド・ピラミッド　15
フォームローラーエクササイズ　119, 121
不快指数　162
付加的フィードバック　197
幅育　41
副子固定　183
輻射　151
　　──熱　161, 163
副腎皮質ホルモン　222
腹部（温感練習）　199
副流煙　208
不健康寿命　3
不随意筋　62
不整脈　166
不眠　206
　　──症　33
プライオメトリクス　112, 117
プライマリ・ケア　9
プラスミノーゲン活性化抑制因子　27
フラッシュバック　206

――現象　207
フラッシング反応　211
プラトー　193
フリーウェイト　97
ふるえ熱産生　151
　　非――　151
フルコントラクション　96
プロスポーツチーム　235
プロテイン　94
分散的練習法　198
分習法　198

平均寿命　2, 4, 6
平均値　43
平均歩数　21
平衡機能　55
平衡性　38, 40, 43, 46, 53, 55
平行線維筋　62
平滑筋　62
βエンドルフィン　33, 228
ヘキサゴンドリル　118
ヘモグロビン　72
ヘルシー・ピープル　9
ヘルスプロモーション　6, 8, 24
ヘルパーT細胞　233
偏差値　44
ベンチプレス　96, 107, 108

防衛体力　32, 38, 222
方形筋　62
紡錘状筋　62
放熱　151
ボールエクササイズ　122
保健機能食品　18
保健サービス　8
保健指導　160
ポジショニング　80
　　――能力　79
ポジティブ・ワーク　93
補助筋　66
補足運動野　69, 80
ポピュレーションアプローチ　13
ホメオスタシス　140, 219, 222, 229
ボランティア　237, 247, 248
　　――活動　249
ホルモン　222
　　――アンバランス型　167
　　――バランス　253

――分泌障害　167
ポンプ作用　72

[ま]
前向きコホート　52
マクロサイクル　100
マスターズランナー　54
末梢神経系　68, 69
末梢皮膚温　198
麻薬　204, 205
慢性疾患　7
慢性障害　132
慢性中毒　206
慢性疲労　231
　　――症候群　229

ミエリン鞘　68
ミオシンフィラメント　63
ミオスタチン　252
味覚性発汗　153
ミクロサイクル　101
ミクロゾームエタノール酸化酵素　210
「みる」スポーツ　200, 236, 246, 247, 248
ミニハードルドリル　117, 118
ミネラル　17, 18

ムービングディスク　122
無月経　137
無酸素性エネルギー　60, 61, 73
　　――供給　74, 78
　　――供給量　77
　　――量　75, 76
無酸素性運動　125, 126, 169

メインプログラム　81
メゾサイクル　101, 102
メタボリックシンドローム　5, 13, 21, 24, 42
　　――診断基準　25
　　小児期――診断基準　29
メッツ　20
メディアスポーツ　246
メディカルチェック　35, 125, 131
免疫系　222
免疫力　39
メンタルプラクティス　197
メンタルリハーサル　195

毛細血管　71, 167, 181
　　――網　128
　　――密度　31
目的意識　196
目標設定　90
目標達成意欲　199
目標歩数　21
モチベーション　145
問題焦点型対処　225

[や]
薬物依存　204
薬物探索行動　206
薬物中毒　206
やけど　183, 184
野菜摂取量　17

有機溶剤　204, 205
有酸素性運動　125, 126, 128, 172, 228
有酸素性エネルギー　61, 73, 75
　　――供給　78
　　――供給機構　61, 171
　　――供給量　77
　　――量　76
有酸素性パワー　92
有酸素供給系　76
有酸素性作業能　228
遊離脂肪酸　166

要介護　3, 57
　　――化　47
腰痛体操　124
洋ナシ型肥満　26, 27
ヨガ　231
抑うつ　227
抑制介在ニューロン　70
予測力　200
4大リスクファクター　24

[ら・わ]
ライフステージ　15, 240
ライフスタイル　231
ラットプルダウン　114
ラロンド報告　9
ランニング　170
乱用薬物　205

罹患率　30

離脱症状　206
リタリン　207
利尿作用　164
利尿薬　252
リパーゼ　141
リバウンド　128, 136, 137, 140, 145
リハビリテーション　7, 23, 119, 194, 226, 248
量育　41
リラックス　198, 228
臨界期　49, 52, 53, 86
淋菌感染症　216
リンゴ型肥満　26, 27
リンパ型　50

レジスタンスエクササイズ　102
レッグエクステンション　113
劣等感情　192
レプチン　27, 140
　——抵抗性　27
レミニッセンス　196
レム睡眠　232

労働人口　6
ローレル指数　41, 42
6大栄養素　16
ロコモティブシンドローム　47, 48

ワールドカップ　249

欧文

AC　213
Activities of Daily Living　44
Adaptability　38
ADH　210
ADL　44, 48
ADLテスト　45, 46, 46, 47, 57
ADL能力　49, 57
Adult Children of Alcoholics　213
AED　187, 190
ATP　61, 63, 72, 128, 229
ATP-CP系　60, 61
Automated External Defibrillator　190

BAI　43
Ballistic Stretching　173
BIA　146
Bioelectrical Impedance Analysis　146
BMI　26, 27, 34, 41, 42, 129, 136, 137, 146
Body Mass Index　41

CFS　229
Chronic Fatigue Syndrome　229
Circadian Rhythm　102
CP　60, 61, 128
Critical Period　49

DALE　3
Deadly quartet　24
DEXA　146
DHA　14
Disability-Adjusted Life Expectancy　3
DPA　14
Dual Energy X-ray absorptiometry　146
Dynamic Stretching　173

Ectopic Fat Deposition　26
EPA　14
Exercise　40

Fast-Twitch Glycolytic　67
Fast-Twitch Oxidative-Glycolytic　67

FG　67
FINA　256
FOG　67
Function Gymnastic　121

Gastric Emptying Rate　154
GER　154

HALE　3
HDLコレステロール　212
Health-Adjusted Life Expectancy　3
Health-Related Physical Fitness　38, 40
Healthy City　9
Healthy Life Expectancy　3
Heart Rate　72
HIV　216
Homeostasis　38
HR　72
Human immunodeficiency virus　216

Index of Body Adiposity　43
IOC　251

JADA　254

LDLコレステロール　29, 212
Life-Space　48
Life-Space Assessment　48
LSA　48, 49

MEOS　210
MET　20
Metabolic Equivalent　20

NASH　27
NGO　9
Non Profit Organization　242
NPO法人　242

Overuse Symdrome　132

PAI-1　27
Peaking　102
PFC　145
Physical Activity　40
Physical Fitness　38, 40

Pickwick 症候群　28
Plan-Do-See　10
PNF　175
PNF Stretching　173
PostTraumatic Stress Disorder　222
PRICE　179, 181, 183
Proprioceptive Nueromuscular Facilitating Stretching　173
PTSD　222

QOL　7, 8, 10, 13, 47, 56, 247
Quality of Life　7

Rapid Eye Movement　232
Readiness　49
REM　232
Repetition Maximum　106
Resistance Training　105
RM 法　106

Safer Sex　216
SAID の原理　90

SAS　22
Sexually Transmitted Diseases　215
Sexually Transmitted Infection　215
Silent Killer　24
Skill-Related Fitness　40
Sleep Apnea Syndrome　22
Slow-Twitch Oxidative　67
SO　67
Specific Adaptation to Imposed Demands　90
SSC　65, 111
Static Stretching　172
STD　215
STI　215
Stress Coping　225
Stretch　111
Stretch Shortening Cycle　65
Stroke Volume　72
Super Compensation　94
SV　72

T-score　43, 44
Tapering　102
Target Heart Rate　133
TCA サイクル　211
TNF-α　27
T ドリル　119

$\dot{V}O_2$max　72
Voluntary Action　248
Voluntary Association　248

WADA　251, 254
WBGT　163, 164
WBGT 指数　162
Well-Being　40
Wet Bulb Globe Temperature　163
WHO　3, 6, 7, 8, 40, 209
WHO/国際高血圧学会ガイドライン　18
World Anti-Doping Agency　251

Z 膜　63

● 監修者紹介

出村 愼一（でむら　しんいち）
　1949年7月，福井県生まれ
　筑波大学大学院体育科学研究科博士課程修了
　現職：元金沢大学大学院自然科学研究科教授，教育学博士
　専攻：健康体力学
　著書：「幼児のからだを測る・知る−測定の留意点と正しい評価法−」（杏林書院，監修），2011
　　　　「健康・スポーツ科学のためのやさしい統計学」（杏林書院，共著），2011
　　　　「健康・スポーツ科学のためのExcelによる統計解析入門」（杏林書院，監修），2009
　　　　「健康・スポーツ科学の基礎」（杏林書院，監修），2008
　　　　「健康・スポーツ科学のためのSPSSによる統計解析入門」（杏林書院，監修），2007
　　　　「健康・スポーツ科学のための研究方法−研究計画の立て方とデータ処理方法−」（杏林書院），2007
　　　　「幼児の体力・運動能力の科学−その測定評価の理論と実際−」（NAP，監修），2005
　　　　「健康・スポーツ科学のためのSPSSによる多変量解析入門」（杏林書院，編者），2004
　　　　「例解 健康スポーツ科学のための統計学 改訂版」（大修館書店），2004
　　　　「テキスト保健体育」（大修館書店，共著），2002
　　　　「スポーツ科学講習会標準テキスト」（財団法人柔道整復研修試験財団，編者），2002
　　　　「健康・スポーツ科学のための統計学入門」（不昧堂出版），2001
　　　　「Excelによる健康・スポーツ科学のためのデータ解析入門」（大修館書店，共著），2001
　　　　「新体力テスト　有意義な活用のために」（文部省，共著），2000
　　　　「健康・スポーツ科学入門」（大修館書店，共著），1999
　　　　「最新 体育・スポーツ科学研究法」（大修館書店，共訳），1999
　　　　「数理体力学序説」（朝倉書店，編著），1993
　　　　「事典 発育・成熟・運動」（大修館書店，共訳），1991
　　　　「体育セミナー・講義編」（学術図書，編著），1986
　　　　「新訂 体育の測定・評価」（第一法規，編著），1986
　　　　「地域高齢者のための転倒予防−転倒の基礎理論から介入実践まで−」（杏林書院，監修），2012
　　　　「元気に育てちびっ子たち！　幼児のからだとこころを育てる運動遊び」（杏林書院，監修），2012

●編者紹介

佐藤　進（さとう　すすむ）
1972年5月，長野県飯田市生まれ
金沢大学大学院社会環境科学研究科博士後期課程修了
現職：金沢工業大学基礎教育部修学基礎教育課程生涯スポーツ教育教授，博士（学術）
専攻：健康科学，測定評価
著書：「健康・スポーツ科学のためのExcelによる統計解析入門」（杏林書院，編者），2009
　　　「健康・スポーツ科学のためのSPSSによる統計解析入門」（杏林書院，編者），2007
　　　「健康・スポーツ科学のためのSPSSによる多変量解析入門」（杏林書院，編者），2004
　　　「テキスト保健体育」（大修館書店，共著），2002
　　　「地域高齢者のための転倒予防-転倒の基礎理論から介入実践まで-」（杏林書院，編者），2012
　　　「健康・スポーツ科学のための調査研究法」（杏林書院，編者），2014

山次　俊介（やまじ　しゅんすけ）
1973年10月，石川県能美市生まれ
金沢大学大学院自然科学研究科博士後期課程修了
現職：福井大学教育・人文社会系部門教員養成領域教授，博士（学術）
専攻：健康科学，運動生理学
著書：「健康・スポーツ科学のためのやさしい統計学」（杏林書院，共著），2011
　　　「健康・スポーツ科学のためのExcelによる統計解析入門」（杏林書院，編者），2009
　　　「健康・スポーツ科学の基礎」（杏林書院，共著），2008
　　　「健康・スポーツ科学のためのSPSSによる統計解析入門」（杏林書院，編者），2007
　　　「健康・スポーツ科学のためのSPSSによる多変量解析入門」（杏林書院，共著），2004
　　　「テキスト保健体育」（大修館書店，共著），2002
　　　「Excelによる健康・スポーツ科学のためのデータ解析入門」（大修館書店，共著），2001
　　　「地域高齢者のための転倒予防-転倒の基礎理論から介入実践まで-」（杏林書院，編者），2012

長澤　吉則（ながさわ　よしのり）
1968年2月，福岡県小郡市生まれ
金沢大学大学院自然科学研究科博士後期課程修了
現職：京都薬科大学基礎科学系健康科学分野准教授，博士（学術）
専攻：測定評価，運動生理学
著書：「健康・スポーツ科学のためのExcelによる統計解析入門」（杏林書院，編者），2009
　　　「健康・スポーツ科学のためのSPSSによる統計解析入門」（杏林書院，編者），2007
　　　「健康・スポーツ科学のためのSPSSによる多変量解析入門」（杏林書院，編者），2004
　　　「テキスト保健体育」（大修館書店，共著），2002

吉村　喜信（よしむら　よしのぶ）
1951年4月，福井県福井市生まれ
最終学歴：福井工業大学電気工学科卒業
現職：元福井工業大学スポーツ健康科学部教授，博士（工学）
専攻：健康科学
著書：「テキスト保健体育」（大修館書店，共著），2002

2005年10月20日	第1版第1刷発行
2010年3月10日	第4刷発行
2011年9月25日	第2版第1刷発行
2025年3月10日	第11刷発行

健康・スポーツ科学講義　第2版
定価(本体2,500円+税)　　　　　　　　　　　　　　　検印省略

監　修　　出村　愼一
発行者　　太田　康平
発行所　　株式会社　杏林書院
　　　　　〒113-0034　東京都文京区湯島4-2-1
　　　　　Tel　03-3811-4887(代)
　　　　　Fax　03-3811-9148
© S.Demura
　　　　　http://www.kyorin-shoin.co.jp

ISBN 978-4-7644-1125-8　C3047　　　　　　印刷・製本：三報社印刷
Printed in Japan
乱丁・落丁の場合はお取り替えいたします．

・本書の複製権・翻訳権・上映権・譲渡権・公衆送信権（送信可能化権を含む）は株式会社杏林書院が保有します．
・JCOPY ＜(社)出版者著作権管理機構　委託出版物＞
　本書の無断複写は著作権法上での例外を除き禁じられています．複写される場合は，そのつど事前に，(社)出版者著作権管理機構（電話03-5244-5088, FAX 03-5244-5089, e-mail：info@jcopy.or.jp）の許諾を得てください．